《中华人民共和国反垄断法》释评

An Interpretation of
the Anti-monopoly Law of the People's Republic of China

宁立志/主编

法律出版社
LAW PRESS·CHINA
北京

图书在版编目(CIP)数据

《中华人民共和国反垄断法》释评 / 宁立志主编
. -- 北京 : 法律出版社, 2023
ISBN 978 - 7 - 5197 - 7446 - 2

Ⅰ. ①中… Ⅱ. ①宁… Ⅲ. ①反垄断法-法律解释-中国 Ⅳ. ①D922.294.5

中国版本图书馆 CIP 数据核字(2022)第 251472 号

《中华人民共和国反垄断法》释评
《ZHONGHUA RENMIN GONGHEGUO FANLONGDUANFA》SHIPING

宁立志 主编

策划编辑 沈小英
责任编辑 陈 妮 张思婕
装帧设计 李 瞻

出版发行 法律出版社
编辑统筹 法治与经济出版分社
责任校对 王 丰
责任印制 吕亚莉
经 销 新华书店

开本 710 毫米×1000 毫米 1/16
印张 23.5 字数 453 千
版本 2023 年 3 月第 1 版
印次 2023 年 3 月第 1 次印刷
印刷 固安华明印业有限公司

地址:北京市丰台区莲花池西里 7 号(100073)
网址:www.lawpress.com.cn
投稿邮箱:info@lawpress.com.cn
举报盗版邮箱:jbwq@lawpress.com.cn
销售电话:010-83938349
客服电话:010-83938350
咨询电话:010-63939796

书号:ISBN 978-7-5197-7446-2
定价:98.00 元

凡购买本社图书,如有印装错误,我社负责退换。电话:010-83938349

编辑委员会

主　编：宁立志

副主编：王　华　周　围

撰稿人：（以撰写字数为序）

宁立志　龚　涛　罗智科　赵　丰

喻张鹏　王　华　杜广普　郭玉新

杨妮娜　唐静思　袁雅婧　孙慕野

周　围　段宏磊

作者简介

宁立志

武汉大学法学院二级教授、博士研究生导师，武汉大学知识产权与竞争法研究所所长，兼任国务院反垄断委员会专家咨询组成员、国家社科基金重大项目首席专家、湖北省竞争法学研究会会长、湖北省知识产权法学研究会副会长、湖北省人大常委会法律顾问、湖北省人民政府法律顾问。

承担《知识产权强国建设纲要（2021—2035年）》反垄断与反不正当竞争相关内容的起草论证任务；全程参与《中华人民共和国反不正当竞争法》《中华人民共和国反垄断法》的修改论证；在权威和核心期刊发表学术论文数十篇，出版教材和著作多部；主编《知识产权与市场竞争研究》；主持国家社科基金重大项目、最高人民法院司法研究重大项目、国家高端智库重点研究课题等国家级和省部级研究项目20余项；创办并主持运行“武大知识产权与竞争法”公众号；作为中国商标海外维权代表团主要成员和法律专家赴南美谈判，为120余家中国企业成功追回130余件被抢注的中国商标。

龚　涛　武汉大学法学院博士研究生。

罗智科　武汉大学法学院博士研究生。

赵　丰　重庆大学法学院教师、法学博士、博士后研究人员。

喻张鹏　上海交通大学凯原法学院博士研究生。

王　华　山东财经大学法学院副教授、法学博士。

杜广普　北京市伟博律师事务所副主任、高级合伙人、法律硕士。

郭玉新　四川大学法学院讲师、法学博士、博士后研究人员。

杨妮娜　郑州大学法学院讲师、法学博士。

唐静思　武汉大学知识产权与竞争法研究所研究人员。

袁雅婧　武汉大学知识产权与竞争法研究所研究人员。

孙慕野　武汉大学知识产权与竞争法研究所研究人员。

周　围　武汉大学法学院副教授、法学博士。

段宏磊　湖北经济学院法学院副教授、法学博士。

前　言

自《中华人民共和国反垄断法》(以下简称《反垄断法》)2008年实施以来,我国反垄断工作取得了丰硕成果。在反垄断制度和规则方面,我国已形成了以《反垄断法》为核心,以配套行政法规、部门规章、司法解释、地方性法规、指南等为辅助的多层次反垄断制度规则体系。在反垄断执法方面,2018年国务院机构改革后,我国组建国家市场监督管理总局,统一行使原本由国家发展和改革委员会、原工商行政管理总局和商务部分别行使的反垄断执法职权,2021年"国家反垄断局"正式挂牌,反垄断执法力量得到进一步增强。仅2021年,反垄断执法机构查处垄断案件175起,罚没金额高达235.92亿元。在反垄断司法方面,自2008年以来,人民法院审结的垄断一审民事案件不少于900件,在国内外产生了一定影响。在弘扬竞争文化方面,通过对一系列大案要案进行查处和宣传,社会公众对反垄断法的认同感大大提升,反垄断理念已深入人心。在反垄断国际合作方面,我国已与美国、欧盟、日本、韩国、俄罗斯等反垄断辖区签署了若干反垄断合作谅解备忘录,开展了一系列反垄断执法合作,我国在反垄断领域的国际地位显著提高,已成为世界三大反垄断辖区之一。总的来说,我国在反垄断领域成绩斐然,为各类市场主体投资兴业、健康发展建立了自由、公平的竞争机制,打造了市场化、法治化、国际化的一流营商环境。

然而,《反垄断法》实施十四载以来,我国经济、政治、社会背景都发生了深刻变革,2007 年《反垄断法》已难以适应反垄断工作的需要。在经济层面,我国已由经济高速增长阶段进入高质量发展阶段,高质量发展强调创新的驱动作用,因此,需要严厉打击市场中阻碍创新的垄断行为。数字经济领域涉嫌垄断的问题也越发突出,例如,大数据“杀熟”、强制“二选一”、算法共谋、猎杀式收购、平台自我优待等。在此背景下,《反垄断法》需要作出一定的调整,以适应经济形势的变化。在政治层面,党的十八届四中全会提出全面推进依法治国的总目标,在法治轨道上推进国家治理体系和治理能力现代化。政府致力于转变职能,充分发挥市场在资源配置中的决定性作用。此外,数字平台的双重属性日益凸显,数字平台是平台经营者为平台内经营者和其他用户提供服务的场所,具有市场属性,同时平台因享有规则制定、执行和争议解决的“权力”而具有一定的公共属性,《反垄断法》需要对其“权力”的行使进行适当规范。在社会层面,过去一段时间内,我国市场中出现了资本无序扩张的迹象,不但给经济平稳健康运行带来一定挑战,而且未能为实现共同富裕充分发挥促进作用,要克服和扭转这一趋势,就要站在保护产权的根基上呼唤共同富裕,适当强化反垄断执法,保障更多市场主体参与竞争的机会,遏制资本无序扩张,改善财富分配状况。

为适应经济、政治和社会的发展,满足反垄断执法和司法实践的需要,我国启动了《反垄断法》的修法工作。2018 年 9 月 7 日,《十三届全国人大常委会立法规划》将《反垄断法》的修改纳入规划,揭开了修法的序幕。2020 年 1 月 2 日,国家市场监督管理总局公布《〈中华人民共和国反垄断法〉修订草案(公开征求意见稿)》。2021 年 10 月 19 日,第十三届全国人大常委会第三十一次会议对《中华人民共和国反垄断法(修正草案)》进行了初次审议,并于同年 10 月 23 日向社会公开征求意见。2022 年 6 月 21 日,第十三届全国人大常委会第三十五次会议对《中华人民共和国反垄断法(修正草案)》进行了二次审议。2022 年 6 月 24 日,第十三届全国人大常委会表决通过《关于修改〈中华人民共和国反垄断法〉的决定》。2022 年 8 月 1 日,该修法决定正式施行。

与 2007 年《反垄断法》相比,2022 年《反垄断法》共有 35 处变化,其中新增条文共 12 条,在原法条基础上进行增删的共 22 条。在第 1 章“总则”部分,将“鼓励创新”纳入立法目的;明确“反垄断工作坚持中国共产党的领导”,要“强化竞争政策基础地位”;新增公平竞争审查制度条款;新增数字经济反垄断条款。在第 2 章“垄断协议”部分,将垄断协议的定义独立出来作为本章第 1 条;新增纵向垄断协议的竞争效果反证豁免规则以及安全港规则;新增禁止组织、帮助达成垄断协议的规定。在

第3章"滥用市场支配地位"部分,新增一款明确禁止数字经济领域的滥用市场支配地位行为。在第4章"经营者集中"部分,新增未达申报标准的经营者集中的处理程序;引入停钟制度;新增经营者集中分类分级审查制度。在第5章"滥用行政权力排除、限制竞争"部分,新增一条禁止行政机关与经营者通过签订合作协议、备忘录等方式实施行政性垄断行为;扩大招投标领域行政性垄断的规制范围;在限制投资或者设立分支机构、强制垄断条款中明确强制或者变相强制的手段;将抽象行政性垄断的行为主体从行政机关拓宽至法律、法规授权的具有管理公共事务职能的组织。在第6章"对涉嫌垄断行为的调查"部分,将个人隐私和个人信息明确纳入反垄断执法机构及其工作人员的保密范围;新增有关单位和人员配合反垄断调查的义务;新增反垄断执法约谈制度。在第7章"法律责任"部分,对于垄断协议的法律责任,新增上一年度没有销售额的情形,提高了尚未实施垄断协议的罚款上限以及对行业协会垄断的罚款上限,并新增达成垄断协议的个人责任以及组织、帮助达成垄断协议的法律责任;对于经营者集中的法律责任,提高了违法实施集中的罚款上限,并根据集中是否具有排除、限制竞争效果规定了不同的法律责任;新增反垄断检察公益诉讼制度;新增行政性垄断责任主体的改正报告义务;加重了有关单位和个人不配合反垄断执法机构调查和审查的处罚力度;新增严重违法的加重处罚条款;新增信用记录规定;新增专条整合刑事责任规定。

2022年《反垄断法》的修正完善了反垄断法律制度,极大地提升了《反垄断法》的威慑力。当然,修法取得进步的同时,尚有进一步完善的空间。

为了让读者更好地理解《反垄断法》的修改,也为了有助于更好地实施修改后的《反垄断法》,我们编写本书。当然,这也是我们学习《反垄断法》并分享学习心得最好的方式。全书由宁立志拟定撰写提纲,按照《反垄断法》的章节编排体例,全书共8章,其中,"第一章　总则"由宁立志、龚涛执笔撰写;"第二章　垄断协议"由赵丰、孙慕野执笔撰写;"第三章　滥用市场支配地位"由龚涛、唐静思、袁雅婧执笔撰写;"第四章　经营者集中"由喻张鹏、罗智科、袁雅婧、唐静思执笔撰写;"第五章　滥用行政权力排除、限制竞争"由王华、喻张鹏执笔撰写;"第六章　对涉嫌垄断行为的调查"由周围、杜广普执笔撰写;"第七章　法律责任"由杨妮娜、郭玉新、杜广普、喻张鹏执笔撰写;"第八章　附则"由宁立志、段宏磊、罗智科执笔撰写。本书对每个条文的释评包括四个部分:一是法律条文,呈现2022年《反垄断法》的原文;二是立法理由,解释法律作出本条规定的原因;三是条文解读,解释条文的具体内涵;四是学术讨论,探讨本条规定存在的学界争议,对于部分学术争议不大的条文,则略去了学术讨论部分。全书由宁立志统稿并修改定稿。为方便读者更直观地了解 2022 年《反垄断法》修改的内容和对比查看修改前后的条文，书后附录了《全国人民代表大会常务委员会关于修改〈中华人民共和国反垄断法〉的决定》和《〈中华人民共和国反垄断法〉修改前后对照表》。需要说明的是，书稿交给法律出版社后，我国又有新的反垄断执法案例公布，本书作者最后校阅清样时增补和订正的数据，统计截止时间为 2022 年 12 月底。

本书编写过程中，参阅了前辈、同仁的大量著作和文章，虽然绝大部分已在注释中标明，但不排除因为我们的疏忽而有少量的引证遗漏，在此谨致谢意和歉意。感谢法律出版社法治与经济分社社长沈小英编审、陈妮副编审、张思婕编辑等的大力支持，感谢曾敬编审为本书所作的大量工作。此外，武汉大学法学院硕士研究生徐文欣、易榆珂、李瑾、黄唯一参与了资料收集和文献整理，在此一并表示感谢。

受我们水平和编写时间所限，书中定然存在不当或疏漏之处，诚望各位同仁和读者惠予指正。

宁立志

2023 年 1 月 1 日于武汉南湖

目　录

第一章　总　则

第一条　立法目的

一、条文

第一条　为了预防和制止垄断行为，保护市场公平竞争，鼓励创新，提高经济运行效率，维护消费者利益和社会公共利益，促进社会主义市场经济健康发展，制定本法。

【条文主旨】本条规定了《反垄断法》的立法目的。

二、立法理由

立法是有目的、有意识的活动，可以说，“目的是全部法律的创造者，每条法律规则的产生都源自一种目的”①。一般而言，立法目的，是指立法者通过制定法律文本，意图有效地调控社会关系的内在动机，它既是法律创制也是法律实施的内在动因。② 立法目的对于《反垄断法》的制定和实施都有着重要作用：对于立法者而言，立法目的表明了《反垄断法》的宗旨、理念和价值选择，引导着具体的条文设计和制度安排，并且深刻影响《反垄断法》的实施效果；对于反垄断执法和司法机构而言，立法目的是解释和适用《反垄断

① ［美］E. 博登海默：《法理学：法律哲学与法律方法》，邓正来译，中国政法大学出版社1999年版，第109页。

② 参见刘风景：《立法目的条款之法理基础及表述技术》，载《法商研究》2013年第3期。

法》的根本指引:制定相关指南和司法解释时,均不得违背《反垄断法》的立法目的,在判断某些行为是否构成垄断行为、衡量垄断行为的危害性、决定处罚或赔偿数额等情况下行使自由裁量权时,也需考虑《反垄断法》的立法目的。

三、条文解读

根据不同的标准,可以将《反垄断法》的立法目的分为不同的类型。以涉及的社会关系为标准,立法目的可以分为经济目的和社会目的:经济目的是"保护市场公平竞争,鼓励创新,提高经济运行效率"和"促进社会主义市场经济健康发展";社会目的是"维护消费者利益和社会公共利益"。以涉及的不同层次为标准,立法目的可以分为直接目的与间接目的:直接目的是"预防和制止垄断行为";间接目的是"保护市场公平竞争,鼓励创新,提高经济运行效率,维护消费者利益和社会公共利益,促进社会主义市场经济健康发展"。以实现方式为标准,立法目的可以分为积极目的与消极目的:积极目的意在"趋善",消极目的旨在"避恶"。[①] 前述直接目的同时也是消极目的,间接目的同时也是积极目的。

(一)预防和制止垄断行为

预防和制止垄断行为是反垄断法的首要目的和任务,在反垄断法的具体制度中,无不体现着这一思想。禁止垄断协议、禁止滥用市场支配地位、禁止行政性垄断等制度便是反垄断法直接制止垄断行为的表现,控制经营者集中、施行公平竞争审查等制度便是反垄断法预防垄断行为的表现。此外,各国反垄断法都为垄断行为设置了严格的法律责任,我国也不例外,根据我国《反垄断法》的规定,最高可对经营者处以上一年度销售额10%的基础罚款。反垄断法通过严厉惩罚既有的垄断行为产生威慑效果,从而起到预防潜在垄断行为的作用。

(二)保护市场公平竞争

公平是法律所追求的基本价值之一,反垄断法自然也不例外。一般认为,公平原则源于民法,指民事法律行为内容的确定,应当遵循公平原则。[②] 在市场交易领域,公平原则便具化为交易条件公平与交易机会公平,前者主要强调交易双方之间的关系,后者则强调可能成为交易一方的各潜在主体之间的关系,即公平竞争关系。民法中的公平原则预设所有竞争者都是平等的,但事实上,由于不同经营者的经济实力、所掌握的交易信息等不同,他们获得交易机会的能力也不同,一些经营者可能

---

① 参见刘风景:《立法目的条款之法理基础及表述技术》,载《法商研究》2013年第3期。

② 参见梁慧星:《民法总论》,法律出版社2001年版,第50页。

滥用其经济权力排除、限制其他经营者进而独占交易机会，反垄断法便致力于矫正这种不公平的竞争关系。也就是说，反垄断法所保护的公平竞争，主要是指以正当的方式和手段争取交易机会。需要强调的是，反垄断法保护的是“竞争”而不是“竞争者”，竞争本身就是一个利益博弈的过程，竞争失败者的利益必然减损，但只要竞争秩序没有受损，就不会引起反垄断法的适用。

（三）鼓励创新

2022 年《反垄断法》修正时，在立法目的条款中新增了“鼓励创新”4 个字。创新已经成为经济社会进步最重要的驱动因素，是提高经济运行效率和人民生活水平的重要动力，“鼓励创新”与反垄断法保护消费者利益、促进社会主义市场经济健康发展的目的是一致的。反垄断法通过隐性和显性两种方式实现“鼓励创新”的目的。一方面，反垄断法通过禁止垄断协议、禁止滥用市场支配地位、控制经营者集中与规制行政性垄断来维护市场竞争秩序，竞争撬动创新，从而隐性地保护了创新。另一方面，反垄断法在具体的制度建构和实施中均考虑了创新因素，例如，在界定相关市场时可能涉及相关创新市场，通过对创新市场上竞争的保护可以促进创新；认定垄断行为时需要考虑竞争对创新的影响以及创新对竞争的影响；创新还是垄断指控的抗辩理由；反垄断法在防止知识产权滥用的同时，将知识产权正当行使行为纳入适用除外范围，从而显性地保护了创新。可见，创新的意蕴贯穿反垄断法的始终，在其立法目的条款中增加“鼓励创新”，既顺应了建设创新型国家的时代要求，也使反垄断法的制度框架安排更合理。①

（四）提高经济运行效率

促进经济效率是反垄断法的重要目标。在经济学上，经济效率的本质是“不浪费资源”，②主要包括生产效率和配置效率。经济学理论认为，竞争能够提高生产效率和配置效率，因为竞争，一方面，将生产效率较低的企业淘汰，使产品由生产效率较高的企业供应；③另一方面，使每个产品最终能到达出价最高的买者手中，从社会整体看，配置效率实现最大化。因此，企业自身效率低下并不会违反反垄断法，优胜劣汰的市场机制自然会解决这一问题，但是，如果一个企业采取措施降低其他企业的效率或者以不正当的手段维持自身的低效率，就可能受到反垄断法的责难。反垄

---

① 参见龚涛：《论反垄断法的创新意蕴》，载《师大·西部法治论坛》2021 年第 1 期。

② 参见毕泗锋：《经济效率理论研究述评》，载《经济评论》2008 年第 6 期。

③ 参见车圣保：《效率理论述评》，载《商业研究》2011 年第 5 期。

断法的作用就在于保障市场机制正常发挥作用,淘汰低效率的企业、防止低效率的行为,从而提高社会整体效率。

（五）维护消费者利益和社会公共利益

消费者利益,是指消费者以较低价格获取优质产品或服务,满足消费需要。在自由、公平的竞争秩序下,企业会通过降低价格、提高质量等方式吸引消费者,通过不断创新开发新技术、新产品来满足消费者的需要,反垄断法维护消费者利益的目的便得以实现。一切竞争行为或反竞争行为的最终目的都是争夺消费者,因此,消费者利益是衡量竞争行为正当性的主要标准。例如,在我国《反垄断法》的豁免制度中,便要求经营者证明所达成的垄断协议能够使消费者分享由此产生的利益;又如,禁止滥用市场支配地位制度中的禁止剥削性滥用行为,主要就是为了维护消费者利益。

社会公共利益是指某一社会群体中不特定多数主体的共同利益,它的内涵十分广泛。从广义上来说,反垄断法的其他立法目的,“保护市场公平竞争”“鼓励创新”“提高经济运行效率”“维护消费者利益”都属于社会公共利益的一部分。与消费者利益类似,社会公共利益也是判断竞争行为正当性的重要标准。例如,我国《反垄断法》规定,对“为实现节约能源、保护环境、救灾救助等社会公共利益”的垄断协议可以予以豁免,对“符合社会公共利益”的经营者集中可以不予禁止。社会公共利益对于协调反垄断法不同立法目的之间的冲突有着独特作用。具体而言,当社会公共利益与其他利益发生冲突时,应坚持公共利益优先;当同层次的价值发生冲突时,究竟应突出何种价值,也应以是否符合公共利益需要作为判断基准。可以说,社会公共利益是反垄断法价值整合的基本平台。①

（六）促进社会主义市场经济健康发展

我国《宪法》第 15 条规定:“国家实行社会主义市场经济。国家加强经济立法,完善宏观调控。国家依法禁止任何组织或者个人扰乱社会经济秩序。”因此,“促进社会主义市场经济健康发展”是我国所有经济立法的共同目标,我国《反不正当竞争法》《消费者权益保护法》《外商投资法》《价格法》等法律法规的立法目的条款中均有相同或类似的表述。这一目的与前述“提高经济运行效率”的目的有重合之处但不完全相同,“市场经济健康发展”不仅强调经济发展的效率,还强调经济发展的质量。

① 参见李国海:《反垄断法公共利益理念研究——兼论〈中华人民共和国反垄断法(草案)〉中的相关条款》,载《法商研究》2007 年第 5 期。

新时代中国经济已由高速增长阶段转向高质量发展阶段,高质量发展的根本在于经济的活力、创新力和竞争力,而《反垄断法》对于这几方面都起着至关重要的作用。

四、学术讨论

(一)一元论与多元论

反垄断法诞生以来,学者们围绕反垄断法的立法目的是一元的还是多元的展开了长期的争论。持一元论的学者们认为,效率是反垄断法的终极目标,而竞争只是一个中间目标,反垄断法的唯一目标就是经济学意义上的效率,在垄断比竞争更有效率时,就不必适用反垄断法。[①] 持多元论的学者们认为,反垄断政策除效率价值外,还应该考虑其他"竞争性"价值,如一些不能纳入经济分析模型中的价值,或者一些在一定程度上需要牺牲经济效率而特别加以保护的价值等。[②] 我国《反垄断法》制定过程中也产生了类似的争论。从世界主要国家反垄断立法来看,多元论有胜出的趋势。例如,日本《禁止私人垄断和确保公平贸易法》第 1 条规定:"本法禁止私人垄断、不公平交易限制和不公平交易方法……促进公平和自由竞争,发挥经营者的创造力,促进商业活动,提高就业和国民收入水平,以保障一般消费者利益,促进国民经济民主健康发展。"美国、德国、英国等国家的反垄断法虽然都没有明文规定其立法目的,但无论在执法、司法还是理论上,其对立法目的的理解不仅包括保护竞争和提高经济效率,还包括提升消费者福利。[③] 我国《反垄断法》也选择了多元化目的,不过对于具体目的的选择仍存在争议,尤其是在自由竞争与公平竞争、鼓励创新等方面。

(二)自由竞争与公平竞争

2022 年《反垄断法》修正时,有许多学者建议在立法目的中增加保护"自由竞争"的表述,但立法者最终并未采纳这一建议,仅保留了保护"公平竞争"的表述。自由竞争与公平竞争的内涵不同。自由竞争,主要是指市场主体能够自由地进入或退出市场,参与市场竞争,其竞争自由不应受到不合理的限制;公平竞争,则是指竞争者之间进行公开、平等、公正的竞争。[④] 在市场经济中,自由竞争是公平竞争的前

---

① 参见[美]理查德·A. 波斯纳:《反托拉斯法》(第 2 版),孙秋宁译,中国政法大学出版社 2003 年版,第 2、32 页。

② See Herbert Hovenkamp, *Economics and Federal Antitrust Law*, West Publishing Co., 1985, p. 41 - 42. 转引自叶卫平:《反垄断法的价值构造》,载《中国法学》2012 年第 3 期。

③ 参见王利军、王海涛:《反垄断法中的消费者权益研究》,载《法学杂志》2007 年第 3 期。

④ 参见时建中主编:《〈中华人民共和国反垄断法〉专家修改建议稿及详细说明》,中国政法大学出版社 2020 年版,第 2 页。

提,在竞争受到排除、限制的情况下,公平竞争也会受到影响。① 此外,在竞争法体系内部,《反垄断法》更侧重于保护自由竞争,《反不正当竞争法》则更侧重于保护公平竞争,而现行《反垄断法》只强调“公平”而不强调“自由”值得商榷。因此,在《反垄断法》的立法目的中增加“自由竞争”,不仅有利于《反垄断法》充分发挥其“经济宪法”作用,而且有利于理顺《反垄断法》与《反不正当竞争法》之间的关系,使二者分工更为明确,竞争法体系更为和谐。

(三)增加“鼓励创新”是否适当②

2022 年《反垄断法》修正过程中,对立法目的条款最大的争议无疑是要不要增加“鼓励创新”4 个字。第一种观点,即少部分学者认为,鼓励创新并不属于反垄断法的目的;第二种观点认为,虽然反垄断法应当鼓励创新,但是反垄断法对创新的保护是通过保护自由、公平竞争而间接实现的,鼓励创新的价值可以在反垄断法的具体制度如豁免条款、竞争损害评估条款中体现,没有必要直接体现在立法目的中;第三种观点,即更多学者认为,应当在立法目的的条文中增加“鼓励创新”的表述。本书赞同第三种观点,在立法目的中增加“鼓励创新”是值得肯定的,反垄断法对创新的激励作用从隐性和显性两个角度体现:

1. 反垄断法对创新的隐性激励

反垄断法通过直接地、公然地保护竞争,从而间接地、隐性地实现“鼓励创新”的目的,这主要表现为三个维度:一是创新的动力问题,企业在竞争压力和经济利益的双重刺激下,才有动力进行创新;二是创新的阻力问题,在良好的竞争秩序之下,不存在市场壁垒或者市场壁垒较低,企业进行创新的阻碍也较少;三是创新成果的保护问题,良好的竞争秩序确保了企业的创新成果不会为其他企业窃取,消除了创新的后顾之忧。

一方面,反垄断法通过规制垄断行为保护静态竞争,从而起到鼓励创新的作用。反垄断法的三大支柱制度便是禁止垄断协议、禁止滥用市场支配地位以及禁止具有或可能具有排除、限制竞争效果的经营者集中。此外,我国《反垄断法》还十分注重防止行政性垄断(亦称行政垄断),即行政机关或法律法规授权的组织滥用行政权力排除、限制竞争的行为。通过《反垄断法》事先预防这些排除、限制竞争的行为,或者事后执法、司法机构对其实施主体施加严厉处罚,维护自由、公平的竞争秩序,便可

① 参见王先林:《竞争法学》(第 3 版),中国人民大学出版社 2018 年版,第 32 页。
② 参见龚涛:《论反垄断法的创新意蕴》,载《师大 · 西部法治论坛》2021 年第 1 期。

有效激发市场主体的创新活力。

另一方面,反垄断法允许垄断状态的存在,保护动态竞争,进而起到鼓励创新的作用。熊彼特所提出的创新与动态竞争理论对此进行了系统的阐释,他认为,大企业由于创新和技术进步形成的垄断,不是真正的垄断,企业利润中包含的垄断盈利,是颁给成功者的奖金。① 虽然企业通过一时的创新可以获得巨大的竞争优势,但其他企业也会不断创新来获取相同乃至更多的竞争优势。反垄断的首要目标在于促进经济效益,应当以此评价企业的行为,反垄断法关注的重点应当从市场份额转向经济效益。因此,垄断状态本身并不违法,垄断行为才违法。这种观点被各国反垄断立法普遍采纳,所以多数国家的反垄断法允许垄断状态的存在,即使是在日本等禁止垄断状态存在的国家,也几乎不会适用该条款。

2. 反垄断法对创新的显性激励

(1)界定相关市场

在技术竞争比较激烈的市场中,经营者可能想方设法阻碍竞争对手进行技术创新,从而消除未来可能发生的竞争,保持自己的垄断地位。由于相关商品市场和相关技术市场尚未形成,在处理此类案件时,竞争执法机构难以通过传统的相关市场界定方法分析其违法性。对此,1995 年美国《知识产权许可的反托拉斯指南》中提出了“创新市场”的概念,即针对特定的新的产品和方法或者其改进的研究和开发,或者与该研发相似的替代性工作形成的市场。简言之,“创新市场”不是产品市场、服务市场或者技术市场,它不涉及任何现实的交易行为,它所涉及的是未来的潜在交易行为,其本质是为未来的竞争做准备。虽然我国《反垄断法》尚未对创新市场作出专门规定,但是创新因素在界定相关市场时仍然发挥着重要作用,例如,《关于相关市场界定的指南》与《关于禁止滥用知识产权排除、限制竞争行为的规定》等文件均规定,在界定相关市场时要考虑知识产权、创新等因素的影响。

(2)认定垄断行为

创新不仅是界定相关市场时需要考虑的因素,更是判断垄断行为的标准之一。无论是认定垄断协议、滥用市场支配地位,还是认定具有或可能具有排除、限制竞争效果的经营者集中,均可见到创新的影子。

我国《反垄断法》第 17 条明确规定了限制创新卡特尔,即禁止具有竞争关系的

① [美]熊彼特:《资本主义、社会主义和民主主义》,绛枫译,商务印书馆 1979 年版,第 126 ~ 134 页。

经营者达成限制购买新技术、新设备或者限制开发新技术、新产品的垄断协议。企业通过开发新技术、运用新设备、推出新产品，可以在市场竞争中脱颖而出，获得高额利润，而限制此种创新，则阻止了"先锋企业"的出现，进而在一定市场内实现参与企业利益均摊。① 同时，创新也是垄断协议的豁免理由之一，根据《反垄断法》第20条的规定，若经营者能够证明其所达成的协议属于"为改进技术、研究开发新产品的"或者"为提高产品质量、降低成本、增进效率，统一产品规格、标准或者实行专业化分工的"情形，且满足该条第2款的要求的，则豁免于适用《反垄断法》关于垄断协议的禁止规定。

创新对于认定企业是否具有市场支配地位具有独特价值。例如，在奇虎公司与腾讯公司垄断纠纷上诉案的判决书中，最高人民法院在对相关市场的竞争状况进行分析时，考虑到即时通信领域具有创新竞争、动态竞争的显著特征，认为该领域的市场竞争比较充分，最终认定腾讯公司不具有市场支配地位。② 此外，具有市场支配地位的企业如果阻碍其他企业进行创新，可能被认定为滥用市场支配地位。以专利许可中的回馈授权条款为例，它是指在知识产权许可协议中，许可方要求被许可方将其对许可技术进行改进后所享有的知识产权回馈授权给许可方。回馈授权会影响被许可人对于改进技术知识产权的自由处分权，降低其改进技术的预期收益，因而会削弱被许可人进行技术创新的动力，产生抑制竞争的负面效果。此时，许可方就有滥用市场支配地位的嫌疑。

在经营者集中的案件中，创新因素的影响更为明显。2004年欧盟《横向合并评估指南》将创新作为是否批准企业合并的评估因素之一，明确指出，虽然合并可能增加企业创新的能力和动机，从而促进相关市场内的创新竞争，但是两个重要创新者的合并也可能严重阻碍有效竞争，例如，在某一相关市场内两个生产基础性产品的企业进行合并。2008年欧盟《非横向合并评估指南》进一步指出，即使是欧洲委员会不会广泛调查的非横向合并，若涉及一家因为创新而可能在不久的将来进行大幅扩张的企业，则欧洲委员会可能会启动调查程序。根据我国《反垄断法》第33条的规定，审查经营者集中时应当考虑经营者集中对市场进入、技术进步的影响，也蕴含了考虑创新因素的意味。在我国经营者集中审查的实践中，反垄断执法机构也会着

---

① 参见刘继峰：《竞争法学》（第3版），北京大学出版社2018年版，第103页。

② 北京奇虎科技有限公司与腾讯科技（深圳）有限公司、深圳市腾讯计算机系统有限公司滥用市场支配地位纠纷上诉案，最高人民法院（2013）民三终字第4号民事判决书。

重考虑创新因素。例如,2011 年商务部在附条件批准希捷科技公司收购三星电子有限公司硬盘驱动器业务时,在竞争分析部分特意强调:“创新对硬盘行业影响重大……硬盘市场的竞争是维持产品创新的重要前提,排除或限制竞争行为将显著降低硬盘生产商的创新意愿和创新速度。”同时,为了获得允许集中的决定,希捷科技公司承诺:“在决定作出后 3 年内每年投资至少 8 亿美元,且将以其近年一贯的速度,继续在创新领域投入研发资金,以确保给客户带来更多创新性产品和解决方案。”①

(3)保护知识产权

反垄断法,一方面,承认知识产权的合法垄断地位,将知识产权正当行使行为纳入反垄断法适用除外的范围;另一方面,禁止滥用知识产权的行为,从而实现与知识产权法的协调。知识产权法对具有创新性的技术方案、产品以及原创表达作品进行赋权,激励经营者不断创新、持续传播和商业化创新成果。如果没有知识产权制度的保护,竞争对手就会无偿利用创新者的劳动成果,从而降低创新的商业价值并打击投资的积极性,最终损害市场竞争的正常秩序和消费者利益。反垄断法则通过禁止排除、限制竞争的行为,营造自由、公平的市场竞争秩序,从而间接地促进创新和提高消费者福利。如果失去了反垄断法的威慑和保护,知识产权权利人在进行许可安排或利用其知识产权的过程中,可能不当地阻碍其他主体使用该技术或者在许可其他主体使用该技术时对其活动施加不合理的限制。这些滥用知识产权排除、限制相关技术使用和新技术传播的行为,不仅违背反垄断法,而且违背知识产权制度的基本目标。因此,知识产权法与反垄断法在促进创新和动态竞争,以及提高消费者福利方面有着共同的目的。

总而言之,“鼓励创新”的价值选择贯穿反垄断法的始终,在立法目的条款中增加“鼓励创新”的表述,既顺应了建设创新型国家的时代要求,也使反垄断法的制度框架安排更合理,这对于正确分析和处理涉及新产品、新技术领域和新商业模式的垄断行为也至关重要。

---

① 商务部:《关于附条件批准希捷科技公司收购三星电子有限公司硬盘驱动器业务反垄断审查决定的公告》,载中华人民共和国商务部网站 2011 年 12 月 12 日,http://interview.mofcom.gov.cn/mofcom_interview/front/opdata/downlodePdf? id=20111298720199。

第二条　适用范围

一、条文

第二条　中华人民共和国境内经济活动中的垄断行为,适用本法;中华人民共和国境外的垄断行为,对境内市场竞争产生排除、限制影响的,适用本法。

【条文主旨】本条规定了《反垄断法》的适用范围。

二、立法理由

明确法律的适用范围是有效实施法律的前提。属地管辖原则是国家行使管辖权所依据的最古老、基本的国际法原则,一国反垄断法适用于其境内是属地管辖原则的应有之义,但反垄断法的域外适用效力是在实践中逐渐确立和发展起来的。随着经济全球化向纵深化发展,国际经济和贸易联系越加紧密,跨国企业的商业活动也越加频繁,许多域外经济活动会对国内市场产生重大的影响。因此,只有规定反垄断法的域外适用效力,才能维护国家经济利益,真正实现反垄断法的立法目的。而且,规定反垄断法的域外适用效力已成为各国的普遍做法,如果反垄断法缺失域外适用效力的规定,那么在国际贸易中就会处于不利地位,难以维护国家经济主权,也难以保护本国企业免受域外垄断行为的危害。出于这些考虑,我国《反垄断法》明确规定了适用范围包括境内适用和境外适用两种情形。

三、条文解读

(一)境内效力

“中华人民共和国境内经济活动中的垄断行为,适用本法”意味着,《反垄断法》在我国境内的适用有两个特点:一是在“经济活动中”,这表明经济活动以外的境内垄断行为不适用《反垄断法》,例如,公立学校之间为了防止互相抢夺生源而协议划分招生的地域范围,所以“经济活动中”的表述限缩了我国《反垄断法》的适用范围;二是“垄断行为”,这表明原则上只要垄断行为已经在境内发生,无论行为是否实际产生排除、限制竞争的效果,都可适用《反垄断法》。当然,具体适用的过程中还须依据和遵守《反垄断法》具体的制度设计。

(二)境外效力

“中华人民共和国境外的垄断行为,对境内市场竞争产生排除、限制影响的,适用本法”意味着,《反垄断法》在我国境外的适用也有两个特点:一是不限于经济活动,适用于任何领域的垄断行为;二是该行为必须对境内市场竞争产生排除、限制影响。这表明我国《反垄断法》的域外适用采用“效果原则”，只适用于对我国市场具有影响的限制竞争行为，而不管行为人的国籍、住所以及限制竞争行为的策源地。①无论是外国企业还是我国企业在境外实施垄断行为，如果没有对我国市场产生消极影响，便不适用我国《反垄断法》。

四、学术讨论

（一）建议删除“经济活动”的表述

第一，我国《反垄断法》所禁止的垄断行为不仅包括经济性垄断，而且包括行政性垄断，但行政性垄断不必然与经济活动有关，“经济活动”的表述不恰当地限制了《反垄断法》的适用范围；第二，除了行政性垄断，还有很多垄断行为并非发生在典型的经济活动中，例如，教育、医疗、体育、国防等公共事业领域的垄断行为，“经济活动”的表述容易使《反垄断法》在这些领域的适用产生争议；第三，《反垄断法》的域外适用并不限于经济活动，这使《反垄断法》在境内的适用领域较为狭窄而在境外的适用领域较为宽泛，境内外适用范围的差异不符合《反垄断法》主要解决国内垄断问题的初衷，也有违国际礼让原则。因此，应当删除“经济活动”的表述。

（二）建议明确域外适用的条件

马克思主义哲学认为，世界上的一切事物都处于普遍联系之中，没有任何一个事物是孤立存在的，整个世界就是一个普遍联系着的统一的整体。在经济全球化的时代潮流之下，各国经济之间的联系也是普遍的，一国发生的垄断行为总会对别国产生或多或少的影响。从《反垄断法》条文的字面意思来看，只要境外的垄断行为对境内市场竞争产生排除、限制影响，便适用该法，无论这种排除、限制影响的大小如何。实际上这是很难实现的，也是没有必要的。各国反垄断执法和司法的实践表明，反垄断法过度的域外适用也不可行，这不仅可能产生国家间的管辖权冲突和法律冲突，导致外交对抗，而且也会给企业带来不合理的经济负担。根据国际上普遍认可的原则，反垄断法的域外适用应以境外的限制竞争行为对境内市场产生“重大、直接和可合理预见”的限制效果为前提条件，我国《反垄断法》也应对此予以明确。②

---

① 参见王晓晔：《我国〈反垄断法〉域外适用的理论与实践》，载《价格理论与实践》2014年第2期。

② 参见王晓晔、吴倩兰：《国际卡特尔与我国反垄断法的域外适用》，载《比较法研究》2017年第3期。

第三条 垄断行为的类型

一、条文

第三条 本法规定的垄断行为包括：

（一）经营者达成垄断协议；

（二）经营者滥用市场支配地位；

（三）具有或者可能具有排除、限制竞争效果的经营者集中。

【条文主旨】本条规定了垄断行为的类型。

二、立法理由

《反垄断法》的规制对象是垄断行为，明确垄断行为的类型是制定和实施具体反垄断法律制度的前提。各国在长期的反垄断执法和司法实践中，总结出常见的垄断行为包括垄断协议、滥用市场支配地位以及排除、限制竞争的经营者集中这三类行为，围绕这三类垄断行为形成的制度被称为反垄断法的“三大支柱”，这三类制度相互衔接、补充，形成垄断行为规制的闭环。[①] 我国《反垄断法》也以这三类垄断行为作为主要的规制对象。此外，考虑到我国行政机关排除、限制竞争的问题，我国《反垄断法》将行政性垄断也纳入了规制对象范围，但并未将其作为“垄断行为”的一种在本条中列举，而是在《反垄断法》第10条中单独规定。

三、条文解读

（一）垄断行为

各国反垄断法所规制的对象主要包括垄断行为和垄断状态。垄断状态，是指在某个市场中，由少数企业占有绝对份额的市场结构形式。禁止垄断状态的理论依据主要来自哈佛学派，他们认为，市场结构决定市场行为，市场行为决定市场绩效。为了保持有效竞争，政府必须干预市场结构，因此，高度集中的垄断状态即违法而应被禁止。20世纪50年代到70年代，哈佛学派的理论成为美国政府制定竞争政策的主要依据。20世纪70年代后，美国反垄断法主要受芝加哥学派影响。该学派主张，反垄断法的首要目标在于促进经济效益，应当以此评价企业的行为，反垄断法关注的重点应当从市场份额转向经济效益。因此，垄断状态本身并不违法，垄断行为才违法。芝加哥学派以及在此基础上形成的后芝加哥学派对世界各国的竞争政策都产

① 参见江山：《论垄断行为的类型化规整》，载《经贸法律评论》2021年第2期。

生了重大影响。目前,多数国家的反垄断法只禁止垄断行为而不禁止垄断状态,但是仍有一些国家(如日本)禁止垄断状态。

垄断行为与垄断状态并非截然分离,而是有着密切的联系。一般来说,企业实施垄断行为的目的是达到垄断状态,而处于垄断状态的企业又很容易实施垄断行为。反垄断法的主要制度便是围绕垄断行为与垄断状态建立的:虽然实施垄断协议的企业并不需要事先具有垄断状态,但是垄断协议一旦被实施,这些企业之间便可能形成垄断状态;滥用市场支配地位的前提就是经营者具有市场支配地位,即处于垄断状态,否则经营者即使实施限制竞争的行为也不会违反反垄断法;禁止具有或可能具有排除、限制竞争效果的经营者集中,就是为了防止企业通过集中形成垄断状态,进而有能力和动力实施垄断行为。

(二)经营者达成垄断协议

在商业活动中,一些经营者为了避免相互竞争、获取更多利润,可能达成共同操纵市场价格、限制产品数量、分割销售市场之类的垄断协议。“垄断协议”是我国《反垄断法》中的概念,德国《反限制竞争法》称之为“限制竞争协议”;日本《禁止私人垄断和确保公平贸易法》称之为“不正当交易限制”;韩国《规制垄断与公平交易法》称之为“不正当协同行为”。

我国《反垄断法》第 16 条将“垄断协议”定义为排除、限制竞争的协议、决定或者其他协同行为。垄断协议主要包括横向与纵向两种类型:横向垄断协议是指处于同一经济环节、具有竞争关系的经营者之间达成的垄断协议,一般被称为“卡特尔”;纵向垄断协议是指处于不同经济环节、具有买卖关系的经营者(上下游经营者)之间达成的垄断协议。此外,实践中还存在“轴辐型垄断协议”,或称“中心辐射型垄断协议”,此类垄断协议包括两类参与者:一是中心参与者,即“轴”;二是一般参与者,即“辐”。处于同一经济环节的众多一般参与者分别与位于上游或下游的中心参与者达成协议,中心参与者再将这些协议有机地联系起来,使一般参与者间接地形成了合谋,他们之间的关系就像车轮的轴心和辐条,故有此称谓。

(三)经营者滥用市场支配地位

具有市场支配地位的经营者,即使不与其他经营者达成垄断协议,也可以依靠其拥有的市场力量单独或与其他经营者共同实施垄断行为,这便是经营者滥用市场支配地位的情形。《反垄断法》第 22 条将“市场支配地位”定义为“经营者在相关市场内具有能够控制商品价格、数量或者其他交易条件,或者能够阻碍、影响其他经营者进入相关市场能力的市场地位。”但是,经营者拥有市场支配地位本身并不违法,只有对市场支配地位加以滥用才违法。“滥用”意味着此种行为蕴含不正当性。这也意味着经营者如果有正当理由,便不属于滥用行为。也就是说,认定是否属于滥用市场支配地位行为一般应适用合理原则进行分析。

根据行为的性质和特点,可以将滥用市场支配地位分为排他性滥用和剥削性滥用。前者是指经营者为了排挤竞争对手而实施的滥用行为,包括掠夺性定价、独家交易等;后者是指经营者损害交易相对人利益的滥用行为,包括拒绝交易、强制交易、差别待遇等。当然,排他性滥用和剥削性滥用的界限不是绝对的,如搭售行为便兼具这两种行为的特点。根据实施主体的多少,可以将滥用市场支配地位分为单独滥用市场支配地位和平行滥用市场支配地位两类。单独滥用市场支配地位是指一个具有市场支配地位的经营者依靠自身力量而实施的滥用行为;平行滥用市场支配地位,又称共同滥用市场支配地位,是指多个主体独立实施且行为具有一致性的滥用市场支配地位行为。

禁止垄断协议制度与禁止滥用市场支配地位制度之间的边界并不清晰,例如,纵向垄断协议与单独滥用市场支配地位、横向垄断协议与共同滥用市场支配地位的特点十分相似,这就导致在适用《反垄断法》时可能出现法条竞合问题。总体而言,区分垄断协议和滥用市场支配地位可以从以下几个方面加以把握:第一,纵向垄断协议涉及两个或两个以上处于不同生产经营环节的经营者,而且纵向垄断协议可以增加所有参与者的利益,至少不会损害弱势参与者的利益;单独滥用市场支配地位是一个强势经营者针对弱势经营者或消费者实施的单方面强制行为,会损害弱势经营者或消费者的利益。第二,横向垄断协议的参与者无须具有市场支配地位,但他们之间必须存在合谋,这种合谋可以表现为协议、决定或者协同行为;共同滥用市场支配地位的参与者必须具有一个整体的市场支配地位,他们之间不存在合谋,但是存在共同的滥用行为。

(四)具有或者可能具有排除、限制竞争效果的经营者集中

经营者集中控制制度是对企业企图形成或加强潜在的市场支配力的事前预防、控制,旨在维护合理的市场结构,防止市场力量的过度集中。[①] 经营者集中之所以受到反垄断法的关注,本质上是因为它可能产生或强化某个经营者控制市场的能力。如果没有经营者集中控制制度,企业为避免实施垄断协议被处罚,就可能通过合并来实现操纵市场的目的;市场力量较小但资本充足的企业,也可以通过合并其他企

① 参见王先林:《竞争法学》(第3版),中国人民大学出版社2018年版,第263页。

业取得市场支配地位，进而控制相关市场。因此，经营者集中控制制度使反垄断法的三大支柱制度形成了闭环。

根据我国《反垄断法》第25条的规定，经营者集中包括经营者合并、经营者通过取得股权或者资产的方式取得对其他经营者的控制权、经营者通过签订合同等方式取得对其他经营者的控制权或者能够对其他经营者施加决定性影响三类，但实践中还存在两个或两个以上经营者新设合营企业的情形。在反垄断执法和理论研究中，经营者集中也常常被称为企业兼并、合并、收购、并购等，就企业公司法而言，区分这些行为和概念有重要意义，但是就反垄断法而言，这些概念没有实质性差异。

根据参与集中的经营者之间的关系和集中行为对市场的影响，可以将经营者集中分为横向集中、纵向集中以及混合集中。横向集中，是指处于同一经济环节、具有竞争关系的经营者之间的集中，它会直接导致市场中竞争者的数量减少，因此对市场竞争的影响最明显，是反垄断法主要关注的集中类型。纵向集中，是指同一产业中处于不同经济环节、具有买卖关系的经营者之间的集中，即上下游经营者之间的集中，它是企业形成完整产业链、降低生产成本的重要手段。一般而言，纵向集中对竞争的损害没有横向集中严重，但是纵向集中可能增强经营者控制原材料采购市场或者销售市场的能力，因此也需要反垄断法加以关注。混合集中，是指既不具有竞争关系也不具有买卖关系的经营者之间的集中，它又可以分为三种类型：一是市场扩张型混合集中，即处于不同地域市场的同类经营者进行集中，从而实现扩张地域市场的目的；二是产品扩张型混合集中，即产品之间具有关联关系的经营者进行集中，从而实现整合和扩张产品市场的目的；三是纯粹的混合集中，即生产经营活动中不具有任何联系的经营者之间的集中。混合集中主要是为了分散商业风险、充分利用商业资源，对市场竞争的影响最小。

反垄断法对经营者集中进行控制的制度主要有事前申报制度和事后监督制度两种。在反垄断法诞生的早期，有关国家一般实行事后监督制度，即反垄断执法机构不事先对经营者集中进行审查，集中实施后，若反垄断执法机构对集中存在异议或者私人对集中提起诉讼，再由有关机构进行审查和处罚。如果集中实施后被认定为违法，集中后的企业可能需要重新拆分，这会浪费大量的经济资源，于是多数国家逐渐转向事前申报制度。在事前申报制度下，反垄断执法机构需要确定一个明确的申报标准，达到申报标准的集中必须向反垄断执法机构申报并经审查获得允许后才能实施。不过，事前申报制度也存在一定缺陷，市场状况瞬息万变，而申报审查的时间一般长达数月，企业可能错过最佳的集中时间。我国《反垄断法》采取的是以事前申报为主、以事后监督为辅的制度，经营者集中达到国务院规定的申报标准的，应当事先向反垄断执法机构申报；若经营者集中未达到申报标准，但具有或者可能具有排除、限制竞争效果的，反垄断执法机构仍可进行调查。

四、学术讨论

（一）是否应将行政性垄断纳入本条

在《反垄断法》修正过程中，有一些学者建议将行政性垄断作为垄断行为的基本类型之一在本条中予以列举，而不应单独用一个条文进行规定。行政性垄断是一种典型的垄断行为已经为理论界和实务界所普遍认同，不在本条中一并列举而单独规定的做法，使人们在法条逻辑上可以推导出行政性垄断不是一种垄断行为，这与人们的认知完全不符。

笔者认为，将行政性垄断用一个条文单独进行规定的做法是值得肯定的。一方面，我国《反垄断法》中的“垄断行为”一词有广义和狭义两种解释，包括本条在内的多数情况下，“垄断行为”一词是狭义的，仅指经济性垄断。只有在极少数情况下，例如在《反垄断法》第1条立法目的条款中，“垄断行为”才是广义的，包括经济性垄断和行政性垄断。另一方面，经济性垄断与行政性垄断在行为主体和行为类型、调查和处理方式、法律责任形式等方面都是完全不同的，制定和修改《反垄断法》时不能以相同的逻辑和态度来对待它们。立法者将三类经济性垄断行为在本条中一并列举，而将行政性垄断单独进行规定，是基于立法技术的考量，以便于在后文为它们设计不同的调查处理方式和法律责任。

（二）关于经营者集中的表述

1.增加“严重”或“实质性”的限定词

任何经营者集中都存在两方面的影响：一方面，经营者集中可能导致市场中的竞争者减少，甚至在市场中形成寡头企业垄断市场的格局，从而增加市场壁垒，降低经济效率，损害消费者福利；另一方面，经营者集中是企业扩大规模、增强竞争力最直接、迅速而有效的方式，既有利于企业实现规模经济效应和范围经济效应，也有利于资源优化配置和产业结构升级。因此，反垄断法只需关注消极影响较明显的经营者集中。但本条规定，“具有或者可能具有排除、限制竞争效果的经营者集中”即属于垄断行为，使任何经营者集中都可能被《反垄断法》禁止，这种表述是不合理的。因此，笔者建议将《反垄断法》关于经营者集中的表述修改为“具有或者可能具有严重排除、限制竞争效果的经营者集中”或者“具有或者可能具有实质性排除、限制竞争效果的经营者集中”。

2. 修改为“经营者违法实施集中”

“具有或者可能具有排除、限制竞争效果的经营者集中”属于垄断行为的规定，使《反垄断法》规定的经营者集中的违法性判断标准仅限于集中对竞争的影响，这会导致三个方面的问题：一是对经营者集中的控制不周延。对于非横向集中尤其是混合集中，以及发生在自然垄断行业或者特许经营行业的集中而言，参与集中的经营者之间可能不存在任何竞争关系，因而不会具有排除、限制竞争的效果，但是依然可能损害消费者利益、降低经济效率，现行规定可能导致此类经营者集中游离于《反垄断法》监管之外。二是与《反垄断法》的多元立法目的不符。如前所述，我国《反垄断法》采取多元立法目的，不仅致力于保护竞争，还致力于促进创新、提高经济效率、保护消费者利益和社会公共利益等。如果仅仅依据竞争效果来评判经营者集中的违法性，就忽视了《反垄断法》的其他立法目的。三是会导致限制经营者集中制度的体系不协调。《反垄断法》第 34 条规定：“经营者能够证明该集中对竞争产生的有利影响明显大于不利影响，或者符合社会公共利益的，国务院反垄断执法机构可以作出对经营者集中不予禁止的决定。”也就是说，经营者集中的“出罪”标准包括竞争效应和社会公共利益，“入罪”标准仅限于竞争效应，“入罪”和“出罪”标准不统一导致了法律体系内部的逻辑冲突。因此，可以考虑将本条修改为“本法规定的垄断行为包括：(一)经营者达成垄断协议；(二)经营者滥用市场支配地位；(三)经营者违法实施集中。”

(三)对滥用相对优势地位的法律规制

在我国现行竞争法律体系中，滥用市场支配地位行为是《反垄断法》重点规制的对象，但是规制滥用市场支配地位行为的前提是对企业的市场支配地位进行认定。实践证明，尽管企业有时候在市场份额方面并不占优势，在与交易对方进行交易时却表现出一定的市场优势，也可能实施妨碍市场竞争秩序的行为，一般称之为“滥用相对优势地位”。目前，在我国竞争法律体系中，尚未对滥用相对优势地位进行相应的立法规范，在《反垄断法》修正过程中，竞争法如何对滥用相对优势地位的行为进行回应的问题，成了理论界与实务界的热点与难点。

1. 规制滥用相对优势地位的立法不足与现实需求

2016 年，我国《反不正当竞争法(修订草案送审稿)》新增了“相对优势地位”条款，即第 6 条：“经营者不得利用相对优势地位，实施下列不公平交易行为：(一)没有正当理由，限定交易相对方的交易对象；(二)没有正当理由，限定交易相对方购买其指定的商品；(三)没有正当理由，限定交易相对方与其他经营者的交易条件；

(四)滥收费用或者不合理地要求交易相对方提供其他经济利益;(五)附加其他不合理的交易条件。本法所称的相对优势地位,是指在具体交易过程中,交易一方在资金、技术、市场准入、销售渠道、原材料采购等方面处于优势地位,交易相对方对该经营者具有依赖性,难以转向其他经营者。”该规定引起了社会的广泛关注,然而,2017年通过的《反不正当竞争法》最终删除了草案中的该条款。

近年来,在实践中频繁发生强制用户“二选一”的行为,如部分电子商务平台要求入驻的电子商务经营者在“双十一”期间只能在一个平台内参与活动,这是平台利用其优势地位对平台内经营者实施的滥用行为。对于具有市场支配地位的平台,可以适用《反垄断法》予以规制,但是那些不具有市场支配地位的平台,依然可以凭借其优势地位实施强制“二选一”的行为,此时《反垄断法》便无从适用。滥用相对优势地位的法律规制中,单纯依靠民法,特别是合同法上的意思自治,滥用行为已经无法得到很好的规制,①因为,传统民法调整的是平等主体之间的关系,当事人在民事关系中的地位以平等性和互换性为基础,而在滥用相对优势地位的情形中,双方主体事实上已然不是平等的地位,一方主体依仗其享有的优势地位损害另一方的利益,故而,如果行为妨碍了市场竞争,甚至损害了消费者整体福利,难以依赖民商法对其进行有效的调整,就有必要将其纳入竞争法领域进行规制。

2. 规制滥用相对优势地位的理论基础

学界通说认为,滥用相对优势地位的相关理论源于德国,在我国《反垄断法》颁布实施之前,已有不少学者通过比较法的研究对相关理论做了一定探讨。② 有学者指出,滥用相对优势地位,是指在特殊情况下,如果交易相对人拒绝供给或提高交易条件,经营者就无法在市场中找到合理的出路,这时该交易相对人对于依赖其生存的经营者来讲就具有“相对”的优势地位。③ 与滥用市场支配地位一样,法律并不直接规制这种相对的优势地位,而是规制相关交易中经营者滥用相对优势地位带来的不公平竞争行为。由于在交易中具有优势,相关市场主体有能力选择交易对象,甚

---

① 参见何佳君:《相对优势地位规则的现实需求和立法期待——基于顺丰菜鸟之争的思考》,载《安徽行政学院学报》2018年第3期。

② 参见徐士英、唐茂军:《滥用相对支配地位行为的法律规制研究》,载《东方法学》2008年第3期;孟雁北:《滥用相对经济优势地位行为的反垄断法研究》,载《法学家》2004年第6期;李剑:《论结构性要素在我国〈反垄断法〉中的基础地位——相对优势地位滥用理论之否定》,载《政治与法律》2009年第10期;文学国:《我国法律对公用企业滥用市场优势地位之规制》,载《上海交通大学学报(哲学社会科学版)》2003年第2期。

③ 参见徐士英、唐茂军:《滥用相对支配地位行为的法律规制研究》,载《东方法学》2008年第3期。

至决定交易的内容,其往往会依仗自己的优势地位,迫使另一方接受对该方不利,对己方有利的交易条件,转嫁自身的交易成本,甚至迫使另一方接受明显不公平的合同条款,而其交易相对人则没有交易对象的选择权和交易内容的决定权,[①]故而可能会妨害市场竞争。尤其是随着社会主义市场经济体制的建立健全,强调充分发挥"市场在资源配置中的决定性作用"促进市场竞争,而市场竞争的结果必然导致企业经营的胜出或者淘汰,必然造就市场地位的优势或者劣势。目前我国市场中滥用相对优势地位的行为主要有以下几种:滥收费、索取不合理的高价、限制竞争、强制交易和拒绝交易等。滥用相对优势地位与滥用市场支配地位有一定程度的相似,但在基本面上是不同的。虽然有学者认为,滥用相对优势地位是滥用市场支配地位的扩张,但是相对优势地位与市场支配地位有实质性的区别,主要体现在认定考量因素、市场份额要求、相对性以及行为影响范围上的差异。滥用相对优势地位是指,市场中不具备独占市场地位的企业,在特殊情况下对于依赖其进行交易的相对人具有类似于垄断企业的一种支配性影响力,即该企业对于依赖其生存的企业具有"相对"的强势地位。[②] 一个市场主体是否拥有市场支配地位是相对他的竞争对手而言的,是竞争者之间市场力量的对比,是市场经济中竞争者与竞争者之间横向的关系;而一个市场主体是否拥有相对经济优势地位是针对他的交易相对人而言的,是市场主体与其交易对象之间市场力量的对比,是市场交易中生产商、销售商、购买者之间纵向的关系。[③] 同时,在如何判定相对优势地位方面,我国学者依据德国的"依赖性理论",将产生优势地位的原因总结为三种"依赖"关系,基于供求关系形成的依赖、基于专属性投资形成的依赖和基于必须设备形成的依赖。[④] 判断企业是否享有相对优势地位需要进行更多的个案分析,而不像市场支配地位的认定有大量普遍适用的判断方法。

3. 规制滥用相对优势地位的立法选择

我国在竞争法立法模式上采用的是分别立法模式,《反垄断法》处理的是竞争不足问题,《反不正当竞争法》处理的是竞争过度问题。但是,在实践中,除了竞争不足

---

① 参见苑晟:《关于经营者利用优势地位实施不正当价格行为的监管机制研究》,载《中国价格监管与反垄断》2018 年第 4 期。

② 参见袁嘉、刘维俊:《互联网行业滥用相对优势地位规制研究——以"二选一"行为为视角》,载《价格理论与实践》2016 年第 5 期。

③ 参见孟雁北:《滥用相对经济优势地位行为的反垄断法研究》,载《法学家》2004 年第 6 期。

④ 参见戴龙:《滥用相对优势地位的法律规制研究——兼议〈反不正当竞争法(修订草案送审稿)〉第 6 条的修改》,载《中国政法大学学报》2017 年第 2 期。

与竞争过度外，还存在损害竞争的中间状态，其既不能被《反垄断法》所涵盖，也不宜纳入《反不正当竞争法》，或者说滥用相对优势地位行为不仅仅是限制竞争行为或不正当竞争行为。① 而且垄断与不正当竞争也常常没有截然的界限，因此，在分别立法模式下，就出现了滥用相对优势地位的行为难以安放的窘境。② 一些学者认为，相对优势地位在力量对比、考察因素、适用方法、界定标准等方面与市场支配地位存在显著差异，通过反不正当竞争法规制滥用相对优势地位的行为更为契合。③ 一些学者则认为，滥用相对优势地位本质上是竞争不足的问题，相对优势地位是支配地位的一种特殊表现形式，而且从各国规制滥用相对优势地位行为的普遍做法来看，应通过《反垄断法》进行规制。④ 综合考量滥用相对优势地位的行为属性、法益彰显及规制效果等，笔者认为，将其放在《反不正当竞争法》中进行规制更合适，具体理由如下：

一方面，《反垄断法》和《反不正当竞争法》分工不同，任务迥异，并且两部法律的属性也有所不同。反垄断法的公法属性更强，尽管受到芝加哥学派的影响，反垄断法中结构主义规制理念受到行为主义规制理论的挑战，但结构主义的核心思想仍然被实行市场经济的大多数国家所认可，并在反垄断法的实践中得到运用。因此，反垄断法更侧重从整体对市场竞争进行规制，更侧重宏观的法益保护，而规制单个的竞争行为并不是其侧重点。而反不正当竞争法兼具公法和私法属性，通过制止不正当竞争行为来保护具体的商业机会，更注重微观法益的保护。滥用相对优势地位主要损害交易相对人的利益，因而将其纳入反不正当竞争法更能保护相关法益。

另一方面，如果将滥用相对优势地位纳入反垄断法中进行规制，可能造成政府对市场的过度干预。任何交易的双方都存在或多或少的市场力量差异，因而相对优势地位在市场中普遍存在，禁止滥用相对优势地位制度赋予了政府依法干预市场的权力。

---

① 参见袁嘉、刘维俊：《互联网行业滥用相对优势地位规制研究——以“二选一”行为为视角》，载《价格理论与实践》2016年第5期。

② 参见宁立志：《〈反不正当竞争法〉修订的得与失》，载《法商研究》2018年第4期。

③ 参见李文成：《滥用相对优势地位应由〈反不正当竞争法〉调整》，载《中国工商报》2016年5月26日，第3版；龙俊：《滥用相对优势地位的反不正当竞争法规制原理》，载《法律科学（西北政法大学学报）》2017年第5期。

④ 参见王丽娟、梅林：《相对优势地位滥用的反垄断法研究》，载《法学》2006年第7期；许光耀：《“相对优势地位”与“市场支配地位”的法理辨析——对〈反不正当竞争法（征求意见稿）〉第6条的不同阐释》，载《价格理论与实践》2016年第5期。

第四条 竞争政策的基础地位

一、条文

第四条 反垄断工作坚持中国共产党的领导。

国家坚持市场化、法治化原则，强化竞争政策基础地位，制定和实施与社会主义市场经济相适应的竞争规则，完善宏观调控，健全统一、开放、竞争、有序的市场体系。

【条文主旨】本条规定了竞争政策在社会主义市场经济中的基础地位。

二、立法理由

我国《宪法》第15条规定："国家实行社会主义市场经济。"市场经济的三大基本机制包括价格机制、供求机制和竞争机制。其中，竞争机制是市场经济的灵魂和发展的动力，价格机制和供求机制需要通过竞争机制发挥作用，因此，竞争构成了市场经济体制的一种内在要素，在一定意义上可以说市场经济是一种竞争性经济。[①] 市场经济通过市场竞争配置资源，即资源在市场上通过自由竞争与自由交换来实现配置。但是市场本身具有自发性、盲目性、滞后性，竞争机制可能在一定时期内造成资源错配，竞争的过程也会自发地产生一些反竞争的力量，表现为垄断行为和不正当竞争行为，这就需要国家制定和执行有效的竞争政策加以干预、引导。因此，厘清政府和市场的边界、让市场在资源配置中起决定性作用，要求我们确立和强化竞争政策的基础地位。

我们党和政府对竞争政策的认识是在社会主义市场经济的建设和改革过程中逐渐深化的。2015年5月8日，《国务院批转发展改革委关于2015年深化经济体制改革重点工作意见的通知》提出"促进产业政策和竞争政策有效协调，建立和规范产业政策的公平性、竞争性审查机制"；2015年10月12日，《中共中央国务院关于推进价格机制改革的若干意见》首次明确提出"逐步确立竞争政策的基础性地位"；2017年1月12日，《国务院关于印发"十三五"市场监管规划的通知》强调"强化竞争政策在国家政策体系中的基础性地位……把竞争政策作为制定经济政策的重要基础"；2018年12月19日至21日，中央经济工作会议要求"强化竞争政策的基础性地位，创造公平竞争的制度环境"；2019年10月31日，党的十九届四中全会提出"强化

① 参见王先林：《我国反垄断法修订完善的三个维度》，载《华东政法大学学报》2020年第2期。

竞争政策基础地位,落实公平竞争审查制度,加强和改进反垄断和反不正当竞争执法”;2021 年 3 月,《中华人民共和国国民经济和社会发展第十四个五年规划和 2035 年远景目标纲要》全方位阐述了“强化竞争政策基础地位”的基本要求。党和政府对竞争政策的认识从“与产业政策相协调”到“竞争政策优先于产业政策”,从“逐步确立”竞争政策“基础性地位”到“强化”竞争政策“基础地位”,这表明竞争政策已经提升至顶层设计的高度。①

因此,在《反垄断法》中明确规定竞争政策的基础地位,既是落实《宪法》第 15 条的相关规定、发展社会主义市场经济的根本遵循,又是贯彻党和政府对于政府市场关系和经济体制改革最新理念的内在要求。

三、条文解读

中国共产党的领导是中国特色社会主义最本质的特征,是中国特色社会主义制度的最大优势。反垄断工作作为发展和建设中国特色社会主义市场经济的重要组成部分,也必须坚持党的领导这项根本原则。各级立法机关、执法机关、司法机关及其工作人员都应当不断增强对坚持党的领导根本原则的思想认同、政治认同、感情认同,努力把党的政策方针融入反垄断立法、执法和司法实践之中。

竞争政策是国家为保护和促进市场竞争而实施的一项基本经济政策,它通过建立和维护竞争秩序的政府措施来保护市场机制的有效运转。竞争政策可以从广义和狭义两个方面理解。广义的竞争政策指促进竞争自由和市场开放的任何政策,包括竞争法规定的竞争规范以及此外的一些调整竞争行为的措施,如政府放松经济管制、削减政府补贴等。狭义的竞争政策等同于竞争法,尤其是其中的反垄断法。无论是广义的竞争政策还是狭义的竞争政策,反垄断政策都是其核心内容,这也是在《反垄断法》而非其他法律中强调“强化竞争政策基础地位”的原因。

就政府经济政策体系而言,竞争政策是其中一个组成部分,此外还有产业政策、财政政策、货币政策、贸易政策等,这些政策各自有不同的政策目标和政策工具。以产业政策为例,它是指国家根据国民经济的内在要求,为提高产业素质,调整产业结构,从而调整供给结构和总量所采取的政策和措施的总和。产业政策是政府主动干预市场的一种形式,常常表现为政府对弱势产业或者企业给予优待和扶植,因而可能与强调自由、公平竞争的竞争政策产生冲突。“竞争政策基础地位”不仅意味着竞

---

① 参见王先林:《强化竞争政策基础地位背景下的〈反垄断法〉修订》,载王先林主编:《竞争法律与政策评论》第 6 卷,法律出版社 2020 年版,第 11 页。

争政策是其他经济政策的基础，而且意味着竞争政策在经济政策体系中的主导地位。因此，当竞争政策与其他经济政策发生冲突时，竞争政策应当优先得到遵守和适用，产业政策等经济政策不得取代竞争政策优先适用的地位。需注意的是，竞争政策的优先性是相对的，即其不是相对于所有政策都具有优先性，除了经济政策，还有安全政策、文化政策、就业政策等政策类型，这些政策若不涉及市场主体的经济活动，竞争政策便不具优先性。①

"强化竞争政策基础地位"离不开良好的市场竞争秩序，这便要求国家"坚持市场化、法治化原则""制定和实施与社会主义市场经济相适应的竞争规则""健全统一、开放、竞争、有序的市场体系"。改革开放之前，我国实行高度集中的计划经济，没有市场竞争生存的土壤；改革开放之初，国务院颁布了《关于开展和保护社会主义竞争的暂行规定》，市场竞争才逐渐发展、壮大。我国已形成了以《反垄断法》和《反不正当竞争法》为核心的自由、公平的市场竞争规则体系。因此，我们要坚持市场化、法治化原则，不断推动中国特色社会主义市场经济向前发展。时至今日，我国逐步形成了"统一开放、竞争有序的市场体系"，"统一"强调全国市场的一体化和经济要素的自由流动，旨在消除市场的地域障碍；"开放"强调国内市场与国际市场相接轨，旨在消除贸易的国际壁垒；"竞争"强调市场的活力和动态变化，旨在培育竞争氛围和竞争文化；"有序"强调竞争的秩序价值，旨在维护市场的规则性和可预期性。

四、学术讨论

（一）应否删除"完善宏观调控"的表述

2022年《反垄断法》修正过程中，一些学者认为应当删除本条中"完善宏观调控"的表述。虽然学界对经济法的体系结构仍存在争议，但主流观点有"二分法"和"三分法"两种。"二分法"认为，经济法分为市场规制法（市场监管法）和政府调控法（宏观调控法）两部分；②"三分法"认为，经济法分为市场规制法、国家投资经营法和宏观引导调控法，即"三三理论"。③ 一般而言，市场规制是指监管机构依法对市场主体的经济行为进行直接的限制或禁止，宏观调控是指政府为实现宏观经济目标

---

① 参见殷继国：《强化竞争政策基础地位何以实现——基于竞争政策与其他经济政策协调的视角》，载《法学》2021年第7期。

② 参见杨紫烜、徐杰主编：《经济法学》（第7版），北京大学出版社2015年版，第41～44页；薛克鹏、张钦昱：《经济法学》，中国政法大学出版社2017年版，第160页。

③ 参见漆多俊主编：《经济法学》，高等教育出版社2019年版，第58页。

而通过财税、货币、规划、汇率等手段对市场进行调节和控制。[①] 无论是"二分法"还是"三分法",都认同反垄断法属于市场规制法的范畴。因此,"完善宏观调控"本身没有错,但它不适宜放入反垄断法,因为反垄断法不是宏观调控法,它体现的是国家的竞争政策。[②] 在反垄断法中强调"完善宏观调控",不仅无法厘清竞争政策与宏观调控等其他经济政策之间的关系,而且会导致不同经济政策之间的冲突,因此应当删除这一表述。

笔者认为,在反垄断法中强调"完善宏观调控"并无不妥。一方面,市场规制法与宏观调控法的界限并不是绝对的,即使是主张"二分法"的学者,也不得不承认经济法体系中存在大量兼具市场规制与宏观调控两种功能的法律。虽然反垄断法主要属于市场规制法的范畴,但是个案式的反垄断执法通过"威慑理论"可以发挥重要的宏观调控作用。反垄断执法的严厉或宽松,表明了国家在一定时期内对经济调控的态度。严厉的反垄断执法可以有效防止资本无序扩张,防止市场经济过热,保障经济高质量发展,宽松的反垄断执法则有助于鼓励投资,促进经济复苏。另一方面,2022 年修法已经在本条中增加了"强化竞争政策基础地位"的表述,它表明,竞争政策在所有经济政策中具有基础性、优先性的地位,即使本条强调"完善宏观调控",也不会在处理不同经济政策之间的关系问题上引起混乱。

(二)经济法的"龙头法"之争

在我国经济法学的发展历程中,曾有过关于何者为经济法"龙头法"的争论。一些学者认为,竞争法是经济法的核心,[③]竞争法中最重要的反垄断法便是经济法的"龙头法"。反垄断法在市场经济国家或者地区向来拥有这种重要地位,在美国,它被称为"自由企业大宪章";在德国,它被称为"经济宪法";在日本,它被称为"经济法的核心";欧盟竞争法在欧洲大市场内也有着极高的地位,被称为欧盟的经济宪法,或者共同体的基石。[④] 也有学者认为,反垄断法的作用是维护、弘扬市场机制,而在市场"劣汰"、力所不能、周期和失控等弊端影响下,经济法体系须由财政法统领以实现经济的整体布局和统筹协调发展。相对于规划和产业政策法,财政法对经济的

① 参见徐澜波:《论宏观调控法的调整方法——从经济法的调整方法切入》,载《法学》2020 年第 7 期。

② 参见王晓晔:《我国〈反垄断法〉修订的几点思考》,载《法学评论》2020 年第 2 期。

③ 参见王晓晔:《论竞争法在市场经济法律体系中的地位》,载《中南大学学报(社会科学版)》2006 年第 1 期。

④ 参见金善明:《反垄断法的"经济宪法"定位之反思》,载《江西社会科学》2015 年第 11 期。

调控和主导具有直接性、全面性及整体性,也最具刚性和力度,而且它是经济法与宪治的衔接,本身即具有宪治暨"经济宪法"的性质。因此,财政法是经济法的"龙头法"。①

2022年《反垄断法》新增"国家强化竞争政策基础地位"的表述,表明在这场争论中,反垄断法是经济法"龙头法"的观点最终胜出。总的来说,经济法的目标包括两方面:一是将经济权力(权利)在政府和市场主体之间进行适当配置,即限制政府在经济方面的权力,保证市场主体在经济活动中的自主权;②二是将经济权力(权利)在市场主体之间进行适当配置,即在大企业与中小企业之间、企业与消费者之间、广大人民群众之间合理分配经济资源。反垄断法恰如其分地体现了这两种目标:一方面,反垄断法限定了政府干预市场的权力,防止政府不合理地干预市场和制造行政性垄断;另一方面,反垄断法为市场竞争行为划定了底线,这是对私权滥用的矫正,防止垄断行为损害竞争者和消费者的合法权益。因此,反垄断法无愧于经济法的"龙头法"或"经济宪法"的称谓。

第五条 公平竞争审查制度

一、条文

第五条 国家建立健全公平竞争审查制度。

行政机关和法律、法规授权的具有管理公共事务职能的组织在制定涉及市场主体经济活动的规定时,应当进行公平竞争审查。

【条文主旨】本条规定了公平竞争审查制度。

二、立法理由

公平竞争是市场经济的基本原则,是市场机制高效运行的重要基础。随着我国经济体制改革不断深化,全国统一市场基本形成,公平竞争环境逐步建立。但同时要看到,我国一些政府部门出台政策措施,排除、限制竞争的情况时有发生,尤其是设定歧视性标准、限制商品要素流通,实施地方保护、区域封锁,违法给予优惠政策或减损市场主体利益等。从本质上看,这些政策措施没有处理好政府与市场的关

① 参见史际春、宋槿篱:《论财政法是经济法的"龙头法"》,载《中国法学》2010年第3期。

② 参见王晓晔:《反垄断法与构建和谐社会》,载《中国价格监管与反垄断》2014年第3期。

系，从长远和全局看阻碍了全国统一开放、竞争有序的市场体系建设。① 因此，规范政府部门有关行为，防止出台排除、限制竞争的政策措施，清理废除妨碍全国统一市场和公平竞争的规定和做法，成为我国经济体制改革中的一项重要工作。在市场体系建设中，建立公平竞争审查制度便尤为必要，它有助于厘清政府与市场的关系，使两者在资源配置方面各司其职，并推动政府和市场主体各自承担维护市场机制健康运行、保障公平竞争的职责和义务。②

建立公平竞争审查制度是党和政府根据我国经济发展实际状况做出的一项重大决策。2013 年 11 月，党的十八届三中全会通过《中共中央关于全面深化改革若干重大问题的决定》，明确要"清理和废除妨碍全国统一市场和公平竞争的各种规定和做法，严禁和惩处各类违法实行优惠政策行为，反对地方保护，反对垄断和不正当竞争"。2015 年 3 月，《中共中央　国务院关于深化体制机制改革加快实施创新驱动发展战略的若干意见》首次提出"探索实施公平竞争审查制度"。2015 年 6 月，国务院出台的《关于大力推进大众创业万众创新若干政策措施的意见》要求"加快出台公平竞争审查制度，建立统一透明、有序规范的市场环境"。2015 年 10 月，《中共中央国务院关于推进价格机制改革的若干意见》再次强调，"加快建立竞争政策与产业、投资等政策的协调机制，实施公平竞争审查制度，促进统一开放、竞争有序的市场体系建设"。2016 年 6 月，国务院出台《关于在市场体系建设中建立公平竞争审查制度的意见》，阐述了建立公平竞争审查制度的重要性和紧迫性，以及建立公平竞争审查制度的总体要求和基本原则，并明确了审查对象、审查方式、审查标准和例外情形，这标志着公平竞争审查制度在我国正式落地。2017 年 10 月，国家发展和改革委员会、财政部等部门出台《公平竞争审查制度实施细则（暂行）》，公平竞争审查制度的框架已基本形成。2020 年 10 月，党的十九届五中全会提出要"健全公平竞争审查机制"。2021 年 3 月，《中华人民共和国国民经济和社会发展第十四个五年规划和 2035 年远景目标纲要》要求"统筹做好增量审查与存量清理，强化公平竞争审查制度的刚性约束，完善公平竞争审查细则，持续清理废除妨碍全国统一市场和公平竞争的规定及做法"。在这一背景下，2021 年 6 月，市场监督管理总局、国家发展和改革委员会、财政部等部门正式出台《公平竞争审查制度实施细则》，进一步完善了公平竞争审查制度。

---

① 参见袁日新：《论公平竞争审查制度的逻辑意蕴》，载《政法论丛》2018 年第 5 期。

② 参见张守文：《公平竞争审查制度的经济法解析》，载《政治与法律》2017 年第 11 期。

尽管我国已经初步建立和完善了公平竞争审查制度，但是需要注意的是，我国关于公平竞争审查制度的系统性规定均为国务院及其所属部委制定的规范性文件，在法律效力层级上位阶较低。这在实践中就会产生一个值得重视的问题，当公平竞争审查制度与其他法律法规的规定发生冲突时，何者处于优先地位？根据“上位法优于下位法”的一般原理，公平竞争审查制度应让步于其他法律法规。但实际上，公平竞争审查制度作为市场经济体制下约束政府权力的一项基本制度，从应然层面来说，必须优先于其他法律法规，否则其效果和价值便会大打折扣。因此，有必要提升公平竞争审查制度的立法层级，将其纳入全国人大及其常委会的立法序列。2022 年《反垄断法》修正时新增公平竞争审查制度条款便是出于这样一种考虑。这样既可规范公平竞争审查制度的实践，也符合国际通行的惯例，并能够在效力位阶上，实现上位法对下位法的规范和引导，具有立法的前瞻性和预见性。①

三、条文解读

（一）“公平竞争”的内涵

公平竞争是人类社会不同利益主体之间为了追逐有限的经济目标而进行的一切符合法律和道德准则的活动的总称。② 在公平竞争的市场环境下，市场参与者将其竞争行为建立在价格、质量和技术等方面上，而不是建立在掠夺性定价之类的垄断行为或者市场混淆之类的不正当竞争行为之上。公平竞争是市场经济的基本原则，它主要表现在两个方面：一是竞争规则公平；二是竞争机会公平。竞争规则是否公平主要受到国家和政府的影响，即国家和政府是否制定和执行统一、明确、非歧视的竞争规则。竞争机会是否公平则同时受到市场参与者和政府部门的影响，例如，垄断企业实施的拒绝交易行为、政府实施的指定交易行为，都会妨碍公平竞争。公平竞争审查制度致力于防止竞争规则和竞争机会不公平，尤其是竞争规则层面的不公平。

（二）“公平竞争审查制度”的内涵

公平竞争审查制度是以澳大利亚国家竞争政策体系中的竞争审查制度（Competition Review）和经济合作与发展组织（OECD）的竞争评估制度（Competition Assessment）为蓝本建立的。③ 经济合作与发展组织于 2009 年发布的《关于竞争评估

① 参见袁日新：《公平竞争审查制度的法治进路》，载《社会科学家》2019 年第 8 期。
② 参见彭海滨：《公平竞争制度选择》，商务印书馆 2006 年版，第 53 页。
③ 参见金善明：《公平竞争审查机制的制度检讨及路径优化》，载《法学》2019 年第 12 期。

的建议》认为,竞争可以提高经济效率并产生降低价格、提升质量、促进创新和提高生产力等好处,但是,有时公共政策和措施会过度和不必要地限制竞争,我们可以对此类政策进行改革,以促进市场竞争,同时实现原始公共政策的目标,为此,需要对既有或拟议的政策对竞争可能产生的影响进行评估。① 我国的公平竞争审查与此相似,是指竞争主管机构或其他相关机构通过分析、评价拟定的或者现行的政策可能或者已经产生的竞争影响,提出不妨碍政策目标实现而且对竞争限制最小的替代方案的行为。②

(三)公平竞争审查的对象

本条规定,公平竞争审查的对象为"行政机关和法律、法规授权的具有管理公共事务职能的组织制定的涉及市场主体经济活动的规定。"根据《公平竞争审查制度实施细则》的规定,这里的"涉及市场主体经济活动"是指市场准入和退出、产业发展、招商引资、招标投标、政府采购、经营行为规范、资质标准等涉及市场主体的经济活动。这里的"规定"包括两类:一是行政机关以及法律、法规授权的具有管理公共事务职能的组织制定的涉及市场主体经济活动的规章、规范性文件、其他政策性文件以及"一事一议"形式的具体政策措施;二是涉及市场主体经济活动的行政法规、国务院制定的政策措施,以及政府部门负责起草的地方性法规、自治条例和单行条例。虽然这两类"规定"都适用公平竞争审查制度,但它们受到的监督不同,前者的法律层级较低,受到社会公众、上级机关和市场监管部门的监督;而后者的法律层级较高,由起草部门在起草过程中按照《公平竞争审查制度实施细则》的规定进行公平竞争审查,不受上级机关和市场监管部门的监督。

四、学术讨论

(一)应否将公平竞争审查制度纳入《反垄断法》

在《反垄断法》修正过程中,理论界产生了关于应否将公平竞争审查制度纳入《反垄断法》的争议。持反对意见的学者认为,反垄断法是矫正市场主体扭曲和限制竞争行为的制度工具,而公平竞争审查制度则是防范公权力主体侵蚀市场机制的利器。尽管反垄断法和公平竞争审查制度都以规制垄断、促进竞争为目标,但二者形似而神异,各有自己独特的调整对象、适用范围、运作机制和功能定位。在反垄断法

---

① OECD, *Recommendation of the Council on Competition Assessment*, https://www.oecd.org/daf/competition/OECD-Recommendation-Competition-Assessment.pdf, last visited:2022-06-27.

② 参见王先林:《公平竞争审查制度与我国反垄断战略》,载《中国市场监管研究》2016年第12期。

的规范体系内很难有机兼容公平竞争审查制度。将公平竞争审查机制归入反垄断法，不仅无法厘清政策措施制定行为排除、限制竞争的症结所在，而且无法获得和实施契合市场逻辑的公平竞争审查制度，也就无法营造公平竞争的营商环境。是故，不能简单地将属性不同的二者仅仅因为目标皆为营造公平竞争环境而捏合在一起、纳入同一文本。[①] 尽管公平竞争审查制度最终还是被纳入了《反垄断法》，在《反垄断法》"总则"和"滥用行政权力排除、限制竞争"等章节分别设置了相应条款，但公平竞争审查制度并未因此规定具有了刚性约束力的法律责任以及可操作性的实施机制，这也决定了相关条款的宣示性意义可能大于其实际效果，也预示着"融入式"方案未必是值得追求的最优选择。

多数学者支持将公平竞争审查制度纳入《反垄断法》，笔者也持此种观点。虽然提高公平竞争审查制度立法层次的途径有两种，一是直接制定公平竞争审查的法律进行全面的规定；二是在《反垄断法》修正时增加这方面的内容，建立起若干基本的制度规则，但相对来说，后一种选择更为可行，也利于形成我国以《反垄断法》为核心的竞争政策体系。[②] 有学者将公平竞争审查制度与《反垄断法》的条文进行了对比，认为公平竞争审查制度内生于反垄断法，它以反垄断法中禁止行政性垄断的内容为基础进行细化，以"排除、限制竞争"（竞争效果）分析为原则性标准进行构建，因而，将公平竞争审查制度纳入《反垄断法》的实施框架的条件较充足。[③] 将公平竞争审查制度融入《反垄断法》，可以从根本上破解现有的公平竞争审查制度和《反垄断法》各自都无法充分有效规制行政性垄断的困局，既可以实现对政府干预市场行为的刚性约束，又有利于进一步树立《反垄断法》的"经济宪法"地位，还有利于节约立法资源、减少执法成本和守法成本从而减少制度成本。[④] 总之，《反垄断法》与公平竞争审查制度的目标定位和价值取向高度契合，将二者融为一体具有相当的理论说服力和立法上的可操作性。

（二）《反垄断法》应详细规定还是概括性规定公平竞争审查制度

在 2022 年《反垄断法》修正过程中，一些学者建议，进一步细化公平竞争审查制

---

① 参见金善明：《公平竞争审查机制的制度检讨及路径优化》，载《法学》2019 年第 12 期。

② 参见王先林：《公平竞争审查制度与我国反垄断战略》，载《中国市场监管研究》2016 年第 12 期。

③ 参见黄勇、吴白丁、张占江：《竞争政策视野下公平竞争审查制度的实施》，载《价格理论与实践》2016 年第 4 期。

④ 参见孙晋：《新时代确立竞争政策基础性地位的现实意义及其法律实现——兼议〈反垄断法〉的修改》，载《政法论坛》2019 年第 2 期。

度的具体内容,尤其是明确公平竞争审查制度的定位、审查范围、法律后果。在此基础上,有学者认为,应当把公平竞争审查制度以专章立法的形式写入《反垄断法》中,对公平竞争审查制度的实施机制进行体系化、全面化的规定,明确竞争主管机构参与和影响公平竞争审查过程的相应职权,亦即真正意义上确立竞争主管机构对产业政策措施的竞争审查权,防止产业法的实施过程排除、限制竞争。① 但其他学者认为,我国已经建立了较为完善的公平竞争审查制度,《反垄断法》无须再赘述细节,只需做出原则性的规定即可,否则就可能冲淡《反垄断法》的主要内容,产生喧宾夺主的后果。② 细化公平竞争审查制度的任务可以交给《公平竞争审查制度实施细则》等行政法规和部门规章,这既有利于公平竞争审查制度的实施,也有利于保持《反垄断法》的稳定性。笔者认为,后一种观点更为合理,待将来我国竞争立法采取合并模式,即制定统一的竞争法时,可以再专章规定公平竞争审查制度。

(三)公平竞争审查制度的完善

在公平竞争审查的对象方面,《反垄断法》的规定仅包括"行政机关和法律、法规授权的具有管理公共事务职能的组织制定的涉及市场主体经济活动的规定"。我国立法、司法等公权力机关,都会通过招投标的方式采购物品,他们的这些行为也应进行公平竞争审查。③ 因此,法律规定应当对公平竞争审查的对象予以扩充,将所有公权力机关制定的涉及市场主体经济活动的规定包括在内。

在公平竞争审查的方式方面,《反垄断法》规定的是以政策制定机关自我审查为主、以外部监督和第三方评估为辅的审查方式。但是,自我审查机制实际上面临着多重悖论式的困局,如果政策制定机关认为实施反竞争行为符合其最大化利益,那么自我审查就是不真诚的;如果其认为竞争对自身有利,自然会主动寻求合规,要求其进行自我审查就是不必要的;如果其竞争立场是中立的,但欠缺竞争评估的能力,那么自我审查就是没有意义的。④ 这可能使公平竞争审查制度流于形式,不能真正起到保障公平竞争的作用。为破解这一困局,建立自我审查与反垄断执法机构监督

---

① 参见刘大洪、刘谋鑫:《〈反垄断法〉修订背景下产业法与竞争法适用关系的制度重构》,载《江汉论坛》2021 年第 10 期。

② 参见王先林:《〈反垄断法〉修订草案的主要亮点和完善建议》,载微信公众号"武大知识产权与竞争法"2021 年 11 月 29 日,https://mp. weixin. qq. com/s/kGlMwAQ2x_M3y5CPQxYJCw。

③ 参见于左:《进一步完善我国〈反垄断法〉的建议》,载微信公众号"武大知识产权与竞争法"2021 年 11 月 29 日,https://mp. weixin. qq. com/s/kGlMwAQ2x_M3y5CPQxYJCw。

④ 参见李俊峰:《公平竞争自我审查的困局及其破解》,载《华东政法大学学报》2017 年第 1 期。

并以后者为中心的二元体制和机制,①可能是将来完善公平竞争审查制度的方向。

第六条 允许经营者依法实施集中

一、条文

第六条 经营者可以通过公平竞争、自愿联合,依法实施集中,扩大经营规模,提高市场竞争能力。

【条文主旨】本条是对允许经营者依法实施集中的规定。

二、立法理由

2006年,第十届全国人民代表大会常务委员会第二十二次会议首次审议《反垄断法(草案)》时,本条并未写入草案。2007年,第十届全国人民代表大会常务委员会第二十八次会议再次审议《反垄断法(草案)》时,新增了本条。对此,全国人大法律委员会解释道:"有些常委会组成人员和地方、部门、行业协会、企业提出,制定反垄断法,应从我国现阶段经济发展的实际情况出发,既要防止经营者过度集中形成垄断,又要有利于国内企业通过依法兼并做大做强、发展规模经济,提高产业集中度,增强竞争力。法律委员会经同财政经济委员会和国务院有关部门研究,建议在草案规定对'经营者集中'实行反垄断审查制度的同时,在'总则'中增加一条规定:'经营者可以通过公平竞争、自愿联合,依法实施集中,扩大经营规模,提高市场竞争能力。'"②

三、条文解读

经营者集中对竞争的影响是双重的。从消极方面来看,经营者集中可能产生或加强经营者排除、限制竞争的能力、动机及其可能性,破坏相关市场的有效竞争,影响相关行业的健康发展,对国民经济造成不利影响。尤其是经营者通过控制生产要素、销售渠道、关键设施等方式提高相关市场的进入壁垒,通过降低研发投入以及阻碍其他经营者对相关技术的投入、研发和利用阻碍技术进步,通过提高价格、降低质量、限制产销量等方式损害消费者利益。从积极方面来看,经营者集中可能起到促进竞争的作用。经营者集中有助于扩大经营规模,实现规模经济效应和范围经济效

---

① 参见刘继峰:《论公平竞争审查制度中的问题与解决》,载《价格理论与实践》2016年第11期。

② 胡康生:《全国人大法律委员会关于〈中华人民共和国反垄断法(草案)〉修改情况的汇报》,载中国人大网2007年6月24日,http://www.npc.gov.cn/zgrdw/npc/zt/2007-06/24/content_1382614.htm。

应、降低产品成本、促进产品多样化,增强市场竞争力,从而提高经济效率,促进国民经济发展。经营者集中还会增加相关市场其他经营者的竞争压力,有利于促使其他经营者提高产品质量,降低产品价格,增进消费者利益。此外,经营者通过集中,既可以更好地整合技术研发的资源和力量,也会对技术进步产生积极影响。因此,《反垄断法》在禁止排除、限制竞争的经营者集中的同时,允许经营者公平竞争、自愿联合,依法实施集中,扩大经营规模,提高市场竞争能力。

在反垄断法的视野下,依法实施的经营者集中包括两类:一是达到集中的申报标准,经营者依法进行申报,反垄断执法机构审查后允许集中或附条件允许集中;二是未达到集中的申报标准,经营者自行实施集中,且反垄断执法机构未进行事后调查或调查后仍认为集中不具有排除、限制竞争效果。当然,依法实施集中不仅需要遵守《反垄断法》,还需要遵守其他法律法规的有关规定,例如,《公司法》关于公司合并的规定、《证券法》关于信息披露的规定、《外商投资法》关于投资准入的规定等。

四、学术讨论

(一)建议删除本条规定

笔者认为,应将本条规定从《反垄断法》中删除。一方面,《反垄断法》中的控制经营者集中制度只关注具有或可能具有排除、限制竞争效果的经营者集中,根据"法无禁止即自由"的一般原理,经营者当然可以实施不具有排除、限制竞争效果的经营者集中,而无须在《反垄断法》中对此予以重申,本条规定只有象征性的宣示意义,没有实际作用。另一方面,在立法技术上,将该条置入总则,在位置和结构上显得不协调,破坏了总则的立法结构。[①] 既然在总则中规定经营者可以依法实施集中,那是否也要规定经营者可以依法达成不具有排除、限制竞争效果的垄断协议;经营者可以依法获取市场支配地位;经营者可以依法实施《反垄断法》不禁止的其他行为等。这显然是没有必要的。

(二)若要保留本条规定,则建议删除"通过公平竞争、自愿联合"的表述

笔者认为,若要保留本条规定,则应删除"通过公平竞争、自愿联合"的表述。保护市场公平竞争作为《反垄断法》的立法目的,已在第1条中予以强调,此处无须再次强调,况且经营者集中更多地体现了市场自由竞争而非公平竞争。"联合"一词的

① 参见时建中主编:《〈中华人民共和国反垄断法〉专家修改建议稿及详细说明》,中国政法大学出版社2020年版,第13页。

含义较为宽泛,并不限于经营者集中的情形,经营者达成垄断协议是一种“联合”行为,经营者共同滥用市场支配地位也是一种“联合”行为,《反垄断法》在很大程度上就是要禁止经营者之间的“联合”行为,而“自愿联合”的表述与《反垄断法》的这种价值目标相悖。因此,删除“通过公平竞争、自愿联合”的表述,保留“经营者可以依法实施集中,扩大经营规模,提高市场竞争能力”即可。

第七条 禁止经营者滥用市场支配地位

一、条文

第七条 具有市场支配地位的经营者,不得滥用市场支配地位,排除、限制竞争。

【条文主旨】本条是对禁止经营者滥用市场支配地位的原则性规定。

二、立法理由

与第6条类似,本条也是2007年第十届全国人民代表大会常务委员会第二十八次会议第二次审议《反垄断法(草案)》时增加的条文。对此,全国人大法律委员会解释道:“有些常委会组成人员和地方、部门提出,许多国家的反垄断法并不禁止企业取得市场支配地位,而只是禁止滥用市场支配地位,损害消费者和其他经营者的合法权益。我国的《反垄断法》也应明确体现这一原则,以既有利于增强国有经济在关系国家安全和国民经济命脉的重要行业和关键领域的控制力,促进国内企业做大做强;又有利于预防和制止具有优势地位的企业滥用市场支配地位,损害消费者和其他经营者的合法权益。法律委员会经同财政经济委员会和国务院有关部门研究,建议在‘总则’中增加一条规定:‘具有市场支配地位的经营者,不得滥用市场支配地位,排除、限制竞争。’”①

三、条文解读

本条表明,我国《反垄断法》只禁止经营者滥用市场支配地位的行为,而不禁止其合法获取市场支配地位的行为。实践中,经营者合法获取市场支配地位的途径主要有3种:一是基于竞争取得市场支配地位。在激烈的市场竞争中,经营者通过不断改进技术、降低成本、提高质量、创新商业模式等方式,可以获得竞争优势,从而扩

---

① 胡康生:《全国人大法律委员会关于〈中华人民共和国反垄断法(草案)〉修改情况的汇报》,载中国人大网2007年6月24日,http://www.npc.gov.cn/zgrdw/npc/zt/2007-06/24/content_1382614.htm。

大市场份额，最终取得市场支配地位。二是基于国家授权取得市场支配地位。在某些特殊行业，例如，关系国民经济命脉和国家安全的行业以及依法实行专营专卖的行业，国家会有意控制市场竞争，以维护国家利益和社会公共利益，从而仅允许一个或者少量经营者进入市场，这些经营者就可以取得市场支配地位。三是基于自然垄断而取得市场支配地位。在供水、供电、供暖、铁路等行业，建设大规模的网络才能进行经营，此类行业投资金额大、周期长、回笼慢，需要充分发挥规模经济效应。而且，不同经营者重复进行建设会浪费大量资源，由单个经营者进行经营比多个经营者竞争更有效率，如此一来，经营者便可取得市场支配地位。

我国《反垄断法》所禁止的滥用市场支配地位包括 3 个构成要件：一是主体要件，即经营者必须具有市场支配地位。主体要件的判断方式包括《反垄断法》第 24 条所规定的市场支配地位的推定，以及第 23 条所规定的市场支配地位的具体认定，这两种方式通常都以界定相关市场为前提。二是行为要件，即存在滥用行为。行为要件的判断主要依据《反垄断法》第 22 条的规定，该条列举了 6 种具体的滥用行为并规定了兜底条款。三是效果要件，即该行为具有排除、限制竞争的效果，这是滥用市场支配地位的行为受到《反垄断法》否定性评价的根本原因。但从本质上来说，任何竞争行为都会产生一定的排除、限制竞争的效果，《反垄断法》禁止的滥用市场支配地位的行为对竞争的排除、限制效果必须是严重的、不合理的。

四、学术讨论

（一）建议删除本条规定

如前所述，本条规定的意义在于声明我国《反垄断法》只禁止滥用市场支配地位的行为，而不禁止市场支配地位本身。实际上，根据“法无禁止即自由”的一般原理，即使没有本条规定，我国《反垄断法》也不禁止经营者拥有市场支配地位，而且《反垄断法》第 3 条和第 22 条已经体现了这一理念。经过 10 多年的反垄断实践，我国经营者也不会误解为《反垄断法》禁止市场支配地位。因此，本条规定没有实际意义，建议删除。

（二）如果不删除本条规定，则将本条移至第 3 章

如果不删除本条规定，可以考虑将本条移至《反垄断法》第 3 章“滥用市场支配地位”，作为该章的第 1 条，或者将本条内容吸收至《反垄断法》第 22 条，将第 22 条第 1 款修改为“禁止具有市场支配地位的经营者从事下列滥用市场支配地位的行为，排除、限制竞争……”。这样做有一个好处，就是明确了认定滥用市场支配地位的行为时要对效果要件进行判断。现行《反垄断法》第 3 章并未明确效果要件，只规

定了主体要件和行为要件。实际上,具有市场支配地位的经营者并非只要实施了第22条所列举的滥用行为就应受到《反垄断法》的处罚,还需要满足效果要件。因为有些滥用行为可能是偶然的,例如,经营者若只实施了一次不公平高价行为,很可能不会产生排除、限制竞争的效果,因而不需要施加反垄断处罚,当然,经营者的此类行为可能受到价格法上的处罚。

第八条 特定行业经营者的经营行为

一、条文

第八条 国有经济占控制地位的关系国民经济命脉和国家安全的行业以及依法实行专营专卖的行业,国家对其经营者的合法经营活动予以保护,并对经营者的经营行为及其商品和服务的价格依法实施监管和调控,维护消费者利益,促进技术进步。

前款规定行业的经营者应当依法经营,诚实守信,严格自律,接受社会公众的监督,不得利用其控制地位或者专营专卖地位损害消费者利益。

【条文主旨】本条是对特定行业经营者的经营行为的规定。

二、立法理由

根据我国社会主义市场经济的性质和国民经济健康、有序发展的要求,关系国民经济命脉和国家安全的行业,如电网,铁路路网,供水、供气、供热管网,长距离输油输气管道等行业的基础设施不宜重复建设和多家经营,具有自然垄断性质。此外,一些依法实行专营专卖的行业如烟草业、盐业等,也一般由国家设立或者控股的企业经营。[①] 一方面,对于这些企业合法的经营活动,国家应当予以保护,以满足人民群众的生产、生活需要,保障我国经济平稳运行,维护我国国家安全。另一方面,这些特定行业的竞争本身就受到限制,而这些企业又具有市场支配地位,很容易滥用其支配地位排除、限制竞争,破坏市场秩序、损害消费者利益。因此,这些企业必须遵守《反垄断法》的规定,不得实施达成垄断协议、滥用市场支配地位等垄断行为。此外,这些企业也要遵守《价格法》《消费者权益保护法》等法律法规的规定,依法诚信经营。总之,本条规定体现了我国既要保障国有经济在重点行业和关键领域的控制地位,又

---

① 参见全国人大常委会法制工作委员会经济法室编:《〈中华人民共和国反垄断法〉条文说明、立法理由及相关规定》,北京大学出版社2007年版,第34页。

要加快推进垄断行业改革、引入竞争机制并对经营者实施有效监管的理念。

三、条文解读

（一）关系国民经济命脉和国家安全的行业

“关系国民经济命脉和国家安全的行业”并非明确的法律概念，可解释空间较大，国家安全与国民经济命脉既有重合又有不同。一般来说，“国家安全”是指政治安全和国防安全，它主要涉及“国防或军事利益，或维持法律或公共秩序的利益”。[①]随着经济社会的发展，国家安全的范畴已经扩展至经济安全等非传统安全领域。[②]“关系国民经济命脉”的行业可以理解为关系国家经济安全的行业。因此，与之并列的“国家安全”可以理解为狭义的传统安全，即政治和国防安全。

“十一五”规划、“十二五”规划以及中共中央、国务院印发的《关于深化国有企业改革的指导意见》等文件，都提到了“推动国有资本向关系国家安全和国民经济命脉的重要行业和关键领域集中”。根据国资委《关于推进国有资本调整和国有企业重组的指导意见》，重要行业和关键领域主要包括：涉及国家安全的行业；重大基础设施和重要矿产资源，提供重要公共产品和服务的行业；支柱产业和高新技术产业中的重要骨干企业。

（二）依法实行专营专卖的行业

某些商品或服务具有特殊性，国家为控制特殊商品或服务的使用范围、保障其质量以及增加国家财政收入，在这些行业实行专营专卖制度。目前，我国依法实行专营专卖的行业主要包括以下几类：(1)根据《烟草专卖法》的规定，国家对卷烟、烟丝、烟叶等烟草专卖品的生产、销售、进出口实行专卖管理。(2)根据《食盐专营办法》的规定，国家实行食盐专营管理。(3)根据《邮政法》和《邮政法实施细则》的规定，信函、明信片或者其他具有信件性质的物品的寄递业务，由邮政企业专营。(4)根据《甘草麻黄草专营和许可证管理办法》的规定，国家对甘草和麻黄草收购、加工和销售实行专营制度。(5)根据《核安全法》的规定，高水平放射性废物实行集中深地质处置，由国务院指定的单位专营。(6)根据《出口管制法》的规定，国家实行军品出口专营制度。

（三）对特定行业经营者的保护与监管并重

上述特定行业涉及国民经济命脉，与国家利益和社会公共利益关系密切，国家

---

① 参见张乃根：《国际经贸条约的安全例外条款及其解释问题》，载《法治研究》2020年第1期。

② 参见韩秀丽：《论“国家安全”名义下争端的可裁决性及法律适用》，载曾华群主编：《国际经济新秩序与国际经济法新发展》，法律出版社2009年版，第719页。

必须保护这些经营者的合法经营活动。结合该条规定的立法目的和语境,"合法经营活动"势必包含某些具有限制竞争效果的经营行为,也即,这些行业中的国有企业的某些垄断行为如果"合法",将不受《反垄断法》的规制。[①] 与此同时,为防止这些行业的经营者利用其控制地位或者专营专卖地位损害消费者利益,国家需要对其经营行为及其商品和服务的价格依法实施监管和调控。这些行业的经营者比一般的经营者负有更严格的法律责任,他们不仅要依法经营、诚实守信,还要严格自律、接受社会公众的监督。如果这些经营者的经营行为超出了法律法规授权的范围,便可能落入反垄断法、价格法、消费者权益保护法或行业监管法的管辖范畴。

四、学术讨论

(一)本条是否会使国有企业豁免于《反垄断法》

在我国《反垄断法》的制定过程中,关于国有企业是否应获得特殊待遇的问题引起了激烈的争论,最终立法机关采取模糊化的处理方式,于是形成了本条。然而,这种模糊化处理并未完全平息争议,学者们对本条的解释出现了明显分歧:有学者认为,根据本条规定,国有企业获得了特殊待遇,即豁免于适用《反垄断法》;反对者则认为,《反垄断法》并没有给予国有企业特殊待遇,国有企业也需要遵守《反垄断法》的规定。[②] 还有学者认为,《反垄断法》无法将国有企业所担负的特殊使命及其特殊的运行规则纳入其规制范围,因而国有企业不适用《反垄断法》,但不应免于反垄断,国有企业反垄断问题应专门立法。[③] 经过多年的反垄断执法实践和理论探讨,学界目前的主流观点是,本条仅豁免国有企业合法地取得市场支配地位,但不豁免其"合法经营活动"以外的垄断行为。

(二)应否删除本条规定

自我国《反垄断法》出台以来,有不少观点认为应删除本条规定。一方面,我国《反垄断法》不禁止经营者合法地取得市场支配地位,本条规定并未对国有企业起到真正的豁免作用。另一方面,任何经营者的合法经营活动都受到我国法律的保护,没有必要在此处强调我国保护特定行业的国有企业的合法经营活动。相反,本条规定容易让国有企业误认为自身享有特权,从而降低其遵守《反垄断法》的自觉性。笔者认为,我国《反垄断法》仍应保留本条规定。相比于以营利为目的的民营企业,国

---

① 参见李国海:《论反垄断法对国有企业的豁免》,载《法学评论》2017 年第 4 期。

② 参见李国海:《反垄断法适用于国有企业的基本理据与立法模式选择》,载《中南大学学报(社会科学版)》2017 年第 7 期。

③ 参见丁国民:《国有企业垄断问题的立法回应》,载《学术论坛》2011 年第 3 期。

有企业承担着更多的公共职能，尤其是在增加财政收入、维护政治稳定、进行经济调控等方面，以维护市场竞争为己任的反垄断法并不能兼容这些职能。从经济法整体的角度来看，国有企业相关的法律法规属于国家投资经营法，而反垄断法属于市场规制法，可见国有企业的法律法规与反垄断法在立法价值上存在差异甚至冲突。因此，有必要在《反垄断法》中专门强调对国有企业的保护和监管，这并非对国有企业与民营企业的差别对待，而是协调国有企业与《反垄断法》的冲突的需要。

（三）建议删除“国有经济占控制地位的”的表述

笔者认为，应删除本条中“国有经济占控制地位的”的表述。这样做既能避免误解，也不影响原有的立法意图。从语法结构来看，“国有经济占控制地位的”是“关系国民经济命脉和国家安全的行业以及依法实行专营专卖的行业”的定语，起着限定范围的作用。删除这一定语后，本条所保护的范围扩大了，不仅包括“国有经济占控制地位的”领域，还包括民营经济和不占控制地位的国有经济领域。不论所有制如何，只要是“关系国民经济命脉和国家安全的行业以及依法实行专营专卖的行业”，国家都对该行业经营者的合法经营活动予以保护，这有助于彰显国有企业与民营企业在市场经济中的平等地位，[①]也为推进垄断行业改革、引入竞争机制留下了空间。

（四）建议将第 2 款中的“控制地位”修改为“市场支配地位”

本条第 2 款规定，特定行业的经营者“不得利用其控制地位或者专营专卖地位损害消费者利益”，本书认为，应将此处的“控制地位”修改为“市场支配地位”。之所以使用“控制地位”的表述，是为了与本条第 1 款中的“国有经济占控制地位的”相呼应。如前所述，若将这一定语删除，第 2 款便无呼应的必要。“控制地位”并非反垄断法的术语，我国《反垄断法》中也没有明确的定义，这将给法律适用带来困难。“控制地位”所表达的实际上就是“市场支配地位”，如此修改可以避免产生误解。

第九条　禁止数字经济领域的垄断行为

一、条文

> **第九条　经营者不得利用数据和算法、技术、资本优势以及平台规则等从事本法禁止的垄断行为。**

---

① 参见时建中主编：《〈中华人民共和国反垄断法〉专家修改建议稿及详细说明》，中国政法大学出版社 2020 年版，第 15 页。

【条文主旨】本条是关于数字经济领域垄断行为的一般性规定。

二、立法理由

数字经济的飞速发展为我国经济注入了新动能，与此同时，在网络效应、锁定效应等因素的作用下，数字经济领域的垄断问题也越发严重。数字技术催生了大量涉嫌垄断的新型市场行为，例如，大数据杀熟、强制“二选一”、算法共谋、猎杀式收购、平台自我优待等。相比于传统垄断行为在法益损害上的显著性，新型市场行为往往与新技术、新商业模式等相互交织，在利益平衡上表现得更加复杂和微妙，在形式上也更加智能化、隐蔽化，反垄断执法机构对其的甄别、认定越发困难。随着数字经济深度嵌入人们日常生产、生活，它在方方面面重塑着人们的行为方式和思维方式，数字经济领域的垄断行为对竞争秩序的损害更加彻底、更具颠覆性，影响范围也更加广泛。《反垄断法》需要对此作出回应，以规范数字经济领域的竞争秩序，促进数字经济持续、健康发展。因此，2022 年修法时新增本条，明确禁止数字经济领域的垄断行为。

三、条文解读

（一）数据和算法

“数据”一词包含“数字”与“依据”两层含义。“数字”的表现形式并非狭义上的“0、1、2、3”等，还包括文字、字母、图像、音频、视频等形式，它是对事物的数量、形状、位置等客观属性的抽象表示。“依据”是指，这些“数字”可以为统计、计算、科学研究、技术设计、商业管理等提供支撑。在计算机中，数据一般是以二进制（数字 0 和 1）的形式存储的。随着信息网络技术的发展，人类社会的一切活动和自然环境的任何变化都可以以“数据”的形式被记录下来。当大规模的数据集合在一起时，就会产生量变引起质变的效果，形成“大数据”。经营者通过收集、分析数据，可以把握市场需求变化，及时调整经营策略，从而获得竞争优势。2020 年 3 月 30 日，国务院发布的《关于构建更加完善的要素市场化配置体制机制的意见》将数据确定为与土地、劳动力、资本、技术并列的生产要素，充分肯定了数据对社会经济发展的重要价值。

“算法”的基本含义为计算方法，本条中所称的“算法”指计算机科学领域的“算法”，即一个被定义好的、计算机可施行其指示的有限步骤或次序，常用于计算、数据处理和自动推理。算法执行时，从一个初始状态和初始输入开始，经过一系列有限而清晰定义的连续过程，产生输出并停止于一个最终结束状态。算法须具备 5 个重要特征，即有输入项、有输出项、步骤有限、描述明确、操作具有可行性。在数据和算法的关系方面，数据相当于石油，算法相当于引擎。算法可以用来处理数据，从中提取出有价值的信息。但算法本身可能存在一些不足,在处理数据时出现错误,大量的数据可以不断训练和优化算法,进一步提高算法处理数据的效率。

从本质上来说,数据具有非竞争性,一个使用者对数据的使用并不会减少它对其他使用者的供应,也就是说,增加使用者的边际成本为零。因此,只有促进数据的交易、流通、共享,才能充分挖掘数据的价值,释放数据的潜力。但是,拥有大量数据的经营者可能获得强大的市场力量,形成市场进入壁垒,若不对其利用数据的行为加以限制,便可能损害市场竞争。算法可能成为经营者实施垄断行为的技术手段,如大数据杀熟、算法共谋等,经营者还可能通过算法监督垄断行为的实施情况。值得注意的是,本条规定的表述是"数据和算法、技术、资本优势……"而不是"数据、算法、技术、资本优势……",因为单纯的数据或者单纯的算法本身是很难被用于实施垄断行为的,所以本条规定的含义是禁止经营者将数据和算法结合用于实施垄断行为。

(二)技术

"技术"的含义十分广泛,它是解决某一问题的知识,既包括发明、实用新型、外观设计、商业秘密、植物新品种等受知识产权保护的知识,也包括不受知识产权保护的技巧、工艺、技能等知识。本条规定中所称的"技术",主要是指数字技术,即可以将各种数据或信息转化为计算机可以识别的语言,并进行加工、储存、分析、传递的技术,包括云计算、云存储、大数据、人工智能、5G 通信、物联网、区块链、虚拟现实等技术。数字技术是数字经济得以产生和发展的根基,若这些技术被经营者用于实施垄断行为,便违背了技术发展的初衷,会严重损害竞争秩序和消费者利益,对数字经济产生难以估量的危害。

(三)资本优势

"资本"是人类用来创造物质和精神财富的各种社会经济资源的总称,包含一切投入再生产过程的有形资本、无形资本、金融资本和人力资本等。不能将"资本"狭隘地理解为"资产"或"资金",尽管它们是"资本"最常见的表现形式。"资本优势"是指,一个经营者相比于其他经营者资本更为充足而获得的竞争优势。实践中,一些经营者推动资本无序扩张,不断累积资本优势,对竞争秩序产生较大的威胁。猎杀式收购是一个典型例子,它是指经营者通过收购未来可能对其构成竞争威胁的初创企业,从而阻止竞争者进入相关市场,消弭市场的有效竞争。由于被收购的初创企业营业规模较小,此类交易往往达不到经营者集中的申报门槛,因而执法机构很难对其施加反垄断监管。

（四）平台规则

“平台规则”，是数字平台为落实法律法规的要求，明确平台各方的权利义务，维护平台秩序而制定的规则，通常表现为用户服务协议、使用前必读、隐私政策等形式。由于网络空间的自由度较高，数字平台内很容易出现低俗、违法信息，为了维护良好的平台环境，数字平台需要制定合理的平台规则并以此为依据进行管理。平台规则属于民法中的格式条款，具有单方性和不可协商性。平台规则往往包含“使用即同意”的条款，即使规则发生变化，平台也只需要公布规则而不需要征得用户同意。用户仅能表示接受或拒绝，后者则以退出平台为代价，除此之外，用户并无与平台协商或讨价还价的余地。因此，平台规则更多地体现了平台单方面的意志，而非平台与用户基于平等协商形成的合意。由于数字平台掌握着规则的制定、解释和执行权，其可能滥用删除评论、禁止发言、封禁账号等自治便利损害用户权益。此外，数字平台还可能滥用平台规则，排除、限制竞争对手使用其平台，从而损害竞争秩序。

四、学术讨论

（一）建议删除本条规定

在2022年修法过程中，一些学者建议删除本条规定，本书也持此种观点。一方面，数据和算法、技术、资本优势以及平台规则等概念在法律中并没有确切的定义，将它们写入《反垄断法》会增加法律的不确定性。另一方面，数据和算法、技术、资本优势以及平台规则都只是实施垄断行为的新型手段和工具，并非新的垄断行为类型。与传统的垄断行为相同，利用这些新型手段和工具实施的垄断行为都受到《反垄断法》关于禁止垄断协议、禁止滥用市场支配地位、控制经营者集中、禁止行政性垄断等规定的约束，没有必要新增一个条文进行强调。因此，本条规定主要起到宣示作用，对于促进《反垄断法》实施的实际作用有限。

（二）平台规则的法律规制

数字平台作为民事主体，其对平台规则的制定、解释和执行权当然属于私权利。但是，数字平台正逐渐介入互联网管制、公共服务提供、政策制定与实施中。基于监管成本和代理成本的差异，监管机构一般不愿意直接对用户采取监管措施，而是选择让网络平台“代行”管理用户的职责。平台在事实上承担着维护网络市场秩序、保障用户权益等公共职能，其公共属性日益凸显。平台的治理权呈现出“权力”的部分特征，平台的规则制定权是一种“准立法权”，规则执行权与争议解决权是“准行政权”以及“准司法权”。然而，由于缺乏正当程序等公法规则的限制，数字平台主体可能滥用手中的“权力”，损害用户合法权益与公共利益。因此，法律有必要对数字平台所拥有的平台规则的制定、解释和执行权予以适当约束。

在平台规则的制定方面，第一，平台规则应具有明确性，能够明确相关利益主体进入和退出平台、商品和服务质量保障、消费者权益保护、个人信息保护等方面的权利和义务。第二，平台负有及时公示、公开的义务，应以明显的方式公示平台规则；如果规则需要修改，平台应公开征求意见，并及时公示修改后的规则；平台对违反平台规则行为的处置结果也应及时公示。第三，应建立平台规则的备案审查机制。为避免数字平台利用平台规则侵犯消费者或其他经营者的合法权益，损害公平竞争秩序，监管机构应对平台规则进行备案审查，但不宜采用过高的审查标准，否则，一方面会加重审查机关的负担，另一方面也会对平台规则塑造的管理秩序造成冲击。

在平台规则的执行方面，如果数字平台没有正当理由，利用平台规则对平台内的经营者或消费者施加不合理的限制，收取不合理的费用，或者针对不同主体选择性地“执法”，就可能受到法律的否定性评价。此时，如果平台具有市场支配地位，可援引《反垄断法》中的禁止滥用市场支配地位制度对其进行规制；如果平台不具备市场支配地位，则可援引《反不正当竞争法》第 12 条的兜底条款或者第 2 条一般条款予以规制。

第十条　禁止行政性垄断

一、条文

第十条　行政机关和法律、法规授权的具有管理公共事务职能的组织不得滥用行政权力，排除、限制竞争。

【条文主旨】本条是关于禁止行政性垄断的原则性规定。

二、立法理由

行政性垄断，或称行政性限制竞争行为，是与产生于市场主体的经济性垄断相区别的一种垄断行为。在我国建立现代化经济体系的过程中，强调对政府干预市场的权力进行规范和制约具有重要的现实意义。我国市场经济的孕育、形成和发展，政府不仅是推动经济发展的原初性动力，而且是促进市场化改革的主导性力量，政府在经济发展和市场形成中须臾不可或缺。

对于如何规制行政性垄断，在《反垄断法》的立法过程中出现了一些分歧。一种观点认为,我国市场还需进一步健全,政府行为还有待进一步规范,这种体制问题是行政性垄断产生的根本原因。要从根本上解决行政性垄断问题,就要继续深化经济体制和行政管理体制改革,加强对行政权的监督,这不是反垄断法所能解决的问题。反垄断法关注的是经济性垄断问题,行政性垄断应由其他法律法规来规制。2022 年《反垄断法》修正时仍有一些学者坚持此种观点。另一种观点则认为,尽管解决行政性垄断问题需要改革经济、行政管理体制,但反垄断法并不是完全无能为力的。反垄断法如果明确界定行政性垄断的标准,并准确列举其主要表现形式,规定严厉的处置措施,就能使这些行政性垄断的违法性暴露于公众视野,并使法律实施机关受理和处置案件有了明确的准绳。① 立法机关最终采纳了第二种观点,认为从我国的国情出发,在《反垄断法》这一保护竞争的专门性、基础性法律中,对禁止行政性垄断行为作出明确、具体的规定,既表明国家对行政性垄断行为的重视和坚决反对的态度,又能够进一步预防和制止行政性垄断的行为。② 通过反垄断法规制行政性垄断并非我国独有的做法,例如,俄罗斯《有关保护竞争的联邦法》第 3 条明确将行政机关实施的垄断行为纳入适用范围,并在第 3 章专章规定,禁止联邦行政机构、俄罗斯联邦成员的公共机构、地方自治机构、行使上述机构职能的其他机构或组织,以及参与提供公共或市政服务的组织、公共预算外资金和俄罗斯联邦中央银行实施限制竞争行为。此外,保加利亚、乌克兰等国的反垄断法也对行政性垄断作出了规定。可见,以反垄断法规制行政性垄断已成为许多新型经济体国家通行的做法。

三、条文解读

(一)行政性垄断的主体要件

行政性垄断的主体是行政机关和法律、法规授权的具有管理公共事务职能的组织。单从文义上看,这里的"行政机关"包括中央人民政府(国务院)和地方各级人民政府,以及中央和地方各级人民政府所属的行政部门。但是从立法目的来看,应将国务院从中排除,因为国务院作为国家最高行政机关,其行为属于国家行为,其实施的限制竞争行为应视为国家垄断。与行政性垄断不同,国家垄断是合法的,它是指国家运用政权的力量,通过国营经济组织对某些重要产业部门或产品的生产及市场实行一定程度的独占或统管,其目的在于发展重要的、有关国计民生的产业。这

① 参见漆多俊:《中国反垄断立法问题研究》,载《法学评论》1997 年第 4 期。

② 参见全国人大常委会法制工作委员会经济法室编:《〈中华人民共和国反垄断法〉条文说明、立法理由及相关规定》,北京大学出版社 2007 年版,第 37 页。

里的“法律、法规授权的具有管理公共事务职能的组织”是指，本身不属于行政机关，但是依照法律、行政法规或地方性法规的授权而获得一定行政权的组织，这些组织可以在授权范围内履行管理公共事务的职能。行政性垄断的主体限于行政主体，不涉及立法机关、司法机关和监察机关。

（二）行政性垄断的行为要件

行政性垄断的行为要件是行政主体滥用行政权力。行政机关和法律、法规授权的具有管理公共事务职能的组织为了履行其职能，经常需要对经济活动进行干预，如宏观调控行为和市场监管行为，但如果他们滥用行政权力排除、限制竞争，便可能落入《反垄断法》的管辖范畴。这里的“滥用”主要包括“不合法”和“不合理”两种情形。“不合法”包括没有法律授权、超越法律授权、违反法定标准等；而“不合理”则主要是指违反市场规律和政府理性目标。① 滥用行政权的方式包括具体行政行为与抽象行政行为。具体行政行为是指行政主体就特定的事项，对特定的公民、法人或其他组织作出的有关其权利义务的单方行为；抽象行政行为则是指行政主体在行政管理中针对不特定的人和事制定具有普遍约束力的规范性文件的活动。尽管在行政诉讼法中抽象行政行为是不可以直接提起诉讼的，但《反垄断法》明确规定禁止通过此种方式实施行政性垄断，任何单位和个人都有权向反垄断执法机构举报。

（三）行政性垄断的效果要件

行政性垄断的效果要件，是指行政主体滥用行政权力的行为产生排除、限制竞争的效果。与经济性垄断相似，行政性垄断也会破坏市场竞争秩序，扭曲价值规律，使市场机制无法正常发挥作用，妨碍全国统一市场的形成和发展，损害消费者利益。因为它是依靠行政强制力实施的，对市场竞争的影响更为直接和持久。如果滥用行政权力的行为不具有排除、限制竞争的效果，就不属于反垄断法所规制的范畴，而是行政法、监察法、刑法等部门法所关注的内容。

根据行政性垄断行为排除、限制竞争效果的不同，可以将其分为地区垄断、部门垄断以及其他利用行政权力实施的垄断。地区垄断也叫地区封锁，是指地方为保护本地区的利益，建立市场壁垒，排斥外地经营者参与本地竞争或禁止本地经营者参与外地竞争的行为，例如，对外地商品设定歧视性收费项目、采取专门针对外地商品的行政许可、设置关卡等。部门垄断也叫行业垄断，是指为保护本部门、本行业的利益，用行政权力排斥、妨碍其他部门的经营者参与本部门市场竞争的行为，例如，设

① 参见黄欣、周昀：《行政垄断与反垄断立法研究》，载《中国法学》2001年第3期。

立兼具经营和行政管理职能的行政性公司。其他利用行政权力实施的垄断,是指除地区垄断、部门垄断以外的行政性垄断行为,例如,用行政权力指定交易、强制经营者从事垄断行为。

四、学术讨论

我国《反垄断法》规定,行政性垄断的主体是"行政机关和法律、法规授权的具有管理公共事务职能的组织"。"行政机关"的含义较为明确,理论上的争议不大,但是"法律、法规授权的具有管理公共事务职能的组织"的含义较为模糊,引起了一些争议。第一,将授权组织的权力来源限于法律、法规过于狭隘。我国《行政诉讼法》第2条规定:"公民、法人或者其他组织认为行政机关和行政机关工作人员的行政行为侵犯其合法权益,有权依照本法向人民法院提起诉讼。前款所称行政行为,包括法律、法规、规章授权的组织作出的行政行为。"可见,授权组织的权力来源至少还包括规章,实践中还可能是其他规范性文件,或者没有明确的授权依据。第二,除了授权组织,实践中还存在许多受行政机关的委托而行使行政权的组织。它们的区别在于,授权组织以自己的名义作出行政行为,独立承担法律责任,而受委托组织以委托主体的名义作出行政行为,不能独立承担法律责任。实践中常见的受委托组织有各类技术检验、鉴定机构等。从理论上来说,任何行政主体都不应滥用行政权力排除、限制竞争,受委托组织也应被纳入行政性垄断的主体范围。因此,法律有必要适当扩大行政性垄断的主体范围,建议本条删除"法律、法规授权的"这一定语,将其修改为"行政机关和具有管理公共事务职能的组织"。

第十一条 反垄断立法、执法和司法

一、条文

> **第十一条 国家健全完善反垄断规则制度,强化反垄断监管力量,提高监管能力和监管体系现代化水平,加强反垄断执法司法,依法公正高效审理垄断案件,健全行政执法和司法衔接机制,维护公平竞争秩序。**

【条文主旨】本条是关于反垄断立法、执法和司法的一般规定。

二、立法理由

改革开放以来,我国反垄断规则制度也从无到有逐步建立起来。从1980年的国务院《关于开展和保护社会主义竞争的暂行规定》,到1993年的《反不正当竞争法》(已于2019年修正),再到2007年的《反垄断法》(已于2022年修正),以及配套的行政法规、规章、指南等,我国的反垄断规则制度已得到了较大的丰富。但是也要认识到,我国的反垄断规则制度仍不够全面、细致,仍需要不断健全和完善。此外,我国反垄断执法机构的人员配备较少,执法力量不足,难以满足日益专业化、科学化、精细化的反垄断执法需求,在应对数字经济领域的新型垄断行为时更加明显。这既制约了执法力度,也影响了执法效果,因而我国需要继续充实反垄断监管力量,提高监管能力和监管体系现代化水平。

长期以来,我国反垄断执法机构一直秉持"包容审慎监管"的理念,对许多行业实行"少监管"甚至"去监管"的反垄断政策,使一些企业长期处于自由、野蛮生长的状态。但是,我国市场中的垄断问题较为严重,尤其是在电子商务、生活服务、出行服务、即时通信等数字市场中,出现了诸如算法共谋、大数据杀熟、掠夺性定价、数据滥用等垄断行为,严重破坏了市场竞争秩序,损害了广大消费者的合法权益。党的十九大报告指出,我国经济已由高速增长阶段转向高质量发展阶段。因此,我国需要转变过于宽松的反垄断政策,加强反垄断执法。与中国并列为全球三大反垄断司法辖区的欧盟和美国,2019 年来对谷歌、苹果、脸书和亚马逊等科技巨头发起了数十起反垄断调查,并进行了创纪录的高额罚款。此外,日本、韩国、印度、土耳其、澳大利亚等国家和地区的反垄断政策也日趋严格。可以说,加强反垄断执法成为当前经济发展的全球共识。

全国人大常委会于 2021 年 10 月 23 日公布的《〈中华人民共和国反垄断法〉(修正草案)》有关本条的规定中仅强调了"加强反垄断执法",并未提及反垄断司法的相关内容。一些意见提出,建议法律规定人民法院可以对法律明示以外的垄断协议、滥用市场支配地位行为等进行认定;也有的意见提出,垄断案件的处理,政策性较强,对经济生活影响较大,由人民法院对法律明示以外的垄断行为进行认定是否合适,建议慎重研究。全国人民代表大会宪法和法律委员会经同有关方面研究后认为:人民法院审理垄断案件,在判决时需要对涉案行为是否构成垄断行为依法作出判断,其中包括对法律明示以外的垄断行为作出最终判断。考虑到这一问题实践探索不足,各方分歧较大,法律可只作原则规定,由有关方面通过加强行政执法与司法的衔接,在实践中进一步研究探索、凝聚共识。据此,最终通过的《反垄断法》将修正草案中的"加强反垄断执法"修改为"加强反垄断执法司法",并增加了"依法公正高效审理垄断案件,健全行政执法和司法衔接机制”的规定。①

三、条文解读

(一)国家健全完善反垄断规则制度

2022年,我国已初步构建了以《反垄断法》为核心,以配套行政法规、部门规章、司法解释、地方性法规、指南等为辅助的多层次反垄断规则制度体系。其中,行政法规主要有《关于经营者集中申报标准的规定》。部门规章主要包括《禁止垄断协议暂行规定》《禁止滥用市场支配地位行为暂行规定》《制止滥用行政权力排除、限制竞争行为暂行规定》《关于禁止滥用知识产权排除、限制竞争行为的规定》《经营者集中审查暂行规定》《金融业经营者集中申报营业额计算办法》等。司法解释主要包括最高人民法院《关于审理因垄断行为引发的民事纠纷案件应用法律若干问题的规定》、最高人民法院《关于垄断行政案件管辖问题的通知》、最高人民法院《关于第一审知识产权民事、行政案件管辖的若干规定》。指南主要包括国务院反垄断委员会出台的《关于相关市场界定的指南》《关于汽车业的反垄断指南》《关于知识产权领域的反垄断指南》《横向垄断协议案件宽大制度适用指南》《垄断案件经营者承诺指南》《关于平台经济领域的反垄断指南》《关于原料药领域的反垄断指南》《经营者反垄断合规指南》,以及反垄断执法机构出台的《短缺药品和原料药经营者价格行为指南》《企业境外反垄断合规指引》《公平竞争审查第三方评估实施指南》等。部分省份结合当地实际情况,制定了一些地方性法规和指南,例如,海南省《海南自由贸易港公平竞争条例》、北京市《平台经济领域反垄断合规指引》、上海市《经营者竞争合规指南》等。除《反垄断法》及其配套规定外,其他法律法规中也会涉及反垄断的内容,如《价格法》《招标投标法》《证券法》《电力监管条例》等。总体而言,我国的反垄断规则制度已较为健全,但有些规定尚显简略,下位法和指南又常常简单地重复上位法的规定,一些关键问题尚未澄清。因此,在2022年《反垄断法》修正后,我国仍须不断完善相关配套规定,尤其是要针对垄断问题较为突出的领域出台专门的、细致的反垄断指南,引导相关主体作出合法决策。

(二)充实反垄断监管力量,提高监管能力和监管体系现代化水平

充实反垄断监管力量,提高监管能力和监管体系现代化水平,一方面,是要充实

---

① 参见全国人民代表大会宪法和法律委员会:《关于〈中华人民共和国反垄断法(修正草案)〉审议结果的报告》,载中国人大网2022年6月24日,http://www.npc.gov.cn/npc/c30834/202206/850d885cacb947b5894527ef65829ff1.shtml。

反垄断监管队伍。2018 年,国务院机构改革组建国家市场监督管理总局,整合国家发展和改革委员会、商务部和原国家工商行政管理总局的反垄断职能,负责反垄断统一执法,使原本分散的反垄断监管力量得到了增强。2021 年,国家市场监督管理总局加挂“国家反垄断局”的牌子,设置反垄断执法一司、反垄断执法二司和竞争政策协调司 3 个司局,进一步充实了反垄断监管力量,健全了反垄断执法体系。但总体而言,我国反垄断执法机构的人员数量、专业素养等方面仍有不足,尤其是省一级的反垄断执法机构。因此,我国要继续充实反垄断监管力量。

另一方面,是要充实反垄断监管的工具和手段。在数字经济时代,垄断行为的隐蔽性比以往更强。其一,数字经济时代的垄断现象更为复杂,垄断行为往往与信息技术、商业模式等交织在一起,传统的监管手段难以发现和识别涉嫌垄断的行为。其二,数字经济加剧了垄断行为认定规则的不确定性,网络效应、锁定效应、双边市场、用户多栖性等新兴概念和分析范式的出现冲击着传统的反垄断法分析框架。因此,反垄断执法机构需要掌握与时俱进的监管工具和手段,要增强运用数字监管技术的能力,在传统的法律和经济人才之外配备专门的数据、情报和 IT 人才,为反垄断执法开发相关的技术和软件,提升电子取证和存证效率,以技术识别、规制和破除垄断,做到垄断规制的技术与法律手段并重。

(三)加强反垄断执法司法,依法公正高效审理垄断案件,健全行政执法和司法衔接机制

加强反垄断执法主要包括执法的力度和广度两个方面。在执法力度方面,反垄断执法机构要时刻关注市场竞争状况,警惕各种垄断行为,一经调查确认存在垄断行为,应坚决予以打击,绝不姑息和纵容,从而维护市场的公平竞争秩序。但加强执法力度并不意味着盲目提高反垄断罚款数额,反垄断的罚款既要起到威慑作用,又要遵循行政法的比例原则,坚持处罚与教育相结合。在执法广度方面,反垄断法作为“经济宪法”,其适用于市场的每一个领域,反垄断执法机构需要对每个领域都保持关注,防止在某些领域出现监管缺位的情况。例如,我国反垄断执法机构长期对劳动力市场的反垄断问题的关注较少,仍须予以改进和加强。在保持对各个领域的广泛关注的同时,反垄断执法机构要重点关注涉及国计民生的重要领域的垄断问题,做到“两点论”和“重点论”的统一。此外,反垄断执法机构要灵活运用非正式执法手段,采取行政约谈、行政指导、执法和解等方式引导企业合规经营,在化解垄断风险的同时,尽量减少对市场行为的干预。

总体而言,我国的反垄断法实施体制是以行政执法为主导,并辅之以有限的司

法救济的模式。① 由于我国反垄断执法机构的行政层级较高、数量较少、人员有限，发现和处理实践中的大量垄断行为有一定难度；未来反垄断法实施体制的改革方向是加强反垄断司法，形成司法和行政并重的二元反垄断实施体制。反垄断司法案件主要包括：私人提起的反垄断民事诉讼、检察机关提起的反垄断民事公益诉讼以及不服反垄断执法机关处罚的经营者提起的反垄断行政诉讼。法院应依据《反垄断法》及配套行政法规，参照相关部门规章及反垄断指南，公正高效地审理垄断案件。

反垄断行政执法和司法的衔接，主要是在一个程序中认定的垄断行为在另一个程序中如何处理的问题，包括以下几种情形：(1)经营者被反垄断执法机构处罚后，垄断行为的受害者提起反垄断民事诉讼。如果处罚决定已经生效，反垄断民事诉讼的原告可以将反垄断执法机构行政执法程序中产生的证据作为其证据，还可以申请法院向反垄断执法机构调取证据，这可以大大减轻原告的举证负担。(2)经营者在反垄断民事诉讼中进行赔偿后，反垄断执法机构再对经营者实施处罚时，可以考虑赔偿情况适当减少行政处罚数额。(3)反垄断民事诉讼开始后，反垄断执法机构对被告立案调查的，由于反垄断民事诉讼中原告的举证难度较大，法院可以根据其申请中止诉讼，待反垄断行政程序结束后，再继续进行民事诉讼。(4)被反垄断执法机构处罚的经营者提起行政诉讼。由于我国反垄断执法机构的权威性较强，被处罚的经营者多数情况下不会提出异议，但随着经营者维权意识的增强，未来反垄断行政诉讼也会逐渐增多，需要注意反垄断行政程序与行政诉讼之间的衔接。

四、学术讨论

2022 年《反垄断法》修正过程中，许多专家学者都建议删除本条规定，笔者也持此种观点。本条第一句话是“国家健全完善反垄断规则制度”。第一，《反垄断法》本身给国家设定了完善反垄断规则制度的义务，是不妥当的。第二，《反垄断法》第 4 条已规定，国家“制定和实施与社会主义市场经济相适应的竞争规则”，“反垄断规则”属于“竞争规则”的一部分，“与社会主义市场经济相适应”便意味着国家要根据经济发展状况不断健全完善竞争规则，因此，第 4 条已经涵盖了本条第一句话的内容，这句话是不必要的重复规定。本条第二句话是“充实反垄断监管力量”。反垄断监管力量是否充实，是一个实践问题，而不是法律问题，无须《反垄断法》予以强调。本条第三句话是“提高监管能力和监管体系现代化水平”。这是一个非常宽泛的问题，适用于任何行政监管领域，而不仅仅是《反垄断法》，也不适宜在《反垄断法》中

① 参见刘继峰：《竞争法学》(第 3 版)，北京大学出版社 2018 年版，第 262 页。

强调。即使没有本条这3句话的规定,国家也需要健全完善反垄断规则制度、充实反垄断监管力量、提高监管能力和监管体系现代化水平。本条第四句话是“加强反垄断执法司法”。实际上,一味地加强反垄断执法司法违背了经济发展规律。反垄断政策应根据国家经济发展状况进行适时调整,尤其是在经济疲软时期,往往需要放松反垄断执法司法,鼓励企业做大做强。因此,《反垄断法》要给反垄断政策的调整留下空间,而不能一味强调“加强反垄断执法司法”。本条第五句话是“依法公正高效审理垄断案件”。案件审理的主体只能是人民法院,而本条的主语为“国家”,这句话存在主体错位问题。本条最后一句话是“维护公平竞争秩序”。这属于反垄断法的目的和宗旨,《反垄断法》第1条已经规定“保护市场公平竞争”,此处再次进行规定是多余的。

第十二条　国务院反垄断委员会

一、条文

第十二条　国务院设立反垄断委员会,负责组织、协调、指导反垄断工作,履行下列职责:

(一)研究拟订有关竞争政策;

(二)组织调查、评估市场总体竞争状况,发布评估报告;

(三)制定、发布反垄断指南;

(四)协调反垄断行政执法工作;

(五)国务院规定的其他职责。

国务院反垄断委员会的组成和工作规则由国务院规定。

【条文主旨】本条规定了国务院反垄断委员会的职责。

二、立法理由

在《反垄断法》制定前,我国已经存在几个部门分别负责不同的反垄断工作的情况,如商务部负责外资并购境内企业的审查工作;国家发展和改革委员会负责与价格有关的反垄断工作;原国家工商行政管理总局依据《反不正当竞争法》负责搭售、滥用市场支配地位等方面的反垄断工作。立法机关经研究认为:“为保持执法工作的连续性,保证反垄断法公布后的实施,以维持现行有关部门分别执法的格局为宜……同时,为了协调反垄断执法,保证反垄断执法的统一性、公正性和权威性,规定设立国务院反垄断委员会,负责组织、协调、指导反垄断执法工作,并对国务院反垄断委员会的职责作了规定。"[①]2018 年国务院机构改革后,反垄断职能由国家市场监督管理总局统一行使,但依然保留了国务院反垄断委员会。一方面,反垄断执法不仅仅涉及专门的反垄断执法机构,还涉及众多行业监管机构。例如,根据《电力监管条例》的规定,电力监管机构对电力市场向从事电力交易的主体公平、无歧视开放的情况以及输电企业公平开放电网的情况依法实施监管;根据银行业相关法律规定,国务院银行业监督管理机构对于银行业的垄断行为有监管职责,例如,《中国人民银行关于规范支付创新业务的通知》便明确规定:"各银行、支付机构……不得滥用本机构及关联企业的市场优势地位,排除、限制支付服务竞争;不得采用低价倾销、交叉补贴等不当手段拓展市场。"因此,国务院反垄断委员会作为我国反垄断工作的组织、协调、指导者,在协调反垄断执法机构与行业监管机构等方面发挥着重要作用。另一方面,反垄断执法机构的执法活动以及制定和发布的相关规定通常是刚性的,而反垄断委员会发布的相关指南、评估报告是柔性的,二者分工明确,反垄断委员会与反垄断执法机构共存的二元结构,有助于建立刚柔并济、相得益彰的反垄断法实施体制。

三、条文解读

(一)研究拟订有关竞争政策

竞争政策是国家为保护和促进市场竞争而实施的基本经济政策。国家通过制定和实施竞争政策,确保市场竞争机制正常运转,从而提高资源配置效率,推动经济发展。广义的竞争政策指促进竞争自由和市场开放的任何政策,包括竞争法规定的竞争规范以及此外一切调整竞争行为的措施,如政府放松经济管制、削减政府补贴等。狭义的竞争政策等同于竞争法,尤其是其中的反垄断法。[②] 本条中规定的"竞争政策"应从广义的层面理解,它对于《反垄断法》的实施具有指导意义。与财政政策、产业政策、贸易政策等其他经济政策相比,竞争政策具有基础性和优先性,这是市场在资源配置中起决定性作用的市场经济的基本特征所决定的。因此,竞争政策对于国家经济发展具有至关重要的作用。但是,国务院反垄断委员会的职责仅仅是"研究拟订"有关竞争政策,而非直接制定竞争政策。

(二)组织调查、评估市场总体竞争状况,发布评估报告

在反垄断执法案件中,反垄断执法机构通常需要对相关市场的竞争状况进行评

---

① 参见全国人大常委会法制工作委员会经济法室编:《〈中华人民共和国反垄断法〉条文说明、立法理由及相关规定》,北京大学出版社 2007 年版,第 44 页。

② 参见王先林:《竞争法学》(第 3 版),中国人民大学出版社 2018 年版,第 17 页。

估，分析涉案行为的竞争效应，进而判断涉案行为是否构成非法垄断行为。但评估市场竞争状况并不容易，既要考量市场集中度和市场参与者的数量，又要考虑市场创新和技术进步对现有市场的冲击，还要考虑市场进入壁垒、产品差异程度等相关因素。而且市场竞争状况在不停地变化，若在每个案件中都要重新评估市场竞争状况，会大大增加反垄断执法的难度。因此，国务院反垄断委员会定期对市场总体竞争状况进行评估并发布评估报告，为反垄断执法机构评估相关市场的竞争状况提供指导和参考，从而便利反垄断执法。反垄断执法机构可以根据市场总体竞争状况，确定需要重点关注的领域，把握反垄断执法的力度，及时发现和处理垄断行为。

（三）制定、发布反垄断指南

反垄断指南是对反垄断法中一些具体问题的详细说明、指导，它表明了反垄断执法机构如何理解和适用反垄断法的相关规定，从而引导经营者作出合法的商业决策，避免反垄断法律风险。我国《反垄断法》以概括性的条款构建了反垄断的基本法律框架，但实践中很难根据这些条款对于一项行为是否构成垄断行为、有无正当的抗辩理由、若为垄断行为能否得到豁免等问题做出判断。因此，针对具体问题制定细致的反垄断指南非常有必要，它可以大大提高《反垄断法》的明确性和可操作性，既方便反垄断机构执法，又能为经营者提供有效指引。“指南”一词往往意味着建议、劝告，不具有法律效力，但反垄断指南并非如此。从性质上来说，国务院反垄断委员会制定、发布的反垄断指南属于对《反垄断法》的行政解释，①其法律效力介于具有强制力的法律法规与不具有强制力的行政指导之间，属于“软法”的范畴。

（四）协调反垄断行政执法工作

如前所述，我国《反垄断法》制定之初，原国家工商行政管理总局、国家发展和改革委员会、商务部共同负责反垄断执法工作，不同部门各自执法时，不可避免地存在管辖权争夺、垄断行为认定标准不同、处罚力度宽严不一等问题，由国务院反垄断委员会协调反垄断行政执法工作，有助于保证反垄断执法的一致性。2018 年国务院机构改革后，国家市场监督管理总局统一行使反垄断执法权，这一问题已在很大程度上得到了解决。但是，反垄断执法机构与行业监管机构之间的冲突依然存在，尤其是行业监管机构可能出于保护本部门利益的考虑放纵垄断行为。因此，国务院反垄断委员会依然需要履行协调反垄断行政执法工作的职责。从机构性质上来看，国务院反垄断委员会属于国务院议事协调机构，“协调”是其主要职责之一。

---

① 参见王炳：《我国反垄断指南的尴尬法律地位与救赎方法》，载《政法论丛》2018 年第 6 期。

(五)国务院反垄断委员会的组成和工作规则由国务院规定

本条只是概括性地规定了国务院反垄断委员会的设立和职责,而未具体规定国务院反垄断委员会如何设立、人员如何组成、如何进行工作,对于这些具体问题,《反垄断法》授权国务院作出规定。但截至 2022 年 12 月底,国务院对此只出台了两项规定,即 2008 年国务院办公厅《关于国务院反垄断委员会主要职责和组成人员的通知》(国办发〔2008〕104 号),以及 2018 年对前者进行修改的国务院办公厅《关于调整国务院反垄断委员会组成人员的通知》(国办发〔2018〕51 号)。这些规定较为简单,仅规定了国务院反垄断委员会的组成人员,以及国务院反垄断委员会办公室设在市场监管总局,关于具体的工作规则仍有待进一步细化。

四、学术讨论

(一)国务院反垄断委员会的改革

改革的路径主要有 3 种:一是强化国务院反垄断委员会职能,由国务院反垄断委员会集中行使反垄断执法权;二是弱化国务院反垄断委员会职能,将其职能交由反垄断执法机构行使,最终撤销国务院反垄断委员会这一机构;三是保持国务院反垄断委员会与反垄断执法机构的二元结构,在此基础上强化国务院反垄断委员会的职能。这 3 条路径各有优缺点。第一条路径可以提高反垄断执法主体的行政级别,增强反垄断执法的独立性、权威性,因为国务院反垄断委员会的最高领导为国务委员或副总理,而市场监管总局的最高领导为正部级。但此种路径与我国现有的机构配置情况差别较大,可行性不高。第二条路径可以进一步统一反垄断执法权,反垄断执法机构可以自行制定和发布反垄断指南,但是这可能导致反垄断执法机构与行业监管部门之间的冲突难以协调。笔者支持第三条改革路径,一方面,应改革国务院反垄断委员会的组成,现有组成人员均为兼任,这是国务院反垄断委员会难以有效履行职责的主要原因之一,建议增加一些专职委员负责国务院反垄断委员会的日常工作。另一方面,应制定国务院反垄断委员会的具体工作规则,包括议事、决策方式,拟订竞争政策和发布市场竞争状况评估报告的流程、周期,协调反垄断行政执法工作的处理机制等。通过这些改革措施,国务院反垄断委员会能真正充分履行其职责,保障《反垄断法》的有效实施。

(二)应否在本条中增加公平竞争审查相关内容

公平竞争审查是防止和纠正以抽象行政行为方式实施的行政性垄断的重要路径。随着公平竞争审查制度在我国逐步建立和完善,一些学者建议,在本条第 1 款第4项“协调反垄断行政执法”后增加“和公平竞争审查工作”。2020年1月2日，国家市场监督管理总局公布的《〈中华人民共和国反垄断法〉修订草案（公开征求意见稿）》便采纳了这一建议。然而，全国人大常委会于2021年10月23日公布的《〈中华人民共和国反垄断法〉（修正草案）》删除了本条中关于公平竞争审查的内容，最终通过的《反垄断法》也保持如此，这主要是因为我国已建立了公平竞争审查工作部际联席会议制度。

在公平竞争审查制度的实施过程中，各部门之间不可避免地会产生利益冲突，因此需要建立一个跨部门的协调机制来缓和冲突。2016年12月，国务院办公厅发布《关于同意建立公平竞争审查工作部际联席会议制度的函》（国办函〔2016〕109号），同意建立由国家发展和改革委员会牵头的公平竞争审查工作部际联席会议制度，其职责包括对公平竞争审查制度实施进行宏观指导、协调解决制度实施过程中的重大问题等。2021年6月出台的《公平竞争审查制度实施细则》第4条也涉及了这一问题，规定“市场监管总局、发展改革委、财政部、商务部会同有关部门，建立健全公平竞争审查工作部际联席会议制度，统筹协调和监督指导全国公平竞争审查工作。”在已建立公平竞争审查工作部际联席会议制度的情况下，没有必要再重复要求国务院反垄断委员会协调公平竞争审查工作中的问题。因此，本条中无须增加公平竞争审查相关内容。当然，不排除将来取消公平竞争审查工作部际联席会议制度，将其职责并入国务院反垄断委员会的可能，即便如此，本条中也不一定需要增加公平竞争审查相关内容，因为它可以被本条第1款第5项规定的“国务院规定的其他职责”所涵盖。

第十三条　反垄断执法机构

一、条文

第十三条　国务院反垄断执法机构负责反垄断统一执法工作。

国务院反垄断执法机构根据工作需要，可以授权省、自治区、直辖市人民政府相应的机构，依照本法规定负责有关反垄断执法工作。

【条文主旨】本条规定了国务院反垄断执法机构的职权。

二、立法理由

徒法不足以自行，反垄断法保护市场公平竞争、提高经济效率、促进消费者福利等价值目标能够在多大程度上实现，取决于反垄断法能否得到有效实施。尽管反垄断法的实施包括行政和司法两种方式,但行政实施仍然是最主要的方式。因此,反垄断执法机构的设置就成为反垄断法的一个重要问题。在反垄断执法机构的设置上,不同国家和地区的做法不尽相同。日本、俄罗斯均设立了单一的反垄断执法机构,而美国、德国设立了两个或两个以上的反垄断执法机构。尽管反垄断执法机构是行政机构,但一些国家和地区的反垄断执法机构具有准司法性,如美国联邦贸易委员会、日本公正交易委员会。

在我国《反垄断法》制定时,多数学者建议设立一个统一、独立的反垄断执法机构,但考虑到我国已经存在几个部门分别负责不同反垄断工作的情况,2007 年通过的《反垄断法》仅仅规定"国务院规定的承担反垄断执法职责的机构(以下统称国务院反垄断执法机构)依照本法规定,负责反垄断执法工作",具体承担反垄断执法职责的机构则由国务院另行规定。2018 年国务院机构改革之后,国家市场监督管理总局统一行使反垄断执法权,故 2022 年《反垄断法》修正时,将本条第 1 款修改为"国务院反垄断执法机构负责反垄断统一执法工作。"

三、条文解读

在 2007 年《反垄断法》通过后,我国有 3 个机构分别负责反垄断执法工作。根据《国家工商行政管理总局主要职责内设机构和人员编制规定》的规定,原国家工商行政管理总局负责垄断协议,滥用市场支配地位,滥用行政权力排除、限制竞争方面的反垄断执法工作(价格垄断行为除外);根据《国家发展和改革委员会主要职责内设机构和人员编制规定》的规定,国家发展和改革委员会负责查处价格垄断行为;根据《商务部主要职责内设机构和人员编制规定》的规定,商务部负责对经营者集中行为进行反垄断审查。在这种模式之下,我国反垄断执法力量较分散,反垄断案件的管辖权存在冲突,反垄断执法的标准和尺度不统一,严重影响了反垄断执法的效果。2018 年,第十三届全国人民代表大会第一次会议通过了《关于国务院机构改革方案的决定》,将国家工商行政管理总局的职责、国家质量监督检验检疫总局的职责、国家食品药品监督管理总局的职责、国家发展和改革委员会的价格监督检查与反垄断执法职责、商务部的经营者集中反垄断执法以及国务院反垄断委员会办公室等职责整合,组建国家市场监督管理总局,作为国务院直属机构。至此,国家市场监督管理总局(2021 年加挂"国家反垄断局"的牌子)作为国务院反垄断执法机构,统一行使反垄断执法权,使原本分散的反垄断执法力量得到了集中和增强。

与一般的行政执法活动相比,反垄断执法的专业性较强,处罚的力度较大,一着不慎可能误伤企业,损害市场竞争。为严格、统一执法,防止政府不当干预市场,《反垄断法》将反垄断执法权作为中央事权，仅国务院反垄断执法机构有权进行反垄断执法工作。但是从客观来说，我国市场体量巨大，市场中潜藏的垄断行为也相应地较多，单靠国务院反垄断执法机构无法及时发现和处理如此多的垄断案件。因此，本条第2款规定，国务院反垄断执法机构有权向省、自治区、直辖市人民政府相应的机构授予反垄断执法权，被授权的省、自治区、直辖市人民政府反垄断执法机构可以在授权范围内，依照《反垄断法》规定，负责有关反垄断执法工作。国家市场监督管理总局于2018年12月发布的《市场监管总局关于反垄断执法授权的通知》（国市监反垄断〔2018〕265号）授权我国各省、自治区、直辖市人民政府市场监督管理部门负责本行政区域内垄断协议，滥用市场支配地位，滥用行政权力排除、限制竞争案件的反垄断执法工作，但对经营者集中案件的审查权仍作为中央事权未授予省级市场监管部门。基于提升经营者集中反垄断审查效能的需要，国家市场监督管理总局于2022年7月15日发布《市场监管总局关于试点委托开展部分经营者集中案件反垄断审查的公告》，将部分适用经营者集中简易程序的案件试点委托北京、上海、广东、重庆、陕西5个省级市场监督管理部门负责审查。可以预见，将来我国经营者集中案件的审查权可能进一步从中央下放到省级市场监督管理部门。

四、学术讨论

关于本条中反垄断执法机构的规定，主要有3种方案：一是2007年《反垄断法》中的“国务院规定的承担反垄断执法职责的机构（以下统称国务院反垄断执法机构）”；二是全国人大常委会于2021年10月公布的《〈中华人民共和国反垄断法〉（修正草案）》中的“国务院市场监督管理部门（以下简称国务院反垄断执法机构）”；三是2022年修正的《反垄断法》中的“国务院反垄断执法机构”。在这3种方案中，反对意见最多的是第2种方案，因为“国务院市场监督管理部门”的表述过于具体。尽管在国家市场监督管理总局负责反垄断统一执法的情况下，这一表述没有问题，但如果国务院再次进行机构改革，规定其他部门负责反垄断执法（如将国家反垄断局设置为独立的正部级单位），这一规定便不再适用，所以，这一表述不利于法律的稳定性和适应性。第1种方案和第3种方案本质上没有差别，都授权国务院指定具体的反垄断执法机构，差别在于，第1种方案暗含着所指定的反垄断执法机构可能是一个或多个，第3种方案暗含着仅有一个统一的反垄断执法机构。鉴于我国已由国家市场监督管理总局负责反垄断统一执法，而且反垄断执法权不太可能再次拆分给多个机构，第3种方案的表述更符合实际情况且简洁明了。

第十四条 行业协会

一、条文

第十四条 行业协会应当加强行业自律,引导本行业的经营者依法竞争,合规经营,维护市场竞争秩序。

【条文主旨】本条规定了行业协会对于促进市场竞争的作用。

二、立法理由

行业协会作为连接政府与市场主体的桥梁,在我国经济体制改革中扮演着重要角色。改革开放初期,我国行业协会为承接政府职能“自上而下”设立,主要行使行政性职能,在组织管理、人员经费方面高度依赖政府,故被称为“体制内”行业协会。20 世纪 90 年代以后,经济发展促进意识转变,我国出现了一批由企业家主导创立的行业协会以及在政府支持下由企业家创建的行业协会。① 随后,我国进一步出现了大量由经营者自发组成的行业协会,它们作为本行业经营者共同利益的代表,是促进行业内企业良性竞争,提高行业发展质量的重要推力。②

本条最初是 2007 年第十届全国人民代表大会常务委员会第二十八次会议第二次审议《反垄断法(草案)》时增加的条文。对此,全国人大法律委员会解释道:“有些常委会组成人员和部门、行业协会、企业提出,面对经济全球化的挑战,我们的行业和企业应立足全球市场,增强整体实力,提高国际竞争力。行业协会应充分发挥行业自律作用,引导本行业经营者依照本法和价格法、反不正当竞争法等法律、行政法规的规定,开展公平有序竞争,防止恶性竞争。法律委员会经同财政经济委员会和国务院有关部门研究,建议在‘总则’中增加一条规定:‘行业协会应当加强行业自律,引导本行业经营者依法竞争,维护市场竞争秩序。’”③2022 年《反垄断法》修正时,又在本条中增加了“合规经营”的表述。

三、条文解读

行业协会是由同行业经济组织和个人组成的,行使行业服务和自律管理职能的

---

① 参见周俊:《行业协会商会的自治权与依法自治》,载《中共浙江省委党校学报》2014 年第 5 期。

② 参见李慧妍:《〈反垄断法〉修订背景下行业协会的功能定位与革新》,载《中国价格监管与反垄断》2021 年第 6 期。

③ 胡康生:《全国人大法律委员会关于〈中华人民共和国反垄断法(草案)〉修改情况的汇报》,载中国人大网 2007 年 6 月 24 日,http://www.npc.gov.cn/zgrdw/npc/zt/2007-06/24/content_1382614.htm。

各种协会、学会、商会、联合会、促进会等社会团体法人。我国的行业协会主要扮演着3个角色:一是行业利益代表者;二是行业管理者;三是被管理者。

第一,行业利益代表者。行业协会本身就是同行业的经营者为促进共同利益而自愿结成的组织,因而,行业利益代表者是行业协会的首要角色。对内而言,行业协会可以协调成员之间的利益冲突,促进成员之间的互助,组织行业培训等;对外而言,行业协会可以作为成员的代表对外发声、与政府进行沟通,充分表达行业需求。当行业遭受不法侵害时,行业协会可以组织成员集体抵御侵害,维护行业整体利益。

第二,行业管理者。行业协会对其成员进行管理往往比政府直接进行管理更为有效。行业协会的管理行为包括两类:一是自律管理行为;二是授权管理行为。自律管理行为是指,行业协会通过行业自律规范等方式约束其成员,并对违反自律规范的成员施加一定的惩罚,从而维持行业协会内部的良好秩序。行业协会的自律管理权来自其成员自愿达成的协议或章程。授权管理行为是指,行业协会根据法律法规或者行政机关的授权,对其成员及相关市场主体进行管理,此时行业协会的角色类似于行政主体。

第三,被管理者。尽管行业协会承担着一定的公益性职责,但本质上行业协会并非为实现社会公共利益成立的,而是为追求成员利益最大化成立的。因此,当成员利益与社会公共利益发生冲突时,行业协会可能偏向于维护成员利益,从而损害社会公共利益,成为其成员谋取私人利益或团体利益的工具。所以,行业协会需要受到包括反垄断法在内的法律法规的限制,接受相关部门的监督和管理。

本条规定主要是将行业协会定位为行业利益代表者以及行使自律管理权的行业管理者,希望行业协会通过自律管理行为发挥维护市场竞争秩序的作用。行业自律具有低成本、及时性、自治性等内生优势,①是弥补政府干预不足的有效路径。在政府与社会的关系形成良性互动的现代社会,行业协会是组织、实施行业自律最重要的主体,我国《反垄断法》强调行业协会“加强行业自律”有深刻的现实意义。一方面,行业协会需要制定和完善自律管理制度,通过发布行业规范、制定行业标准、组织行业培训等方式,引导本行业的经营者依照反垄断法、反不正当竞争法、价格法等法律法规的规定,公平有序地开展市场竞争,提高成员的合规经营意识。另一方面,行业协会要对违反自律管理制度的成员进行惩戒,对于实施垄断、不正当竞争等

---

① 参见郭薇:《政府监管与行业自律——论行业协会在市场治理中的功能与实现条件》,南开大学2010年博士学位论文,第145~147页。

损害市场竞争秩序行为的成员，应施加适当的惩罚措施，如行业内通报批评、取消会员资格等。在有效的自律管理制度下，行业协会可以部分弥补政府与市场“双失灵”的部分缺陷，起到维护竞争秩序的作用。

四、学术讨论

我国行业协会通常扮演着行业利益代表者、行业管理者以及被管理者3个角色，但本条规定仅关注其作为行业利益代表者和行使自律管理权的行业管理者的角色，忽略了其作为被授权行使行政管理权的行业管理者以及被管理者的角色。行业协会为实现成员利益最大化，往往有较强的动机实施垄断行为或者组织、帮助成员实施垄断行为，而且此类垄断行为往往组织更为严密、外观更为隐蔽、波及范围更为广泛，对竞争秩序的损害也更大。

首先，行业协会可能自行达成、实施垄断协议或者组织、帮助成员达成、实施垄断协议。例如，行业协会制定的行业标准，虽然有助于统一产品规格、提高产品的互联互通性，但未纳入标准的技术极有可能被排除出市场，因而行业标准可能成为垄断协议的一种表现形式。而且，行业协会为成员提供了信息交流平台，成员可以通过行业协会交换价格、产量等敏感的市场信息，行业协会也可能以此为依据制定行业价格、在成员间分配产量，从而形成价格或产量垄断协议。此外，行业协会对于达成、实施垄断协议还有着监督优势，若部分成员拒绝参与垄断协议或是“告密”，可能会被行业协会除名或者遭到其他成员的联合抵制。

其次，行业协会可能实施滥用市场支配地位的行为或者组织、帮助其成员联合滥用市场支配地位。例如，一些行业协会基于成员达成的协议或章程，可能掌握着重要资源的分配权，从而具有了市场支配地位。若行业协会在没有正当理由的情况下，拒绝为部分经营者分配资源或者实行差别待遇，便可能构成滥用市场支配地位。一些经营者虽然不具有市场支配地位，但是在行业协会的组织下，经营者可以组成一个具有市场支配地位的利益共同体，进而联合实施滥用市场支配地位的行为。

最后，我国许多行业协会根据法律法规或者行政机关的授权具有一定的行政管理职能，可能实施行政性垄断行为。例如，一些体育协会掌握着体育赛事的审批权，文艺协会掌握着文艺活动的审批权，律师协会掌握着实习律师的考核权。若这些协会制定含有排除、限制竞争内容的规定，或者排除某些经营者进入相关市场、对某些经营者实行不平等待遇，便可能构成滥用行政权力排除、限制竞争的行为。

2022年《反垄断法》仅在第2章“垄断协议”中规定“行业协会不得组织本行业的经营者从事本章禁止的垄断行为”，但这是远远不够的，行业协会还可能涉及滥用市场支配地位、行政性垄断等行为。因此,《反垄断法》应当在"总则"中禁止行业协会实施或者组织、帮助经营者实施《反垄断法》规定的所有垄断行为。建议本条增加一款,规定"行业协会不得从事或者组织、帮助经营者从事本法禁止的垄断行为",同时删除第2章"垄断协议"中对行业协会的规定;第7章"法律责任"中对于行业协会的处罚范围也应从垄断协议扩大到其他垄断行为。

第十五条　经营者和相关市场的定义

一、条文

第十五条　本法所称经营者,是指从事商品生产、经营或者提供服务的自然人、法人和非法人组织。

本法所称相关市场,是指经营者在一定时期内就特定商品或者服务(以下统称商品)进行竞争的商品范围和地域范围。

【条文主旨】本条规定了经营者和相关市场的定义。

二、立法理由

"经营者"和"相关市场"是贯穿《反垄断法》的两个核心概念。"经营者"限定了《反垄断法》规制的主体范围;"相关市场"限定了《反垄断法》规制的市场范围。无论是禁止垄断协议制度、禁止滥用市场支配地位制度还是经营者集中控制制度,都是为了预防和制止经营者在相关市场内的垄断行为或者潜在垄断行为。明确"经营者"和"相关市场"的定义,是反垄断执法和司法的前提。

三、条文解读

(一)经营者的定义

本条第1款是"经营者"的定义,该定义包括两部分:一是"经营"的定义,即"从事商品生产、经营或者提供服务",基本上覆盖了所有的商业活动;二是"者"的定义,即"自然人、法人和非法人组织",囊括了《民法典》规定的所有民事主体类型。2007年《反垄断法》"经营者"的定义中使用了"自然人、法人和其他组织"的表述;2022年《反垄断法》修正时,立法者将"其他组织"修改为"非法人组织",从而与《民法典》《反不正当竞争法》等法律法规保持了一致。

"自然人"即生物学意义上的人,是基于出生而取得民事主体资格的人,但《民法典》将个体工商户和农村承包经营户也纳入了自然人的范畴。"法人"是具有民事权利能力和民事行为能力,依法独立享有民事权利和承担民事义务的组织,包括营利法人、非营利法人和特别法人。“非法人组织”是不具有法人资格,但是能够依法以自己的名义从事民事活动的组织,包括个人独资企业、合伙企业、不具有法人资格的专业服务机构等。

无论是自然人、法人还是非法人组织,作为“经营者”必须具有独立的民事权利能力和民事行为能力。因此,经营者的员工不属于《反垄断法》所称的“经营者”,除非有特别规定,经营者的员工不承担反垄断法律责任。这方面的特殊规定主要是指《反垄断法》第56条,即“经营者的法定代表人、主要负责人和直接责任人员对达成垄断协议负有个人责任的,可以处一百万元以下的罚款”。

经营者不一定具有“营利性”。我国曾在一些法律法规中将“营利性”作为经营者的构成要件之一,从而将经营者限定在以生产经营为业,以营利为目的的市场主体范畴。然而在实践中,一些非营利性的经济组织也可能实施反竞争行为、损害市场竞争秩序,如公立医院、公立大学等,而医疗、教育等领域同样属于或应当属于竞争法的管辖范围。因此,我国在之后的立法、修法中摒弃了“营利性”的要求。

我国《反垄断法》所规制的主体主要包括3类:一是经营者;二是行业协会;三是行政机关和法律、法规授权的具有管理公共事务职能的组织。一般而言,后两类主体不属于经营者,但当它们直接从事商品生产、经营或者提供服务时,便具有了经营者的属性,可以适用经营者的相关规定予以规制。

(二)相关市场的定义

任何竞争行为或反竞争行为都发生在一定的市场范围内,界定相关市场就是明确经营者竞争的市场范围。在禁止经营者达成垄断协议、禁止经营者滥用市场支配地位、控制具有或者可能具有排除、限制竞争效果的经营者集中等反垄断执法工作中,均可能涉及相关市场的界定问题。相关市场界定得过大,被调查的经营者的市场力量及其行为的反竞争效果就可能被低估,从而使其避开反垄断法的规制;相关市场界定得过小,被调查的经营者的市场力量及其行为的反竞争效果就可能被夸大,从而使其承担不应有的反垄断法律责任。科学合理地界定相关市场,对识别竞争者和潜在竞争者、判定经营者市场份额和市场集中度、认定经营者的市场地位、分析经营者的行为对市场竞争的影响、判断经营者行为是否违法以及在违法情况下需承担的法律责任等关键问题,具有重要的作用。因此,相关市场的界定通常是对竞争行为进行分析的起点,是反垄断执法工作的重要步骤。

本条第2款是“相关市场”的定义,该定义给出了界定“相关市场”的3个维度。一是“就特定商品或者服务进行竞争的商品范围”,即相关商品市场;二是“就特定商品或者服务进行竞争的地域范围”,即相关地域市场;三是“在一定时期内”,即相关时间市场。界定相关市场的主要方法是替代性分析法,一般从需求者角度进行需求替代分析,当供给替代对经营者行为产生的竞争约束类似于需求替代时,也应考虑供给替代。

相关商品市场是根据商品的特性、用途及价格等因素,由需求者认为具有较为紧密替代关系的一组或一类商品所构成的市场。判断商品之间是否具有紧密替代关系,首先,要考虑商品的特性和用途,例如,矿泉水和纯净水的味道和外观相似,且均可以满足消费者的饮水需求,因而很可能处于同一相关商品市场。其次,要考虑商品之间的价格差异,例如,售价 10 万元的手表与售价 100 元的手表分别属于高档产品与低档产品,它们的消费群体不同,因而不太可能处于同一相关商品市场。通常情况下,替代性较强的商品价格比较接近,而且在价格变化时表现出同向变化趋势。此外,还需要考虑商品的销售渠道、消费者偏好、转换成本等因素。在技术贸易、许可协议等涉及知识产权的反垄断案件中,相关商品市场可能具化为相关技术市场,即由行使知识产权所涉及的技术和可以相互替代的同类技术之间相互竞争所构成的市场。

相关地域市场是需求者获取具有较为紧密替代关系的商品的地理区域。首先,要考虑需求者因商品价格或其他竞争因素的变化,转向或考虑转向其他地域购买商品的可能性。例如,鲜奶的保质期很短,即使价格上涨,消费者往往也不会从其他地域购买,因而相关地域市场的范围较小。其次,要考虑商品的运输成本和运输特征。一般来说,运输成本越高,相关地域市场的范围越小,如水泥等商品。商品的运输特征也决定了商品的销售地域,如需要管道运输的工业气体等商品,管道的铺设范围往往直接决定了相关地域市场的范围。再次,还要考虑地域间的贸易壁垒,包括关税、地方性法规、环保因素、技术因素等。例如,达不到某一地域环保标准或技术标准的商品便难以进入当地市场,该地域便不属于相关地域市场。最后,还需要考虑多数需求者选择商品的实际区域和主要经营者商品的销售分布,不同地域在语言、文化、消费习惯上的差异等因素。

相关时间市场是具有紧密替代关系的商品在相关地域市场内相互竞争的时间范围。一般来说,当生产周期、使用期限、季节性、流行时尚性以及知识产权保护期限等已构成商品不可忽视的特征时,界定相关市场便应考虑时间性。但由于这些因素已成为相关商品与其他商品相区别的内在特征,相关时间市场往往可以融入相关商品市场的界定中,而无须作为一个单独的问题对待。因此,相关时间市场在相关市场界定中的意义有限。

四、学术讨论

（一）界定相关市场是否属于必须环节

界定相关市场通常是对竞争行为进行分析的起点，但不是任何反垄断案件都必须界定相关市场，不同类型的反垄断案件对于相关市场界定的实际需求不同。一般而言，对于适用本身违法原则的行为，如固定价格、限制产量的垄断协议，因为此类行为对竞争秩序的损害十分显著，无须进一步分析其反竞争效果即可判定其违法，也就没有必要界定相关市场。对于适用合理原则的行为，如掠夺性定价、拒绝交易等，判断此类行为是否违反反垄断法还需要仔细分析经营者是否有正当理由以及该行为的竞争效应，因而需要界定相关市场。

在反垄断执法和司法实践中，为了追求个案的公平正义，适用本身违法原则的情形越来越少，主要适用合理原则，因此，绝大多数案件都会界定相关市场并分析涉案行为的竞争效应。2020 年 11 月，市场监督管理总局发布的《关于平台经济领域的反垄断指南（征求意见稿）》第 4 条规定："在特定个案中，如果直接事实证据充足，只有依赖市场支配地位才能实施的行为持续了相当长时间且损害效果明显，准确界定相关市场条件不足或非常困难，可以不界定相关市场，直接认定平台经济领域经营者实施了垄断行为。"但是由于滥用市场支配地位的行为通常适用合理原则，不进行竞争效应分析便直接作出反垄断处罚可能会不恰当地抑制市场主体的积极性，最终通过的指南删除了这一表述。

（二）界定相关市场的方法

相关市场范围的大小主要取决于商品（地域）的可替代程度。在市场竞争中，对经营者行为构成直接和有效竞争约束的，是市场里需求者认为具有较强替代关系的商品或能够提供这些商品的地域。因此，界定相关市场主要从需求者角度进行需求替代分析；当供给替代对经营者行为产生的竞争约束类似于需求替代时，也应考虑供给替代。在经营者竞争的市场范围不够清晰或不易确定时，可以按照"假定垄断者测试"的分析思路来界定相关市场。

需求替代是根据需求者对商品功能用途的需求、质量的认可、价格的接受度以及获取的难易程度等因素，从需求者的角度确定不同商品之间的替代程度。从需求者角度来看，原则上，商品之间的替代程度越高，竞争关系越强，就越可能属于同一相关市场。

供给替代是根据其他经营者改造生产设施的投入、承担的风险、进入目标市场的时间等因素,从经营者的角度确定不同商品之间的替代程度。原则上,其他经营者生产设施改造的投入越少,承担的额外风险越小,提供紧密替代商品越迅速,供给替代程度就越高,界定相关市场尤其在识别相关市场参与者时就应考虑供给替代。

但是,许多商品和服务的整合程度已经越来越高,仅通过比较商品的功能、质量或价格很难准确地识别相关市场的范围,此时便可引入经济学的分析方法——假定垄断者测试(Small but Significant and Non-transitory Increase in Price,SSNIP)。SSNIP是界定相关市场的一种分析思路,可以帮助解决相关市场界定中可能出现的不确定性,为各反垄断辖区普遍采用。依据这种思路,人们可以借助经济学工具分析所获取的相关数据,确定假定垄断者将价格维持在高于竞争价格水平的最小商品集合和地域范围,从而界定相关市场。

SSNIP 界定相关商品市场总体上分为 3 个步骤。第一,假设被调查的经营者是以利润最大化为经营目标的垄断者(假定垄断者),确定该经营者提供的商品(目标商品)。第二,在商品其他的销售条件保持不变的情况下,对目标商品进行持续(一般为 1 年)、小幅度的涨价(一般为 5% ~10%)。第三,根据需求者对涨价的反应进行分析。目标商品涨价会导致需求者转向购买具有紧密替代关系的其他商品,从而引起假定垄断者商品销售量的下降。如果目标商品涨价后,即使假定垄断者商品销售量下降,但其仍然有利可图,则目标商品构成相关商品市场。如果涨价导致需求者转向购买具有紧密替代关系的其他商品,使假定垄断者的涨价行为无利可图,则需要把该替代商品增加到相关商品市场中,该替代商品与目标商品形成商品集合。此后,继续对该商品集合进行持续、小幅度地涨价,直到出现某一商品集合使假定垄断者可以通过涨价实现盈利,该商品集合便构成相关商品市场。根据 SSNIP 界定相关地域市场与界定相关商品市场的思路相同,将目标商品替换为目标地域即可。

SSNIP 的出现和应用明显提升了相关市场界定的准确性和科学性。为适应实践的需要,该方法还发展出了许多不同的形式,例如,基于质量维度的 SSNDQ 测试(Small but Significant and Not-transitory Decline of Quality,SSNDQ)和基于成本维度的 SSNIC 测试(Small But Significant and Non-Transitory Increase In Costs,SSNIC)等方法。

(三)相关创新/研发市场

一般而言,在涉及知识产权许可的反垄断案件中,相关商品市场可能是所许可技术所在的相关技术市场,也可能是利用所许可技术生产的产品所在的相关产品市场。但是在某些情况下,经营者可能通过设置限制性的许可条款或专利实施条款对未来市场的竞争进行干预和抑制。① 对此类案件进行调查时,因为研发成果尚不存在,反垄断执法机构或法院难以适用相关产品市场和相关技术市场界定方法判断垄断行为的违法性。② 此时便可能涉及创新市场或研发市场的问题。

1995 年美国《知识产权许可的反托拉斯指南》提出了"创新市场"的概念,即针对特定新的产品和方法及其改进进行的研究和开发,或者与该研发相似的替代性工作所形成的市场。该指南指出,知识产权领域包括 3 类相关市场,即产品市场、技术市场以及创新市场,这 3 类市场具有递进关系:技术市场是产品市场的上游市场,创新市场则是技术市场的上游市场。该指南规定,界定相关市场时分析创新市场需要满足两方面的条件:(1)必须是知识产权许可所鼓励的创新,如果许可中限制开发新技术或改进方法,则无须对创新市场进行分析,只须进行产品市场或技术市场的反托拉斯法分析。(2)在竞争者的协同行为在创新方面产生的竞争效果于产品市场和技术市场中没有得到充分考虑的情况下,且当相关的研发与特定企业的特有财产或者特征有关时,才需要界定相关创新市场。2016 年,美国修订了《知识产权许可的反托拉斯指南》,并使用"研发市场"的概念替代了原指南中的"创新市场"。

欧盟更倾向于将创新、研发作为竞争评估中的考量因素。2014 年欧盟《关于技术转让协议适用〈欧盟运行条约〉第 101 条的指南》并未采用"创新市场"或"研发市场"的概念,但其明确指出,"有些许可协议可能会影响创新领域的竞争。但是,在分析这些影响时,欧盟委员会通常只审查协议对现有产品市场和技术市场竞争的影响。延缓审查那些最终将取代现有产品的改进产品或新产品进入市场的协议,可能对创新市场的竞争带来影响。在这种情况下,创新是在评估协议对产品市场和技术市场影响时,必须考虑的一个潜在竞争的来源。然而在少数情况下,单独分析协议对创新方面的竞争所带来的影响,是有意义且必要的。当协议影响了以创造新产品为目的的创新,且可以在早期识别出各个有效研发力量时,尤其需要进行分析。在这种情况下,可以分析在达成协议之后,是否会留下足够多的竞争性研发力量,足以维持创新方面持续有效的竞争"。在 2017 年附条件批准陶氏 – 杜邦合并案中,欧盟委员会也强调,"不应将创新本身理解为独立的市场,而应将其视为上游技术市场和下游产品市场的投入活动。然而,这并不妨碍委员会评估交易双方及其竞争对手的

① 参见周围:《相关市场界定研究——以技术许可协议为视角》,武汉大学 2015 年博士学位论文,第 101 页。

② 参见周围:《研发市场界定的适用困境及应对策略》,载《科技进步与对策》2018 年第 1 期。

创新水平对交易的影响"①。

考虑到单独界定相关创新市场或者相关研发市场具有较大的不确定性,我国未专门对创新市场做出规定,而是将创新、研发作为竞争效应评估中的考量因素。例如,《关于相关市场界定的指南》规定,在技术贸易、许可协议等涉及知识产权的反垄断执法工作中,可能还需要界定相关技术市场,考虑知识产权、创新等因素的影响。《关于禁止滥用知识产权排除、限制竞争行为的规定》第16条也明确规定,分析认定经营者行使知识产权的行为对竞争的影响,应当考虑行为对促进创新和技术推广的影响、经营者的创新能力和技术变化的速度等因素。

---

① Commission decision March 27, 2017, Case M.7932, Dow/DuPont.

第二章　垄断协议

第十六条　垄断协议的定义

一、条文

第十六条　本法所称垄断协议，是指排除、限制竞争的协议、决定或者其他协同行为。

【条文主旨】本条规定了垄断协议的定义。

二、立法理由

定义性条款，是指对特定法律概念的内涵和外延进行阐释及具体说明的法律条文，[①]其体现着立法者的意志，也是执法者与司法者理解和适用法律的基本依据。[②] 尤其是，当某一术语并非源自传统或通约的法律概念时，对其进行准确和特定的解释是必不可少的立法工作。而从经济学引入的“垄断”术语即属此种情形，立法者需要通过设置定义性条款对其予以明确和提供指引。世界上第一部限制不公平贸易的反垄断成文立法——美国《谢尔曼法》的起草者们曾借用普通法的术语，试图对意图规制的托拉斯问题进行阐明，[③]并在《谢尔曼法》第1条中规定“兹宣布任何以托拉斯

---

① 参见屈茂辉、廖子轩：《定义性条款配置研究——以民法典编纂为中心》，载《学习与探索》2020年第6期。

② 参见缪四平：《法律定义研究》，载《华东政法大学学报》2003年第3期。

③ 参见[美]理查德·A. 波斯纳：《反托拉斯法》（第2版），孙秋宁译，中国政法大学出版社2003年版，第37～38页。

或其他方式限制贸易或对外贸易的合同、联合或共谋为非法”。2013 年德国《反限制竞争法》第 1 条亦明确规定:“禁止以阻碍、限制或扭曲竞争为目的或者产生阻碍、限制或扭曲竞争后果的企业间协议、企业联合组织的决议以及协同行为。”足见,开宗明义对垄断或垄断协议的概念内涵和外延进行界定是反垄断立法的通行做法。同时,规定垄断协议的法律定义也能够对垄断协议的形式分类和核心特征进行明确,从而为执法者与司法者理解和适用禁止达成垄断协议的相关规定提供指引和依据。

我国 2007 年《反垄断法》将垄断协议的定义性条款置于禁止达成横向垄断协议的规定之中,借助修法契机对此定义性条款进行修正或调整,将有助于反映真实的立法本意,以及消解理论与实践中的条文解释问题与适用争议。

三、条文解读

关于“垄断协议”,各国及国际组织的称谓并不完全相同,如德国将其称为“卡特尔”,法国将其称为“非法联合行为”,日本将其称为“不正当交易限制”,欧盟将其称为“限制竞争协议”等,但对垄断协议的定义基本一致。① 相较于 2007 年制定的《反垄断法》,2022 年修法对此条款的位置与内容均进行了不同程度的调整。在条款位置方面,2022 年《反垄断法》将其由第 13 条(横向垄断协议禁止性规定)第 2 款调整至第 2 章独立规范的首条;而在内容调整方面,修正后的法律增加了纵向垄断协议的安全港制度以及对组织或帮助其他经营者达成垄断协议的行为的规制。

(一)对垄断协议定义前置的解读

事实上,学者们早已对 2007 年《反垄断法》将垄断协议定义置于横向垄断协议禁止性规定中的立法思路提出了建议,如有学者认为:“按照通常的思路,应当先对垄断协议进行定义,然后再分别针对横向垄断协议与纵向垄断协议作出规定,因此,从立法技术这个角度来看,垄断协议定义应独立出来并专设为一个条文,置于横向垄断协议与纵向垄断协议规定之前。”②同时,“本法所称垄断协议”的表述与措辞,应该涵盖反垄断法所有有关垄断协议的规定,而非仅仅覆盖横向垄断协议的规定。故,从立法表述的周延性与逻辑性来看,2022 年修正后的《反垄断法》将垄断协议定义前置的做法是值得肯定的,该做法也相当于明确了,无论是横向垄断协议还是纵

---

① 参见全国人大常委会法制工作委员会经济法室编:《〈中华人民共和国反垄断法〉条文说明、立法理由及相关规定》,北京大学出版社 2007 年版,第 66 页。

② 许光耀:《垄断协议的反垄断法调整》,人民出版社 2018 年版,第 141 页。

向垄断协议,其所适用的关于垄断协议的定义和标准是一致的。

(二)垄断的含义:排除、限制竞争

反垄断法所要禁止或管辖的协议须为垄断协议,这也意味着,立法者必须要对“垄断”的含义或标准进行明确,法律才能指导现实执法或司法实践的适用。

首先,从规范视角来看,《欧盟运行条约》第101条所禁止的是“可能影响成员国间贸易,并以阻碍、限制、扭曲竞争为目的或有限制竞争效果”的协议、决议、协同行为,①而美国《谢尔曼法》第1条规定的是“任何限制、影响州际的或与外国之间的贸易或商业”的合同、联合、共谋。我国《反垄断法》使用了如“排除竞争”“限制竞争”“阻碍竞争”“扭曲竞争”“影响竞争”等开放性概念来对垄断的含义或标准加以阐述。然而,虽然我国的法律文本一直沿用了“排除竞争”与“限制竞争”的概念,并将两者予以并列,且在文义上,“排除竞争”显得要比“限制竞争”的目的和效果更恶劣,但是其他相关《反垄断法》条款和规范并没有对二者进行明确地区分解释或适用。与此同时,我国现行《禁止垄断协议暂行规定》第5条直接援引了我国《反垄断法》对于垄断协议的法律定义而没有对此作出进一步的解释。不过,2020年修正的最高人民法院《关于审理因垄断行为引发的民事纠纷案件应用法律若干问题的规定》(以下简称《反垄断民事案件司法解释》)第7条则明确规定:“被诉垄断行为属于反垄断法第13条第1款第1项至第5项规定的垄断协议的,被告应对该协议不具有排除、限制竞争的效果承担举证责任。”申言之,该司法解释认为,我国《反垄断法》关于横向垄断协议的立法条款所具体列举的几项协议类型可推论为“以排除、限制竞争为目的”,而其他协议类型则需要考察其排除、限制竞争的效果。②

其次,从理论视角来看,在企业竞争中,排除、限制竞争是经营常态和必然反应,如果只根据“排除、限制竞争”的字面含义来释明其认定标准,这与规制垄断协议的

---

① 关于此规定,有学者研究认为:“《欧盟运行条约》包含许多开放性的概念,它们往往由欧洲法院通过判决来加以阐释,从而使该条约具有一定判例法特色。欧洲法院及其总检察官未直接概括或罗列什么才是限制竞争,因为任何积极界定竞争或限制竞争概念的努力都可能导致日后个案处理的局限。欧洲法院及其总检察官也没有拘泥于市场竞争的结果(例如对经济效率或消费者的影响)以及限制竞争的外在表现形式(书面或口头),而是从《欧盟运行条约》及其前身所追求的目标出发,把禁止限制竞争与保护竞争赖以存在的前提相联系,使禁止限制竞争等同于禁止企业通过限制自身和其他企业经济行为自由来取代与分散决策伴生的风险。”参见刘旭:《中欧垄断协议规制对限制竞争的理解》,载《比较法研究》2011年第1期。

② 当然,按照其表述和规定,在横向垄断协议纠纷中,原告举证被告存在排除、限制竞争的目的后,被告可以通过举证“不具有排除、限制竞争的效果”而进行抗辩,因此,该司法解释仍认为横向垄断协议也必须同时存在排除、限制竞争的目的和效果。

经济学根据不相匹配。在芝加哥学派看来，反垄断法所规制的并非排除、限制竞争本身，而是通过排除、限制竞争来提高商品价格的行为，故认定垄断协议的根本标准是该协议“是否有可能让当事人拥有提高价格的能力”或者说“是否可能导致社会总产出减少”。① 我国全国人大常委会法制工作委员会经济法室曾解释道：“反垄断法保护市场竞争机制，即维持一种竞争环境，在这一环境中，在价格引导下，通过千百万单个经营者和消费者的分散决策和交互作用，使资源得到最优化的配置，以提高整体经济效率，造福于全社会所有成员。”“反垄断法所维护的市场公平竞争，是保护多个经营者的经济行为自由，不允许个别经营者利用其市场力量操纵价格或者强加其他市场条件。”②因此，对于“排除、限制竞争”的解释，应考量以下两个层面的内容：第一，明确目的论与效果论的区分，如欧盟竞争法中，具有限制竞争目的的协议被视为“核心限制”，如能认定某项协议的主要目的系排除、限制竞争，那么就可以认定该协议构成垄断协议，而无须对其效果进行分析；第二，明确“排除、限制竞争”的评价标准，即该协议“是否有可能让当事人拥有提高价格的能力”或者说“是否可能导致社会总产出减少”。

（三）协议的类型：协议、决定或者其他协同行为

从域外立法来看，欧盟竞争法规定的限制竞争协议包括 3 种类型，即企业间的协议、企业协会的决议以及企业间相互协同的行为，法律同时以“限制竞争协议”作为三者的统称；美国竞争法所调整的行为也有 3 种表现形式：合同、联合以及共谋，学术研究中常常以“共谋”作为三者的统称③。与此类似，本条所规定的垄断协议的定义，也明确了我国所规制的垄断协议的 3 种类型：协议、决定或者其他协同行为。其中，“垄断协议”相当于统称概念；“协议”是狭义的称谓，相当于“合同”；“决定或者其他协同行为”则是另外两类独立的垄断协议类型。

1. 协议

我国《民法典》第 464 条规定：“合同是民事主体之间设立、变更、终止民事法律关系的协议。”协议或合同达成的决定性因素在于当事人之间的意思表示一致，而在

---

① 参见许光耀：《垄断协议的反垄断法调整》，人民出版社 2018 年版，第 149 页。

② 全国人大常委会法制工作委员会经济法室编：《〈中华人民共和国反垄断法〉条文说明、立法理由及相关规定》，北京大学出版社 2007 年版，第 2 页。

③ 参见［美］罗伯特·C. 马歇尔、莱斯利·M. 马克思：《共谋经济学——卡特尔与串谋竞标》，蒲艳、张志奇译，人民出版社 2015 年版，第 7 页。

形式上，当事人订立合同，可以采用书面形式、口头形式或者其他形式。[①] 相比于《民法典》对于协议成立、生效、履行等的严格规定，《反垄断法》对协议的规定则相对宽松，即无论当事人采用何种形式，只要能通过直接证据证明当事人之间存在合意，实现了协调彼此行为的目的或效果，则可认定其构成《反垄断法》中的协议。上述差异的根源在于，处理合同纠纷与处理垄断协议案件的出发点并不相同，前者主要通过严格的合同关系，以确定当事人之间民事权益和责任的归属，合同本身的违法性往往并非争议的核心。与此不同的是，在垄断协议案件中，垄断协议通常具有违法性质，各方当事人总会尽一切努力来掩盖他们之间设立非法协议的痕迹，其他利害关系人或执法机构往往很难查证到当事人订立合同过程中的要约邀请、要约、承诺等直接证据。况且，如证明垄断协议具有违法性，则协议会因违反其他法律规定而无效，那么垄断协议的成立、生效、履行等内容根本就不会成为《反垄断法》所考察的重点，其核心仅在于当事人合意是否存在以及其出发点与效果为何。因此，对于此处"协议"的理解，应宽松解释为"能直接证明当事人之间存在任何形式的合意"即可，并可表现为书面、口头、事实契约、算法等任何形式，且其主要依赖直接证据予以证明，即便缺乏直接证据无法认定其构成协议，也可以依据推定方法考量和判定其是否构成协同行为。

2. 决定

美国《谢尔曼法》未将单一主体或当事人所作的"决议"或"决定"设定为一项独立的垄断协议类型；欧盟竞争法则将企业协会、企业联合组织（我国《反垄断法》所称的"行业协会"）所作的"决议"明确为垄断协议。因为经营者联合起来所成立的行业协会能作出对其成员产生约束力的"决议"行为，从而能产生对成员竞争关系的协调效果，此时，其可被视为从事商品经营或者提供服务的组织，即反垄断法意义上的经营者。协议需要两个及以上的经营者达成合意，而行业协会的决议只须由其名义上的单一主体来作出，并能反映多数成员的意志且能对所有成员产生约束力。实质上，决议具有团体契约的性质，其对竞争的损害可能要比当事人之间达成的协议的危害性更大，因此，将其单独视为一项垄断协议类型有其必要性。我国垄断协议的定义中采用"决定"一词，《禁止垄断协议暂行规定》第 5 条第 3 款在解释其他协同行为时，使用了"经营者之间虽未明确订立协议或者决定"的表述，由此可推论出，决定的主体也是两个以上的经营者，这又与行业协会这一名义上的单一主体有所不

① 参见《民法典》第 469 条、《禁止垄断协议暂行规定》第 5 条第 2 款。

符,这或可反映出,执法机构将行业协会的决定视为团体契约,即多数成员的共决。暂且不论此处的规范性问题,实践中若要判断是否构成“决定”,要考察两个方面的因素:一是形式上包括行业协会的章程、组织规则或其他形式的决定等;二是实质上该决定能对其成员产生广泛的约束力。

3. 其他协同行为

“协同行为”的概念来源于欧盟竞争法,[①]其功能在于弥补协议、决定在函射范围上的局限性,从而可灵活应对实践中纷繁复杂的企业协调行为类型。欧洲法院曾在1975年的糖业卡特尔案中对协同行为进行了详细定义:“协同行为是指企业间的一种协调形式,它尚未达到通常所称合同的阶段,故意地以彼此间实际上存在的合作代替竞争的风险,这种合作导致这样的竞争条件,即鉴于产品的性质、重要性、企业的数量及相关市场的规模和性质,它不符合正常的市场条件。这种实际存在的合作构成协同行为,特别是当其令当事人能够强化其已经确立的地位,来损害共同市场产品的有效自由流动,以及消费者选择供应商的自由时,更是这样。”[②]关于其他协同行为的定义,我国《禁止垄断协议暂行规定》第5条第3款也规定:其他协同行为是指,经营者之间虽未明确订立协议或者决定,但实质上存在协调一致的行为。不过,从协同行为的概念内涵上看,其外延不应局限于经营者之间虽未明确订立协议或者决定的情形,也应包括明确订立协议或者决定但原告与执法机构却无法证明的情况,因此,在证明方法上,常依靠推定予以考量和证明。在具体认定上,《禁止垄断协议暂行规定》第6条明确规定,认定其他协同行为,应当考虑下列因素:经营者的市场行为是否具有一致性,譬如,同类产品涨价的时间、幅度是否相同等;经营者之间是否进行过意思联络或者信息交流,也就是在主观要件上要求证明该行为一致性是经营者相互协调的结果,而非各自独立的决策;经营者能否对行为的一致性作出合理解释;相关市场的市场结构、竞争状况、市场变化等情况。

四、学术讨论

关于垄断协议定义的学术讨论主要集中于4大热点:一是垄断协议的形式认定问题;二是垄断的含义是否应明确区分目的论与效果论;三是垄断协议类型的表述问题;四是其他协同行为的认定问题。以下将具体展开:

---

① 参见尚明主编:《主要国家(地区)反垄断法律汇编》,法律出版社2004年版,第672~682页。

② See Case 40/73 Codperatieve Vereniging “Suiker Unie” UA v. Commission of the European Communities (The Sugar Cartel Case) [1975] ECR 1663.

(一)垄断协议的形式认定

在垄断协议的认定中,第一步应确定当事人的行为是否归反垄断法管辖,在形式上是否构成垄断协议,对应霍温坎普的路线图第一步,即"该协议是不是有可能导致市场产出减少或价格上升"。① 在我国司法实践中就曾出现过相关争议,如在上海华明电力设备制造有限公司诉武汉泰普变压器开关有限公司一案中,一审法院认为,要判断某一协议是否具有垄断协议的属性,不应简单地从协议的字面含义去判断,而应多角度地去审查、分析、判断协议中权利义务条款的内容。具体来说:首先,基于双方之间涉案调解协议的背景分析,双方签订涉案调解协议的目的并不在于通过涉案调解协议促使双方协议结盟进入竞争市场参与竞争;其次,根据涉案调解协议约定的权利、义务内容分析,协议并未针对相关产品固定变更价格、限制生产销售数量及分割市场等事项进行约定,对应条款不具有 2007 年《反垄断法》第 13 条第 1 款第 1 项至第 3 项所规定的垄断属性,不能认定为垄断协议;最后,根据涉案调解协议的履行效果分析,涉案调解协议如若履行,并不具有 2007 年《反垄断法》第 13 条所规定的垄断效果。综上,一审法院判决认为,现有证据不能证明涉案调解协议第 1 条、第 5 条、第 12 条具有固定变更价格、限制生产销售数量、分割市场的垄断属性,不足以认定涉案调解协议为垄断协议。对此,二审法院(最高人民法院)则指出,在认定经营者之间达成的协议是否符合 2007 年《反垄断法》第 13 条第 1 款明文列举的横向垄断协议的形式时,不宜将协议内容与该款所列的 5 种类型的横向垄断协议进行机械对照,而应当从市场竞争秩序的角度,对协议内容进行整体分析,对相关协议条款的内容及其关联性、实际或者潜在产生的排除、限制竞争的效果等进行综合考量。经审理,二审法院进一步指出:首先,涉案调解协议存在分割销售市场的内容;其次,涉案调解协议存在限制商品生产和销售数量的内容;再次,涉案调解协议具有固定商品价格的较大可能性;最后,关于涉案调解协议的整体评价,涉案调解协议以第 1 条、第 5 条、第 10 条为核心,协议约定停止生产特定品种商品以及限制特定品种商品销售、协调及固定价格,并辅之以信息联络、违约惩罚等手段,强化了分割销售市场、限制商品生产和销售数量、固定商品价格的效果。因此,涉案调解协议符合 2007 年《反垄断法》第 13 条第 1 款第 1 项至第 3 项规定的形式要求。② 从上述司

---

① 参见[美]赫伯特·霍温坎普:《联邦反托拉斯政策——竞争法律及其实践》(第 3 版),许光耀、江山、王晨译,法律出版社 2009 年版,第 283 ~ 289 页。

② 参见上海华明电力设备制造有限公司诉武汉泰普变压器开关有限公司案,最高人民法院(2021)最高法知民终 1298 号民事判决书。

法判决的分歧可以发现，我国对于横向、纵向垄断协议采取的是典型列举方式，这严格限缩了行政执法与司法裁判的适用空间和思维，也导致实践中会出现严格比照形式而漏认或误认垄断协议的情形。鉴于此，为节约法律成本，对于垄断协议的形式认定，可以根据涉案协议内容来对照横向、纵向垄断协议规定中所列举的典型情形，但不应拘泥于此，如无法严密对应，必要时可以以本条对垄断协议的定义为基本适用标准和规范，重点考察协议中的相关内容是否可能会"导致总产出减少或者价格上升"，如答案是肯定的，则可以判定该协议符合垄断协议的形式要件。

（二）排除、限制竞争的目的论与效果论

针对垄断的含义以及垄断协议的规定，有学者明确提出，应增加"目的或者效果"的选择性要件。首先，这有利于实践中对垄断协议的认定，且两个要件只具备其中一个即可。例如，欧盟及其成员国认为，在认定垄断协议时，排除、限制竞争的目的或者效果是选择性要件，通常优先考虑该行为是否存在排除、限制竞争的"目的"，如果不能证明这种目的则进一步分析是否具有排除、限制竞争的"效果"。[①] 同时，这有利于区分不同类型的垄断协议是适用本身违法原则还是合理原则，如美国、欧盟等主要反垄断司法辖区对于"目的"违法的垄断协议（一般包括固定价格、限制产量、划分市场等核心限制行为）的认定，通常只须证明存在违法行为，即推定其具有排除、限制竞争效果；而对于"效果"违法的垄断协议（如独家交易等），则须证明其具有排除、限制竞争的实质影响。

关于目的论与效果论，我国立法规范未予明确区分或说明。譬如在强生案中，一审法院（上海市第一中级人民法院）从2007年《反垄断法》第13条第2款关于垄断协议的定义进行推导认为："既然垄断协议是指排除、限制竞争的协议、决定或其他协同行为，那么，对于2007年《反垄断法》第14条所规定的垄断协议的认定，需要结合该法第13条第2款所规定内容，进一步考察此等协议是否具有排除、限制竞争效果。"二审过程中，锐邦公司则诉称："2007年《反垄断法》第13条和第14条都因行为目的违法而被法律明文禁止，只要经营者与交易相对人达成限定向第三人转售商品的最低价格的行为被证实存在，即构成垄断协议。此类协议是目的违法，一经签订即构成垄断协议，无须锐邦公司证明限定最低转售价格的行为是否产生排除、限制竞争的效果。一审法院将'实际存在排除、限制竞争效果'作为垄断协议的构成

① 参见王先林：《论我国垄断协议规制制度的实施与完善——以〈反垄断法〉修订为视角》，载《安徽大学学报（哲学社会科学版）》2020年第1期。

要件之一,系对法律的错误解释。"强生公司则辩称:"根据最高人民法院《关于审理因垄断行为引发的民事纠纷案件应用法律若干问题的规定》第 7 条的规定,[①]认定横向垄断协议尚须满足排除、限制竞争效果这一要件,相对于横向协议,纵向协议对市场竞争的影响更小,因此,认定限制最低转售价格协议构成垄断协议更需要以具有排除、限制竞争效果为前提。因法律和司法解释无特别规定,本案所涉限制最低转售价格协议不适用举证责任倒置,仍应由上诉人锐邦公司承担证明涉案协议具有排除、限制竞争效果的责任。"最终,二审法院(上海市高级人民法院)支持了强生公司的观点,即 2007 年《反垄断法》第 14 条所规定的垄断协议应当以"具有排除、限制竞争效果"为构成要件,并由提起反垄断诉讼的原告或上诉人承担举证责任。[②] 然而,有学者则认为,我国《反垄断法》"垄断协议"中的"排除、限制竞争"应被解释为"目的",且我国 2007 年《反垄断法》第 13 条和第 14 条所禁止的垄断协议均属于"本身违法"的范畴,[③]但都可以进行效果抗辩。[④] 甚至有学者提出,垄断协议概念的外延可适用"三分法",包括危害严重的协议(黑名单)、具有一定危害性的协议(灰名单)以及无危害性的协议(白名单),以此分别对应本身违法原则、合理原则和本身合法原则。[⑤] 可见,上述学术观点已经形成至少两种认定垄断协议违法性的模式:一是横向垄断协议推定违法(目的论、本身违法),纵向垄断协议适用合理原则(效果论)且可进行效果抗辩;二是横向垄断协议与纵向垄断协议均应推定违法(目的论),但可进行效果抗辩。经比较,两种学说的关键差异其实在于纵向垄断协议是否要以具有实质的排除、限制竞争效果为要件,并由原告或执法机构承担举证责任。显然,如果只是在垄断协议的定义条款中加入此"目的或者效果"的选择性要件,可能还无法解决实质争议,因为如果不能对 2007 年《反垄断法》第 13 条和第 14 条予以进一步明确的话,仍然会产生不同的解读。而从我国 2022 年修正的《反垄断法》来看,其第 18

---

① 《最高人民法院关于审理因垄断行为引发的民事纠纷案件应用法律若干问题的规定》第 7 条:"被诉垄断行为属于反垄断法(原)第 13 条第 1 款第 1 项至第 5 项规定的垄断协议的,被告应对该协议不具有排除、限制竞争的效果承担举证责任。"

② 参见锐邦涌和诉美国强生公司案,上海市高级人民法院(2012)沪高民三(知)终字第 63 号民事判决书。

③ 当然,由于我国《反垄断法》规定,无论是横向垄断协议还是纵向垄断协议,当事人均可适用豁免的规定,保留了横向垄断协议系附属性限制竞争协议的空间,而非全然视为赤裸裸的限制竞争协议,因此,此处使用美国竞争法中的"本身违法"概念也存在一定的疑虑,但考虑到这些使用系对学术观点的总结,此处暂不进行严格区分。

④ 参见张世明:《结果论与目的论:垄断协议认定的法律原理》,载《政法论丛》2020 年第 3 期。

⑤ 参见刘继峰:《再论垄断协议的概念问题》,载《法学家》2020 年第 6 期。

条新增了第 2 款“对前款第一项和第二项规定的协议,经营者能够证明其不具有排除、限制竞争效果的,不予禁止。”立法者貌似融合了两种学术观点,即横向垄断协议适用推定违法且无效果抗辩,纵向垄断协议也适用推定违法但存在效果抗辩,同时它们均可适用豁免条款。那么这意味着,未来司法解释和部门规章也要进行相应调整,从而避免法律实施过程中可能产生的适用混乱的问题。

(三)垄断协议类型表述的规范性问题

垄断协议类型表述的规范性存在的主要问题是,“协议、决定或者其他协同行为”中“其他”二字的使用,使协同行为成为协议、决定的属概念,但实际上三者是并列关系(存在表现形式上的重要差异)而非种属关系,是垄断协议的种概念。同时,现行《禁止垄断协议暂行规定》第 13 条规定的“不属于本规定第 7 条至第 12 条所列情形的其他协议、决定或者协同行为”,也将协议、决定与协同行为并列,考虑到规范的科学性与执法的精确性,垄断协议定义中的“其他”二字建议删除。

(四)协同行为的认定问题

关于协同行为的认定,虽然现行《禁止垄断协议暂行规定》第 6 条已明确了 4 个具体考量因素:行为一致性、意思联络或者信息交流、能否作出合理解释以及相关市场的市场结构、竞争状况、市场变化等情况。但其中仍存在一些更为细致的问题:第一,意思联络或者信息交流的认定往往需要当事人之间均参与了意思表示过程,而在执法实践中,经营者单方面传递价格、产量等敏感信息,其他经营者收到信息后虽未反馈,但根据该信息做出了跟随行为,也构成协同行为,且意思联络已能涵盖信息交流的内容,因此,可以将“信息交流”修改为“信息传递”,以更加全面、准确和周延地明确此考察因素的内容;第二,只规定意思联络或者信息传递的行为,而未进一步说明其中的内容,缺乏严谨性,甚至无法证明意思联络或者信息交流行为是否系针对市场行为的内容,因此,应当限定当事人进行意思联络或者信息传递的内容范围为“数量、价格等敏感信息”;第三,意思联络或者信息交流的方式较为传统,不能包括算法等技术手段的新形式,应明确利用算法等技术手段达到排除、限制竞争效果的,推定为协同行为,这有利于为在执法实践中处理算法共谋等新型垄断协议行为提供法律依据。

第十七条　横向垄断协议

一、条文

第十七条　禁止具有竞争关系的经营者达成下列垄断协议：

（一）固定或者变更商品价格；

（二）限制商品的生产数量或者销售数量；

（三）分割销售市场或者原材料采购市场；

（四）限制购买新技术、新设备或者限制开发新技术、新产品；

（五）联合抵制交易；

（六）国务院反垄断执法机构认定的其他垄断协议。

【条文主旨】本条明确了对横向垄断协议的规制及横向垄断协议的类型。

二、立法理由

竞争者之间达成的横向垄断协议是最可疑且限制性最严重的协议类型。① 从经济学上看，一个独占的经营者为了追求高利润，希望减少产量并提高商品价格，但其提价行为将会导致其销售量下降，进而失去市场份额，获得高利润的目标也将落空。② 因此，经营者总希望能与其他经营者达成关于价格或生产数量等的垄断协议，并采取一致行动控制市场。这类协议对竞争的主要影响就是消除或减弱竞争者之间的相互竞争，使他们减少或者免除竞争压力，从而有能力提高商品或服务价格，以减损消费者福利。当然，为了实施横向垄断协议，这些当事人必然会付出额外的组织、监督实施等成本，但如果横向垄断协议带来的垄断利润高于这些成本，则会促使经营者将该协议付诸实施。目前有足够的证据显示，限制竞争协议，不会增进竞争效率，而且会造成显著社会成本的增加。③ 可以说，横向垄断协议可能带来防止过度竞争、节约交易成本等好处，但是其会产生极大地破坏市场竞争性结构的效果，也会降低市场资源配置效率，影响市场秩序和经济健康发展，这也是各国反垄断法所规

---

① 参见［美］赫伯特·霍温坎普：《反垄断事业原理与执行》，吴绪亮、张兴、刘慷等译，东北财经大学出版社 2011 年版，第 124 页。

② 参见［美］斯蒂文·沙维尔：《法律经济学分析的基础理论》，赵海怡、史册、宁静波译，中国人民大学出版社 2013 年版，第 122 页。

③ 参见［美］理查德·A. 波斯纳：《反托拉斯法》（第 2 版），孙秋宁译，中国政法大学出版社 2003 年版，第 23 页。

制的重点。我国反垄断立法中,对横向垄断协议与纵向垄断协议分别予以专条规定的方式是值得肯定的。

三、条文解读

在2022年修正的《反垄断法》中,立法者除了将本条原来的第2款(垄断协议的定义)移走外,对本条的其他地方并无任何改动,这也体现出,横向垄断协议类型的典型性和规范的稳定性。

(一)具有竞争关系的经营者

本条是明确地针对具有"竞争关系"的经营者所作的规定,"竞争关系"也就是学界通说的"横向关系"。如果说对于"竞争关系"的理解,另一部竞争基本法《反不正当竞争法》在修法后采取了广义的竞争关系的话,①《反垄断法》中对于"竞争关系"的理解则偏向于狭义,即当事人均处于生产、销售链条中的同一环节,包括生产商与生产商之间的协议,经销商与经销商之间的协议,且当事人之间相互构成对方提高价格的直接阻碍。② 其类似于《关于对横向合作协议适用欧共体条约第81条的指南》中所称的"市场相同层级,例如处于同一生产、销售层级"以及《专业化协议成批豁免条例(2658/2000)》中对竞争性企业的解释:"在相关市场活跃的企业,包含实际竞争者与潜在竞争者,当相关市场内发生幅度不大,但持续时间较长的价格上涨时,有现实的可能去追加必要的投资或其他必要的转产成本,从而进入相关市场的企业。"

2022年6月我国国家市场监督管理总局发布的《禁止垄断协议规定(征求意见稿)》也新增了对竞争关系的界定条款,即"本规定所称具有竞争关系的经营者,包括实际的竞争者和潜在的竞争者。实际的竞争者是指活跃于同一相关市场进行竞争的经营者。潜在的竞争者是指具备在一定时期内进入相关市场竞争的计划和可行性的经营者"。

(二)横向垄断协议的具体类型

2022年反垄断修法对横向垄断协议的规定,沿用了2007年立法时所采用的"典型列举+执法机关认定补充"的规范模式。一方面能明确哪些横向垄断协议具有显著的违法性,从而起到社会警示和适用指引的作用;另一方面则为应对纷繁复杂的横向垄断协议类型提供了法律授权与空间。截至2022年,对于各具体横向垄断协

① 参见孔祥俊:《论反不正当竞争法的新定位》,载《中外法学》2017年第3期。

② 参见许光耀:《垄断协议的反垄断法调整》,人民出版社2018年版,第110页。

议类型的解释在行政执法中是以《禁止垄断协议暂行规定》为依据的,《反价格垄断规定》《国家发展改革委关于反价格垄断执法授权的决定》等则已失效。

1. 固定或者变更商品价格

固定或者变更商品价格,是对当事人的定价施加人为影响,从而消除或减弱他们彼此间的价格竞争的垄断协议。可以说,价格竞争是市场竞争中最常见和主要的竞争方式,也直接关乎着消费者的福利,因此,对于价格竞争的限制或消除很难产生正向效率,具有明显的违法性。正如欧盟竞争法将固定价格列为需要特别禁止的行为,美国竞争法实践也将固定价格视为非法共谋的典型表现形式,一般对其适用本身违法原则。根据我国现行《禁止垄断协议暂行规定》第7条的规定,禁止具有竞争关系的经营者就商品或者服务(以下统称商品)价格达成下列垄断协议:(1)固定或者变更价格水平、价格变动幅度、利润水平或者折扣、手续费等其他费用;(2)约定采用据以计算价格的标准公式,2022年6月发布的《禁止垄断协议规定(征求意见稿)》在此处还增加了"算法、平台规则等";(3)限制参与协议的经营者的自主定价权;(4)通过其他方式固定或者变更价格。

2. 限制商品的生产数量或者销售数量

除了直接协调价格这一方式外,有些当事人会通过限制生产或者销售数量的方式,控制产量或销量,构建卖方市场,供不应求自然也会助推商品价格的上涨。因此,在本质上,限制生产或者销售数量与固定或者变更商品价格在影响竞争效率和消费者福利方面的危害是一致的。根据我国现行《禁止垄断协议暂行规定》第8条的规定,禁止具有竞争关系的经营者就限制商品的生产数量或者销售数量达成下列垄断协议:(1)以限制产量、固定产量、停止生产等方式限制商品的生产数量,或者限制特定品种、型号商品的生产数量;(2)以限制商品投放量等方式限制商品的销售数量,或者限制特定品种、型号商品的销售数量;(3)通过其他方式限制商品的生产数量或者销售数量。当然,如符合2022年《反垄断法》第20条第1款第5项规定的"因经济不景气,为缓解销售量严重下降或者生产明显过剩"的危机情况并满足该条第2款的要求时,则此类型协议可以获得相应豁免。

3. 分割销售市场或者原材料采购市场

分割市场协议,即各经营者之间达成协议,就地域市场、交易对象、产品类型等进行划分以消除彼此间在市场上的竞争。由于市场被分割,分割后该地域的经营者面临的竞争压力会直接减少或消灭,也会造成价格上涨或维持在一定的水平,导致竞争被削弱、市场效率降低。此外,市场被人为划分也减少了消费者的选择机会,使其不得不接受较高价格。[①] 值得注意的是,2020 年 1 月公布的《〈反垄断法〉修订草案(公开征求意见稿)》曾一度将"原材料采购市场"修改为"采购市场",此种情况下,分割采购市场的横向垄断协议规制将不限于原材料领域,至于其修改理由,或与我国现行《禁止垄断协议暂行规定》第 9 条的解释性规定有关,例如,该规定特别注明"前款规定中的原材料还包括经营者生产经营所必需的数据、技术和服务",这实质上是对"原料、半成品、零部件、相关设备等原材料"概念的扩张解释,即由传统上的物质要素扩张到数据、技术等知识产权要素以及服务、资本、劳动力等其他非物质要素。然而,销售市场与原材料采购市场系相对概念,生产商的生产与销售是以购买或获取原材料为前提的,但在整个流通环节中唯一应被排除的是从消费者视角出发的成品采购市场,这或许是这一修改内容未被保留的原因。正如欧盟竞争法采用"input"一词作为所有"原材料"的总称。[②] 同时,我国现行《禁止垄断协议暂行规定》第 9 条规定,禁止具有竞争关系的经营者就分割销售市场或者原材料采购市场达成下列垄断协议:(1)划分商品销售地域、市场份额、销售对象、销售收入、销售利润或者销售商品的种类、数量、时间;(2)划分原料、半成品、零部件、相关设备等原材料(还包括经营者生产经营所必需的技术和服务)的采购区域、种类、数量、时间或者供应商;(3)通过其他方式分割销售市场或者原材料采购市场。

4. 限制购买新技术、新设备或者限制开发新技术、新产品

限制购买新技术、新设备或者限制开发新技术、新产品的负面效应在于当事人无法通过使用新技术、新设备、新产品降低生产成本、扩大产出,进而维护了他们之间的利益静态平衡,也实现了对商品生产数量的直接限制和对技术、设备创新的阻碍。因此,在本质上,此种垄断协议类型与限制商品生产数量的垄断协议具有同样的排除、限制竞争效果。根据我国现行《禁止垄断协议暂行规定》第 10 条的规定,禁止具有竞争关系的经营者就限制购买新技术、新设备或者限制开发新技术、新产品达成下列垄断协议:(1)限制购买、使用新技术、新工艺;(2)限制购买、租赁、使用新设备、新产品;(3)限制投资、研发新技术、新工艺、新产品;(4)拒绝使用新技术、新工艺、新设备、新产品;(5)通过其他方式限制购买新技术、新设备或者限制开发新技术、新产品。

---

① 参见史际春等:《反垄断法理解与适用》,中国法制出版社 2007 年版,第 100 页。

② 参见许光耀:《垄断协议的反垄断法调整》,人民出版社 2018 年版,第 306 页。

5. 联合抵制交易

联合抵制交易，是指两个或两个以上具有竞争关系的经营者达成协议，约定各方均不得与第三方进行交易。从表象上看，联合抵制交易限制了经营者选择交易对象的自由，同时限制了潜在交易相对人的交易机会，甚至导致后者被迫退出市场。根据我国现行《禁止垄断协议暂行规定》第 11 条的规定，禁止具有竞争关系的经营者就联合抵制交易达成下列垄断协议：(1)联合拒绝向特定经营者供应或者销售商品；(2)联合拒绝采购或者销售特定经营者的商品；(3)联合限定特定经营者不得与其具有竞争关系的经营者进行交易；(4)通过其他方式联合抵制交易。从上述规定可以看出，认定联合抵制交易需要举证证明当事人存在联合抵制的协同行为(包括尚未实施的协议)，并可根据《反垄断民事案件司法解释》第 7 条的规定推定此种协议类型具有明显的反竞争效果。同时，如果联合的当事人系中小经营者的话，他们则有可能适用“为提高中小经营者经营效率，增强中小经营者竞争力”等规定获得豁免。

6. 国务院反垄断执法机构认定的其他垄断协议

立法者通过设置具有兜底补充作用的条款，允许反垄断执法机构根据相关行为对竞争的影响来认定其是否构成横向垄断协议，以避免规制非典型横向垄断协议时无法可依的情形。我国 2007 年《反垄断法》已施行 10 余年，而 2022 年修法时未纳入其他典型横向垄断协议，也表明其他类型的横向垄断协议在违法性的认定上不如法律规定的典型横向垄断协议那么直观，因此，《反垄断民事案件司法解释》第 7 条也仅规定，被诉垄断行为属于 2007 年《反垄断法》第 13 条第 1 款(2022 年《反垄断法》第 17 条)第 1 项至第 5 项规定的垄断协议的，可以推定其具有排除、限制竞争效果，而对于其他非典型的横向垄断协议，则要求当事人对反竞争效果承担举证责任。尤其是那些当事人订立专业化协议、研发协议等其他横向垄断协议的，应特别考察其积极竞争效果与消极竞争效果之间的对比。根据我国《禁止垄断协议暂行规定》第 13 条第 2 款之规定，非典型横向垄断协议将由市场监督管理总局负责认定，其在认定时应当考虑下列因素：(1)经营者达成、实施协议的事实；(2)市场竞争状况；(3)经营者在相关市场中的市场份额及其对市场的控制力；(4)协议对商品价格、数量、质量等方面的影响；(5)协议对市场进入、技术进步等方面的影响；(6)协议对消费者、其他经营者的影响；(7)与认定垄断协议有关的其他因素。这也意味着，对于非典型横向垄断协议，执法机关将采取一案一议的处理方式。当事人如要针对非典型横向垄断协议寻求司法救济，可能需要先走一遍行政认定的前置程序。

四、学术讨论

我国学界对横向垄断协议的规制内容、模式等的研究成果比较丰富,以下仅选取3个方面的典型问题进行讨论。

(一)竞争关系的认定

虽然将对"竞争关系"的理解简化为"同一生产、销售环节"看似简单,但是在实践层面已出现一些认识性的分歧。此处对比两个典型案例,以考察实践中对于"竞争关系"的认识情况。第一则案例为广州震雄装饰工程有限公司(以下简称震雄公司)诉广州高思贸易有限公司(以下简称高思公司)案。在该案中,高思公司主要从事各种广告设备的设计和制造,客户包括多家国际知名快餐连锁品牌,其在完成广告灯箱设备的设计后,会委托当地的代加工厂加工制作灯箱设备,震雄公司就是高思公司在广州的一家合作代加工厂。双方在合作过程中签署了涉案协议,其内容为震雄公司不能跳过高思公司,直接向高思公司的客户进行投标。对此,广州知识产权法院经审理后认为,横向垄断协议是指,位于商业活动链条的同一经济层面或商业环节的经营者达成排除、限制竞争的协议、决定或者其他协同行为。区分横向与纵向的关键在于当事人是否属于"位于商业活动链条的同一经济层面或商业环节的经营者"。鉴于原告与被告在上述协议中属于供应商与买家之间上下游的纵向关系而非横向关系,涉案条款明显不属于横向垄断协议。因此,原告的诉讼请求不能成立,法院不予支持。[①] 第二则案例为上海华明电力设备制造有限公司(以下简称华明公司)诉武汉泰普变压器开关有限公司(以下简称泰普公司)一案。在该案中,根据涉案调解协议的约定,华明公司仅能生产笼型开关,对笼型开关以外的所有型式的无励磁分接开关不能自行生产,只能通过泰普公司供货转售给下游客户,且华明公司的市场销售价格也被固定;另外,在海外市场,华明公司需要为泰普公司持股的公司生产的无励磁分接开关作市场代理,不得自行生产或代理其他企业同类产品。一审法院认为,华明公司和泰普公司的主营范围中都包括变压器产品的驻极体配件变压器开关产品,且在实际经营中,都向变压器生产厂商提供变压器开关产品,具有

① 参见姜旭、徐晓霞:《一份合作协议引发的横向垄断之争》,载中国知识产权资讯网2022年2月25日,https://www.iprchn.com/cipnews/news_content.aspx?newsID=133187。

竞争法意义上的竞争关系。① 负责二审的最高人民法院亦认为,2007 年《反垄断法》第 13 条第 1 款规定的竞争关系是指,在生产或者销售过程中处于同一阶段的两个或两个以上的经营者提供具有替代关系的产品或者服务,或者具有进入同一产品或者服务市场的现实可能性。根据案件事实,华明公司、泰普公司均生产、销售无载分接开关,两者应当属于生产、销售同一产品的经营者,且根据一审法院查明的华明公司、泰普公司的开关销售情况,双方均具有一定的市场影响力,涉案调解协议中包含华明公司委托泰普公司生产特定类型开关本体的约定并不能改变两者之间在同类产品上的竞争关系。一审法院认定双方之间存在 2007 年《反垄断法》第 13 条第 1 款意义上的竞争关系并无不当,最高人民法院予以确认。② 对比这两个案例可以发现,其共同点在于原被告双方的主关系是委托代理关系,因此,在第一个案例中,法院以主关系作为认定标准,不认可当事人之间存在横向关系;而在第二个案例中,一审、二审法院以实际经营范围为判定依据,并明确委托代理的纵向关系并不排除横向竞争关系的成立。从经验总结的角度来说,司法实践对垄断协议纠纷中的竞争关系的认定,一方面,应考察生产或者销售环节是否具有同一性,尤其要关注各当事人实际或潜在的经营能力与范围;另一方面,应考察协议纠纷内容与当事人关系之间的对应性,不能被协议名称或纵向关系的存在所迷惑,因为纵向协议当事人之间也有可能存在竞争关系,进而也可以形成横向垄断协议,此时,纵向协议仅是一种形式或手段。

(二)横向垄断协议的违法性认定模式

对于横向垄断协议的违法性认定模式,学界论述繁多,如有学者提出,可以考虑在对特定类型的垄断协议规制中引入"本身违法原则",将"禁止具有竞争关系的经

---

① 具体判决理由:第一,华明公司、泰普公司提交的企业法人营业执照显示,华明公司主营范围包括电力设备生产、销售、咨询业务,泰普公司主营范围包括变压器分接开关、变压器配件制造、机械加工等业务。两者产品服务对象均与电力设备相关,与行业领域、市场范围相关,具有竞争关系。第二,根据华明公司提交的华明公司、泰普公司官网宣传、产品手册等信息,华明公司主营的产品中包括有载开关、无载开关,泰普公司主营产品为无载开关,其服务的对象均为电网服务项目中的变压器产品,且市场范围基本相同,只是主打产品存在区分,泰普公司只生产无载开关,华明公司产品除无载开关外,还生产有载开关。第三,华明公司提交的相关数据统计说明,双方都是相关变压器生产厂家变压器配件产品有载开关、无载开关的供货方,华明公司有载开关份额占比明显超过无载开关的占比份额,泰普公司则只销售无载开关,故只有无载开关的占比数据。这些变压器产品生产厂家都是华明公司和泰普公司的共同客户,但产品种类、技术要求并不完全相同。由此,可以认定,华明公司、泰普公司之间在变压器开关市场存在产品交叉业务,双方之间存在竞争法意义上的竞争关系。

② 参见上海华明电力设备制造有限公司诉武汉泰普变压器开关有限公司案,最高人民法院(2021)最高法知民终 1298 号民事判决书。

营者达成下列垄断协议:……”修改为“有下列情形之一的,可以推定构成垄断协议:具有竞争关系的经营者……”,进而在适用时可推定这些协议类型构成垄断协议,其中,作为兜底条款所涵盖的类型则不纳入其中。① 包括我国司法解释在内,多数学者均持此观点,认为,那些典型列举的横向垄断协议只须证明当事人就“排除、限制竞争的目的”达成了一致意见,即可直接推定其违法,而无须进一步证明其具体产生了哪些负面竞争效果。② 但是,在原告举证该协议具有排除、限制竞争的目的后,司法解释认为被告是有竞争效果豁免权的。对此有学者评价道:“司法解释所采取的竞争效果反证豁免可以归入合理分析的范畴,且是一种有限度的合理分析,只是给予行政相对人或者被告提供不具有排除、限制竞争效果的反证的机会,仅在其提出反证时予以审查判断,反证不成立的不予支持。如此处理实质上是对于垄断协议采取了原则禁止、个案例外豁免的态度,且执法者或者法官无须主动正面审查竞争效果,在没有足以成立的反证时,认定构成垄断协议即可。因此,这是一种宽严相济的折中式合理分析。”③不过也有学者指出,从我国《反垄断法(修正草案)》的修改情况来看,对于横向协议采“效果推定”规则,只要认定存在横向协议的事实,即意味着行为具有反竞争效果,并因此推定为违法而落入概括禁止的范畴,行为人若欲摆脱违法指控,只能通过2007年《反垄断法》第15条获得豁免,而不能提出不具有反竞争效果的抗辩。④ 事实上,典型的横向垄断协议天然具有“减少社会总产出”的可能性,且其产生效率或促进竞争的可能性微乎其微,因此,司法解释才明确规定可推定这些横向垄断协议具有反竞争效果。甚至欧盟竞争法将“目的或者效果”作为选择性要件,只须满足其一即可。⑤ 以此来看,若被告实施了那些典型的横向垄断协议的行为,那么其要承担违法责任的可能性极高,而是否赋予被告反证豁免权可能主要在违法性认定的形式逻辑上具有重要意义。有专家认为,关于垄断协议的合法性,我国《反垄断法》在整体上构建了一个“禁止+豁免”的评估框架。⑥ 但也有学者对此

---

① 参见丁茂中:《论规范垄断协议行为的立法完善》,载《政治与法律》2020年第3期。

② 参见曾晶:《论我国垄断协议法律规制制度的重构》,载《湖南大学学报(社会科学版)》2021年第6期。

③ 孔祥俊:《论反垄断法的谦抑性适用——基于总体执法观和具体方法论的分析》,载《法学评论》2022年第1期。

④ 参见吴韬:《我国垄断协议违法性认定框架的改进:评〈反垄断法〉修订案草案相关条款》,载《竞争政策研究》2022年第2期。

⑤ 参见王先林:《我国反垄断法修订完善的三个维度》,载《华东政法大学学报》2020年第2期。

⑥ 参见徐新宇:《纵向价格垄断协议法律规制的比较分析》,载《中国价格监督检查》2012年第7期。

持有异议，认为“禁止 + 豁免”的模式存在诸多弊症，可以考虑在垄断协议认定阶段考察竞争效果间的平衡，视情况采用本身违法原则或合理原则，并把豁免的性质界定为公共政策抗辩，在豁免阶段以比例原则考察竞争与其他公共政策之间的平衡。[①]上述理论观点为2022年的反垄断法修正提供了诸多宝贵意见，但对于此问题的争论不会随着反垄断法的修订结束而消弭。如果仅从2022年修法的规范视角来看，横向垄断协议的违法性认定模式为：5项典型列举的横向垄断协议，由原告举证被告达成的协议具有排除、限制竞争的目的即可，被告不享有竞争效果反证豁免权（理由在于立法者仅在纵向垄断协议中新增了“经营者能够证明其达成的纵向垄断协议不具有排除、限制竞争效果的，不予禁止”的规定），但可依据《反垄断法》第20条的规定来申请豁免；兜底项即由执法机构认定的其他垄断协议，则需要执法机构或原告证明其具有排除、限制竞争效果，被告享有竞争效果反证豁免权，且可依据《反垄断法》第20条的规定来申请豁免。但该模式面临的问题是，现行司法解释对典型列举的横向垄断协议赋予了被告竞争效果反证豁免权。换言之，司法机关在起草该司法解释时亦考量，本身违法原则并非基于逻辑的必然性，而是基于长期实践观察的结果。正如美国在本身违法原则适用上的趋于严格，适用本身违法原则的垄断行为并不是固定不变的，[②]赋予被告竞争效果反证豁免权仍然具有重要的理论与实践价值及必要性。

（三）行政认定前置的合理性

关于行政认定前置的合理性问题，在2007年我国《反垄断法》立法前后，就已有学者对此提出质疑，认为这样规定是将行政认定前置作为其他垄断行为认定的必要条件，从而限制了当事人提起诉讼的权利和法院对垄断协议的认定权，与反垄断法及法治发展的要求和趋势不尽相符。[③] 学者细致地总结出了行政认定前置的4个欠合理之处：首先，它给法院认定垄断行为带来困难，如果针对列举之外的垄断行为提起诉讼，严格按照现行法的规定，法院必须等到国务院反垄断执法机构作出认定后才能进一步审理，也即，针对兜底条款中的垄断行为提起诉讼，必须先通过行政程序，取得执法机构的“认定”，否则法院不能判定该协议违法，这似乎人为地给法院审案增加了限制，不利于市场主体针对垄断行为提起诉讼。其次，它赋予执法机构不

① 参见兰磊：《论我国垄断协议规制的双层平衡模式》，载《清华法学》2017年第5期。

② 参见朱理：《〈关于审理因垄断行为引发的民事纠纷案件应用法律若干问题的规定〉的理解与适用》，载《人民司法》2012年第15期。

③ 参见史际春等：《反垄断法理解与适用》，中国法制出版社2007年版，第105页。

受制约的权力，将兜底条款中的垄断行为认定权“垄断”性地交给执法机构，这固然是对执法机构的信任，但也意味着，是否属于兜底条款涵盖的垄断行为类型，以执法机构的“认定”为前提。这就赋予了执法机构极大的自由裁量权，可能增加执法风险，同时，如果执法机构认定错误，相对人诉诸法院，法院也无能为力，因为法院没有这类垄断行为的认定权。再次，它不符合兜底条款适用的一般原理，在现代法治体系中，行政权与司法权是两种性质差异较大的权力，对行政权的约束和对司法权的信任同样重要，没有理由将兜底条款的适用权交给行政机关而将司法机关拒之门外。最后，垄断行为兜底条款的表述与《反垄断法》中的其他规定不相吻合，关于兜底条款，我国《反垄断法》对横向与纵向垄断协议的规范表述是一致的，均为“国务院反垄断执法机构认定的其他垄断协议”，而在垄断协议豁免的规定中，则表述为“法律和国务院规定的其他情形”。[①] 尤其是，《反垄断民事案件司法解释》第2条明确规定：“原告直接向人民法院提起民事诉讼，或者在反垄断执法机构认定构成垄断行为的处理决定发生法律效力后向人民法院提起民事诉讼，并符合法律规定的其他受理条件的，人民法院应当受理。”根据此解释，原告不必走行政认定前置程序去寻求司法救济，但如果不走行政认定前置程序，“国务院反垄断执法机构认定”的主体限定又表明只有行政机关才有权介入。不过，最高人民法院在回应此问题时指出，《反垄断民事案件司法解释》第2条已特别对此予以明确，原告可以直接向人民法院提起民事诉讼，无须以反垄断执法机构的行政执法为前置条件，而这一规定的理由在于：首先，2007年《反垄断法》第50条并没有对反垄断民事诉讼规定行政执法前置的条件，我国《反垄断法》在起草过程中曾规定过行政执法前置程序，但最终的法律文本中删除了该表述，这说明《反垄断法》并没有设定行政执法前置程序的立法本意，如果在反垄断民事诉讼中实施行政执法程序前置，不仅于法无据，而且会妨碍当事人诉权的正常行使；其次，行政执法程序前置将影响垄断行为受害人获得救济，受财政预算和人力资源的限制，反垄断执法机构不可能对所有的垄断行为进行调查，为了有效地发挥执法功能，反垄断执法机构必然将更多的精力投入到那些涉及重大公共利益的案件；再次，反垄断执法机构并非对于被调查的涉嫌垄断行为都会作出处理决定，根据《反垄断法》的规定，反垄断执法机构可以根据经营者的承诺及其履行情况决定是否终止调查，对于反垄断执法机构不立案调查或者因经营者承诺而终

① 参见焦海涛：《纵向非价格垄断协议的反垄断法规制：困境与出路》，载《现代法学》2019年第4期。

止调查的行为，如果坚持以行政执法程序前置为民事诉讼的条件，受害人实际上就被剥夺了获得救济的权利和机会；最后，司法实践中已采取由当事人直接向法院提起诉讼的做法，最高人民法院在《关于认真学习和贯彻〈中华人民共和国反垄断法〉的通知》中也已明确了此种诉讼方式。[①] 综上可见，在2022年修法中，立法者宜删除“国务院反垄断执法机构认定”的主体限定，而不是保留这些表述，徒增困扰。

第十八条　纵向垄断协议

一、条文

第十八条　禁止经营者与交易相对人达成下列垄断协议：

（一）固定向第三人转售商品的价格；

（二）限定向第三人转售商品的最低价格；

（三）国务院反垄断执法机构认定的其他垄断协议。

对前款第一项和第二项规定的协议，经营者能够证明其不具有排除、限制竞争效果的，不予禁止。

经营者能够证明其在相关市场的市场份额低于国务院反垄断执法机构规定的标准，并符合国务院反垄断执法机构规定的其他条件的，不予禁止。

【条文主旨】本条明确了对纵向垄断协议的规制、纵向垄断协议的类型及竞争效果反证豁免与安全港规则。

二、立法理由

相较于横向垄断协议，纵向垄断协议的当事人系处于不同生产、流通环节，他们之间的竞争性相对较弱而互补性相对较强，此类协议也具有促进生产商进入新市场、保护一方当事人投资以及维护商品质量与经营模式统一性的积极作用。正因如此，在芝加哥学派看来，纵向垄断协议的目的并非共同限制生产数量或抬高商品价格，甚至纵向垄断协议普遍能够起到增加社会福利的作用，所以，这些协议一般情况下应被认定为合法。但后芝加哥学派的兴起，推翻了此结论。他们认为，如只考量社会总产出的增加而不考虑消费者剩余的情况，不符合帕累托效率，即使纵向垄断协议增加了社会总福利，但如果其损害了消费者利益，仍然是一种无效的配置效率

① 参见朱理：《〈关于审理因垄断行为引发的民事纠纷案件应用法律若干问题的规定〉的理解与适用》，载《人民司法》2012年第15期。

改进,此时其亦应被禁止。[1] 以后芝加哥学派为代表的微观经济分析学派没有对纵向限制竞争行为给予肯定,而是要求对这种限制行为进行具体分析,所分析内容涵盖经营者所处市场结构、各自在相关市场上的地位以及动机等。目前,此种理论和观点在各国反垄断法中占据着主导地位,包括欧美竞争立法及执法、司法机构在内,均没有对纵向垄断协议持概括性的肯定态度,而是主张对其进行微观的合理分析,以甄别此类协议的违法性问题。[2] 这也凸显出,纵向垄断协议与横向垄断协议之间存在不同的分析范式和路径,既然 2022 年修法沿用了横向垄断协议与纵向垄断协议分类规范的立法模式,那么自然,《反垄断法》也需要对纵向垄断协议进行专条规定。从修法过程来看,本条的修改也是 2022 年反垄断法修订的重点内容之一。

三、条文解读

从《反垄断法》的新修情况来看,立法者对此条作了两方面的内容填充:一是新增第 2 款竞争效果反证豁免规则;二是新增第 3 款安全港规则。这无疑为进一步完善我国纵向垄断协议的规制制度提供了更为充分的规则保障,也为纵向垄断协议的判断与认定标准提供了积极的方向性指引。

(一)纵向关系:经营者与交易相对人

欧盟 2022 年发布的《纵向限制指南(2022 年)》与《纵向协议集体豁免条例》中,纵向协议的定义为,"就协议而言,经营于生产、销售链条不同环节上的两个或两个以上的企业之间订立的,关于购买、销售或转售特定货物或服务的条件的协议、一致行动"。这一定义有 3 个要点:第一,企业的单方行为不在《欧盟运行条约》第 101 条第 1 款的调整范围之内,但如果能证明有当事人已明示接受或默许了该单方行为,则可以认定为协议、一致行动;第二,订立协议或一致行动的企业,须处于生产、销售链条的不同环节,但这并不排除一个企业同时处于生产和销售链条的一个以上的环节的可能,且本条例不适用于与为其贸易、业务、工艺或专业以外的目的行事的自然人订立的协议,因为这些自然人不是企业;第三,协议或一致行动所涉及的是协议当事人(供应商或购买商)购买、销售、转售特定货物或服务的条件,但不包括

① 参见任剑新:《美国反垄断思想的新发展——芝加哥学派与后芝加哥学派的比较》,载《环球法律评论》2004 年第 2 期。

② 参见王晓晔:《纵向限制竞争协定的经济分析》,载王文杰主编:《反垄断法的立法与实践经验》,清华大学出版社 2004 年版,第 45、46 页。

代理协议。[①]

目前,我国采用的是“交易相对人”的表述,此种主体限定偏于宽泛,不易对潜在规制对象作出清晰描述。因为任何商业化的交易在主体类型上都存在经营者和交易相对人,甚至囊括了终端消费者与代理人,而纵向垄断协议的交易相对人应为经营者,不能为终端消费者与非独立竞争主体的代理人。这也是其与滥用市场支配地位行为的一个显著区别,即如果主体关系发生在经营者和终端消费者之间,则不能适用禁止纵向垄断协议的规定,只能考虑适用禁止滥用市场支配地位的规定。[②] 我国在起草《纵向价格垄断协议的执法指南》过程中,也对“纵向协议”进行了概念界定,即“在生产和供应链上处于不同环节的经营者之间关于购买、销售或转售商品或服务的协议,主要包括制造商和经销商(包括批发商和零售商)之间的经销协议,以及原料或配件供应商和制造商之间的供应协议”[③]。这一概念界定基本明确了交易相对人的主体范围以及纵向关系的核心内涵,建议我国《禁止垄断协议暂行规定》的修订或其他与垄断协议相关的行政法规、部门规章,未来能对横向竞争关系、纵向交易关系等进行明确规定,以科学规范地指引实践。

(二)纵向垄断协议的具体类型

关于纵向垄断协议的分类,比较常见的做法是以是否构成对价格的限制作为分类标准,分为纵向价格协议与纵向非价格协议;此外,欧盟《纵向限制指南(2022年)》根据纵向限制可能造成的消极影响,将纵向限制分为4种类型,分别为单一品牌类、限制分销类、转售价格维持类和市场划分类等。其中,转售价格维持类协议是指购买商被迫或被诱使以不低于、等于或不高于特定的价格水平销售,包括最低、最高和建议转售价格,[④]系核心纵向限制。可以说,我国《反垄断法》在本条中对于纵向垄断协议的分类,即第1款第1项与第2项,均系转售价格维持类协议,属于纵向价格协议,那么国务院反垄断执法机构认定的其他垄断协议,则应包括全部纵向非

① 当然,如果若干企业使用相同代理人,并通过该代理人来协调彼此的行为,有助于被代理人与竞争者之间达成共谋,导致在购买或销售合同产品的相关市场上产生排除、限制竞争效果时,那么代理协议此时将构成横向垄断协议。参见欧盟委员会:《纵向限制指南(2022年)》,载欧盟委员会网2022年5月10日,https://eur-lex.europa.eu/legal-content/EN/TXT/?uri=CELEX%3A32022R0720&qid=1652368074897。

② 参见宁立志、贺敬林:《纵向限制的反垄断法规制》,载《法律适用》2021年第1期。

③ 参见徐新宇:《起草〈纵向价格垄断协议的执法指南〉若干问题的思考》,载《中国价格监管与反垄断》2018年第1期。

④ 参见万江:《欧盟关于纵向价格垄断协议的规定及法律适用》,载《中国价格监督检查》2012年第5期。

价格协议与部分纵向价格协议。

1. 固定向第三人转售商品的价格与限定向第三人转售商品的最低价格

所谓"固定向第三人转售商品的价格",按照《禁止垄断协议暂行规定》第12条的规定,指的是"固定向第三人转售商品的价格水平、价格变动幅度、利润水平或者折扣、手续费等其他费用";而"限定向第三人转售商品的最低价格"则在《禁止垄断协议暂行规定》中被进一步解释为"限定向第三人转售商品的最低价格,或者通过限定价格变动幅度、利润水平或者折扣、手续费等其他费用限定向第三人转售商品的最低价格"。立法者作此区分可能是考虑到,相比于固定价格,最低价有上浮的空间。但也有学者认为,这种形式上的区分是完全不必要的。① 从其对竞争的消极影响机理来看,二者大致相同,即便利生产商、零售商卡特尔或被支配性零售商用作封锁手段。以可能有助于形成生产商卡特尔为例,如果生产商固定其销售商的转售商品价格或限定转售商品最低价,同一商品的销售商就不能根据各自面临的竞争状况和成本结构开展价格竞争,实际上就会导致销售商层面无形中订下以相同价格或必须高于最低价格的标准来出售商品的协议,并在销售商之间建立起价格卡特尔,从而会助推商品价格的上涨。同时,由于生产商的监督和"违反协议即停止供货"等的威胁,进而使各销售商均会执行该协议,尤其是当生产商之间订立有卡特尔协议时,该销售商也不能通过改变供货方式增强自己在定价上的自由度,因此,这将十分有利于限制销售商之间的有效竞争。由于价格固定在一个水平线上,影响了品牌内的竞争,一部分销售量从低成本销售商转移到高成本销售商,经营效率低下的销售商得以存活,不会被淘汰,而高效率经营的销售商不能将好处扩展至消费者,自然会导致消费者福利的损失。② 但值得注意的是,一方面,维持转售价格要产生反竞争效果需要满足一定的市场条件,如经营者的市场支配力、行为一致性等;另一方面,维持转售价格也可能产生积极的竞争效果,所以,需要对其进行正负效应对比,才能最终认定其是否违法。

2. 国务院反垄断执法机构认定的其他垄断协议

从我国的《禁止垄断协议暂行规定》第13条来看,认定《反垄断法》具体列举以

① 参见许光耀:《垄断协议的反垄断法调整》,人民出版社2018年版,第432页。
② 参见徐士英:《竞争法论》,世界图书出版公司2007年版,第87页。

外的横向垄断协议或纵向垄断协议的考虑因素都是一致的。[①] 对此,有学者认为,对横向垄断协议与纵向垄断协议的规制采用统一的兜底条款指引模式,不仅弱化了对横向垄断协议的认定指引程度,而且也没有提升对纵向垄断协议的认定指引程度,应当分别对横向垄断协议与纵向垄断协议的兜底条款作出细化指引。[②] 理论上认为,横向垄断协议与纵向垄断协议对竞争的危害程度有显著区别,甚至认为后者有明显的积极效果。因此,在逻辑上,对于非典型纵向垄断协议,尤其是非价格纵向垄断协议的违法性认定应更为严格。当然,这一项规定也同样存在如横向垄断协议中所讨论的行政认定前置缺乏合理性的问题,在第 17 条的"学术讨论"部分已有论述,此处不赘。

（三）竞争效果反证豁免

2022 年修法特别在此条中新增一款竞争效果反证豁免规则,从文义和体系解释来看,此规范能产生以下解释论效果:第一,固定向第三人转售商品的价格与限定向第三人转售商品的最低价格协议适用"推定禁止 + 竞争效果反证豁免"的违法性认定路径,申言之,执法机构或原告只须举证行政相对人或被告在形式上达成了上述两类协议,就能推定该协议的违法性,之后行政相对人或被告可以对此协议通过竞争效果反证得以豁免;第二,正如"安全港规则"只规定纵向垄断协议,不适用于横向垄断协议,"竞争效果反证豁免规则"也应做此理解,即《反垄断法》第 17 条中所列举的具体的横向垄断协议不能适用竞争效果反证豁免规则;第三,此款只规定"前款第一项和第二项",也就是"固定向第三人转售商品的价格与限定向第三人转售商品的最低价格协议"才能适用竞争效果反证豁免规则,这也意味着"国务院反垄断执法机构认定的其他垄断协议"不能直接适用此规则。从逻辑上看,既然理论上认为转售价格维持协议要比其他纵向价格协议及纵向非价格协议在排除、限制竞争效果方面的可能性及危害性更大,那么,转售价格维持协议都可以允许行政相对人或被告进行竞争效果反证豁免,其他纵向价格协议及纵向非价格协议的行政相对人或被告也应该享有与前者等同或比前者更广泛的权利。而从此款的规定来看,"竞争效果

---

① 《禁止垄断协议暂行规定》第 13 条第 2 款规定:"前款规定的垄断协议由市场监管总局负责认定,认定时应当考虑下列因素:(一)经营者达成、实施协议的事实;(二)市场竞争状况;(三)经营者在相关市场中的市场份额及其对市场的控制力;(四)协议对商品价格、数量、质量等方面的影响;(五)协议对市场进入、技术进步等方面的影响;(六)协议对消费者、其他经营者的影响;(七)与认定垄断协议有关的其他因素。"

② 参见丁茂中:《纵向垄断协议兜底条款的适用困境及其出路》,载《竞争政策研究》2019 年第 2 期。

反证豁免规则”系法定免责事由[①]，其针对的是上述两类转售价格维持协议在被推定违法时的情形，而其他纵向垄断协议的认定则要求执法机构或原告必须同时举证行政相对人或被告在形式上存在该协议且该协议具有排除、限制竞争的效果，此时，尚不能认定或推定行政相对人或被告违法，所以也不存在所谓适用免责事由或者豁免规则的问题，而行政相对人或被告则可根据程序性规则，针对执法机构或原告的举证依法进行抗辩，在此情形中，“该协议不具有排除、限制竞争效果”成了行政相对人或被告基于要件事实的抗辩[②]而非法定免责事由；第四，从此款的文义上看，竞争效果反证豁免是要求行政相对人或被告证明上述两类转售价格维持协议“不具有排除、限制竞争效果”而非“其积极效果大于消极效果”，换言之，前者属于绝对的竞争效果豁免事由，适用本款，而后者属于相对的效率豁免事由，适用《反垄断法》第20条的规定。至于何谓“不具有排除、限制竞争效果”，则需要回归至《反垄断法》第16条垄断协议定义中所解读的标准，即该转售价格维持协议未能且不可能明显给当事人带来提高价格的能力或导致社会总产出减少。

（四）安全港规则

2022年修法在纵向垄断协议中采用了安全港规则。安全港的概念源自海运规则，本意是指在特定的时间内，对特定的船舶而言可以安全到达、安全使用和安全驶离，而不会使船舶遭受损害风险的港口。随着实践的发展，安全港规则逐渐发展到司法领域，指特定法律法规中规定的某些行为不触犯相关法律的条款。安全港规则在反垄断法中，也表示在规制垄断行为的过程中对符合一定条件的限制情形通过立法所明确给予的一种责任豁免推定或合法性推定，而确立安全港规则不但契合国际反垄断实践的通行做法，也符合我国的现实国情，[③]并能在一定程度上缓解企业的合规压力与风险。事实上，在此之前我国执法机构早已在相关规范中探索了安全港规则的设立，譬如，《关于知识产权领域的反垄断指南》（国务院反垄断委员会，2019年）等文件不仅设置了具体的安全港规则，而且在文件中直接使用了“安全港规则”的用语，而《关于禁止滥用知识产权排除、限制竞争行为的规定》（原国家工商行政管理总局，2015年）、《关于汽车业的反垄断指南》（国务院反垄断委员会，2019年）

---

① 参见杨立新、赵晓舒：《我国〈侵权责任法〉中的第三人侵权行为》，载《中国人民大学学报》2013年第4期。

② 参见陈刚：《论我国民事诉讼抗辩制度的体系化建设》，载《中国法学》2014年第5期。

③ 参见王先林：《论我国垄断协议规制制度的实施与完善——以〈反垄断法〉修订为视角》，载《安徽大学学报（哲学社会科学版）》2020年第1期。

以及《关于禁止滥用知识产权排除、限制竞争行为的规定》(国家市场监督管理总局,2020年)等文件虽未直接使用“安全港规则”的明确用语,但通过具体条文规定事实上引入了安全港规则,[①]而2022年《反垄断法》的修正,则明确为未来相关执法规范继续细化这一规则的执行标准,提供了上位法依据。

1. 安全港规则的性质:由适用除外到责任豁免

由2021年10月《中华人民共和国反垄断法(修正草案)》第19条所规定的“经营者能够证明……不适用本法第16条至第18条的规定”最终修改为本款“经营者能够证明……并符合……不予禁止”,反映出立法者对于安全港规则的性质认定已由“适用除外”转向到“责任豁免”。虽然这两种性质的规则都能使达成纵向垄断协议的经营者免受违法责任的困扰,但这二者存在一些区别:类似于2022年《反垄断法》第20条规定的适用除外情形,适用除外规则是指某法定情形在反垄断法的适用范围之外,即该种情形下即使它表面上符合垄断行为的构成要件,也不受反垄断法所规制,甚至能对抗所有不利指控,可以形象地称之为“本身合法,不受干预”;类似于本法规定的竞争效果反证豁免规定,责任豁免规则是指对于实际或被推定违反反垄断法的行为,由于其符合反垄断法本身规定的免责条件,因而反垄断法对其不予禁止,简言之,“本身违法,但可免责”。[②] 这两种不同性质的规则在当事人的举证责任要求和法律后果方面有所差异(不同性质的安全港规则情况对比见表2-1)。

表2-1　不同性质的安全港规则的情况对比

安全港规则	适用除外规则	责任豁免规则
前置条件	执法机构或原告举证行政相对人或被告达成了纵向垄断协议 (区分转售价格维持协议与其他纵向协议)	
适用条件	满足法定的市场份额标准 (行政相对人或被告负责举证)	满足法定的市场份额标准 (行政相对人或被告负责举证)
	但有证据证明经营者达成的协议排除、限制竞争的除外 (执法机构或原告负责举证)	并符合国务院反垄断执法机构规定的其他条件的 (行政相对人或被告负责举证)
法律后果	不受调整,并推定合法	推定违法,但免除责任

① 参见李国海、王伊宁:《我国反垄断法安全港规则的构建》,载《吉首大学学报(社会科学版)》2022年第2期。

② 参见刘桂清:《反垄断法如何兼容产业政策——适用除外与适用豁免制度的政策协调机制分析》,载《学术论坛》2010年第3期。

2. 安全港规则的适用："市场份额标准 + 行政规定的其他条件"并行

从本款规定来看，在纵向垄断协议安全港规则的适用上，2022 年修正后的《反垄断法》最终采用的是"市场份额标准 + 行政规定其他条件"的认定模式。相比于 2021 年 10 月《中华人民共和国反垄断法（修正草案）》第 19 条所规定的"市场份额标准 + 排除、限制竞争效果除外适用"的适用模式，前者标准显得不够清晰，并赋予了行政执法机构更大的责任豁免标准制定权。这不禁令人担忧，此设计是否会导致安全港规则的效率价值和降压功能无法真正实现。安全港规则设立的目的应是降低执法者的审查成本、缓解企业的合规压力，反映至本款规定的安全港规则上，则是要求标准的清晰以及条件的相对宽松。具体考察这两个方面，本款规定除了尚未明确市场份额的数值外，安全港规则的适用还要求满足执法机构规定的其他要件。且从修法文本的变动情况来看，如果其他行政规定要件只限于"排除、限制竞争效果除外适用规定"的话，那似乎没有修改《中华人民共和国反垄断法（修正草案）》中关于此款内容规定的必要性。换言之，这是否意味着未来的标准只可能会比此严格而不会比此宽松。同时，从欧盟纵向垄断协议安全港规则的设置情况来看，其以单纯的市场份额标准作为豁免的简易条件，并区分了"黑名单"的排除适用情况以及"具有显著竞争限制"的豁免反证撤销情形。①

我国《反垄断法》新设的此款规定，对纵向垄断协议设置了责任豁免规则，这可能降低对转售价格维持协议这类反竞争效果相对明显的纵向垄断协议的约束效果。因此，未来反垄断执法机构或可以通过豁免条件设置权对转售价格维持协议予以排除适用，并在其他豁免条件设置上构建以是否存在"具有显著竞争限制"为核心的细则和标准，且不宜扩大条件的约束范围。最后，关于纵向垄断协议安全港规则中市场份额的标准，2022 年 6 月发布的《禁止垄断协议规定（征求意见稿）》新增第 15 条明确规定："经营者与交易相对人之间达成协议，经营者能够证明符合下列条件，不予禁止：（一）经营者与交易相对人在相关市场的市场份额低于 15%，国务院反垄断执法机构另有规定的从其规定；（二）无相反证据证明其排除、限制竞争。前款经营

---

① 2022 年欧盟《纵向协议集体豁免条例》在其前言（8）中规定："可以推定，在协议各方在相关市场上所持有的市场份额不超过 30% 的情况下，纵向协议不包含某些类型的显著竞争限制，通常会带来生产或分销的改善，并让消费者公平分享由此产生的利益"；（15）中规定："本法规不应豁免纵向协议，其中包含可能限制竞争和损害消费者的限制，或者对于实现效率提升效果并非必不可少的限制。特别是，本条例规定的集体豁免的好处不应适用于包含某些类型的显著竞争限制的纵向协议，例如最低和固定转售价格以及某些类型的领域保护，包括防止有效使用互联网销售或某些限制的在线广告。"载欧盟委员会网，https://eur-lex.europa.eu/legal-content/EN/TXT/?uri=CELEX%3A32022R0720&qid=1658200280849。

者、交易相对人在相关市场的市场份额的计算,应包括其控制或者施加决定性影响的其他实体在相关市场中的市场份额之和。前款控制和决定性影响,是指经营者直接或间接、单独或共同对其他经营者的生产经营活动或者重大决策具有或者可能具有决定性影响的权利或实际状态。交易相对人为多个的,在同一相关市场的市场份额应合并计算。"关于如何申请适用安全港规则,《禁止垄断协议规定(征求意见稿)》第16条规定:"经营者可以向反垄断执法机构提交书面申请,证明其符合本规定第15条规定。申请书应当载明下列事项:(一)经营者与交易相对人在相关市场的经营状况及股权关系;(二)经营者与交易相对人在相关市场的市场份额及计算依据;(三)协议在相关市场不会排除、限制竞争;(四)其他需要说明的内容。经营者应当对提交申请、资料的真实性负责。反垄断执法机构经调查核实,认为符合本规定第15条规定的,未立案的,可以决定不予立案调查,已经立案的,可以决定终止调查,并制作终止调查决定书。反垄断执法机构调查核实过程中,可以征求第三方及社会公众意见。"

四、学术讨论

茅台五粮液案、强生案、一汽大众案等典型纵向垄断协议案件的出现以及所引发的一些争议,为学界讨论纵向垄断协议的违法性认定模式与判断标准提供了重要的研究对象与标本,此部分也将主要结合纵向垄断协议条款的修改来梳理归纳学界的一些真知灼见。

(一)纵向垄断协议的违法性认定模式

关于纵向垄断协议的违法性认定模式,有学者曾建议在2022年《反垄断法》修正时,在纵向垄断协议中明确规定其适用违法推定规则,即在原则上禁止这些行为的同时也明确这些行为可以得到个别豁免的具体条件。[①] 也有学者从文义与体系解释的视角指出,我国《反垄断法》中的定义性条款,不过是垄断协议概念的一般性说明,并非对举证责任的配置提出明确要求,由于横向与纵向垄断协议条款中所列举的典型垄断协议排除、限制竞争的可能性非常高,因此只须证明行为客观存在便可推定其具有排除、限制竞争目的或效果,无须进一步证明协议的排除、限制竞争特性,而是转由涉案企业进行抗辩或申请责任豁免、除外适用等。[②] 当然,也有学者对我国《反垄断法》关于垄断协议的分类及其认定模式持批判意见,认为应该纠正立法

---

① 参见王先林:《我国反垄断法修订完善的三个维度》,载《华东政法大学学报》2020年第2期。

② 参见王健:《垄断协议认定与排除、限制竞争的关系研究》,载《法学》2014年第3期。

中二分法模式与三分法模式混合并存的做法,并建议根据是否限制竞争以及限制竞争的程度采用三分法的立法模式和认定标准,即将纵向协议划分为严重限制竞争的协议、限制竞争的协议、不限制竞争的协议,其中,第一类不予豁免且推定违法;第二类则要举证协议存在且进行正负竞争效果的比较;第三类则予以豁免或推定合法。[①] 针对"国务院反垄断执法机构认定的其他垄断协议",也有学者认为,在《反垄断法》必须存有类似兜底条款的情况下,反垄断执法对此应当秉持最大限度的谦抑性,即使确实需要依法进行规制适用的情况下,也应当在发布指南对此作出非常明确的指引后才进行个案查办。[②] 甚至有学者提出,通过增加列举与语言改造,扩大现行法对纵向非价格垄断协议的规制范围,以安全港和核心限制为标准,确立纵向非价格垄断协议推定豁免与个案豁免相结合的规制模式。[③] 以上学术观点均能在各自的视角和立场上成立,但仅从成文法解读的视角来看,未来我国对纵向垄断协议的认定无法脱离反垄断法基于目的、文义与体系解释等所限制的框架,其基本思路可能为:对于两种典型的转售价格维持协议,采"违法推定 + 竞争效果反证豁免 + 安全港责任豁免(以国务院反垄断执法机构未设置此类协议予以排除适用的条件为前提) + 除外适用"的认定模式;而对于其他纵向价格垄断协议与全部纵向非价格垄断协议采"合理分析与抗辩(存在达成协议的行为 + 反竞争效果) + 安全港责任豁免 + 除外适用"的认定模式。

(二)纵向垄断协议禁止性规则与其他规则存在竞合的问题

随着垄断行为规范类型的深化,在《反垄断法》适用中或多或少存在规则竞合的问题,譬如横向与纵向垄断协议规则竞合的具体情形,就包括联合抵制、串通投标与轴辐协议等。[④] 同时,由于禁止纵向垄断协议规则和禁止滥用市场支配地位规则均针对经营者和交易相对人之间的纵向交易关系,所以在利用反垄断法对纵向限制竞争行为进行规制时,也会产生规则竞合的问题。针对上述规则竞合现象,有学者从理论视角指出,从严格意义上讲,反垄断理论并不存在所谓"纵向垄断协议",因为所有垄断协议都是横向的,而纵向协议产生排除、限制竞争效果的方式在于促成横向垄断协议或市场支配地位滥用行为,这才是竞合现象产生的根源。因此,在含有纵

---

① 参见刘继峰:《再论垄断协议的概念问题》,载《法学家》2020 年第 6 期。

② 参见丁茂中:《纵向垄断协议兜底条款的适用困境及其出路》,载《竞争政策研究》2019 年第 2 期。

③ 参见焦海涛:《纵向非价格垄断协议的反垄断法规制:困境与出路》,载《现代法学》2019 年第 4 期。

④ 参见江山:《论垄断行为的类型化调整》,载《经贸法律评论》2021 年第 2 期。

向协议的案件中,首先应对垄断行为进行识别,而非禁止法律拟制的纵向垄断协议本身,可以说,《反垄断法》的视野局限于纵向协议当事双方的内部关系,这既弄错了行为的性质,也找错了当事人,在修订时是应当删除的。① 其中,轴辐协议就最能证明这一点。但在我国现有的立法体系下,架空纵向垄断协议的禁止性规则是不现实的,也有违“有法必依”的基本理念。因此,在现行法律体系下,如果纵向限制竞争行为符合竞合规则中所具体列举的任一行为类型,那么就应该适用该规则;如果纵向限制竞争行为未在竞合规则中被明确列举,那么应优先适用横向垄断协议或滥用市场支配地位规则的兜底条款。②

(三)竞争效果反证豁免问题

关于竞争效果反证豁免,存在争议的问题为“不具有排除、限制竞争效果”应该作何理解?其具体标准应该怎样设定?要解决这两个问题,就需要明晰纵向垄断协议的竞争效果反证豁免规则与《反垄断法》第20条的效率适用除外规则(降低价格水平或提高社会总产出等)③是什么关系。从学界的解读来看,竞争效果反证豁免规则的设立目的在于确立纵向垄断协议采取“推定违法+竞争效果反证豁免”这一反映合理原则精神内核的违法性认定模式,其与《反垄断法》第20条适用除外规定中所体现的效率豁免目的有所差异,同时也在具体标准上存在明显区别。首先,前者竞争效果反证豁免规则解决的是反竞争效果有和无的问题,后者效率适用除外规则是论证正(积极)竞争效果大于反(消极)竞争效果的问题;其次,在理论上前者本身就是认定纵向垄断协议存在违法性的构成要件和核心标准之一,而后者则是通过对竞争效率、社会公共利益的贡献或特殊情形下的考量所建构的“利大于弊”的合法性标准;最后,“不具有排除、限制竞争效果”的举证应以“未能且不可能明显给行政相对人或被告带来提高价格的能力或导致社会总产出减少”为核心标准,甚至有学者认为,只有当垄断协议对竞争的负面影响达到“显著”的程度,才有可能产生反竞争效果。因此,我国应当为“显著性反竞争影响或效果”提供一个明确的判定标准。④ 欧盟竞争法适用除外规定中的效率举证,需要行政相对人或被告证明其具备

---

① 参见许光耀:《反垄断法前沿问题的研究进展》,载《价格理论与实践》2020年第1期。

② 参见宁立志、贺敬林:《纵向限制的反垄断法规制》,载《法律适用》2021年第1期。

③ 也有学者提出我国2007年《反垄断法》第15条所列举的豁免理由并非基于竞争效率考虑,因而被告据此进行的豁免抗辩不能视为竞争效率抗辩。参见戴龙:《论组织帮助型垄断协议的规制——兼议我国〈反垄断法〉的修订》,载《法学评论》2021年第1期。

④ 参见曾晶:《论我国垄断协议法律规制制度的重构》,载《湖南大学学报(社会科学版)》2021年第6期。

两个积极条件和两个消极条件:积极条件分别为有利于改进产品的生产和销售或促进经济与技术进步(效率标准),以及能使消费者公平分享由此产生的利益;而消极条件则包括未对企业施加对于达成协议目标来说并非必不可少的限制以及不会致使相关企业有能力消除竞争。与此相较,我国《反垄断法》第20条第2款,以行政相对人或被告要举证"达成的协议不会严重限制相关市场的竞争"替代了欧盟竞争法所规定的两个消极要件;且从文义表达上来看,竞争效果反证豁免规则中的"不具有排除、限制竞争效果"可以以显著的或明显的反竞争效果为标准,从而与严重限制相关市场的竞争在程度上进行科学划分。当然,我国反垄断执法机构已在《禁止垄断协议规定(征求意见稿)》中设定了更为详细的定性与定量标准,期待最终规定的发布能消除竞争效果反证豁免规则适用过程中的障碍。

(四)安全港规则的设置问题

关于安全港规则设置的必要性问题,学界并无争议,均认为其设置能提高我国反垄断执法的透明度并节约执法资源,[①]但对于条文设置的规范性问题以及适用的科学性问题争议颇多,值得进一步探讨。

1.是否应该为横向垄断协议设置安全港规则?

关于安全港规则的设置问题,从2021年《中华人民共和国反垄断法(修正草案)》到最后审议通过的2022年《反垄断法》可以看出,除了条文内容发生了明显变化外,其位置也由独立的一条变为被糅合到了纵向垄断协议规范之中。之所以出现这一变化,是因为一审之后,有的地方、部门、单位和专家学者建议对采用安全港规则再作斟酌;有学者建议,对于严重限制竞争的横向垄断协议,不适用安全港规则。吸纳各方意见和建议,2022年《反垄断法》中调整后的"安全港规则"仅被置于纵向垄断协议的条款之下。[②] 对此修改,有学者认为,如果横向垄断协议也适用安全港规则,或将在很大程度上提升执法难度。比如,横向垄断协议中存在部分核心卡特尔,无论所涉主体市场份额大小都需要被处理,此时若存在安全港规则,不谈是否可适用安全港规则本身存在争议,适用时还可能需要对市场份额进行评估,无疑会增加执法工作量。同时,对于所涉企业市场份额的计算,要先界定好相关市场,涉及商品、地域、时间等具体范围,这很大程度上增加了横向垄断协议的执法难度,将安全

---

① 参见王晓晔:《〈反垄断法(修正草案)〉的评析》,载《当代法学》2022年第3期。

② 参见黄钰钦、梁晓辉:《反垄断法修正草案二审明确安全港适用范围为纵向垄断协议》,载百家号"中国新闻网"2022年6月21日,https://baijiahao.baidu.com/s?id=1736234423595869517&wfr=spider&for=pc。

港规则限定在纵向垄断协议中，或将更好地达到立法与执法间的平衡。也有学者认为，之所以作出这一修改，可能是基于横向垄断协议往往危害更大的考虑，其需要更严格的规制。我国“安全港规则”与欧盟类似，欧盟设置了两种“安全港规则”：一种是适用于纵向垄断协议的推定豁免规则；另一种是同时适用于纵向和横向两种垄断协议的微量不计规则，即如果协议当事方的市场份额非常低，则其对市场的消极影响可以忽略不计，可不予关注。[①] 还有学者认为，草案中设计全口径的安全港制度，会显现出对明列禁止的5种横向协议处理态度的前后不一，影响制度的一致性，因此，学者也建议将法律明列禁止的5种横向协议及其组织和帮助行为排除于该条款适用范围之外。[②] 从上述学界的讨论意见来看，虽然欧美均设有对横向垄断协议适用的安全港规则，但考虑到横向垄断协议反竞争效果的可能性及危害性，对安全港制度排除适用于横向垄断协议，我国学界目前并无明显异议。

2. 纵向垄断协议如何适用安全港规则？

2022年《反垄断法》最终在纵向垄断协议规则中所确立的“市场份额标准 + 行政规定的其他要件”并行的责任豁免认定模式，其实仍不安全。如有学者认为，如果安全港范围内的协议仍然可能被认定违法，那么安全港就缺乏必要的透明度，其实践价值和意义就不大，因为它不能有效地帮助企业避免和减少违反反垄断法的风险。[③] 除此之外，其他存在争议的地方还包括安全港规则的适用范围问题，纵然立法者已经将安全港的适用范围缩小至仅限于纵向垄断协议，但这可能还不够，我国的行政相对人或被告不仅要证明满足低于市场份额标准的条件，还要证明反垄断执法机构设置的所有其他豁免条件，足见其承担的举证责任相对较重。况且，如果未来此安全港规则主要针对的是“国务院反垄断执法机构认定的其他垄断协议”，那么，本来执法机构或原告就要举证证明该纵向垄断协议的存在及其反竞争效果，此时，行政相对人或被告完全可以通过依请求而享有的抗辩权来证明其达成协议的行为具备合法性，安全港规则似乎成为“鸡肋”，因为即便行政相对人或被告使用了安全港规则，其还是要证明该纵向垄断协议不存在显著的反竞争效果，这与依请求而享有抗辩权的行使几无差别。

---

① 参见郭博昊：《反垄断法“安全港”规则拟缩小适用范围》，载百家号“证券之星”2022年6月23日，https://baijiahao.baidu.com/s? id = 1736364493350255831&wfr = spider&for = pc。

② 参见吴韬：《我国垄断协议违法性认定框架的改进：评〈反垄断法〉修订案草案相关条款》，载《竞争政策研究》2022年第2期。

③ 参见王晓晔：《〈反垄断法（修正草案）〉的评析》，载《当代法学》2022年第3期。

第十九条　组织、帮助达成垄断协议

一、条文

第十九条　经营者不得组织其他经营者达成垄断协议或者为其他经营者达成垄断协议提供实质性帮助。

【条文主旨】本条明确了对达成垄断协议的组织者和实质性帮助者的规制。

二、立法理由

由于我国2007年《反垄断法》在立法上采用纵、横协议类型二分法，将规制的重点放在达成协议的当事人之间的关系上，除行业协会外，未对其他具有组织、帮助影响力和作用的经营者设置禁止性行为规范及相应的法律责任条款，也导致此类经营者逃脱了应当承担的法律责任。尤其是在一些非典型的轴辐协议中，这些作为轴心主体的组织者或帮助者甚至在垄断协议达成过程中起到了非常关键的作用，[①]其影响力有时比当事人联合起来的力量都要显著，因此，如果反垄断法不能对这些轴心主体予以规制，这对于垄断协议的治理无疑是不利的。同时，规制实施组织、教唆、帮助行为的主体在其他法律中也有相应的规定，如我国《民法典》第1169条规定：教唆、帮助他人实施侵权行为的，应当与行为人承担连带责任；我国《刑法》亦对共同犯罪中的"组织者""帮助犯"给予依法处罚；以及在另一部竞争基本法《反不正当竞争法》中也有类似规定，如"经营者不得通过组织虚假交易等方式，帮助其他经营者进行虚假或者引人误解的商业宣传""经营者不得教唆、引诱、帮助他人违反保密义务……"故对在达成垄断协议过程中实施组织行为或提供帮助行为的经营者进行相应的规制，并设计与之相匹配的具体规则，是2022年《反垄断法》修正的任务和亮点之一。

三、条文解读

对达成垄断协议的组织者和实质性帮助者的规制条款，自2020年1月公布《〈中华人民共和国反垄断法〉修订草案（公开征求意见稿）》以来，一直存在于历次《反垄断法》修改版本中，直至最终审议通过得以确认保留。从整个修订过程来看，此条款的表述变化主要包括以下两点：由"禁止"修改为"不得"；由"帮助"修改为"提供实质性帮助"，其中前一措辞的变化并无实际差别，而后一变化则反映出立法

① 参见郝俊淇：《论我国垄断协议类型序列的立法完善》，载《中国政法大学学报》2022年第1期。

者对“帮助者”这一主体的限缩性意图。目前,虽然立法者通过此条款的设置为规制达成垄断协议的组织者和实质性帮助者提供了明确的法律依据,但是有的条文表达相对有限,何谓“实质性帮助”、主观要件是什么以及客观要件为何等问题,仍然有待于执法机构与司法机关进一步地规定和解释。值得关注的是,已发布的《禁止垄断协议规定(征求意见稿)》新增第17条对上述问题作了相应界定:“本条所称组织,是指下列情形:(一)经营者虽不属于垄断协议的协议方,但在垄断协议达成或者实施过程中,对协议的主体范围、主要内容、履行条件等具有决定性或者主导作用;(二)经营者与多个交易相对人签订协议,故意使具有竞争关系的交易相对人之间通过该经营者进行意思联络或者信息交流,达成本规定第8条至第12条垄断协议的。本条所称实质性帮助,是指经营者虽未从事前款规定的组织行为,但对垄断协议达成或者实施提供支持,且与排除、限制竞争具有因果关系并且作用显著的行为。”

(一)主体要件:组织者或实质性帮助者

关于本条禁止性行为规范的主体要件,首先,从“组织者或实质性帮助者”与“其他经营者”之间的关系来看,既然该立法表述已用“其他”一语将二者区分开来,那么可以推论,组织者或实质性帮助者不包含达成垄断协议的当事人,换言之,即便达成垄断协议的某一当事人同时也在垄断协议达成过程中发挥了组织作用或者帮助作用,那么对其也不能适用该禁止性行为规范再作评价,而是应适用横向或纵向垄断协议的相关规定;其次,从“组织者或实质性帮助者”的身份来看,因为本条限定于“经营者”,那么根据《反垄断法》对于经营者的界定,其必须为从事商品生产、经营或者提供服务的自然人、法人和非法人组织,而不具有经营者身份的主体则也不能成为本条所规制的主体;再次,从“组织者或实质性帮助者”与“行业协会”之间的关系来看,《反垄断法》第21条已规定“行业协会不得组织本行业的经营者从事本章禁止的垄断行为”,而严格来讲,行业协会不能被视为具有实质或潜在经营者的身份,那么这两条规定之间也就不存在竞合的可能;即便将行业协议视为经营者,二者相较,第19条系禁止组织或帮助行为的一般性规定,第21条则是禁止行业协会组织行为的特别性规定,因此,如果组织的主体是行业协会,那么应该适用第21条对其进行规制,如果行业协会仅承担了帮助者的角色,则适用第19条的规定;最后,从“组织者或实质性帮助者”的内涵来看,无论是认定组织者还是实质性帮助者,均应以其客观行为与其他经营者达成垄断协议的实质关联性与其具有的影响力为评价依据,如对协议的主体范围、主要内容、履行条件等具有决定性或者主导作用,至于其作为经营者是否具有市场支配地位,则不应是认定实质影响力的前置条件和标准。

(二)客体要件:促成垄断协议的达成或实施

从客体,即行为指向的对象来看,[①]本条要求“促成垄断协议的达成”,亦等同于损害了市场竞争效率这一反垄断法所保护的法益,但《禁止垄断协议规定(征求意见稿)》新增第17条将其扩充为“在垄断协议达成或者实施过程中”。亦即,即便未促成垄断协议的达成,行为主体仅组织或帮助了垄断协议的实施也可以依据此条进行规制。那么,对其或可具体作如下理解:首先,本条规定的垄断协议应被理解为本法第16条定义所明确的垄断协议,即包含任何排除、限制竞争的协议、决定或者其他协同行为,甚至不限定垄断协议的类型;其次,实施组织行为或帮助行为后未促成垄断协议达成或实施的,其行为不受此条规制,但如果有证据证明组织者或帮助者有促成垄断协议达成或实施目的的,是否应规制则有待于进一步释明;再次,只要促成垄断协议达成或实施即可,至于组织者、帮助者是否受益等在所不论;最后,如所达成或实施的协议已获得责任豁免或适用除外规定救济的,则也不能被视为促成了垄断协议的达成或实施,但有证据证明组织者或帮助者有促成垄断协议达成或实施目的的除外。

(三)主观要件:明知或应知

在2022年《反垄断法》修法征求社会意见的过程中,企业和学者们曾建议此条规定应进一步明确组织者、帮助者的主观意图。尤其是随着数字经济蓬勃发展,未来基于平台算法的轴辐协议现象可能越来越多,如何区分平台是主动“组织”“帮助”其他经营者达成垄断协议,还是因为算法驱动的商业模式而使平台成为“轴辐协议”的被动连带者,在理论上和执法实践中都存在较大争议,尤其是对于具有从属角色的帮助者来说,其可能存在不知情的情况。考虑于此,可以在主观要件上采取“明知或应知”标准,即要求行为人明知或应知其组织行为或帮助行为能促成垄断协议的达成,但也应该对此施加限制:第一,只要存在组织行为或帮助行为,并促成了垄断协议的达成,那么即可推定被告或行政相对人明知或应知,后者可以对此进行抗辩;第二,只要组织者或帮助者在被调查、起诉等法定程序启动之前,通过任何渠道知道其组织行为或帮助行为促成了垄断协议的达成,而未主动向反垄断执法机构报告达成垄断协议的有关情况并提供重要证据的,则也应认定其具备了明知或应知的主观要件。

---

① 参见曹险峰:《在权利与法益之间——对侵权行为客体的解读》,载《当代法学》2005年第5期。

(四)客观要件:实施组织或提供实质性帮助的行为

关于何为组织行为、帮助行为,修正后的《反垄断法》并未提供相应解释,《禁止垄断协议规定(征求意见稿)》将"组织行为"解释为"故意使具有竞争关系的交易相对人之间通过该经营者进行意思联络或者信息交流";将"帮助行为"解释为"对垄断协议达成或者实施提供支持,与排除、限制竞争具有因果关系并且作用显著的行为"。参考其他法律来看,对于《刑法》中的"组织、领导传销活动罪",司法机关和相关单位曾就此作出解释①,参考其解释,"组织其他经营者达成垄断协议的行为"或可以理解为:发起、策划、指挥、布置、协调、操纵垄断协议的达成过程的行为或在垄断协议达成过程中起到关键作用的其他组织行为;此外,参考"非法利用信息网络、帮助信息网络犯罪"中"帮助"行为的司法解释,②也可以将"为达成垄断协议提供实质性帮助的行为"解释为"在垄断协议达成过程中实施了以下行为,如提供或创造垄断协议达成的条件、为垄断协议达成扫除障碍、对其他经营者达成垄断协议予以窝藏、包庇等,且上述行为能在实质影响力上促成垄断协议的达成"。

四、学术讨论

在此前的学术研究中,学者们主要把焦点放在"轴辐型垄断协议"(也有学者称之为"中心辐射型垄断协议")以及"组织、帮助型垄断协议"的研究上,从而在研究重点上呈现出对垄断行为或垄断协议类型化的持续关注。但从新增条文的立法逻辑来看,其不在于规制或划分垄断协议的类型而在于垄断协议达成过程中所涉及的主体,以及不同主体因实施不同违法行为所要依法承担的相应责任。虽然两类研究在内容上有所交叉,但重点还是有所区别。以下也仅选取学界关于轴辐型垄断协议以及组织行为与帮助行为的违法性认定模式两个主题作扼要探讨,以为本条的延伸

---

① 最高人民法院、最高人民检察院、公安部《关于办理组织领导传销活动刑事案件适用法律若干问题的意见》第2条规定:"下列人员可以认定为传销活动的组织者、领导者:(一)在传销活动中起发起、策划、操纵作用的人员;(二)在传销活动中承担管理、协调等职责的人员;(三)在传销活动中承担宣传、培训等职责的人员;(四)曾因组织、领导传销活动受过刑事处罚,或者一年以内因组织、领导传销活动受过行政处罚,又直接或者间接发展参与传销活动人员在十五人以上且层级在三级以上的人员;(五)其他对传销活动的实施、传销组织的建立、扩大等起关键作用的人员。"

② 最高人民法院、最高人民检察院《关于办理非法利用信息网络、帮助信息网络犯罪活动等刑事案件适用法律若干问题的解释》第11条规定:"为他人实施犯罪提供技术支持或者帮助,具有下列情形之一的,可以认定行为人明知他人利用信息网络实施犯罪,但是有相反证据的除外:(一)经监管部门告知后仍然实施有关行为的;(二)接到举报后不履行法定管理职责的;(三)交易价格或者方式明显异常的;(四)提供专门用于违法犯罪的程序、工具或者其他技术支持、帮助的;(五)频繁采用隐蔽上网、加密通信、销毁数据等措施或者使用虚假身份,逃避监管或者规避调查的;(六)为他人逃避监管或者规避调查提供技术支持、帮助的;(七)其他足以认定行为人明知的情形。"

性思考提供一些学界智识。

（一）轴辐型垄断协议的学术讨论

虽然从本法条的规定来看，经营者组织或帮助达成的垄断协议并不限于任何一种垄断协议类型，但是实践中以轴辐型垄断协议这类形式呈现的居多且争议相对较多，甚至学者们对于其类型的确定和规制路径的选择都有不同意见。如有学者认为，轴辐型垄断协议应按横向垄断协议进行处理，虽然轴辐协议就其形式上看既存在纵向关系，也存在横向关系，但是，该协议的实质是通过纵向的联系来促成横向的固定价格、限定产量或划分市场的行为，且从竞争影响来看，轴辐协议并非如纵向协议一样以品牌内竞争的限制为出发点，而是直接指向品牌间竞争限制，在这种情况下，就应当抛开其纵横交错的形式外观，直接聚焦于其竞争效果进而通过横向垄断协议的规制方法予以认定；[①]也有学者认为，应打破垄断协议二分法，因为轴辐协议是上下游经营者之间达成的纵向关系和横向关系相互交织的第三类协议，其已无法涵摄于既有的垄断协议禁止性规范之中，进而构成了对现行垄断协议分类体系的严重挑战。[②] 不过，轴辐型垄断协议所引发的争议虽然在形式上看与其协议类型认定有关，但本质上却反映的是对其他参与主体规制疏漏的担忧。因此，2022年《反垄断法》略过对垄断协议类型的复杂考量，直接指向组织者和帮助者的行为规制与责任设定，可以说是切中要害。同时，在轴辐型垄断协议中，虽然辐条经营者之间没有签署明面上的合谋协议，但可以通过协同行为的认定予以规制，当然，证明协同行为除了需要举证证明平行行为的存在，还要考察经营者之间是否进行了意思联络、信息交流或传递，如若辐条经营者明知或应知其他竞争者已经或将会达成或实施同一纵向协议的内容，那么这可以认定为通过轴心经营者实现了辐条经营者之间的信息交流或传递。除此之外，本条内容的新设不仅仅解决了所谓轴辐型垄断协议中对于轴心经营者的规制，还实现了对其他单一类型的垄断协议的组织者或帮助者的规制，相较于基于复杂类型划分的分析与认定模式，主体行为与责任视角的切入路径

---

① 参见江山：《论垄断行为的类型化调整》，载《经贸法律评论》2021年第2期；刘继峰：《"中心辐射型"卡特尔认定中的问题》，载《价格理论与实践》2016年第6期；郭传凯：《美国中心辐射型垄断协议认定经验之借鉴》，载《法学论坛》2016年第5期；焦海涛：《反垄断法上轴辐协议的法律性质》，载《中国社会科学院研究生院学报》2020年第1期。

② 参见张晨颖：《垄断协议二分法检讨与禁止规则再造——从轴辐协议谈起》，载《法商研究》2018年第2期；王先林：《论我国垄断协议规制制度的实施与完善——以〈反垄断法〉修订为视角》，载《安徽大学学报（哲学社会科学版）》2020年第1期；丁茂中：《论规范垄断协议行为的立法完善》，载《政治与法律》2020年第3期。

未尝不是一个周延而有效的解决方案。

（二）组织行为与帮助行为的违法性认定

在主体要件上，关于发挥组织、帮助作用的经营者是否要求具有市场支配地位的问题，有学者提出，轴辐协议应当按照本身违法行为来处理，而轴心经营者在此所起的仅仅是组织协调的作用，因此不要求分析轴心经营者的市场力量；①也有学者从理性经济行为角度指出，如果轴心经营者具有较强的市场力量，则其没有必要与辐条竞争者达成垄断协议，因为这反而会损害轴心经营者的个体利益，只有当轴心经营者市场力量较弱时，才需要寻求其他经营者的配合。② 当然，从规范文义与体系来说，答案也应该是否定的，即，应以组织、帮助行为的影响力为评价标准，而行为主体本身的市场力量只是其中的一个重要考察因素，但非决定性因素。同时，如果发挥组织、帮助作用的经营者被认定为具有市场支配地位，那么执法者也可根据具体情况考察此经营者是否符合适用滥用市场支配地位禁止性规定的情形，尤其是在轴辐型垄断协议的案例③中，对组织者或帮助者的行为规制亦可能出现规则竞合的问题。除此之外，还有学者指出，核心经营者和辐条竞争者应当具有共同的非法利益，也即排除、限制核心经营者所在的相关市场的经营者的竞争，④不过，从新设法条的规范来看，尚无法解读出组织者或帮助者与达成协议的其他经营者之间，是否需要存在共同利益或进行利益输送，这也有待于执法机构的进一步释明。

在客体要件上，理论上组织或帮助行为应与达成垄断协议的行为在损害的法益方面具有一致性，但在具体呈现上是否有所不同则存在解释上的问题。譬如，从横向、纵向垄断协议的禁止性规范以及法律责任条款来看，其行为违法性以垄断协议达成或实施为要件，而本条规范中的"组织其他经营者达成协议"或"为其他经营者达成协议提供实质性帮助"未明确"其他经营者达成协议"是一个已然状态还是未然状态，尤其是组织者持有促成垄断协议达成的目的，并实施了筹划、协调等组织行为，但囿于其他因素未能达成垄断协议（含一致行为）的情况下，是否应该对其行为进行规制。从帮助者这个视角来看，因为其具有辅助性或从属性，因此，如果未能达

---

① 参见刘继峰：《"中心辐射型"卡特尔认定中的问题》，载《价格理论与实践》2016 年第 6 期；郭传凯：《美国中心辐射型垄断协议认定经验之借鉴》，载《法学论坛》2016 年第 5 期。

② 参见张晨颖：《垄断协议二分法检讨与禁止规则再造——从轴辐协议谈起》，载《法商研究》2018 年第 2 期。

③ 参见武汉新兴精英医药公司案，鄂工商处字〔2017〕201 号行政处罚决定书。

④ 参见侯利阳：《轴辐协议的违法性辨析》，载《中外法学》2019 年第 6 期。

成横向、纵向垄断协议的当事人都不能被追究法律责任,那么理论上此类帮助者也不应被追责;与帮助者不同的是,组织者不具有从属性,其在主观恶意和危害性上甚至比达成协议的当事人还要严重,此时,其实施了组织行为但未能促使垄断协议达成,是否应该予以规制则成为一个有待讨论的问题。值得注意的是,在2022年《反垄断法》第56条第2款规定中,立法者明确,组织、帮助行为的法律责任与达成或实施横向、纵向垄断协议的法律责任适用相同的条款,那么基于文义和体系解释,或能理解为组织行为的违法性认定必须以垄断协议已达成为前置要件。

在主观要件上,有学者提出,应对组织者与帮助者的主观意图进行区分,如果经营者是"组织"其他经营者从事法律禁止的垄断行为,组织者在达成和实施垄断协议中的作用更大,其主观恶意也更加明显,对其适用更加严厉的违法性判断标准应无争议,但如果经营者只是"帮助"其他经营者从事垄断协议行为,显然对其不能和对组织实施垄断协议行为秉持相同的违法认定标准。对于"帮助"其他经营者达成和实施垄断协议行为的经营者,应当结合其是否有主观恶意进行判断,而主观恶意的判断标准,就在于经营者是否明知或应知其他经营者从事违法的垄断协议行为。[①]此种观点在刑法中的主从犯理论中或许能寻得支持,即"组织者"与"实质性帮助者"在行为主体上一个系主犯,另一个系从犯,而前者的主观恶意程度和行为危害性更为显著,但在反垄断法中,就具体的适用标准而言,无论组织者还是帮助者,主观要件仍应以"明知或应知"为标准。鉴于上述因素,可以考虑在具体行政执法和司法审判过程中,对二者在主观条件的认定与抗辩的严格性方面有所区分。

在客观要件上,对于轴辐型垄断协议的情形,有学者提出,组织者或帮助者(核心经营者)必须积极参与横向共谋,当然其可能是主动的,也可能是被动的,且必须知悉整个垄断计划以及计划实施的后果,以及必须积极主动地组织协调辐条经营者之间的合谋。[②] 由于组织行为或帮助行为均是相对宽泛的概念,且一般意义上的组织行为或帮助行为的形式也比较丰富,因此,对于促成垄断协议达成的组织行为或帮助行为的解释,就应该通过明晰其具体内涵和认定规则的方式,来为执法与司法实践提供指引。譬如,首先,应明确组织行为或帮助行为与垄断协议达成之间具有对应关系;其次,应明确组织行为或帮助行为在促成垄断协议达成过程中有哪些典

---

① 参见戴龙:《论组织帮助型垄断协议的规制——兼议我国〈反垄断法〉的修订》,载《法学评论》2021年第1期。

② 参见侯利阳:《轴辐协议的违法性辨析》,载《中外法学》2019年第6期。

型行为内容;最后,应明确组织行为或帮助行为对促成垄断协议达成的实质影响力的判断标准。

第二十条　垄断协议的豁免

一、条文

第二十条　经营者能够证明所达成的协议属于下列情形之一的,不适用本法第十七条、第十八条第一款、第十九条的规定:

(一)为改进技术、研究开发新产品的;

(二)为提高产品质量、降低成本、增进效率,统一产品规格、标准或者实行专业化分工的;

(三)为提高中小经营者经营效率,增强中小经营者竞争力的;

(四)为实现节约能源、保护环境、救灾救助等社会公共利益的;

(五)因经济不景气,为缓解销售量严重下降或者生产明显过剩的;

(六)为保障对外贸易和对外经济合作中的正当利益的;

(七)法律和国务院规定的其他情形。

属于前款第一项至第五项情形,不适用本法第十七条、第十八条第一款、第十九条规定的,经营者还应当证明所达成的协议不会严重限制相关市场的竞争,并且能够使消费者分享由此产生的利益。

【条文主旨】本条规定了特定类型垄断协议的豁免。

二、立法理由

反垄断法明文禁止的垄断协议,一般具有严重限制竞争的消极后果。但在特定条件下,有些协议可能,一方面,限制了一定范围内的竞争;另一方面,也产生了一些积极影响,从而在更大范围内促进经济发展和社会进步,这些垄断协议总体上对社会、经济发展是有益的。因此,禁止垄断协议不应该是一成不变的原则,应该允许有例外情形。此外,基于一国的产业政策之考量,一些明显有益于本国利益的企业联合,不仅是增强综合国力之必要,也是国家间竞争之必然。正因为垄断协议同时具有积极和消极两方面作用以及基于本国产业政策与竞争政策协调的考量,反垄断法在设立禁止垄断协议制度(又称卡特尔禁止制度)的同时,也设立了相应的垄断协议豁免制度(又称卡特尔豁免制度)作为必要补充。

三、条文解读

垄断协议豁免是指某些限制竞争的垄断协议,因属于《反垄断法》规定的特定情形,从而免于适用垄断协议规制规则的一种制度安排。相较于 2007 年《反垄断法》,2022 年修法在内容方面对该条文并无实质性修改,只改动了所涉及的条文序号,以与修改后的《反垄断法》保持一致,这也从侧面反映出垄断协议豁免制度运行的稳定性。需要注意的是,本条第 1 款"不适用"一语表明本条规定的垄断协议豁免制度本质上是一种适用除外,即符合本条情形的协议即使表面上符合垄断协议的构成要件,也不受《反垄断法》第 17 条、第 18 条第 1 款、第 19 条规定的约束,而非仅仅豁免责任。

(一)为改进技术、研究开发新产品而达成的垄断协议

为改进技术、研究开发新产品而达成的垄断协议又称"研究与开发卡特尔"或"技术性卡特尔"。这类卡特尔对生产、商品交易或服务供需等市场功能的负面影响不大。并且这些协议有利于改进技术,对于研究开发新产品,提高、增强本国技术、产品的国际竞争力,提高经济效率具有重要意义。因此,许多国家对改进技术和研究开发新产品的卡特尔实行反垄断豁免。我国亦将"为改进技术、研究开发新产品的"协议列为豁免情形之一。

(二)为提高产品质量、降低成本、增进效率,统一产品规格、标准或者实行专业化分工而达成的垄断协议

经营者之间"为提高产品质量、降低成本、增进效率,统一产品规格、标准或者实行专业化分工"而达成的垄断协议,统称为有利于提高经济效率的卡特尔。

经营者为提高产品质量、降低成本、增进效率,统一产品规格、标准而订立的协议又称作"标准化卡特尔"。标准和规格一般是指对各种原材料、半成品或成品在性能、规格、质量、等级等方面的统一要求。如果达成标准化卡特尔,同业经营者将只生产经营符合约定标准或者规格型号的产品,而不生产经营其他标准或者规格型号的产品。虽然同业经营者统一了产品标准或者规格型号,但他们在质量、价格等方面的竞争并不会因此而削弱,而且产品标准或者规格型号的统一有助于经营者改善产品品质、降低生产成本和提高经济效率。因此,我国《反垄断法》将此类标准化卡特尔纳入垄断协议豁免情形。

经营者为实行专业化分工而订立的协议又称作"专业化卡特尔",是企业为促进合理经营、实现经济过程合理化而订立的专业分工、专业发展的协议。专业化卡特

尔的概念最早见于1965年修订的德国《反限制竞争法》。《反垄断法》豁免专业化卡特尔的目的是促进企业通过专业化合作，实现规模经济，提高市场竞争力。以实现专业化分工和提高经济效率为目的的专业化卡特尔，被纳入我国《反垄断法》的豁免范围。

（三）为提高中小经营者经营效率，增强中小经营者竞争力而达成的垄断协议

中小企业为提高经济效率而在生产经营过程中所达成的垄断协议又称作“中小企业卡特尔”。虽然各国关于中小企业的界定标准和方法不尽相同，但数量庞大的中小企业在各国经济发展中发挥着举足轻重的作用。与大企业相比，中小企业规模小，生产技术和管理水平相对落后，因此，中小企业在相关市场中的竞争力较弱。为了充分发挥中小企业的独特作用，各国都通过立法或其他手段对中小企业进行扶持。在反垄断法的实施中，各国往往对中小企业“网开一面”，将中小企业卡特尔列入豁免范围。允许中小企业达成卡特尔的主要目的在于促进中小企业通过合作改进技术、改善经营管理、节约成本、提高效率，从而增强中小企业的竞争力，促进中小企业的发展。

（四）为实现节约能源、保护环境、救灾救助等社会公共利益而达成的垄断协议

经营者为实现节约能源、保护环境、救灾救助等社会公共利益而达成的垄断协议也称作“公共利益卡特尔”。对公共利益的考量是反垄断法适用除外制度建立的理念基础之一。由于企业联合在资源整合中发挥巨大作用，在特定情况下，出于整体经济发展和其他社会公共利益方面的重大需要，只要协议没有严重限制竞争，并且协议所带来的利益超过对竞争的限制所造成的损害的，就可以得到豁免。正是为了协调经济运行，保障社会公共利益和社会的稳定发展，我国《反垄断法》对节约能源、保护环境、救灾救助等特殊情况下形成的卡特尔作出豁免规定。这项规定充分考虑了我国的国家产业政策，有利于实现我国的产业政策目标，改善我国经济结构，也符合国家管理公共事务的要求。特别需要注意的是，本项规定采用不完全列举的形式对涉及社会公共利益的协议类型作出规定，但并未穷尽所有涉及社会公共利益的情形。社会公益是个比较抽象的概念，范围非常广泛，除了法律所明确列举的节约能源、保护环境、救灾救助，还可以包括产业安全、技术进步、公共健康、保障就业、增强本国经济国际竞争力等内容。但根据体系解释的一般规则，其他未明确列举的

公共利益卡特尔在法益强度和对社会整体福利的增进方面必须达到与节约能源、保护环境、救灾救助相当的程度，才可能适用本项规定获得豁免。

（五）因经济不景气，为缓解销售量严重下降或者生产明显过剩而达成的垄断协议

经营者因经济不景气，为缓解销售量严重下降或者生产明显过剩而达成的垄断协议也被称作“危机卡特尔”或“不景气卡特尔”，指在经济不景气期间，市场结构发生了变化，为了克服市场上恶劣的产销环境，协调行业或部门的生产能力，解决市场萧条、产品滞销的问题，避免出现生产明显过剩，经营者之间达成的限制、排除竞争的协议。不景气是指经济处于萧条时期，需求量持续减少，行业出现产能过剩、供大于求、产品滞销等情形。在经济危机或经济不景气期间，市场已经失灵，市场的自发调节已经不能迅速地解决生产明显过剩的问题，若不进行生产协调，就会产生灾难性的价格竞争，对社会资源和生产将造成巨大的损害。因此，由经营者实施特定形式的卡特尔以代替毁灭性的竞争，有助于相关行业平稳渡过难关。可以说，其本质上属于经济领域的紧急避险行为，是一种非常时期经营者的自救手段。因此，“因经济不景气，为缓解销售量严重下降或者生产明显过剩的”的协议，成为《反垄断法》中卡特尔适用除外的情形之一。需要注意的是，豁免危机卡特尔不是为了保护经营不善的竞争者，而是出于经济和社会整体效益的需要，因此该项除外规定的适用条件应当从严把握，且一般不能持续较长时间，以免对竞争造成不可挽回的损害。

（六）为保障对外贸易和对外经济合作中的正当利益而达成的垄断协议

经营者为保障对外贸易和对外经济合作中的正当利益而达成的垄断协议又称作“出口卡特尔”，是指国内经营者为确保或促进产品出口和对外经济贸易合作中的正当利益，专就限制国（境）外的市场竞争，达成的限制竞争协议。从一般意义上讲，出口卡特尔限制了出口经营者之间的竞争，破坏了竞争的自由和公平，也损害了出口国的利益和国际贸易秩序。但是，出口卡特尔协调了出口国各企业的立场，可以有效增强出口国企业的国际竞争力，有利于增进出口国在国际贸易中的利益。反垄断法侧重维护本国国内市场竞争的自由和公平，国家对贸易利益的追求优先于对国际市场自由和公平的追求。对出口卡特尔进行豁免，归根结底是为了最大程度保障本国的出口利益，增加出口销售额，取得国际贸易顺差，从而使本国在国际市场上占据优势。需要特别注意的是，《反垄断法》对出口卡特尔的豁免无须经营者举证证明所达成的协议不会严重限制相关市场的竞争，并且能够使消费者分享由此产生的利益。

（七）法律和国务院规定的其他情形

由于法律无法穷尽列举所有豁免情形，立法者对社会的发展变化也无法准确预估，所以有必要规定垄断协议豁免的兜底条款，以适应经济生活灵活多变的情况。本项规定有两层含义："一是，除本条规定的豁免情形外，如果其他法律对垄断协议豁免的情形作了规定，则应当适用本法豁免。二是，本项还授权国务院可以在本法规定的豁免情形之外，规定其他的豁免情形。"①

（八）所达成的协议不会严重限制相关市场的竞争，并且能够使消费者分享由此产生的利益

对于特定类型垄断协议的豁免不是无条件的，经营者还要承担相应的举证责任。即属于第1款第1项至第5项情形的垄断协议，不是当然豁免，还要符合一定的条件——经营者还应当证明所达成的协议不会严重限制相关市场的竞争，并且能够使消费者分享由此产生的利益。这体现了《反垄断法》以维护竞争秩序、保障消费者福利为根本依归。至于何谓"严重"限制，国家发展和改革委员会2016年公布的《关于垄断协议豁免一般性条件和程序的指南（征求意见稿）》②和上海自由贸易试验区2015年公布的《中国（上海）自由贸易试验区中小企业垄断协议豁免指导意见（试行）》③从不同的角度明确了"不会严重限制相关市场的竞争"的衡量标准，其共同点是均将"市场份额"这一因素纳入考量，尽管如此，仍然难以依据这些实施细则中有限的规定对有关竞争因素进行充分的分析；此外，上述规定只着眼于垄断协议对当前竞争状态的影响，没有对垄断协议的长期影响加以评估和考察。实际上，考察一项垄断协议对竞争的影响，必须是在一个长期、动态的过程中进行对比和衡量，在这

---

① 全国人大常委会法制工作委员会经济法室编：《〈中华人民共和国反垄断法〉条文说明、立法理由及相关规定》，北京大学出版社2007年版，第83页。

② 《关于垄断协议豁免一般性条件和程序的指南（征求意见稿）》第8条规定：反垄断执法机构审查协议是否会严重限制相关市场的竞争时，主要考虑以下因素：(1)协议所涉及的相关市场界定；(2)协议各方及主要竞争者的市场份额及相关市场竞争状况；(3)协议各方控制销售市场或者原材料采购市场的能力；(4)协议各方的财力和技术条件；(5)其他经营者对协议各方在交易上的依赖程度；(6)其他经营者进入相关市场的难易程度；(7)市场上可能存在的潜在竞争者；(8)其他可以证明协议是否会严重排除和限制竞争的因素。

③ 《中国（上海）自由贸易试验区中小企业垄断协议豁免指导意见（试行）》第6条规定："关于'不会严重限制相关市场的竞争'，中小企业可从下列情形进行说明：（一）参与企业没有受到为实现反垄断法第十五条第一款情形之目的所不必要的限制；（二）没有排除参与企业就相关产品的重大部分开展竞争的可能；（三）参与企业在相关市场的市场份额较小；（四）其他有关情形。市场份额可以参考企业销售额，根据企业销售数据计算。在企业销售数据不明时，可以参考企业购买数据；在销售和购买数据均不明时，可以根据企业销售量估算。"

一过程中,垄断协议的当事人不仅需要对协议的现实影响做出总结,还需要对协议的未来影响进行预期和量化。建议执法机关在执法的过程中充分分析垄断协议达成前后对于竞争所产生的所有影响,不能只局限于分析协议现时的影响,也要分析其未来将要产生的影响。"能够使消费者分享由此产生的利益"是指卡特尔产生的积极效果应传递给消费者。需要注意的是,"并且"一词表明,提出豁免申请时两项条件必须同时达到,缺少任何一项均无法获得豁免。该规定不仅涵盖了可豁免的卡特尔行为的典型表现形式,也规定了豁免的实质性要件,避免了仅具备形式要件可能导致豁免条件认定上过于僵化的问题。这一规定,既与国际通行做法接轨,又适合中国国情,增加了垄断协议豁免规则的可操作性。

四、学术讨论

(一)"严重限制相关市场竞争"的适用标准

在现代反垄断法的发源地美国,对垄断协议的豁免主要通过适用"合理原则"来进行,即通过对限制竞争协议的合理性分析,考察其所产生的积极影响,决定是否予以豁免。而在大陆法系国家,垄断协议豁免制度明文规定于法律条文之中。具体的规范方式主要有3种:一般条款式、列举式、一般条款加列举式。《欧共体条约》第81条第3款即采取了一般条款式豁免制度,列举式的典型是1998年第6次修订前的德国《反限制竞争法》。1998年德国《反限制竞争法》第6次修订时,为了与欧共体法相协调,在保留该法列举的个别豁免情形的同时,参照《欧共体条约》第81条第3款增加了一个一般条款,列举之外的垄断协议满足一般条款规定的豁免条件的,同样可得豁免。一般条款加列举式的垄断协议豁免立法模式,一方面,是对德国垄断协议规制制度的体系性、实质性改变,抛弃了德国法一直沿用的严格的例外穷尽原则,使垄断协议豁免制度变得更加灵活宽松;另一方面,许多学者质疑在列举之外增加一般条款的必要性。[①] 2005年7月第7次修订的德国《反限制竞争法》则全盘接受了欧盟法的做法,其第2条规定的一般豁免条款成为垄断协议豁免的唯一依据。

我国《反垄断法》采用了"列举 + 兜底"的模式来建构垄断协议豁免制度,同时规定了垄断协议获得豁免的两个实质性标准。但在具体适用过程中,"严重"一语表述过于抽象、不确定性较强,且缺少具体的标准及认定因素,致使实践中对这一核心要件难以进行系统、具有说服力的论证,从而使豁免的准确性、权威性可能降低。有学者对"不会严重限制相关市场竞争"认定规则进行了细化,提出了考察市场份额、

① See Hauptgutachten der Monopolkommission, Tz. 944 ff. (S. 399 ff).

考察市场准入和考察协议维持效率可能性的“三步走”认定思路。[①] 鉴于《关于垄断协议豁免一般性条件和程序的指南(征求意见稿)》和《中国(上海)自由贸易试验区中小企业垄断协议豁免指导意见》等规范性文件提出的认定标准不一,适用中可能存在冲突与竞合,因此亟待出台上位法以统合相关标准,实现法律体系内部的协调统一。

(二)“出口卡特尔”豁免的存废

在2007年《反垄断法》的制定过程中,学界对当时草案中豁免出口卡特尔的相关规定态度积极,只在具体的制度设计上提出了不同的构想[②]。《反垄断法》自2008年实施已经过去了14年之久,应当看到立法之初的国内经济社会环境和国际贸易背景现在已经发生了巨大改变,反垄断法自身及整个竞争法体系也有一定的理论发展。近年来,国内学界逐渐出现了质疑和反对的声音,有学者提出现行竞争法对于出口卡特尔的豁免规定具有不合理性,是对全球市场的割裂、法律定性的偏颇[③]。也有学者认为,反垄断法中豁免出口卡特尔的规定对我国出口企业实际上没有很大的帮助[④]。不可否认的是,在目前大多数国家的反垄断法依然规定对出口卡特尔豁免的同时又对进口到该国的产品或服务上的出口卡特尔适用反垄断法的情况下,为了保护本国的对外贸易,我国反垄断法规定对出口卡特尔的豁免具有一定的必要性。规定了对出口卡特尔的豁免,就能根据对等原则,使我国的出口卡特尔具有国家因素,一定程度上减少国外的反垄断法诉讼风险。当某一进口国对我国的出口卡特尔予以禁止或制裁时,根据对等原则,我国反垄断执法机构也可以运用反垄断法对该国豁免的出口卡特尔予以禁止或制裁。从这个意义上说,豁免出口卡特尔有其必要性。但在现实意义上,反垄断法的豁免规定对于出口企业而言类似于提供了正面清单,事实上成为对出口企业之间达成卡特尔协议的默许,甚至产生了鼓励的效果。出口卡特尔在域内和域外竞争法上受到不同的法律对待,在实践中引发了国家之间诸多的司法冲突,不仅损及出口企业的经济效益,甚至引发国家间的贸易争端和摩擦。可以预见的是,随着我国国际环境和贸易结构的变化,在相当长时间内出口卡特尔所引发的讨论还将持续。

---

① 参见刘继峰、孙蕾蕾:《论严重限制相关市场竞争的适用标准——基于〈反垄断法〉第15条规定展开的研究》,载《价格理论与实践》2019年第6期。

② 参见余菲:《论建立和完善我国出口卡特尔反垄断豁免审查制度》,载《法学杂志》2008年第4期。

③ 参见刘廷涛:《论出口卡特尔的竞争法规制》,华东政法大学2015年博士学位论文,第58~63页。

④ 参见王晓晔:《反垄断法》,法律出版社2011年版,第123页。

第二十一条　禁止行业协会从事垄断行为

一、条文

第二十一条　行业协会不得组织本行业的经营者从事本章禁止的垄断行为。

【条文主旨】本条规定了对行业协会组织从事垄断协议行为的规制。

二、立法理由

在反垄断执法实践中,行业协会因其特殊的社会经济地位和自身属性,被各个国家反垄断执法机构列为“重点关注”对象。我国的行业协会成长于计划经济体制向市场经济体制过渡的历史大背景下,在规范市场主体行为、建立商业伦理、凝聚行业共识方面发挥了不可替代的作用,为我国市场经济的健康平稳发展作出了重要贡献。但行业协会的行为也存在限制竞争的可能性:在实践中,有些行业协会为了维护会员企业的利益常常自觉或不自觉地排斥、限制非协会成员的经济活动;此外,行业协会从全体会员企业的整体利益出发,往往不希望会员企业之间开展实质的竞争,特别是在行业发生激烈市场竞争的时候,行业协会经常以行业“自律”的名义和形式,组织会员企业达成价格同盟等限制竞争的协议,减少甚至消除会员企业之间的竞争。因此,对行业协会消除或限制竞争的行为进行制约,也就成为反垄断法的一项重要任务。

三、条文解读

(一)行业协会

目前,我国对于行业协会并没有一个统一的国家级立法层面的定义。其定义散见于一些地方性法规,如《深圳经济特区行业协会条例》将其定义为:“同行业或者跨行业的企业、其他经济组织以及个体工商户自愿组成,依照章程自律管理,依法设立的非营利性社会团体法人。”《湖南省行业协会管理办法》中的定义是:“经依法批准成立,由同一行业经济组织及相关单位和个人自愿组成、自律管理的非营利性社会团体。”①《广东省行业协会条例》将其定义为:“从事相同性质经济活动的经济组织,为维护共同的合法经济利益而自愿组织的非营利性社会团体。”《温州市行业协会管理办法》又将其定义为:“同一行业的企业、个体商业者及相关的企事业单位自

① 参见徐家良:《互益性组织:中国行业协会研究》,北京师范大学出版社2010年版,第159页。

愿组织的民间性、自律性、非营利性社会团体法人。”[①]可以看到,以上规定虽然在表述上有所差异,但对行业协会本质特征的规定大体上是相同的,即同业性、自治性、互益性和非营利性。因此可以明确,行业协会是由同行业经营者组成,以维护同行业共同利益为目的,经依法批准设立的自律性、非营利性社团法人。

(二)组织经营者从事垄断行为

对于垄断协议这一垄断行为而言,其发挥作用需要经过两个步骤:经营者之间以明示或默示的形式达成合意,即“共谋”;达成合意的经营者将共谋产生的垄断协议付诸实施,即“达成垄断协议”和“实施垄断协议”。就《反垄断法》规定垄断协议行为所使用的动词来看,主要包括“达成”[②]、“实施”[③]和“从事”[④]3 种。从《反垄断法》第 56 条规定区分垄断协议“达成并实施”和“达成未实施”的两种状态来看,立法者将垄断协议的达成与实施作为区分法律责任的两个标准,因此,二者应为并列关系。而从文义解释的角度来看,“从事”一词的外延显然要大于“达成”和“实施”,因此,就三者的关系而言,“从事”应解释为“达成”和“实施”的上位概念,即“从事”包括“达成”和“实施”两种情形。因此,《反垄断法》第 21 条所称行业协会的“组织”行为应具体包括 3 种情形:行业协会组织本行业经营者达成垄断协议、行业协会组织本行业经营者实施垄断协议以及行业协会组织本行业经营者达成并实施垄断协议。[⑤]

(三)本章禁止的垄断行为

本条规定在《反垄断法》第 2 章,本章规定了对固定或者变更商品价格,限制商品的生产数量或者销售数量,分割销售市场或者原材料采购市场,限制购买新技术、新设备或者限制开发新技术、新产品,联合抵制交易等横向垄断协议、固定向第三人转售商品的价格,限定向第三人转售商品的最低价格等纵向垄断协议和组织其他经营者达成垄断协议或者为其他经营者达成垄断协议提供实质性帮助 3 类行为。上

---

① 参见高重迎:《行业协会的反垄断法规制》,中国政法大学出版社 2016 年版,第 3 页。

② 如我国《反垄断法》第 17 条规定:“禁止具有竞争关系的经营者达成下列垄断协议:……”第 18 条规定:“禁止经营者与交易相对人达成下列垄断协议:……”

③ 如我国《反垄断法》第 56 条规定:“经营者违反本法规定,达成并实施垄断协议的……尚未实施所达成的垄断协议的……”

④ 如我国《反垄断法》第 21 条规定:“行业协会不得组织本行业的经营者从事本章禁止的垄断行为。”

⑤ 参见吴韬:《论行业协会组织经营者从事垄断协议行为的认定及法律责任》,载《中国价格监管与反垄断》2014 年第 5 期。

述禁止性规定同样适用于行业协会组织经营者从事的垄断行为，并且，由于行业协会本身即是经营者的联合，一旦实施垄断行为往往比单个经营者的垄断行为对市场竞争造成的损害更为巨大，且往往会波及整个行业并造成相关上下游产业竞争秩序的结构性损害，因此，对行业协会垄断行为的规制十分必要。需要特别说明的是，该条禁止行业协会实施本章“禁止”的垄断行为，也就意味着《反垄断法》第 18 条第 2 款、第 3 款所规定的横向垄断协议不予禁止事由和《反垄断法》第 20 条所规定的垄断协议豁免事由，当然适用于行业协会所实施的垄断行为。易言之，行业协会组织经营者从事的垄断行为只要满足上述规定的相关要件，就可以产生相应的豁免效果，不因其主体地位的特殊性产生行为效果上的不同。

四、学术讨论

（一）行业协会的定位与职能

行业协会作为具有管理职能的非营利主体，反垄断法主要规制其作为行业管理者组织企业达成、实施垄断协议的行为。但近年来发生的涉及行业协会的垄断案件都表明，行业协会已经不再局限于行业管理者的身份。如广东省足球协会达成垄断协议进行联合抵制交易案与广东省游艺行业协会抵制交易案都表明，在现今反垄断法体制下行业协会达成垄断协议进行联合抵制交易时具有多重身份，探究行业协会定位偏差与职能错位产生的原因及改进措施也成为理论界讨论的主要方向。由于我国并未制定有关行业协会的全国性专门法律，因此，也就无法从立法层面对行业协会的属性和职能作出权威的界定。行业协会本身是行业企业的联合体，会因为行业自身利益导致自律监管作用无法有效发挥，从而引起反垄断法规制，此时的行业协会具有行业管理者与公共管理者的双重身份，在不同的身份下，其可能参与的垄断行为不同，所以需要反垄断法的不同关注。实践中，行业协会的这两种身份一般不会并存，其究竟处于何种地位，是否实施了垄断行为以及实施了哪种垄断行为，皆须依据其所实施的具体行为加以判断。换言之，决定行业协会主体地位的是其实施的具体行为而非其固有属性。① 也有学者指出：“行业协会接受政府授权，履行经济管理职能，发挥着市场监督和宏观调控的作用，但因为其本身的社团法人属性，只有在接受政府授权的情况下，才能够履行经济管理职能，所以，它本身不是国家协调主体。同时，在市场中，市场规制法的规制对象往往表现为经营者，但有时行业协会作

① 参见焦海涛：《行业协会的反垄断法主体地位——基于中国体育反垄断第一案的分析》，载《法学》2016 年第 7 期。

为经营者的利益代表,也可能实际参与经济生活,那么此时,它理所当然被视为规制对象。一般是在行业协会的行为违反市场监管法,应该受到监管主体监管时,实施该行为的行业协会也就成为市场监管受体。”①以上两种观点都认为,对行业协会垄断行为的规制应立足于其实施的具体行为,但在规制的理论依据方面则略有不同。在制度优化层面,学界大多呼吁行业协会去行政化,回归其作为行业自治组织的功能定位,但就反垄断法本身而言,我国《反垄断法》完全采取行为主义②,其作为行为规制法的定位使反垄断法文本中规定行业协会的地位和属性不但会破坏反垄断法本身的逻辑自洽性,还可能与未来拟制定的有关行业协会的单行法律法规产生冲突。因此,行业协会的职能与定位,一方面依靠个案适用反垄断法采取一种偏实用主义的态度进行认定,另一方面仍期待立法层面对这一问题的回应与解答。

(二)行业协会主导的经营者间的信息交换行为是否应纳入《反垄断法》规制范围

行业协会信息交换行为通常是指协会为了使其会员企业在市场竞争中占据信息优势,将自发收集的市场信息以公告、公开出版物的形式向协会内部成员公布,或者通过提供会谈场所、网络平台使协会会员企业互相交换市场相关信息。顾名思义,信息交换行为无论采取何种形式,其根本目的都是使行业协会内部的经营者获得与市场竞争有关的信息,进而取得竞争优势。在2007年《反垄断法》制定阶段,理论界对该问题曾经有过讨论,有学者认为,在当时的条件下,应该对行业协会的信息交换行为秉持较宽松的态度,基于我国属于发展中国家的基本国情,信息交换行为有利于抗衡跨国企业对我国本土产业的冲击,③2007年《反垄断法》也并未对信息交换行为作出规定,但在该法生效后,陆续有学者着眼于信息交换行为可能带来的反竞争效果,或者提出应该将行业协会的信息交换行为纳入反垄断法;或者试图明确信息交换行为合法与违法的界限,并提出应综合考察主观要件、时间要件及是否在相关市场占有支配地位的客观要件认定信息交换行为的违法性。具体来看,信息交换往往是经营者达成垄断协议的“前奏”,但是单纯的信息共享本身难以认定其属于反垄断法规制的垄断协议,需要将二者进行区分:如果经营者通过信息交换实现了明示或默示的共谋,则完全可以适用反垄断法有关垄断协议的规定对其进行规制;

① 杨紫烜:《论经济法主体的概念和体系》,载《经济法研究》2014年第2期。
② 参见王先林:《竞争法学》(第3版),中国人民大学出版社2018年版,第202页。
③ 参见鲁篱:《信息交换与限制竞争的法律规制研究》,载《现代法学》2002年第6期。

如果信息交换并未达成排除、限制竞争的协议，则考察其行为效果，分析其反竞争效应，同样可以将其归入“其他协同行为”从而使有损于竞争的信息共享得到有效规制。换言之，通过适用或解释现行《反垄断法》，已经可以涵摄信息交换行为，并且信息交换行为在实践中也并不像固定价格、限制产量、划分市场等传统卡特尔那样典型，因此没有必要将其纳入《反垄断法》作为一种典型垄断行为加以单独列举。

第三章　滥用市场支配地位

第二十二条　滥用市场支配地位行为的类型

一、条文

第二十二条　禁止具有市场支配地位的经营者从事下列滥用市场支配地位的行为：

（一）以不公平的高价销售商品或者以不公平的低价购买商品；

（二）没有正当理由，以低于成本的价格销售商品；

（三）没有正当理由，拒绝与交易相对人进行交易；

（四）没有正当理由，限定交易相对人只能与其进行交易或者只能与其指定的经营者进行交易；

（五）没有正当理由搭售商品，或者在交易时附加其他不合理的交易条件；

（六）没有正当理由，对条件相同的交易相对人在交易价格等交易条件上实行差别待遇；

（七）国务院反垄断执法机构认定的其他滥用市场支配地位的行为。

具有市场支配地位的经营者不得利用数据和算法、技术以及平台规则等从事前款规定的滥用市场支配地位的行为。

本法所称市场支配地位，是指经营者在相关市场内具有能够控制商品价格、数量或者其他交易条件，或者能够阻碍、影响其他经营者进入相关市场能力的市场地位。

【条文主旨】本条规定了滥用市场支配地位行为的类型和市场支配地位的定义。

二、立法理由

禁止滥用市场支配地位制度是反垄断法的三大支柱制度之一。只有明确“市场支配地位”的含义,才能进一步判断经营者是否滥用市场支配地位。因此,本条第3款给出了“市场支配地位”的定义。我国《反垄断法》并不禁止市场支配地位本身,而是禁止滥用市场支配地位的行为,对此类行为予以明确列举,可以为经营者提供稳定的预期,也可以方便反垄断执法和司法。因此,本条第1款列举了6种典型的滥用市场支配地位行为,并规定了兜底条款。本条第2款是2022年《反垄断法》修正时新增的条款,主要目的是应对数字经济领域日益严重的滥用市场支配地位行为。

三、条文解读

(一)市场支配地位的定义

市场支配地位本质上是经营者基于其对市场中经济资源的控制能力形成的一种市场状态。拥有市场支配地位的经营者,可以不受竞争者、上下游经营者以及消费者的约束,独立地设定商品价格、数量等交易条件,此时市场机制在很大程度上处于失灵的状态。如果拥有市场支配地位的经营者滥用其“经济权力”攫取垄断利润,便会严重损害市场竞争秩序和消费者利益,因此反垄断法对此类行为予以严格禁止。也就是说,拥有市场支配地位的经营者必须像处于市场竞争状态中一样行事。

根据本条第3款的规定,市场支配地位的来源包括两种:一是具有能够控制商品或者服务价格、数量或者其他交易条件的能力;二是具有能够阻碍、影响其他经营者进入相关市场的能力。此处的“其他交易条件”是指除商品价格、数量外能够对市场交易产生实质影响的其他因素,包括商品品种、商品品质、付款条件、交付方式、售后服务、交易选择、技术约束等。此处的“能够阻碍、影响其他经营者进入相关市场”,包括排除其他经营者进入相关市场,延缓其他经营者在合理时间内进入相关市场,或者导致其他经营者虽能够进入该相关市场但进入成本大幅提高,无法与现有经营者开展有效竞争等情形。经营者只要具有其中一种能力,便拥有市场支配地位。

(二)滥用市场支配地位的行为

本条第1款规定了6种具体的滥用市场支配地位行为,包括不公平价格、掠夺性定价、拒绝交易、限定交易、搭售及附加其他不合理的交易条件、差别待遇,并规定了兜底条款。

1. 不公平价格

本条第1款第1项所禁止的"以不公平的高价销售商品或者以不公平的低价购买商品"可统称为不公平价格，即具有市场支配地位的经营者利用其支配地位，将商品价格确定为正常竞争情况下无法达到的高价或低价的行为。不公平高价与不公平低价是相反的行为，前者损害购买者利益，后者损害销售者利益，但二者在分析思路上基本相同，下文以不公平高价为例予以说明。

传统上，经济学家对于反垄断法应否干预不公平高价持怀疑态度，因为从长期来看，价格会通过市场机制进行自我调整。若某一垄断企业通过不合理高价获取垄断利润，会吸引潜在竞争者进入市场，相关产品的价格便会下降到正常水平，所以不合理高价只会短期存在。而这种短期的高价正是激励企业不断创新、改进技术的动力所在。此外，反垄断执法机构也难以判断什么样的价格是"过高"的，贸然对价格进行干预很容易伤及市场竞争秩序。但不能忽略的是，一旦经营者拥有市场支配地位，市场价格机制便很可能失灵，使价格难以恢复到正常水平。在市场机制不健全的经济转型国家，市场失灵问题更容易出现。因此，我国《反垄断法》明确禁止不公平价格与我国国情相符。

要判断一个价格是否属于不公平价格，必须先确定一个可参考的基准价格。如果实际价格与基准价格之间的差异是"显著"且"持续"的，那么就可能属于不公平价格。判断价格差异是否"显著"，可以考虑下列因素：(1)销售价格或者购买价格是否明显高于或者明显低于其他经营者在相同或者相似市场条件下销售或者购买同种商品或者可比较商品的价格；(2)销售价格或者购买价格是否明显高于或者明显低于同一经营者在其他相同或者相似市场条件区域销售或者购买商品的价格；(3)在成本基本稳定的情况下，是否超过正常幅度提高销售价格或者降低购买价格；(4)销售商品的提价幅度是否明显高于成本增长幅度，或者购买商品的降价幅度是否明显高于交易相对人成本降低幅度等因素。"持续"则意味着实际价格在较长的一段时间内一直维持着"显著"高于基准价格的水平。例如，在欧盟的通用汽车公司案①中，虽然通用汽车公司最初收取了过高的车辆检验费，但是在收到客户投诉后，立即将费用降低到符合实际运营成本的水平并向有关各方退还了超额收取的费用，

① Case C - 26/75, General Motors Continental NV v. Commission of the European Communities (1975) ECLI:EU:C:1975:150.

因此欧洲法院认为其行为不构成滥用市场支配地位。[①] 如果仅仅是暂时的或者个别的高价，一般不应将其认定为不公平高价，但不排除它可能构成价格差别待遇，同样属于滥用市场支配地位行为。

2. 掠夺性定价

本条第1款第2项所禁止的"没有正当理由，以低于成本的价格销售商品"一般称为掠夺性定价，也有学者称之为低价倾销，不过这一称谓极易与国际贸易领域的倾销与反倾销相混淆，因此采用掠夺性定价的称谓更为准确。从理论上来说，掠夺性定价包括两个阶段：一是掠夺期，即以低于成本的价格销售商品。在这一阶段，资本雄厚的经营者通过主动亏损使消费者受益，但资本条件较差的竞争者无法从该市场内盈利，可能破产、被收购或者调整经营策略转向其他市场。二是垄断期，即提高价格并阻止潜在竞争者进入市场。竞争者主动或被动退出市场后，实施掠夺性定价的经营者便会露出原本的"险恶面目"，提高价格以收回掠夺期的亏损并谋取高额的垄断利润。在这一阶段，实施掠夺性定价的经营者会想方设法建立市场壁垒、阻碍潜在竞争者进入市场，否则其难以继续维持垄断价格。

目前，我国许多互联网企业都采用前期低于成本销售商品并大量融资，待市场地位巩固后再涨价的经营策略，尤其是移动出行、外卖点餐、电子商务等领域，但是这些经营者开始实施此类经营策略时并不具有市场支配地位，因而不构成《反垄断法》所禁止的掠夺性定价。但如果这些经营者通过此类经营策略获取了市场支配地位，仍然坚持这一策略以排除竞争者，便可能构成掠夺性定价。如果这些经营者获取市场支配地位后过度提高商品价格，也可能构成不公平高价。

本条第1款第2项并未规定垄断期，而仅仅规定了掠夺期，也就是说，只要经营者没有正当理由，以低于成本的价格销售商品，无论其是否实际提高商品价格、建立市场壁垒以谋取垄断利润，反垄断执法机构都可以对经营者予以处罚。实际上，在掠夺期内，消费者并不会受到直接损害，甚至可以从低价商品中受益，《反垄断法》为什么不等到经营者进入垄断期再对其予以处罚呢？因为具有市场支配地位的经营者以低于成本的价格销售商品的唯一目的就是排除竞争者，而一旦等到竞争者被排除出市场，竞争秩序遭受的损害便是不可逆的，培育新的竞争者进入市场也会消耗大量的经济资源。此类行为不但无法提高经济效率，反而会导致经济效率降低，本

---

① See Marco Botta, *The Challenge of Sanctioning Unfair Royalty Rate by the SEP Holder*: "*When*", "*How*" and "*What*", 44 World Competition Law and Economics Review 3 (2021).

身就是违背市场规律的。

认定掠夺性定价行为,主要的困难在于判断价格是否低于成本,对于成本的认定便成了问题的核心。各国反垄断实践中主要有平均总成本和平均可变成本两种标准。平均总成本是指经营者在一定时期内平均每生产一单位产品所消耗的全部成本,包括平均固定成本和平均可变成本。平均可变成本则是指经营者在一定时期内平均每生产一单位产品所消耗的可变成本,包括原材料、燃料、工人工资等在内。如果商品定价低于平均总成本但高于平均可变成本,经营者通过持续经营可以减少损失,不至于倒闭;但如果商品定价低于平均可变成本,经营者持续经营会导致损失越来越大。所以,如果经营者以低于平均可变成本的水平定价,合理的解释就是牺牲短期利益以排除竞争对手。我国《禁止滥用市场支配地位行为暂行规定》第 15 条便采取了平均可变成本的标准,即"认定低于成本的价格销售商品,应当重点考虑价格是否低于平均可变成本"。

掠夺性定价的目的是排除竞争对手,因此,如果经营者以低于成本的价格销售商品的目的不是排除竞争对手,即拥有"正当理由",无须受到反垄断处罚。这里的"正当理由"包括:降价处理鲜活商品、季节性商品、有效期限即将到期的商品和积压商品;因清偿债务、转产、歇业降价销售商品;在合理期限内为推广新商品进行促销;在合理期限内为吸引新用户降价等。

3. 拒绝交易

本条第 1 款第 3 项所禁止的"没有正当理由,拒绝与交易相对人进行交易"一般称为拒绝交易。在市场经济中,经营者拥有自主经营权,可以根据自身需要选择最合适的交易相对人,拒绝某些经营者提出的交易请求,以实现经济效益的最大化。但是对于具有市场支配地位的经营者而言,交易相对人在该经营者以外没有更多的选择余地。若依然放任该经营者任意选择交易相对人,可能导致被拒绝的交易相对人的生产经营陷入困境,甚至被迫退出市场,市场中的自由、公平竞争秩序就被破坏了。因此,《反垄断法》对具有市场支配地位的经营者的交易自由予以限制,禁止其无正当理由拒绝交易,以维护市场竞争秩序。

拒绝交易可以按照不同的标准进行分类。以行为主体的数量为标准,可分为单独拒绝交易和共同拒绝交易,单独拒绝交易的行为主体是单个具有市场支配地位的经营者;而共同拒绝交易表现为多个经营者联合起来,作为一个整体拒绝与交易相对人进行交易。需要注意的是,如果多个具有竞争关系的经营者通过协议、决定或者其他协同行为达成共同拒绝交易的意思表示从而实行联合抵制,则可能构成协议型垄断。以拒绝交易是否附有其他条件为标准,可分为无条件拒绝交易和附条件拒绝交易,无条件拒绝交易是指经营者没有给交易相对人设置任何前置条件而直接不与其进行交易,是最直接、最纯粹的拒绝交易;附条件拒绝交易是指经营者通过设置一些交易相对方不愿接受或者难以满足的附加条件,从而达到拒绝交易的目的。附加条件有多种类别,如独家交易要求、搭售、超高定价等,附加条件的设置往往也会涉及其他具体的垄断行为,有专门的规制路径。此外,根据拒绝交易的方式,可以分为直接拒绝交易和变相拒绝交易,后者常表现为实质性削减交易数量、故意拖延交易、设置限制性条件使交易相对人难以与其进行交易等。

拒绝交易的典型情况是掌握必需设施的经营者拒绝交易相对人进入其必需设施。必需设施原则,或称必要设施原则、关键设施原则,起源于对美国反垄断判例法的解读,它是指在特定条件下,“必需”(essential)或“瓶颈”(bottleneck)设施的所有者被要求以“合理”的条件提供该设施的使用权。① 必需设施原则最初适用于港口、铁路等基础设施领域,②后来逐渐扩展到知识产权领域。在1983年的美国电话电报公司案③中,法院总结了适用必需设施原则的条件:(1)经营者控制了相关市场中的某项关键设施;(2)竞争者没有能力重建该关键设施且无法获取替代性设施;(3)经营者拒绝竞争者使用该关键设施;(4)经营者提供该设施是可行的。我国《禁止滥用市场支配地位行为暂行规定》第16条规定了适用必需设施原则的考虑因素,包括以合理的投入另行投资建设或者另行开发建造该设施的可行性、交易相对人有效开展生产经营活动对该设施的依赖程度、该经营者提供该设施的可能性以及对自身生产经营活动造成的影响等。

拒绝交易的“正当理由”主要包括以下3个方面:第一,因客观原因无法进行交易,如存在不可抗力、技术上不兼容或者必需设施的容量有限等。第二,拒绝交易并不会对交易相对人造成实质损害,例如,交易相对人能够以合理价格从其他经营者处获得替代性商品。第三,交易相对人存在过错,如交易相对人有不良信用记录或者出现经营状况恶化等情况,影响交易安全,或者交易相对人违反平台规则,影响平台秩序等。

---

① OECD, The Essential Facilities Concept, http://www.oecd.org/competition/abuse/1920021.pdf, last visited April 30, 2022.

② U. S. v. Terminal R. R. Ass'n of St. Louis, 224 U. S. 383 (1912).

③ MCI Communications Corp. v. American Tel. and Tel. Co., 708 F.2d 1081 (7th Cir. 1983).

4. 限定交易

本条第 1 款第 4 项所禁止的“没有正当理由，限定交易相对人只能与其进行交易或者只能与其指定的经营者进行交易”通常称为限定交易，也称独家交易、指定交易或排他性交易。本条规定了限定交易的两种形式：一是限定交易相对人只能与其进行交易；二是限定交易相对人只能与其指定的经营者进行交易。但实践中还可能存在第三种形式，即限定交易相对人不得与其他经营者进行交易，无论其他经营者是特定的还是不特定的，实际上都是变相的限定交易。根据限定交易的经济环节不同，可以将其分为独家销售和独家购买：前者是指存在多个经销商的情况下，生产商只向其中一个经销商供货；后者是指存在多个生产商的情况下，经销商只向其中一个生产商购买商品。

限定交易，或者说独家交易，是一种常见的商业行为，它可以实现规模经济效益，降低买卖双方收集交易信息、谈判、缔约和履约等交易费用，还能有效预防价格涨跌和供需失衡等商业风险。但是，当限定交易封锁了足够大的市场份额，使竞争对手无法达到最小有效规模时，便具有了反竞争效应。[①] 此时，限定交易便进入了反垄断法的视野。其反竞争效应主要体现在以下几个方面：第一，限定交易会限制交易相对人的自主经营权，交易相对人可能被迫选择质次价高的商品，从而损害其合法权益，也限制了消费者的自由选择权和公平交易权，降低了消费者福利。第二，限定交易排除、限制了相关市场经营者之间的公平竞争，不当提高了潜在竞争者的市场进入壁垒，破坏了公平、有序的市场竞争秩序。第三，限定交易阻碍了要素自由流动，降低了资源配置效率，抑制了市场主体活力，可能阻碍经济健康发展。限定交易的“正当理由”包括：为满足产品安全要求所必须、为保护知识产权所必须、为保护针对交易进行的特定投资所必须等。

即使经营者具有市场支配地位，只要市场中存在替代性商品，当经营者实施限定交易行为时，交易相对人便可能转向其他经营者购买替代性商品。因此，经营者往往需要提供一定的激励机制，才能长期维持限定交易行为。忠诚折扣便是一种典型的激励机制。忠诚折扣是指经营者在经销商品时，以交易数量、交易份额等达到一定条件为前提，向购买者提供折扣或返利的交易策略。在某些情况下，忠诚折扣可被理解为事实上的限定交易行为。限定交易的忠诚折扣与正常的商业折扣不同，一般来说，后者不以限定交易对象为前提，也不以购买特定经营者商品的数量或比

① 参见刘雅甜、林平、吴绪亮：《忠诚折扣的反垄断经济分析》，载《经济与管理研究》2019 年第 2 期。

例达到所需全部商品的绝大多数为前提。

5. 搭售及附加其他不合理的交易条件

本条第1款第5项禁止“没有正当理由搭售商品,或者在交易时附加其他不合理的交易条件”。根据该条文的表述,搭售是“附加不合理的交易条件”的一种类型,由于搭售比“其他不合理的交易条件”具有更明显的反竞争性,故将其单独列出予以强调。

搭售是将两种或两种以上的商品捆绑在一起进行销售,迫使购买者要想获得其中一种商品就必须同时购买其他商品的商业行为。所销售的主要商品称为“结卖品”(tying product),被搭售的商品称为“搭卖品”(tied product)。对搭售的反垄断经济分析源于“杠杆理论”,即垄断企业利用已有市场中的支配地位扩大其在另一个市场中的市场份额,从而获取竞争优势,最终在搭卖品市场中也取得支配地位,损害搭卖品市场的竞争秩序。此外,搭售行为还会限制购买者的选择自由,增加购买成本,从而损害消费者福利。但搭售也存在一些积极效果,对经营者而言,搭售可以节约分别销售的成本,提高经济效益;对购买者而言,搭售的总价格一般低于结卖品和搭卖品的单价之和,可以减少支出,而且可以降低获取不同商品的搜寻成本。因此,搭售对市场竞争具有双重效应,搭售的正面效应是其得以存在的现实依据,并可依此获得反垄断法的豁免,而对市场竞争产生负面效应则使搭售被纳入反垄断法的规制范围。

搭售的表现形式多种多样。卖方在销售某种产品时,可直接要求买方同时购买另一种产品,也可要求买方不得从其他卖家购买特定产品。前一种形式称为“显性搭售”或者“内向型搭售”(tied in),后一种形式称为“隐性搭售”或者“外向型搭售”(tied out)。此外,按照搭售的手段,可以将搭售分为“技术搭售”和“协议搭售”:前者是指卖方通过技术手段,将结卖品与搭卖品设计成必须配套使用方可正常工作而无法与相关竞争产品相兼容的情形;后者是指卖方通过协议的方式,要求买方在购买结卖品时,须同时购买搭卖品或者不得从他方购买特定产品的情形。①

一般来说,判断是否构成反垄断法所禁止的搭售行为需要考虑以下几个要件:(1)结卖品与搭卖品是两个独立的产品,这需要考察产品的功能和性质,例如鞋和鞋带一般不被认为是两个独立的产品;(2)存在将结卖品与搭卖品强制捆绑在一起进行销售的行为;(3)行为主体在结卖品市场上具有市场支配地位;(4)搭售行为对搭

① 参见龙柯宇:《知识产品搭售及其反垄断规制探讨》,载《首都经济贸易大学学报》2013年第3期。

卖品市场有实质性的影响，将经营者的竞争优势从结卖品市场延伸到搭卖品市场；(5)没有正当理由。正当理由包括：符合正当的行业惯例和交易习惯、为满足产品安全要求所必须、为实现特定技术所必须等。

本条所禁止的“附加其他不合理的交易条件”主要包括：(1)对合同期限、支付方式、商品的运输及交付方式、服务的提供方式等附加不合理的限制；(2)对商品的销售地域、销售对象、售后服务等附加不合理的限制；(3)交易时在价格之外附加不合理的费用；(4)附加与交易标的无关的交易条件等。这些不合理的交易条件与搭售的违法性类似，均违背交易相对人的意愿，限制其选择自由，使其承担额外的成本。

6. 差别待遇

本条第 1 款第 6 项所禁止的“没有正当理由，对条件相同的交易相对人在交易价格等交易条件上实行差别待遇”简称为差别待遇。此处的“条件相同的交易相对人”是指，不同交易相对人之间在交易安全、交易成本、规模和能力、信用状况、所处交易环节、交易持续时间等方面不存在实质性影响交易的差别。差别待遇的具体表现主要包括：不同的交易价格、数量、品种、品质等级；不同的数量折扣等优惠条件；不同的付款条件、交付方式；不同的保修内容和期限、维修内容和时间、零配件供应、技术指导等售后服务条件等。其中，最典型也最常见的是价格差别待遇。

价格差别待遇，也称价格歧视，是指经营者没有正当理由，对条件相同的交易相对人实行不同的交易价格。在市场经济活动中，经营者有权根据成本、需求等市场条件的变化对商品自主定价，对不同交易相对人设置不同的价格也是意思自治原则的体现。并且，由于交易相对人自身经济条件、对商品的需求程度等不同，其对于商品价格的预期也有所不同。因此，不同的价格既可以满足不同交易相对人的需求（尤其是以较低的价格向经济条件较差的交易相对人出售商品），又可以实现经营者自身利益的最大化。但是，价格差别待遇会增加未受惠交易相对人获取商品的成本，使其在市场竞争中处于劣势，难以与其他经营者自由、公平地竞争。如果经营者对经济实力和谈判能力较强的交易相对人收取较低的价格，而对实力较弱的交易相对人收取更高的价格，价格差别待遇的反竞争效应会更明显。

判断差别待遇的违法性还需考量是否存在合理的抗辩理由。我国《禁止滥用市场支配地位行为暂行规定》第 19 条规定，差别待遇的“正当理由”包括：(1)根据交易相对人实际需求且符合正当的交易习惯和行业惯例，实行不同交易条件；(2)针对新用户的首次交易在合理期限内开展的优惠活动；(3)能够证明行为具有正当性的其他理由。总的来说,只要差别待遇行为具备经济上的合理性,一般就不违反反垄断法。

7. 其他滥用市场支配地位行为

本条第1款第7项为兜底条款,即"国务院反垄断执法机构认定的其他滥用市场支配地位的行为"。它有助于克服列举条款的僵硬性,防止随着经济社会发展出现的新型滥用市场支配地位行为脱离反垄断法的规制。需要注意的是,根据该项规定,仅国务院反垄断执法机构有权认定列举条款以外的滥用市场支配地位行为,司法机构以及国务院反垄断执法机构授权的省级反垄断执法机构均无权作出此种认定。根据2019年《禁止滥用市场支配地位行为暂行规定》第21条的规定,认定其他滥用市场支配地位行为,应当同时符合下列条件:(1)经营者具有市场支配地位;(2)经营者实施了排除、限制竞争行为;(3)经营者实施相关行为不具有正当理由;(4)经营者相关行为对市场竞争具有排除、限制影响。

除了本条第1款前6项所列举的典型滥用市场支配地位行为,还有一类行为可能会成为一种独立的滥用市场支配地位行为类型,即价格挤压,或称利润挤压行为,目前此类行为可以被认定为"其他滥用市场支配地位的行为"。价格挤压是指,在上下游市场均从事经营活动,且在上游市场具有支配地位的经营者,利用其支配地位提高上游产品的销售价格,使购买上游产品并加工、销售的下游竞争者的成本过高,从而无法在下游市场与该经营者竞争。价格挤压与不公平高价、价格差别待遇有一定的重合之处,但无法被这两类行为完全涵盖。一方面,经营者无须将上游产品的价格提到不公平高价的程度,只要适度提高上游产品的价格以增加下游竞争对手的成本,并适度降低自己下游产品的价格以抢夺消费者,即可实现排挤下游竞争对手的目的。另一方面,如果经营者对除自身以外所有的下游竞争者均设置较高的挤压性价格,便不构成价格差别待遇。因此,反垄断执法机构在实践中可以将价格挤压行为作为"其他滥用市场支配地位的行为"予以处罚。

(三)数字经济领域的滥用市场支配地位行为

数字技术在促进经济发展的同时,也催生了一系列新型垄断行为。与垄断协议和具有或可能具有排除、限制竞争效果的经营者集中相比,数字经济领域的滥用市场支配地位行为尤其严重,表现为大数据杀熟、强制"二选一"、平台封禁、平台自我优待等行为。这些行为以数据和算法、技术以及平台规则等为基础,在形式上更加智能化、隐蔽化,对市场竞争秩序的影响也更为深远。为此,2022年《反垄断法》修正时在本条新增第2款,专门对数字经济领域的滥用市场支配地位行为作出规定,即“具有市场支配地位的经营者不得利用数据和算法、技术以及平台规则等从事前款规定的滥用市场支配地位的行为”。该规定是本法第9条的一般性规定在规制滥用市场支配地位领域的具体化,但是与第9条相比,本条规定中并无“资本优势”的表述,这是因为“资本优势”主要表现为经营者在相关市场的市场份额、财力和技术条件等,是认定市场支配地位的考量因素,而不是实施滥用市场支配地位行为的手段。

四、学术讨论

(一)调整本章条文顺序

我国《反垄断法》滥用市场支配地位一章共有3个条文:第22条规定了滥用市场支配地位的行为和定义;第23条规定了认定市场支配地位的考虑因素;第24条规定了市场支配地位的推定。

在反垄断执法和司法实践中,判断经营者的行为是否构成滥用市场支配地位,先要判断经营者是否具有市场支配地位,在这一步骤中,首先,应判断能否推定经营者具有市场支配地位,若不能推定,便需要综合考虑相关因素认定经营者是否具有市场支配地位。其次,在推定或认定经营者具有市场支配地位后,具体分析经营者的行为构成哪一类滥用市场支配地位行为。最后,应给予经营者抗辩的机会,若经营者有正当理由实施此类行为,便无须受到反垄断处罚。

因此,本文建议调整《反垄断法》滥用市场支配地位一章的条文顺序。首先,将市场支配地位的定义单独列为一条,作为本章第1条;其次,规定市场支配地位的推定;再次,规定认定市场支配地位的考虑因素;复次,规定滥用市场支配地位的行为类型;最后,可以增加一个条文规定滥用市场支配地位的抗辩,即本条所称的“正当理由”。

(二)建议修改市场支配地位的定义

尽管本条第3款以较凝练的语言对市场支配地位进行了定义,但该定义并未把握市场支配地位的核心,且在语义上存在歧义和重复,建议修改该定义,具体如下。

一方面,将“能够控制商品价格、数量或者其他交易条件”修改为“能够不受市场约束控制商品价格、数量或者其他交易条件”。经营者享有自主经营权,可以自行决定其生产、销售的商品价格、数量或者其他交易条件,但这种程度的“控制”并不是滥用市场支配地位的表现。在市场机制下,一个经营者就某商品涨价,会导致消费者转向提供替代性商品的经营者,使涨价的经营者利润降低,该经营者不得不降低价格以吸引消费者,所以经营者的定价行为始终受到市场的约束。当经营者能够不受市场约束而独立地控制商品价格、数量或者其他交易条件时，才是滥用市场支配地位的表现。

另一方面，建议删除第二种市场支配地位的来源，即“能够阻碍、影响其他经营者进入相关市场”。从本质上来说，“能够阻碍、影响其他经营者进入相关市场”是“不受市场约束控制商品价格、数量或者其他交易条件”的一种表现，而不是一种独立的市场支配地位的来源。因为经营者只有能够阻碍、影响其他经营者进入相关市场，才能不受市场约束控制商品价格、数量或者其他交易条件，否则，经营者一旦涨价或者减少商品供应数量，就会使潜在竞争者进入市场，商品价格和数量仍然会恢复到竞争状态下的水平。而且《反垄断法》第23条认定经营者具有市场支配地位的考量因素中已包括了“其他经营者进入相关市场的难易程度”，本条没有必要重复规定。

（三）建议删除本条第2款

尽管本条第2款是对数字经济领域滥用市场支配地位行为频发所作出的回应，但增加该条款有待商榷。一方面，本条第2款是对本法第9条的简单重复。在条文表述上，仅仅是将第9条的“经营者”改为“具有市场支配地位的经营者”，将“本法禁止的垄断行为”改为“前款规定的滥用市场支配地位的行为”，并删除了“资本优势”的手段。因此，第9条已涵盖了本条第2款的规定，本条第2款的规定是重复的、无意义的。另一方面，与建议删除本法第9条的理由相同，数据和算法、技术以及平台规则等概念在法律中并没有确切的定义，将它们写入《反垄断法》会增加法律的不确定性。而且，虽然经营者借助数据和算法、技术或平台规则实施的滥用行为的违法界限较为模糊，竞争效果的认定存在一定争议，但反垄断基础理论与分析框架依然可以适用，因此没有必要单独对利用这些手段实施的垄断行为予以强调。

（四）建议以独立条款规定“正当理由”

本条第1款列举的每种滥用市场支配地位的行为都以“没有正当理由”（或“不公平”）为前提，旨在将经营者正常的生产经营行为排除在反垄断法禁止范围之外。按照条文逻辑，“没有正当理由”属于滥用市场支配地位行为的构成要件。换言之，在认定经营者是否构成滥用市场支配地位行为时，需要证明其“没有正当理由”。但这种制度安排对反垄断执法和司法造成了较大的阻碍。作为一种否定性构成要件，执法机构或原告在论证涉案经营者的行为是否构成滥用市场支配地位的行为时，需要穷尽所有可能存在正当理由的情况，并逐一排除后才可以最终认定。但在实践中，是否具有正当理由通常是涉嫌滥用市场支配地位的经营者对抗指控或起诉的一项抗辩,应在被认定为实施了滥用行为之后才需要举证。因此,将“没有正当理由”置于滥用市场支配地位的行为类型条款中会造成法条适用中的逻辑错误,增加执法机构和原告的举证责任。因此,建议删除本条第1款诸项中的“没有正当理由”,并在本章最后增加一个条文对“正当理由”作出专门规定,具体规定建议如下:

第××条　经营者有正当理由实施本法第二十二条所禁止的行为的,不适用该条规定。认定经营者的正当理由是否成立,应考虑下列因素:

(一)有关行为是否为经营者正常经营及实现正常效益所必需;

(二)有关行为是否能够使交易相对人或者消费者获益;

(三)有关行为是否能够促进创新或者提高经济效率;

(四)有关行为是否因交易相对人过错引起;

(五)有关行为是否符合交易习惯和行业惯例;

(六)有关行为是否为实现特定技术效果、产品安全、产品性能等必须;

(七)有关行为是否有助于实现开源、标准化、技术兼容、隐私保护等社会公共目的;

(八)能够证明行为具有正当性的其他因素。

(五)必需设施原则的适用

在拒绝交易的反垄断规制中,必需设施原则的适用一直存在较大的争议。根据《禁止滥用市场支配地位行为暂行规定》第16条第1款第5项的规定,“拒绝交易相对人在生产经营活动中,以合理条件使用其必需设施”作为拒绝交易的一种具体形式而受到反垄断法的规制。① 该条第2款还特别指出了适用必需设施原则需要考虑的要素:以合理的投入另行投资建设或者另行开发建造该设施的可行性、交易相对人有效开展生产经营活动对该设施的依赖程度、该经营者提供该设施的可能性以及对自身生产经营活动造成的影响等。此外,《关于禁止滥用知识产权排除、限制竞争行为的规定》第7条明确规定将必需设施原则应用于知识产权拒绝许可的规制中。②

① 《禁止滥用市场支配地位行为暂行规定》第16条第1款规定:……(五)拒绝交易相对人在生产经营活动中,以合理条件使用其必需设施。

② 《关于禁止滥用知识产权排除、限制竞争行为的规定》第7条规定:具有市场支配地位的经营者没有正当理由,不得在其知识产权构成生产经营活动必需设施的情况下,拒绝许可其他经营者以合理条件使用该知识产权,排除、限制竞争。该条的第2款提出了适用前款规定需要同时考虑的因素:(1)该项知识产权在相关市场上不能被合理替代,为其他经营者参与相关市场的竞争所必需;(2)拒绝许可该知识产权将会导致相关市场上的竞争或者创新受到不利影响,损害消费者利益或者公共利益;(3)许可该知识产权对该经营者不会造成不合理的损害。

总的来说,必需设施原则的适用要件可以从两个方面重点把握:

一方面,该设施应当是必需且难以复制的。必需性即该设施对于交易相对人有效开展经营活动是必不可少的,《禁止滥用市场支配地位行为暂行规定》所列举的第2个考虑因素"交易相对人有效开展生产经营活动对该设施的依赖程度"一定程度上体现了这一要件。但需要注意的是,在市场经济中,经营者基于经济环节间的相互联系,"依赖"是普遍存在的,但并不是有所"依赖"就会被认为是必需的。这里的"依赖"应当达到一个较高的程度,即该设施对于生产经营活动在客观上是必不可少的。[①] 认定该设施是否难以复制,需要根据设施的经济特征进行具体判断。如果该设施具有自然垄断特征,也即具有较高的沉没成本,建造该设施面临着较高的风险,重复建设也是不经济的,就可以认定该设施具有不可复制性。如果该设施不具有自然垄断特征,就应该分析该设施上是否存在较高的进入障碍,这种进入障碍也可能导致该设施难以再行建造。[②] 无论是评价"必不可少"还是"不可复制",相关市场的界定都是必要的,"必不可少"意味着在需求侧无法获得有效的替代品,而"不可复制"意味着在供给侧改造或建设生产设施的投入较高,承担的额外风险很高。从这一角度考虑,必需性的判定与相关市场的界定异曲同工,或者说,"必不可少"与"不可复制"本身就意味着经营者对相关市场的完全垄断。[③]

另一方面,应当对拒绝提供该设施的正当性进行评估。即使是具有市场支配地位的经营者,也只有在缺乏正当理由的情况下才不得拒绝与交易相对人进行交易。具体到拒绝提供必需设施的正当性,可以从经营者自身、相对人过错、客观原因3个角度出发对这些正当理由进行分类:

第一,经营者难以提供该设施。"法律不强人所难",如果提供该设施在技术、经济、法律层面无法实现,或者提供该设施与经营者的根本商业利益相悖,法律就不应该强制要求经营者开放该设施。从技术层面来看,主要的困难可能是兼容性问题。例如,苹果手机及其操作系统与安卓手机及其操作系统就是互不兼容的,要求在苹果手机上运行安卓操作系统是无法实现的,反之亦然。如果该设施在经济上存在产能限制,要求其开放该设施可能也是不妥当的。此外,可以成为正当性抗辩理由的

---

① 参见侯利阳、王继荣:《欧盟必需设施原则考析:兼论对我国的启示》,载《竞争法律与政策评论》2015年第1期。

② 参见姚保松:《公用企业反垄断法律规制研究》,法律出版社2014年版,第184页。

③ 参见李剑:《反垄断法中核心设施的界定标准——相关市场的视角》,载《现代法学》2009年第3期。

商业利益应当属于根本商业利益。也即,只有要求开放必需设施会严重影响该经营者的经营活动,甚至会导致其经营活动难以为继时,商业利益才能成为该经营者拒绝开放必需设施的正当性抗辩理由。

第二,交易相对人存在过错。这可以从两个方面理解:一是相对人没有履行合同规定的义务。需要指出的是,由于必需设施的拥有者具有更强的缔约能力,在实践中双方拟定的合同往往是必需设施拥有者提供的格式合同,其中可能存在部分不合理的格式条款,相对人没有修改的权利,只能选择接受与否。因此,在以相对人没有履行合同义务作为正当性抗辩理由时,应结合合同条款具体分析。二是相对人的行为违背了商业伦理。如果相对人接入必需设施是为了窃取商业秘密或者破坏经营者正常的商业模式,或是为了获取不正当的竞争利益,经营者拒绝接入的行为就具有了正当性。此外,虽然相对人出现经营困难在客观上并不属于过错,但出于交易安全的考虑,这也可以成为经营者拒绝提供必需设施的正当性抗辩理由。

第三,出于客观原因,经营者无法提供该设施。如果出现了不可抗力因素,设施所有人无法提供该设施,可以成立正当性抗辩。此外,由于必需设施在社会管理中起到重要的作用,该类设施的运营者被赋予了一定的公共管理职责,设施的开放性也会受到法律的限制。该类限制可能是对接入与否的限制,也有可能是对接入程度的限制。如《网络安全法》规定了网络平台的运营者对用户信息负有审查义务,如果平台发现用户发布或传播法律禁止的信息,需要及时采取处置措施,停止该信息的传播。[①] 这类措施中就包括拒绝发布信息、删除信息甚至关闭用户的账号。互联网平台在网络空间舆论治理中承担的公共责任与其开放性之间存在一定程度的冲突。因此,如果互联网平台确因其承担公共责任而无法开放时,应当为法律所允许。

(六)限定交易与搭售的区分

限定交易与搭售在概念上存在一定的重合之处,在我国反垄断执法实践中,也出现了一些将限定交易与搭售混淆的现象。例如,供水企业限制房地产开发企业对供水工程施工、供水设备采购、后期运营维护的自主选择,或者要求用户必须安装其指定的厂家的水表,但是不同省份的反垄断执法机构对此类行为的定性出现了分

① 《网络安全法》第47条规定:“网络运营者应当加强对其用户发布的信息的管理,发现法律、行政法规禁止发布或者传输的信息的,应当立即停止传输该信息,采取消除等处置措施,防止信息扩散,保存有关记录,并向有关主管部门报告。”

歧,一些省份认为此类行为属于限定交易行为,而一些省份则认为属于搭售行为。[①]因此,有必要对限定交易与搭售进行区分。

一方面,搭售与限定交易所涉及的主体不同。在限定交易的情况下,交易相对人被指定进行交易的主体可能是实施限定交易的经营者本身,也可能是与该经营者存在经济联系或者利益输送关系的第三方。但是在搭售的情况下,交易相对人被迫购买的两个独立商品均由在结卖品市场具有支配地位的经营者提供。也就是说,如果与交易相对人进行交易的主体涉及第三方,则应认定为限定交易。另一方面,如果进行交易的主体是实施滥用市场支配地位行为的经营者本身,仍须进行分析所涉及的相关市场是否相同。一般来说,限定交易是经营者利用其在某市场内的支配地位,限制交易相对人在该市场内的交易自由。而搭售是经营者利用其在结卖品市场内的支配地位,限制交易相对人在搭卖品市场的交易自由。也就是说,如果行为涉及市场力量的杠杆作用,则应认定为搭售,否则应认定为限定交易。

第二十三条　认定市场支配地位的考量因素

一、条文

第二十三条　认定经营者具有市场支配地位,应当依据下列因素:

(一)该经营者在相关市场的市场份额,以及相关市场的竞争状况;

(二)该经营者控制销售市场或者原材料采购市场的能力;

(三)该经营者的财力和技术条件;

(四)其他经营者对该经营者在交易上的依赖程度;

(五)其他经营者进入相关市场的难易程度;

(六)与认定该经营者市场支配地位有关的其他因素。

---

① 参见惠州净水公司滥用市场支配地位案(搭售或附加不合理交易条件),广东省工商行政管理局粤工商经处字〔2013〕第2号行政处罚决定书;阿拉善左旗城市给排水公司滥用市场支配地位案(搭售或附加不合理交易条件),内蒙古自治区工商行政管理局内工商处罚字〔2016〕1号行政处罚决定书;乌鲁木齐水业集团有限公司滥用市场支配地位案(限定交易),新疆维吾尔自治区工商行政管理局新工商竞处〔2014〕39号行政处罚决定书;宿迁银控自来水有限公司滥用市场支配地位案(限定交易),江苏省工商行政管理局苏工商案〔2016〕00025号行政处罚决定书;吴江华衍水务有限公司滥用市场支配地位案(搭售或附加不合理交易条件),江苏省工商行政管理局苏工商案〔2016〕00050号行政处罚决定书;宿迁正源自来水有限公司滥用市场支配地位案(限定交易),江苏省市场监督管理局苏市监案〔2019〕00027号行政处罚决定书。

【条文主旨】本条是对认定经营者具有市场支配地位的考虑因素的规定。

二、立法理由

市场支配地位是市场支配地位滥用控制制度的核心概念,并非所有经营者都能成为本法第 22 条所规定行为的主体,只有具有市场支配地位的经营者,才能实施滥用市场支配地位的行为。因此,认定经营者的行为构成滥用市场支配地位,须以认定该经营者具有市场支配地位为前提。我国《反垄断法》为市场支配地位的认定提供了综合分析认定和市场份额推定两种路径,本条即为对认定经营者具有市场支配地位的分析因素的规定。依据本法第 22 条的规定,市场支配地位是指经营者在相关市场内具有能够控制商品价格、数量或者其他交易条件,或者能够阻碍、影响其他经营者进入相关市场能力的市场地位。该条既是对市场支配地位的定义,也为认定市场支配地位提供了标准,即当经营者在相关市场具有了控制商品价格、数量或者其他交易条件,或者阻碍、影响其他经营者进入相关市场的能力时,可认定其具有市场支配地位。然而,这样的标准是抽象而模糊的,若简单通过定义所提供的标准认定市场支配地位,将赋予执法、司法机构过于宽泛的自由裁量空间,也将有损《反垄断法》的权威性和稳定性。本条在市场支配地位定义的指导下,列举了认定经营者市场支配地位的考虑因素,结合市场份额、相关市场竞争状况、控制上下游市场的能力、财力和技术条件、其他经营者对该经营者的依赖程度、市场进入障碍等要素,搭建了一个结构完整而清晰的市场支配地位认定分析框架,不仅为反垄断执法机构和司法机关提供了认定的依据,也为经营者认识自身市场力量、规范经营行为提供了更为明确的指引。

三、条文解读

本条对反垄断执法机关和司法机关认定经营者是否具有市场支配地位的考量因素作出了规定,依据本条规定,认定经营者是否具有市场支配地位,应当综合考察"市场份额""相关市场的竞争状况""控制销售市场或者原材料采购市场的能力""财力和技术条件""其他经营者对该经营者在交易上的依赖程度""其他经营者进入相关市场的难易程度"等因素。

(一)关于"市场份额""相关市场的竞争状况"

市场份额是指经营者某一产品或服务的销售量(或销售额)在相关市场中所占的比重,也称市场占有率。长期以来,市场份额构成了认定经营者市场支配地位的关键指标,欧洲法院曾在判决中指出:"虽然市场份额在各个市场中所代表的含义各不相同,但从实践上看,高市场占有率(市场份额)是证明企业拥有市场支配地位的最行之有效的证据。"[①]我国《反垄断法》同样重视市场份额指标在认定市场支配地位中的重要作用,不仅将其列为判断经营者市场地位的首要关注,还规定了市场份额推定制度,即当经营者市场份额达到特定比例时,推定其具有市场支配地位。值得注意的是,占据较高的市场份额与具有市场支配地位并不等同,认定经营者是否具有市场支配地位,还应结合相关市场的竞争状况进行考察。当市场内部竞争激烈时,消费者有丰富的商品可以选择,能够在各经营者之间自由转向,市场结构动态变化,经营者即使在某一时间段占据极高市场份额,也极易因为商业模式创新、技术革新、新竞争者进入等原因丧失份额优势,不具备控制市场的能力。国家市场监督管理总局于2022年《反垄断法》通过后发布的《禁止滥用市场支配地位行为规定(征求意见稿)》(以下简称《禁止滥用行为规定(征求意见稿)》)第6条对"市场份额"和"相关市场的竞争状况"进行了更详细的解读:"确定经营者在相关市场的市场份额,可以考虑一定时期内经营者的特定商品销售金额、销售数量或者其他指标在相关市场所占的比重。分析相关市场竞争状况,可以考虑相关市场的发展状况、现有竞争者的数量和市场份额、商品差异程度、创新和技术变化、销售和采购模式、潜在竞争者情况等因素。"从这一条款上看,在确定经营者市场份额时,须关注时间和计算指标两大要素,即应当依据特定的时间段内经营者的特定商品销售金额、销售数量或其他指标来确定。在分析相关市场的竞争状况时,则主要考虑可能影响消费者选择的各类因素,包括竞争者的经营状况和商品本身的差异程度、技术创新、购销模式等。具体而言,主要包括相关市场的发展状况、现有竞争者的数量和市场份额、商品的差异程度、创新和技术变化、销售和采购模式、潜在竞争者情况等因素。

(二)关于"控制销售市场或者原材料采购市场的能力"

市场份额要素主要关注经营者在相关市场的横向控制能力,而"控制销售市场或者原材料采购市场的能力"则是对经营者在上下游市场的纵向控制能力的考察。在充分竞争的市场环境下,相关市场中存在大量的卖方,若某一卖方大幅提升商品价格或附加不合理的交易条件,买方可以轻易地转向其他卖方;作为原材料采购市场的下游,相关市场中也存在大量的采购方,若某一采购方大幅降低采购价格或附加不合理的交易条件,供货方也可以轻易地转向其他买家。而当特定经营者具有了对销售市场或者原材料采购市场的控制能力时,前述产业链中的供需匹配市场竞争机制将被破坏:一方面,该经营者可利用其市场控制力向商品销售或原材料采购的

① 转引自张素伦:《互联网服务的市场支配地位认定》,载《河北法学》2013年第3期。

交易相对方施加不合理的交易条件,攫取超额利润;另一方面,该经营者还可通过控制购销渠道,影响或决定购销价格、数量、合同期限等交易条件,显著影响相关市场中其他竞争者的正常运营,进而排除或限制竞争。依据《禁止滥用行为规定(征求意见稿)》第7条的规定,"确定经营者控制销售市场或者原材料采购市场的能力,可以考虑该经营者控制产业链上下游市场的能力,控制销售渠道或者采购渠道的能力,影响或者决定价格、数量、合同期限或者其他交易条件的能力,以及优先获得企业生产经营所必需的原料、半成品、零部件、相关设备以及需要投入的其他资源的能力等因素"。

(三)关于"财力和技术条件"

尽管财力和技术条件并不直接反映经营者的市场地位,但雄厚的财力和先进的技术条件往往有助于促进和支持经营者向关联市场扩张或者维持、巩固自身的市场地位,因此,我国反垄断执法机构与司法机关通常将该考量因素作为认定经营者具有市场支配地位的佐证。依据《禁止滥用行为规定(征求意见稿)》第8条的规定,"确定经营者的财力和技术条件,可以考虑该经营者的资产规模、盈利能力、融资能力、研发能力、技术装备、技术创新和应用能力、拥有的知识产权等,以及该财力和技术条件能够以何种方式和程度促进该经营者业务扩张或者巩固、维持市场地位等因素"。从前述规定上看,对经营者财力和技术条件的考察,不仅要关注财力和技术条件本身,还要关注该财力和技术条件对于经营者业务扩张或巩固维持市场地位的促进关系,只有当其对于经营者取得或维持市场支配地位存在某种程度上的促进作用时,才应将该因素视为认定经营者市场支配地位的依据。

(四)关于"其他经营者对该经营者在交易上的依赖程度"

将"其他经营者对该经营者在交易上的依赖程度"作为市场支配地位的认定要素之一,实际上是对其他经营者在相关市场中的转向能力的考量。若其他经营者在交易上高度依赖该经营者,则意味着该经营者对于两者之间的交易条件具有高强度的控制能力,因为此时其他经营者无法轻易地实现向其他潜在交易相对人的转换。依据《禁止滥用行为规定(征求意见稿)》第9条的规定,"确定其他经营者对该经营者在交易上的依赖程度,可以考虑其他经营者与该经营者之间的交易关系、交易量、交易持续时间、在合理时间内转向其他交易相对人的难易程度等因素"。实践中,在市场份额计算困难或者相关市场难以准确界定的情形下,对于某些拥有特定市场优势、能够使其他经营者在交易上对其形成显著依赖的经营者,可以依据"其他经营者对该经营者在交易上的依赖程度",结合其他认定因素,分析认定该经营者是否具有市场支配地位。

（五）关于“其他经营者进入相关市场的难易程度”

分析“其他经营者进入相关市场的难易程度”，实际是对相关市场进入壁垒的考察，考虑市场进入壁垒这一非结构性要素的原因在于“垄断与竞争的根本区别在于市场进入是否自由”①。当市场进入壁垒高，其他经营者难以进入相关市场开展竞争时，相关市场中竞争者数量较少，市场集中度较高，经营者的竞争优势地位将更易被维持和扩大，从而形成垄断力量。依据《禁止滥用行为规定（征求意见稿）》第10条的规定，判断“其他经营者进入相关市场的难易程度”，可以从“市场准入、获取必要资源的难度、采购和销售渠道的控制情况、资金投入规模、技术壁垒、品牌依赖、用户转换成本、消费习惯”等方面分析，一方面，要考察所涉行业或具体商品市场环境本身的进入难度；另一方面，还要考察现有经营者的市场竞争情况，综合认定该市场的进入难度。

（六）关于“与认定该经营者市场支配地位有关的其他因素”

第6项是本条的兜底条款，规定了在认定市场支配地位时，执法、司法机关还可以将与认定该经营者市场支配地位相关的其他因素纳入考量。兜底条款是一种常用的立法技术，其目的在于解决法律滞后性问题的同时保持法的稳定性，可在一定程度上弥补法律制定者立法时主观认识上的缺陷和适应社会经济情势的变迁。通过该兜底条款，反垄断执法机构和司法机关可以在反垄断法目的、宗旨和基本原则的指导下，适应经济发展、市场变迁的客观需要，参照《反垄断法》明确列举之外的其他因素认定经营者的市场支配地位。

四、学术讨论

（一）关于平台经济领域市场支配地位的认定问题与解决思路

1. 相关市场认定问题

在平台经济领域，相关市场的界定成了认定经营者市场支配地位面临的首要困境。相关市场是经营者在一定时期内就特定商品或服务展开竞争的商品范围和地域范围，在传统的垄断分析框架中，相关市场的界定构成了分析和认定经营者滥用市场支配地位案件的第一步。② 依据2009年国务院反垄断委员会发布的《关于相关

① 张维迎：《市场的逻辑》，上海人民出版社2012年版，第100～104页。

② 参见陈兵：《互联网市场支配地位认定方法再探》，载《安徽大学学报（哲学社会科学版）》2020年第6期。

市场界定的指南》,界定相关市场须进行替代性分析,即考察其他条件不变的情况下某种商品的需求量对其替代品价格变动的反应灵敏程度。① 常用的分析方法包括定性和定量两类,其中定性分析法主观性较强,标准不够清晰,实践中往往更倾向于采用定量分析的方法。

价格因素构成了定量分析法的核心要素。以最典型的定量分析法——假定垄断者测试法为例,其是指在确定基准商品的基础上,将价格作为变量来寻找和确定与基准商品具有替代关系的其他商品范围,进而得出相关市场的范围。然而在平台经济领域,双边或多边的市场结构赋予了平台经济交叉网络外部性,这种外部性意味着平台商品或服务对于用户的价值将随着各端用户数量的增长而不断扩大,争夺用户及用户注意力成为平台企业从事市场竞争的首要因素,由此催生了"零定价"的商业模式。这种定价模式的广泛应用,将使通过价格变化来分析和确定相关市场范围的定量分析模式难以适用。现阶段我国反垄断执法机关在平台经济领域的执法实践中也多采用定量分析法来界定相关市场。相较之下,定性分析法除前述的主观性强、标准不清晰等局限性外,在平台经济领域,定性分析法还面临着基准产品难以确定、竞争约束的多样性等问题。一方面,平台经营者往往提供多种功能聚合的复合型商品,基于用户需求的不同,复合型商品的不同功能可能构成不同的相关市场,导致产品界定上可能存在一定的模糊性;②另一方面,平台的多边构造使平台经营者面临着为同类用户提供服务的其他平台经营者、仅向其中一边用户提供服务的单边经营者、仅在其中一边的市场存在竞争的平台经营者 3 类市场竞争。③ 如何识别平台经营者所受到的竞争约束,也成为通过定性分析法界定相关市场的一大难题。

2. 市场份额指示作用下降

在传统经济领域中,市场份额历来被视为具有决定性意义的市场支配地位认定因素。④ 而在平台经济领域,市场份额的指示作用却有所下降,甚至有学者认为"市

① 参见王晓晔主编:《反垄断法的相关市场界定及其技术方法》,法律出版社 2019 年版,第 158 页。

② 参见陈兵:《平台经济领域相关市场界定方法审视——以〈国务院反垄断委员会关于平台经济领域的反垄断指南〉第 4 条为中心的解读》,载《法治研究》2021 年第 2 期。

③ 参见宁立志、王少南:《双边市场条件下相关市场界定的困境和出路》,载《政法论丛》2016 年第 6 期。

④ 参见[德]P. 贝伦斯:《对于占市场支配地位的企业的滥用监督》,载王晓晔主编:《反垄断法与市场经济》,法律出版社 1998 年版。

场份额对衡量经营者市场竞争力的判断作用已经退化”[①]。首先,在确定经营者的市场份额时,通常采用的计算指标为销售金额或销售数量在相关市场的占比。然而这个指标在平台经济领域却存在较大的适用困难,一方面平台经济的“零定价”特征使经营者销售金额难以计算,另一方面平台所提供的服务是无形的,其真实销售数量难以计量。其次,市场份额所表征的实际上是相关市场的市场结构,基于市场份额标准认定经营者市场支配地位的前提是市场结构能够在一定时期内保持稳定。[②]而平台经济则是一种具有高度动态性的市场组织形式,技术革新快、产品生命周期短、市场竞争激烈,经营者在市场份额上的优势很容易因为技术或商业模式的创新,抑或具有强大财力、技术条件的新竞争者进入市场而丧失。在当前市场中占据较高市场份额并不意味着经营者具有维持这种优势的市场控制力。[③] 在这种动态变化的市场中,只截取某一时刻或某一时段的市场份额数据,很难真实地反映经营者的市场地位。

3. 平台经济领域市场支配地位认定新进路的探索

近年来,学者们围绕平台经济领域市场支配地位的认定问题展开了激烈的讨论,在充分发现现有制度之不足的基础上,提出了许多关于认定平台经营者市场支配地位的新思路。在相关市场界定方面,有学者提出,应以消费者需求为核心来改进相关市场界定方法。[④] 也有学者认为,应在准确识别竞争约束的前提下,区分市场类型改良相关市场认定方法,对于交易型双边市场仍可直接适用假定垄断者测试法,而在非交易型双边市场中,则可采用产品性能测试法。[⑤] 还有学者提出了盈利来源界定法,认为可通过判断交易主体的盈利来源是否具有可替代性来确定其是否属于同一市场。[⑥] 而在市场份额的适用和计算方面,学者们大都认可市场份额在平台经济领域仍然有重要作用,只是在计算指标的选取上应当予以调整,以用户规模数

① 参见胡丽:《互联网企业市场支配地位认定的理论反思与制度重构》,载《现代法学》2013 年第 2 期。

② 参见杨文明:《市场份额标准的理论反思与方法适用——以互联网企业市场支配地位认定为视角》,载《西北大学学报(哲学社会科学版)》2014 年第 3 期。

③ 参见陈兵:《网络经济下相关市场支配地位认定探析——以“3Q”案为例》,载《价格理论与实践》2015 年第 9 期。

④ 参见陈兵:《互联网市场支配地位认定方法再探》,载《安徽大学学报(哲学社会科学版)》2020 年第 6 期。

⑤ 参见宁立志、王少南:《双边市场条件下相关市场界定的困境和出路》,载《政法论丛》2016 年第 6 期。

⑥ 参见孙晋、钟瑛嫦:《互联网平台型产业相关产品市场界定新解》,载《现代法学》2015 年第 6 期。

据即用户数量来替代价格数据即销售金额，并可通过统计流量或者访问量对该指标进行评估。[①] 此外，在认定平台经营者市场支配地位时，还应当给予市场进入壁垒、经营者的技术创新能力、消费者的转向成本等非价格因素更多关注。[②] 我国立法也在积极探索平台经济领域市场支配地位认定方法的改进，2021 年 2 月发布的《国务院反垄断委员会关于平台经济领域的反垄断指南》(以下简称《平台经济反垄断指南》)对其有所规定，尽管并未增列新的认定因素，但在对各认定因素的解释说明中纳入了诸多与数字经济、平台经济相关的要素，为认定平台经营者的市场支配地位提供了较清晰、明确的指引。

(二)关于是否在《反垄断法》中规定认定市场支配地位的数字经济因素

2020 年 1 月 2 日发布的《〈中华人民共和国反垄断法〉修订草案(公开征求意见稿)》中，曾在本条增加规定“认定互联网领域经营者具有市场支配地位还应当考虑网络效应、规模经济、锁定效应、掌握和处理相关数据的能力等因素”作为第 2 款，但该款新增规定最终没有被 2022 年《反垄断法》保留。实际上，最终通过的 2022 年《反垄断法》并未对本条进行任何实质性的改动，只是在第 22 条中规定了“具有市场支配地位的经营者不得利用数据和算法、技术、资本优势以及平台规则等”从事滥用市场支配地位行为。对此，有学者指出，在我国加强对平台经济领域反垄断规制的趋势之下，《反垄断法》至少应当吸纳《平台经济反垄断指南》中的网络效应、规模经济、锁定效应、用户转向其他服务的成本等作为认定数字企业市场支配地位的考虑因素。[③] 还有学者提出，应当在《反垄断法》中加入结构型因素中的关键市场影响因素以及非结构型因素中的数据、算法等，以适应数字经济的发展需要。[④] 本书认为，在《反垄断法》中明确规定网络效应、锁定效应或其他数字平台经济领域市场支配地位的认定因素，不仅没有必要，而且会导致认定因素结构上的混乱。因为这类认定平台经济领域市场支配地位的新要素，实际上都可归入原有的认定因素类型中，只是由于所处经济领域的变化而与传统的表征形式有所不同。而且《反垄断法》并非仅适用于平台经济领域的专门法律，在设置条文规范时，不应仅关注某一领域的具体情况，更要考虑其在各个行业领域的综合适用性。至于认定平台经营者市场支配

---

① 参见杨文明：《市场份额标准的理论反思与方法使用——以互联网企业市场支配地位认定为视角》，载《西北大学学报(哲学社会科学版)》2014 年第 3 期。

② 参见杨文明：《论互联网企业市场支配地位认定的非结构因素》，载《河北法学》2014 年第 12 期。

③ 参见王晓晔：《〈反垄断法(修正草案)〉的评析》，载《当代法学》2022 年第 3 期。

④ 参见方翔：《论数字经济时代反垄断法的创新价值目标》，载《法学》2021 年第 12 期。

地位所须考虑的特殊要素，则可通过诸如《平台经济反垄断指南》等配套的规范性文件予以明确。

第二十四条　市场支配地位的推定

一、条文

第二十四条　有下列情形之一的，可以推定经营者具有市场支配地位：

（一）一个经营者在相关市场的市场份额达到二分之一的；

（二）两个经营者在相关市场的市场份额合计达到三分之二的；

（三）三个经营者在相关市场的市场份额合计达到四分之三的。

有前款第二项、第三项规定的情形，其中有的经营者市场份额不足十分之一的，不应当推定该经营者具有市场支配地位。

被推定具有市场支配地位的经营者，有证据证明不具有市场支配地位的，不应当认定其具有市场支配地位。

【条文主旨】本条规定了经营者市场支配地位的推定制度。

二、立法理由

尽管第23条中已规定了在认定经营者市场支配地位时须考虑的因素，以便反垄断执法机构在执法中对经营者的市场支配地位予以认定，但第24条仍规定了经营者市场支配地位的推定制度。进一步说，反垄断执法机构只须依据市场份额这一项指标，即可推定经营者是否具有单一或共同市场支配地位。这一制度的立法原意在于减少反垄断执法成本、提升反垄断监管效率。具体而言，在执法时，执法机关需要调动各类资源，这些社会资源便是执法成本。执法成本过高不仅与执法效果和水平未必成正比，而且还可能使执法偏离最初的价值取向。故而，执法机关在执法过程中须关注执法成本与执法效果之间的差值，防止执法成本过高。推定制度作为行政执法运行机制的重要组成部分，引入后能够节约执法成本，也能在一定程度上降低执法机关在市场支配地位认定方面应对复杂、疑难案件的难度。

推定的前提是找出事物之间存在的客观联系的经验法则。换言之，只有通过长期、反复的实践，归纳出合乎逻辑的常态联系和因果关系后，才能够进行推定。之所以将市场份额作为推定过程中唯一的考察因素，除因为市场份额本身易于计算外，更多是因为市场份额与市场支配地位有较强的正相关性，能够较好地反映经营者的支配力量。当经营者的市场份额越大时，通常在相关市场内控制商品价格、数量等的能力越强。

三、条文解读

本条共由 3 款组成。第 1 款第 1 项规定了推定单一市场支配地位的市场份额，第 2 项、第 3 项规定了推定共同市场支配地位的市场份额。基于微量不计原则，第 2 款规定，在推定具有共同市场支配地位的情况下，如果有的经营者市场份额不足 1/10，则其不具有市场支配地位；第 3 款则为被推定具有市场支配地位的经营者设计了反证规则，允许其证明自己不具有市场支配地位。从实施情况来看，在市场支配地位的推定上，我国已经积累了一些执法经验，具有代表性的案件有异烟肼原料药企业滥用市场支配地位案①、扑尔敏原料药供应企业滥用市场支配地位案②、王某宇诉中国电信股份有限公司徐州分公司案③、顾某诉中国南方航空股份有限公司案④。

从世界上主要反垄断辖区的市场支配地位推定规则来看，多数辖区都不约而同地采取了通过市场份额来推定经营者市场支配地位的立法方式，但是在具体规则的设计上存在一定差异。比如，德国《反限制竞争法》第 18 条规定，一个企业的市场份额至少为 40%，推定该企业具有市场支配地位。3 个或 3 个以下企业组成的整体，共同占有 50% 的市场份额，推定该企业具有市场支配地位；5 个或 5 个以下企业组成的整体，共同占有 2/3 的市场份额，推定其具有市场支配地位。韩国《规制垄断与公平交易法》第 4 条规定，在特定的交易领域，市场份额符合以下各项规定之一的企业，推定为第 2 条第 7 项所说的具有市场支配地位的企业：一个企业的市场份额达到 50% 或者以上；多个企业（不超过 3 个）的市场份额合计达到 75% 或者以上，但是该情形中市场份额不满 10% 者除外。

我国以 1 个、2 个、3 个经营者为界限，分 3 种情况制定规则，德国以 1 个、3 个或 3 个以下，5 个或 5 个以下经营者为界限，分 3 种情况制定规则，韩国以 1 个、不超过 3 个为界限，分 2 种情况制定规则。标准存在区别主要是由各国市场结构、竞争状况各异造成的。

（一）经营者共同市场支配地位的推定

从我国市场支配地位推定规则的内容设计来看，单一市场支配地位推定规则简

---

① 异烟肼原料药企业滥用市场支配地位案，国家发展和改革委员会〔2017〕1 号、2 号行政处罚决定书。

② 扑尔敏原料药供应企业滥用市场支配地位案，国家市场监督管理总局国市监处〔2018〕21 号、22 号行政处罚决定书。

③ 广东省高级人民法院民事判决书，（2014）粤高法民三终字第 1141 号。

④ 江苏省南京市中级人民法院民事判决书，（2014）宁知民初字第 256 号。

单明了,共同市场支配地位的推定规则相对复杂。这是因为共同市场支配地位这一概念本身针对的是寡头垄断这种特殊市场状况,即市场上虽然没有经营者拥有单一的市场支配地位,但由于经营者的数量较少,每个经营者都具有一定的力量,对其他竞争者和利润产生显著影响,[①]这些经营者被称为寡头。当市场上形成寡头垄断的竞争结构时,由于市场中存在的竞争者有限,寡头之间可能形成一种市场依赖性,以协同性的行为排除、限制相关市场的有效竞争。当寡头之间协同的证据无法获取时,反垄断法上的垄断协议规制制度便难以发挥其应有作用,反垄断执法机构就可引入共同市场支配地位制度来实现对寡头垄断行为的监管。

最早关注共同市场支配地位的是欧盟。在 1975 年的糖业卡特尔案中,欧洲联盟委员会指出,两个荷兰生产商占据市场,具有共同市场支配地位,在多个环节进行合作与协调,采取一致行动,始终作为整体出现,并迫使经销商签订剥削性协议。[②]在紧随其后的石油相关案件中,欧洲联盟委员会也引入共同市场支配地位进行规制的思路。在进行了理论研究和经验积累后,欧盟形成了较完善的共同市场支配地位的研究成果,明确构成共同市场支配地位需要具备的 3 个要件,分别是:对偏离共同行为的报复机制或威慑因素以保证稳定的默契协调、较高的市场透明度以检测共同行为、竞争对手和消费者不会进行反制。美国则以"外观一致性"作为行为认定的核心,在《谢尔曼法》和《联邦贸易委员会法》的基础上,以判例法的形式发展出了"平行行为附加因素原则",即通过判断平行行为与寡头企业之间共谋的逻辑联系来认定其行为,在能认定存在平行行为和存在可推定共谋的间接证据的情况下,即可认定寡头之间的共谋成立。从欧盟与美国的不同做法可以看出,共同市场支配地位与垄断协议中的协同行为之间存在交叉。

在我国,2022 年 6 月国家市场监督管理总局发布的《禁止滥用行为规定(征求意见稿)》第 12 条中规定,"认定两个以上的经营者具有市场支配地位,除考虑本规定第 6 条至第 11 条规定的因素外,还应当考虑市场结构、相关市场透明度、相关商品同质化程度、经营者行为一致性等因素",肯定了反垄断执法机构对经营者共同市场支配地位的认定。

(二)经营者市场支配地位的反证规则

推定制度的前提是经验法则,特定事实和推定结果之间的高度盖然性,并不能

---

① G. J. Stigler, *A Theory of Oligopoly*, 72 Journal of Political Economy 44(1964).

② 参见胥智仁:《共同市场支配地位制度的理论演变与发展》,载《竞争政策研究》2022 年第 1 期。

确保推定结果的可靠性。为了避免出现假阳性错误，除了在第2款中排除了市场份额过小的经营者的适用，推定制度还允许受不利影响的当事人对推定结论进行反驳。故而，第24条第3款为被推定具有市场支配地位的经营者设计了反证规则。若经营者能够证明其在相关市场内不具有控制商品或者服务价格、数量或者其他交易条件的能力，或者不存在阻碍、影响其他经营者进入相关市场等情况，反垄断执法机构不应推定其具有市场支配地位。不过，经营者要证明自己不具有市场支配地位，就像反垄断执法机构证明经营者具有市场支配地位一样绝非易事。以扑尔敏原料药供应企业滥用市场支配地位案为例，在该案中，反垄断执法机构经向中国化学制药工业协会核实，湖南尔康医药经营有限公司与河南九势制药股份有限公司2017年在中国扑尔敏原料药市场所占份额合计为96.38%。2018年1~7月，两家公司在中国扑尔敏原料药市场所占份额合计为88.55%，且两家公司的市场份额都超过1/10。反垄断执法机构推定两家公司具有共同市场支配地位，还分析了两家公司的控制市场能力、下游经营者的依赖程度、其他经营者进入市场的难度以及两家公司的关系等因素，进一步认定两家公司在相关市场具有支配地位。在调查过程中，当事人未对具有市场支配地位的认定提出不同意见。目前，也尚未出现经营者利用反证规则证明自己不具有市场支配地位的相关案件。

四、学术讨论

围绕经营者市场支配地位的推定制度，学界主要就市场份额标准和共同市场支配地位两方面进行了诸多有益探索。

由于市场份额标准在第23条已有论述，在此不再赘述。本书认为，在推定经营者具有市场支配地位的规定中，可以考虑降低对市场份额的比例要求。现有规定要求1个经营者在相关市场的市场份额达到1/2、2个经营者的市场份额合计达到2/3、3个经营者的市场份额合计达到3/4。但是在数字经济时代，许多情况下相关地域市场都是中国市场乃至全球市场，对于体量如此庞大的市场，任何具有垄断力量的经营者都难以达到这样的市场份额，这使推定经营者具有市场支配地位的规定失去了意义，因此，可以考虑降低对市场份额比例的要求以适应时代发展。

在共同市场支配地位的研究方面，对共同市场支配地位相关制度展开研究的前提是明确共同市场支配地位的概念。我国《反垄断法》中暂无共同市场支配地位概念的规定。有学者在学理上称其为平行市场支配地位，并认为，平行滥用市场支配地位,指多个市场主体独立实施且行为具有一致性的滥用支配地位的行动。① 在概念的区分上,有学者指出,共同市场支配地位并非我国《反垄断法》中唯一涉及寡头垄断情形之概念,还有与之相近的两个概念——"禁止垄断协议制度中的协同行为"和"经营者集中控制制度中的协同效应"。如果不厘清这些概念,不但无法正确执行《反垄断法》第3章的相关内容,而且也无法正确区分《反垄断法》关于寡头垄断的不同规定。② 针对这一问题,有学者认为,通过是否存在事前共谋行为来区分协同行为和其他垄断行为是可行之策。③ 不少学者指出,鉴于共同市场支配地位有其独特价值,我国《反垄断法》应该明确规定共同市场支配地位的概念。有学者认为,在明确共同市场支配地位的概念时,要关注经营者之间的内部关系,应突出"两个或两个以上的经营者组成的一个整体"的主体特征。④

在明确了共同市场支配地位的概念后,需要考虑的是,我国《反垄断法》是否要借鉴共同市场支配地位的认定规则以及如何借鉴的问题。对此,学者们有着不同的看法:有学者基于我国反垄断执法与司法中有关共同市场支配地位的认定情况,建议我国《反垄断法》在共同市场支配地位认定制度中借鉴三要件标准,即相关市场具有较高的透明度使寡头企业可以进行合作、寡头企业之间存在制约机制相互之间不会背离集体策略、其他竞争者或者交易相对方没有抗衡能力。⑤ 也有学者以整体性判断为核心提出了共同市场支配地位认定的框架,即分别从结构因素和行为因素进行判断。结构因素包括寡头垄断的市场结构、产品同质化程度、相关商品市场的透明度;行为因素包括行为一致性、一致行为的可持续性、其他市场主体的有效反制能力。⑥ 还有学者从语义角度,认为共同市场支配地位的认定应当包含"共同"和"支配地位"两项内容。"共同"的认定需要存在透明度高、产品同质性强的特定市场环境,有着有利于实施持久一致行为的经济联系,并且存在一致行为的经营者之间不存在实质性竞争且具有不可分性。"支配地位"的认定则需要整体性的反竞争意识、无外部竞争约束。无外部竞争约束意味着竞争者、交易相对人和终端消费者无法对

---

① 参见刘继峰:《竞争法学》(第3版),北京大学出版社2018年版,第161页。

② 参见侯利阳:《共同市场支配地位法律分析框架的建构》,载《法学》2018年第1期。

③ 参见孙瑜晨:《反垄断中价格协同行为的认定及其规制逻辑》,载《北京理工大学学报(社会科学版)》2017年第5期。

④ 参见郝俊淇:《市场支配地位与实质性市场势力之辨析——兼及〈反垄断法〉第17条第2款的修改》,载《当代法学》2020年第3期。

⑤ 参见侯利阳:《共同市场支配地位法律分析框架的建构》,载《法学》2018年第1期。

⑥ 参见张晨颖:《共同市场支配地位的理论基础与规则构造》,载《中国法学》2020年第2期。

经营者整体形成有效制衡。①

除共同市场支配地位的认定外，部分学者还认为，共同市场支配地位的推定规则仍有改善空间。比如，有学者通过对共同市场支配地位推定规则的合理性进行研究发现，德国的共同市场支配地位推定规则仅是促使卡特尔局启动职权开始调查的要件，与法律上一般的推定的效力并不相同。② 还有学者认为，虽然第 24 条第 3 款规定了对支配地位的推定可予以反证，但该款针对的是推定单独市场支配地位的情形，忽略了共同市场支配地位的推定，建议修改为“被推定具有市场支配地位的经营者或数个经营者组成的整体，有证据证明不具有市场支配地位的，不应当认定其具有市场支配地位”③。

整体来看，学者们既充分考察了我国共同市场支配地位相关制度的理论与现实基础，又关注到了我国与域外反垄断辖区在共同市场支配地位相关制度方面的区别与联系，形成了一定的研究成果。可以说，共同市场支配地位是近些年我国反垄断法学界的研究热点之一。虽然 2022 年修法并未直接回应这一问题，但并不意味着共同市场支配地位的制度价值遭到否定。相反，随着算法等技术逐渐应用到社会经济发展的各个环节，一方面，经营者形成了更紧密的市场依赖关系，另一方面，竞争与合谋的手段也更加复杂隐秘，经营者在利益驱使下实施一致行为的可能性将大大增加，共同市场支配地位规制制度的价值也会进一步凸显。因此，学界仍然需要从概念界定、认定思路、推定与反证规则等多个角度继续丰富共同市场支配地位相关制度的研究，为后续我国反垄断立法与执法提供进一步的理论支撑。

---

① 参见焦海涛、宋亭亭：《数字时代共同市场支配地位的认定标准》，载《上海财经大学学报》2021 年第 3 期。

② 参见李剑：《〈反垄断法〉中推定的限度——对共同市场支配推定规则的反思》，载《社会科学研究》2021 年第 4 期。

③ 胥智仁：《共同市场支配地位制度的理论演变与发展》，载《竞争政策研究》2022 年第 1 期。

第四章　经营者集中

第二十五条　经营者集中的情形

一、条文

> 第二十五条　经营者集中是指下列情形：
>
> （一）经营者合并；
>
> （二）经营者通过取得股权或者资产的方式取得对其他经营者的控制权；
>
> （三）经营者通过合同等方式取得对其他经营者的控制权或者能够对其他经营者施加决定性影响。

【条文主旨】本条规定了经营者集中的情形。

二、立法理由

经营者集中控制制度是对企图形成、加强市场力量的事前预防，旨在维持合理的市场结构，防止市场力量的过度集中。[①] 作为反垄断法中独有的概念，经营者集中的界定对于经营者集中控制制度的实施具有至关重要的意义。只有企业实施的具体行为在经营者集中的范畴内时，反垄断法中的经营者集中控制制度才可以对其进行规制。

三、条文解读

2022 年修改《反垄断法》时，本条内容无变动。经营者

---

① 参见王先林：《竞争法学》（第 3 版），中国人民大学出版社 2018 年版，第 263 页。

集中是反垄断法中独有的概念,其本质是控制权的产生或转移,即经营者通过交易取得对其他经营者的控制权或者能够对其他经营者施加决定性影响。[①] 在部分反垄断司法辖区,经营者集中也被称为企业合并或企业兼并。但是,无论使用"经营者集中"还是"企业合并"的概念,反垄断法中的"企业合并"都有别于企业公司法意义上的"企业合并"。其一,企业公司法中企业合并的相关制度是为了保护公司债权人或股东的利益,维护交易安全和稳定。反垄断法中的经营者集中控制制度则是为了防止企业合并导致市场力量过度集中。其二,企业公司法中的企业合并一般包含吸收合并与新设合并两种形式。无论是吸收合并抑或新设合并,任何一方的法律人格都会发生改变。[②] 而反垄断法中的经营者集中,除经营者合并外,还包括通过取得股份、资产或订立合同等方式取得对其他经营者的控制权或能够对其他经营者施加决定性影响。

本条规定的经营者集中包含 3 种情形:经营者合并;经营者通过取得股权或者资产的方式取得对其他经营者的控制权;经营者通过合同等方式取得对其他经营者的控制权或者能够对其他经营者施加决定性影响。

1. 经营者合并。通过合并,两个或两个以上的企业在事实上变成一家企业。企业合并有两种基本方式:(1)吸收合并,一家企业被合并到另一家企业中,被合并的企业不复存在;(2)新设合并,两家企业合并组成一家新的企业,合并前的两家企业不复存在。企业合并往往伴随一方或多方经营者法律人格的终止,实现了控制权的完全融合。在经营者集中的各种类型中,企业合并是最主要、最典型的形式。

2. 经营者通过取得股权或者资产的方式取得对其他经营者的控制权。经营者集中还可以通过合并以外的方式完成:其一,经营者可以通过收购目标公司所有的或者能够达到有控制权的股份,使目标公司成为其子公司。取得股权是经营者集中的重要形式,但取得股权并不必然构成反垄断法意义上的经营者集中。只有经营者收购股权从而取得对其他经营者的控制权才构成经营者集中。一般而言,经营者取得目标公司 50% 以上的股权,即属于控股股东。在某些情况下,经营者虽未取得 50% 以上的股权,但仍可以对目标公司施加决定性影响。其二,经营者可以购买目标公司的部分或全部资产,进而获得目标公司在特定市场的业务或市场份额。判断

---

① 参见刘继峰:《竞争法学》(第 3 版),北京大学出版社 2018 年版,第 197 ~ 199 页。

② 在新设合并后,一个新的公司成立,获得法人资格,参与合并的各个公司消灭,丧失法人资格;在吸收合并后,存续的公司发生变更,被吸收的公司消灭,丧失法人资格。参见史际春:《企业和公司法》,中国人民大学出版社 2018 年版,第 157 ~ 158 页。

是否构成经营者集中意义上的资产并购,需要注意资产的属性以及资产与企业经营能力之间的关系。如果此类资产是企业重要的生产资料,与企业生产经营能力密切相关,经营者取得此类资产,就可能构成反垄断法意义上的经营者集中。值得注意的是,"取得资产"并不要求取得资产的所有权。经营者取得资产的用益物权或一定时期内的使用权,视具体情况也可能构成经营者集中。

3. 经营者通过合同等方式取得对其他经营者的控制权或者能够对其他经营者施加决定性影响。除合并、取得股权和购买资产外,经营者还可以通过合同等方式达到经营者集中的实质性效果。之所以会有如此多的方式能够达到相似的效果,是因为不同的交易形式在税收和公司法律后果等方面具有不同的利弊。[①] 根据特定交易的具体情况,合并、购买股份或资产、订立合同等都有可能成为被选择的交易方式。因此,《反垄断法》需要将经营者通过合同等其他方式取得控制权或施加决定性影响的交易方式纳入经营者集中的范围,为实践中各类交易方式预留适用的空间。例如,《平台经济反垄断指南》规定,涉及协议控制架构的经营者集中,属于经营者集中反垄断审查范围。协议控制架构常见于我国互联网行业,在该模式下,境外主体通过多层次的协议构建境外上市主体、境内外资全资子公司和持牌公司之间的三方法律关系,实现对国内运营实体的协议控制。[②] 参照《经营者集中审查暂行规定》第4条的规定,判断经营者是否通过交易取得对其他经营者的控制权或者能够对其他经营者施加决定性影响,应当考虑下列因素:(1)交易的目的和未来的计划;(2)交易前后其他经营者的股权结构及其变化;(3)其他经营者股东大会的表决事项及其表决机制,以及其历史出席率和表决情况;(4)其他经营者董事会或者监事会的组成及其表决机制;(5)其他经营者高级管理人员的任免等;(6)其他经营者股东、董事之间的关系,是否存在委托行使投票权、一致行动人等;(7)该经营者与其他经营者是否存在重大商业关系、合作协议等;(8)其他应当考虑的因素。因此,判断交易是否构成经营者集中,不能仅仅考虑交易的外观与形式,还要考虑交易是否会造成控制权变化。

---

① 参见[美]克里斯托弗·L. 萨格尔斯:《反托拉斯法:案例与解析》,谭袁译,商务印书馆2021年版,第311~313页。

② 参见仲春:《我国数字经济领域经营者集中审查制度的检视与完善》,载《法学评论》2021年第4期。

四、学术讨论

（一）经营者集中的界定模式

在美国，对经营者集中的控制来自《克莱顿法》第7条。[①]该条规定，如果收购将形成市场势力，该收购就是违法的。从理论上看，任何股权或资产交易都会涉及协议，反垄断法也可以通过对垄断协议的控制进而实现对经营者集中的控制。在《谢尔曼法》颁布的早期，美国法院在对并购行为适用该法时过于宽松。[②]同时，由于《谢尔曼法》对共谋行为的严格控制，企业已无法通过共谋实现规模化经营，只能选择合并的方式将彼此联合起来。[③]在此背景下，美国国会通过《克莱顿法》单独引入了一个针对并购行为的条款。从这段历史来看，经营者集中控制制度与垄断协议控制制度具有千丝万缕的联系，二者甚至存在交叉的部分。现代反垄断法中，经营者集中控制制度独立的制度价值源于事前审查机制的建立。这使经营者集中控制有别于垄断协议规制和市场支配地位滥用规制中的事后审查。相较于事后审查中反垄断法的实施主体需要将更多精力放在违法行为的发现与识别之上，采用事前审查模式的经营者集中控制制度更需要建立一套明确的前置性规则，以区分哪部分行为应当接受审查而哪部分行为可以免于审查。前置性规则的明晰对于事前审查制度具有至关重要的意义，一方面是因为经营者需要通过确定的法律规则判断自身的行为是否合规，另一方面也是因为事前审查势必会为审查机关带来巨额的成本。如果无法通过规则设计平衡制度的成本与收益，制度的实施效果也会大打折扣。因此，作为经营者集中控制的制度起点，如何界定经营者集中至关重要。

目前各反垄断司法辖区界定经营者集中的做法可以归纳为两种：一是欧盟以控制权变更为核心的认定模式；二是美国以法律规定为核心的推定模式。[④]认定模式仅原则性地规定发生控制权变化的交易属于经营者集中，如何解释控制尤为重要。在推定模式下，只要拟议的交易需要申报，且又不属于豁免的情形，就推定其属于经营者集中，是否发生了控制权变化在所不问。

---

① 在其他反垄断司法辖区，还存在“并购”“收购”“合并”等不同表述，为行文统一，除尊重原文表述外，本节统一采用“经营者集中”这一表述。

② 参见［美］克里斯托弗·L. 萨格尔斯：《反托拉斯法：案例与解析》，谭袁译，商务印书馆2021年版，第309页。

③ See G. Bittlingmayer, *Did Antitrust Policy Cause the Great Merger Wave*, 28 The Journal of Law and Economics 77（1985）. 转引自［美］赫伯特·霍温坎普：《联邦反托拉斯政策：竞争法律及其实践》，许光耀等译，法律出版社2009年版，第541～543页。

④ 参见叶军：《经营者集中法律界定模式研究》，载《中国法学》2015年第5期。

我国《反垄断法》并没有对经营者集中进行明确定义，而是列举了经营者集中的情形。除第25条（本条）第1项规定的经营者合并外，第2项及第3项规定的经营者通过取得股权或资产及签订合同等方式实施的经营者集中都需要经营者取得对其他经营者的控制权或能够对其他经营者施加决定性影响。从这一规定来看，我国属于典型的认定模式。在此模式下，经营者集中申报的逻辑起点是判断该交易是否属于经营者集中。考虑到"取得控制权或对其他经营者施加决定性影响"都属于不确定的概念，为降低经营者的合规成本，我国反垄断执法机构在《经营者集中审查暂行规定》中设立了商谈程序。在正式申报前，经营者可以以书面方式就交易是否构成经营者集中向反垄断执法机构提出商谈。

（二）控制权的概念

控制权是我国经营者集中控制制度中的重要概念，经营者集中的本质在于控制权的产生或转移，即经营者通过交易取得对其他经营者的控制权或者能够对其他经营者施加决定性影响。[①] 只有原本相互独立的经营者之间的控制关联关系发生变化，才可能对市场竞争产生影响。[②] 欧盟竞争法系统地界定了"控制"这一概念。一项交易是否导致经营者获取控制权取决于大量法律和事实因素。大体而言，控制可以分为两类：单独控制和共同控制。所谓单独控制，是指一个经营者能够对其他经营者施加决定性影响的情形。通常而言，一个经营者获得了一家企业的多数表决权，就获得了法律意义上的控制权。需要注意的是，获取多数股权并不全然意味着获取控制权。当能够对企业施加决定性影响的特定权利附随于少数股权时，即使经营者仅取得了少数股权，仍可视为其取得了单独的控制权。相应地，如果两个或两个以上的企业或个人有可能对另一家企业施加决定性影响，则被视为存在共同控制权。[③] 共同控制权必须考虑实施共同控制的当事方之间潜在的利益冲突。区分单独控制权与共同控制权的意义在于，单独控制权与共同控制权施加决定性影响的性质并不相同。在共同控制的情形中，由于两个或两个以上的经营者共同具有决策的权力，可能会出现公司治理僵局。想要实现共同控制，这些经营者在决策时必须协调好各方的利益冲突，并达成共识。另外，无论是单独控制变成共同控制，还是共同控制变成单独控制，都会导致经营者的结构发生持续性变化，二者之间的转换属于控

---

① 参见刘继峰：《竞争法学》（第3版），北京大学出版社2018年版，第198～200页。

② 参见叶军：《经营者集中法律界定模式研究》，载《中国法学》2015年第5期。

③ 参见欧盟委员会：《关于集中概念的委员会通知》[1998] OJ C66/5。

制权发生变动的情形。①

（三）新设合营企业

新设合营企业是指两个或两个以上的企业设立一个具有独立地位的合营企业。在部分文献中，这一概念也被称为"企业联营"（Joint Venture）。在我国反垄断执法实践中，一直将新设合营企业作为经营者集中的一个单独类型对待，而且此类案件在经营者集中案件中所占的比重较高。但《反垄断法》中并未就企业联营的反垄断规制问题作出专门的规定。② 根据全国人大常委会法制工作委员会编撰的反垄断法释义性著作，立法者倾向于将新设合营企业解释为本条第3项规定的"经营者通过合同等方式取得对其他经营者的控制权或者能够对其他经营者施加决定性影响"③。从立法原意来看，新设合营企业在原则上应当属于"经营者集中"的范畴。一方面，新设合营企业通常会减少相关市场内竞争者的数量，使市场趋于集中；另一方面，新设合营企业可能会成为母公司间协调利益关系的纽带，增加共谋风险。④ 但是，"就基本机理而言，经营者联合设立企业应当更接近股权控制这种情形，而股权控制的立法原意以及人们现有的常规理解又使其根本无法完全涵盖合同控制的复杂情形"⑤。虽然我国反垄断执法机构在《关于经营者集中申报的指导意见》及申报书的示范文本中都已将新设合营企业作为经营者集中的一种类型，且实践中也审查了大量新设合营企业的经营者集中案件，但新设合营企业仍缺乏更高效力位阶法规的支持。值得注意的是，在市场监督管理总局2022年6月27日公布的《经营者集中审查规定（征求意见稿）》中，虽未直接将新设合营企业解释为《反垄断法》第25条规定的经营者集中具体类型之一，但在判断参与集中的经营者时已明确共同控制新设合营企业的经营者为参与经营者集中的经营者，新设合营企业不是参与集中的经营者。

---

① 参见曾晶：《经营者集中反垄断法规制的"控制"界定》，载《现代法学》2014年第2期。

② 参见江山、黄勇：《论中国企业联营的经营者集中控制》，载《法学杂志》2012年第10期。

③ 参见安建主编：《中华人民共和国反垄断法释义》，法律出版社2007年版，第58～59页。

④ 参见丁茂中、林忠：《经营者集中控制制度的理论与实务》，复旦大学出版社2012年版，第10～11页。

⑤ 丁茂中：《论我国经营者集中控制制度的立法完善》，载《法商研究》2020年第2期。

第二十六条　经营者集中的申报

一、条文

> 第二十六条　经营者集中达到国务院规定的申报标准的，经营者应当事先向国务院反垄断执法机构申报，未申报的不得实施集中。
>
> 经营者集中未达到国务院规定的申报标准，但有证据证明该经营者集中具有或者可能具有排除、限制竞争效果的，国务院反垄断执法机构可以要求经营者申报。
>
> 经营者未依照前两款规定进行申报的，国务院反垄断执法机构应当依法进行调查。

【条文主旨】本条规定了经营者集中申报制度。

二、立法理由

经营者集中对竞争的影响是双重的。一方面，经营者集中有利于扩大企业规模，实现规模经济，优化资源配置与产业结构，是实现市场在资源配置中决定性作用的重要手段。因此，我国《反垄断法》第6条规定，经营者可以通过公平竞争、自愿联合，依法实施集中，扩大经营规模，提高市场竞争能力。另一方面，经营者集中会直接减少市场中竞争者的数量，增强特定竞争者的市场力量，使集中后的实体具有单独排除、限制竞争的能力，或增加集中后的实体与其他经营者协同的可能性。考虑到经营者集中是频繁发生的经济活动，并非所有经营者集中都需要接受审查。因此，由经营者主动申报，再由反垄断执法机构进行审查，是大部分反垄断司法辖区监管经营者集中的主要手段。明确申报标准及经营者的申报义务，有利于在消除潜在竞争风险与降低企业负担间取得平衡，也有利于降低反垄断执法机构的执法成本，提高审查效率。

三、条文解读

（一）事前强制申报制度

根据本条第1款规定，经营者集中达到国务院规定的申报标准，就需要向反垄断执法机构申报，未经申报的不得实施集中。经营者集中是否需要事前申报的判断依据为是否达到了国务院规定的申报标准。我国《反垄断法》并未直接规定申报标准，而是授权国务院制定。在2007年《反垄断法》起草过程中，立法者曾在草案中直接规定了一个申报标准，但考虑到申报标准需要随着经济发展、情况变化加以适时调整，法律授权国务院作具体规定为妥，就最终没有在《反垄断法》中直接规定经营者集中的申报标准。① 后来，国务院在2007年《反垄断法》实施后的2008年8月3日公布了《国务院关于经营者集中申报标准的规定》，一直实施至今。《国务院关于经营者集中申报标准的规定》第3条规定，经营者集中达到下列标准之一的，需要向反垄断执法机构申报：(1)参与集中的所有经营者上一会计年度在全球范围内的营业额合计超过100亿元人民币，并且其中至少两个经营者上一会计年度在中国境内的营业额均超过4亿元人民币；(2)参与集中的所有经营者上一会计年度在中国境内的营业额合计超过20亿元人民币，并且其中至少两个经营者上一会计年度在中国境内的营业额均超过4亿元人民币。值得注意的是，随着2022年《反垄断法》的修改，《国务院关于经营者集中申报标准的规定》的修改也提上了日程。根据市场监督管理总局发布的《国务院关于经营者集中申报标准的规定（修订草案征求意见稿）》，经营者集中的营业额标准会有一定幅度的上调。②

（二）未达到申报标准的经营者集中申报

第26条第2款为2022年修法的新增款项。根据该款，国务院反垄断执法机构可以将未达到申报标准但可能具有排除、限制竞争效果的经营者集中纳入强制申报范围。我国目前采用的营业额标准虽然有着广泛的适用性，也有利于提高经营者自身行为的可预期性，但难以识别互联网行业中的潜在竞争风险。③ 因此，在申报标准的基础上建立一套补充申报机制对于强制申报制度的完善至关重要。根据该款，即使经营者集中未达到申报标准，经营者也需要考虑集中的竞争效应。在难以判断时，可以向国务院反垄断执法机构申请商谈或主动申报，避免因事后调查给已完成的交易带来不确定的后果。

（三）对未依法申报经营者集中的调查

第26条第3款为2022年修法的新增款项。第26条第3款规定，经营者集中达到申报标准但未申报；或虽未达到申报标准，但具有或可能具有排除、限制竞争效果，被国务院反垄断执法机构要求申报而未申报的，反垄断执法机构应当依法进行调查。根据《反垄断法》第58条的规定，经营者集中未依法申报的，可能面临两种情

---

① 参见全国人大常委会法制工作委员会经济法室编：《〈中华人民共和国反垄断法〉条文说明、立法理由及相关规定》，北京大学出版社2007年版，第129～130页。

② 《国务院关于经营者集中申报标准的规定（修订草案征求意见稿）》，载微信公众号“市说新语”2022年6月27日，https://mp.weixin.qq.com/s/WBijC3PcFBhxS3oRplW5aw。

③ 参见徐瑞阳：《论经营者集中申报标准实施机制的完善》，载《法学家》2016年第6期。

况下的法律责任：其一，如果未依法申报的经营者集中经反垄断执法机构审查后被认为具有排除、限制竞争效果，可能被“责令停止实施集中、限期处分股份或者资产、限期转让营业以及采取其他必要措施恢复到集中前的状态，处上一年度销售额10%以下的罚款”；其二，如果未依法申报的经营者集中不具有排除、限制竞争效果，仅构成程序违法，则会被处500万元以下的罚款。

四、学术讨论

（一）经营者集中的申报标准

申报标准是经营者集中控制制度的一道重要门槛，它直接关系一项经营者集中是否需要进行申报并纳入反垄断法审查范围。[①] 经营者集中的申报标准，既要使那些有较大限制竞争可能性的经营者集中得到必要的审查和有效的控制，又要使那些基本不会限制竞争的经营者集中能够及时、顺利地进行，控制经营者集中审查的范围和成本。[②] 大部分国家和地区的申报标准都围绕经营者的资产规模、交易规模、市场份额或营业规模制定。大致来看，可以分为以下几个类型。

1. 资产规模和交易规模双重标准。例如，美国《克莱顿法》第7a条规定，企业合并达到以下规模，就需要向反垄断执法机构申报：一是交易规模超过5000万美元但低于2亿美元，并且一方当事人的总资产或年净销售额超过1亿美元，另一方当事人的总资产或年净销售额超过1000万美元；二是交易规模超过2亿美元。

2. 销售额标准。例如，欧盟第139/2004号条例规定，达到“共同体规模”的经营者集中，需要向欧盟申报。“共同体规模”的具体标准为：所有相关企业在世界范围内的总销售额超过50亿欧元，并且相关企业中至少有2个企业在欧盟范围内各自的销售额超过2.5亿欧元，除非每一个当事企业的年销售总额中有2/3以上来自同一个成员国。没有达到上述规模，但符合以下条件的经营者集中，亦达到了“共同体规模”：(1)所有相关企业在世界范围内的销售总额超过25亿欧元；(2)在至少3个成员国内，所有相关企业在每个国家的销售总额都超过1亿欧元；(3)在符合第2个条件的3个成员国的每一国内，至少2个相关企业中每一个的销售总额超过2500万欧元；(4)至少2个企业，其年销售总额均超过了1亿欧元；(5)除非每一个当事企业的年销售总额中有2/3以上来自同一个成员国。德国《反限制竞争法》同样采用了销售额标准。相较于其他标准，销售额更容易计算，但其需要考虑通货膨胀的因素，

① 参见丁茂中、林忠：《经营者集中控制制度的理论与实务》，复旦大学出版社2012年版，第15页。
② 参见王先林：《竞争法学》（第3版），中国人民大学出版社2018年版，第270页。

保持更新与变化。

3.资产总额标准。日本《禁止垄断法》第15条规定，准备实施合并的公司，其中一家公司的总资产额超过100亿日元，另一家公司的总资产额超过10亿日元的，在合并前必须向公平交易委员会申报合并计划。

根据2008年8月3日国务院公布的《国务院关于经营者集中申报标准的规定》，我国经营者集中申报以经营者的营业额为标准。除金融业经营者外，所有行业领域的经营者均适用同一申报标准。根据国务院原法制办的通告，我国经营者集中申报标准的制定进行了以下3个方面的工作：一是，委托中国社会科学院数量经济与技术经济研究所组织有关经济学专家进行专题研究。该研究所在专题研究中，收集了德国、法国、日本等40个国家和地区反垄断法规定的企业并购申报标准，选取其中15个国家和地区所规定的境内营业额以及全球营业额作为基准数据，通过建立经济模型，并利用统计回归方法进行测算，提出了我国经营者集中申报标准的具体建议。二是，对专家建议的申报标准进行分析、验证。为了验证专家建议的申报标准与我国实际情况是否相符，相关部门对国家统计局提供的2006年基本单位年报数据进行了分析。分析表明，专家建议的申报标准比较合适。按照这个标准，我国绝大多数限额以下企业的并购活动不需要申报，同时又可以把规模较大的经营者集中纳入申报范围，防止产生排除或者限制竞争的后果。三是，与其他国家规定的申报标准进行比较。①

有学者指出，在数字经济背景下，以营业额作为申报经营者集中的唯一标准和门槛势必会使一些可能具有反竞争效果的经营者集中逃过执法机构的审查，并建议在营业额标准的基础上，增设交易额标准和用户规模标准作为经营者集中的申报门槛。② 在传统行业中，营收、净利润等财务指标往往是影响企业市值的重要因素，但数字经济领域市值的增长往往远高于营收的增速，投资者也未将互联网企业营收作为主要的判断依据。③ 从2022年《反垄断法》的修改来看，对于未达到申报标准但具有或可能具有排除、限制竞争效果的经营者集中，国务院反垄断执法机构可以要

---

① 《国务院法制办负责人就〈国务院关于经营者集中申报标准的规定〉答记者问》，载中新网2008年8月4日，http://www.chinanews.com.cn/cj/kong/news/2008/08-04/1335308.shtml。

② 参见王煜婷：《数字经济背景下我国经营者集中制度的完善》，载《中国政法大学学报》2022年第1期。

③ 参见仲春：《我国数字经济领域经营者集中审查制度的检视与完善》，载《法学评论》2021年第4期。

求其申报。这就将那些游离于“合法但不合理”边缘的集中纳入了反垄断审查的范围。同时,我国也应加快申报标准的修改,使申报标准与我国经济发展水平和市场竞争状况更加匹配,在预防垄断行为与减轻企业负担之间取得平衡。

(二)扼杀式并购的经营者集中控制

扼杀式并购是一种形象化描述,用以指代大型数字平台企业出于消除潜在竞争或创新的动机所发起的对初创企业的并购,被并购的企业与平台企业可能既不构成横向竞争关系,也不构成上下游关系,而是一种较弱的互补关系。[①] 扼杀式并购的规制之所以会成为难题,主要原因有二:一是扼杀式并购的竞争效应不易识别,贸然干预可能会造成假阳性错误;二是扼杀式并购意味着收购目的为扼杀创新与竞争,但经营者的主观目的难以判断。特别是,并购是初创企业退出市场和资本变现的重要渠道,本身就具有一定的合理性。[②] 规制扼杀式并购行为需要在保护效率与防范反竞争风险之间取得适当的平衡。从世界主要国家和地区的反垄断立法趋势来看,越来越多的反垄断司法辖区开始着手制定专门针对扼杀式并购的反垄断规则。如欧盟2022年通过的《数字市场法》规定,“数字守门人”平台企业对该类并购具有报告义务。

我国《平台经济反垄断指南》指出,评估经营者集中的竞争影响,要考虑经营者对初创企业、新兴平台的收购是否会影响创新。《反垄断法》修改后,未达到申报标准但具有或可能具有排除、限制竞争效果的经营者集中,国务院反垄断执法机构可以要求其申报。这就给予了国务院反垄断执法机构监管扼杀式并购的权力。

第二十七条　免于申报的情形

一、条文

第二十七条　经营者集中有下列情形之一的,可以不向国务院反垄断执法机构申报:

(一)参与集中的一个经营者拥有其他每个经营者百分之五十以上有表决权的股份或者资产的;

(二)参与集中的每个经营者百分之五十以上有表决权的股份或者资产被同一个未参与集中的经营者拥有的。

---

① 参见王伟:《平台扼杀式并购的反垄断法规制》,载《中外法学》2022年第1期。

② 参见仲春:《我国数字经济领域经营者集中审查制度的检视与完善》,载《法学评论》2021年第4期。

【立法主旨】本条规定了经营者集中免于申报的情形。

二、立法理由

一般情况下,经营者集中符合本法第26条第1款和第2款规定的情形,即被设定强制申报义务。但是,经营者集中控制制度主要关注市场结构变动。已经具有控制关系的经营者之间的合并、股权或资产变动,虽然具有经营者集中的外观,但是并不会引发市场结构的变动,也不会对市场竞争造成危害。豁免此类交易的强制申报义务,同样也有利于减轻反垄断执法机构的审查负担,提高其审查工作的效率。

三、条文解读

根据本条规定,经营者集中具有以下两种情形之一的,即使达到了申报标准,也不必向反垄断执法机构申报。

(一)参与集中的一个经营者拥有其他每个经营者50%以上有表决权的股份或者资产的。根据我国《公司法》的规定,控股股东是指出资额或持有股份总额占50%以上的股东。按照这种理解,本条规定的情况通常是母公司与子公司之间或集团公司内部之间由实际控制方组织的企业结构调整或股权、资产重新组合。在此种情况下,控制权和市场结构并未发生变动,也自然不会引起反垄断执法机构的关注。

(二)参与集中的每个经营者50%以上有表决权的股份或者资产被同一个未参与集中的经营者所拥有的。与第一种情形类似,这种情形同样是集团公司内部企业结构的调整或股权、资产的重新配置。集中前后市场结构与竞争状况都未发生变化,故不需要申报。

第二十八条　申报的文件和资料

一、条文

> 第二十八条　经营者向国务院反垄断执法机构申报集中,应当提交下列文件、资料:
>
> (一)申报书;
>
> (二)集中对相关市场竞争状况影响的说明;
>
> (三)集中协议;
>
> (四)参与集中的经营者经会计师事务所审计的上一会计年度财务会计报告;

(五)国务院反垄断执法机构规定的其他文件、资料。

申报书应当载明参与集中的经营者的名称、住所、经营范围、预定实施集中的日期和国务院反垄断执法机构规定的其他事项。

【条文主旨】本条规定了经营者集中申报应向国务院反垄断执法机构提交的文件和资料。

二、立法理由

申报人应当根据申报制度的规定向反垄断执法机构提供与集中相关的文件、资料。反垄断执法机构对经营者集中的审查是建立在申报人申报的内容基础之上的。因此,《反垄断法》对需要申报的经营者集中应当提交的申报材料作了较为明确的规定。

三、条文解读

本条分为两款,第1款规定了经营者向国务院反垄断执法机构申报集中应提交的文件、资料,第2款规定了申报书应载明的事项。

本条第1款列举了经营者向国务院申报集中应提交的5类文件、资料:

1. 申报书。申报书是经营者集中申报应提交的基础文件,其中应载明经营者集中当事人的基本情况。根据本条第2款的规定,申报书应载明以下内容:(1)集中的经营者的名称、住所、经营范围;(2)预定实施集中的日期;(3)国务院反垄断执法机构规定的其他事项。参照《关于经营者集中申报文件资料的指导意见》的规定,除上述内容外,申报书还应载明:集中的性质和方式、集中将影响的市场、集中的商业考虑、经济合理性以及集中所符合的申报标准。

2. 集中对相关市场竞争状况影响的说明。本项说明包含两部分内容:一是对集中涉及的相关市场竞争状况的说明;二是对集中可能产生的竞争效果的预测与分析。参照《经营者集中审查暂行规定》,经营者应提交的说明具体包括:集中交易概况;相关市场界定;参与集中的经营者在相关市场的市场份额及其对市场的控制力;主要竞争者及其市场份额;市场集中度;市场进入;行业发展现状;集中对市场竞争结构、行业发展、技术进步、国民经济发展、消费者以及其他经营者的影响;集中对相关市场竞争影响的效果评估及依据。

3. 集中协议。集中协议是指经营者集中当事方之间就该项集中签署的各类文件,既包含当事方之间订立的合同,也包含与合同配套的各类协议或其他文件。

4. 参与集中的经营者经会计师事务所审计的上一会计年度财务会计报告。财务会计报告是对经营者生产经营状况和财务状况的总结性文件。根据《会计法》的相关规定,我国会计年度按公历纪年,自公历1月1日起至12月31日止。财务会计报告由会计报表、会计报表附注和财务情况说明书组成。

5. 国务院反垄断执法机构规定的其他文件、资料。本项为兜底项,起补充作用。在具体案件中根据实际情况,国务院反垄断执法机构可以要求申报义务人提交其他文件、资料,如地方政府和主管部门的意见、社会各界对本集中的反映和社会影响预测、本集中在其他司法辖区的申报审查情况等。

本条第2款规定了申报书应载明的事项,包括参与集中的经营者的名称、住所、经营范围、预定实施集中的日期和国务院反垄断执法机构规定的其他事项。本条第1款的解读已述明申报书应载明的内容,此处不赘述。

第二十九条　申报材料的补正

一、条文

第二十九条　经营者提交的文件、资料不完备的,应当在国务院反垄断执法机构规定的期限内补交文件、资料。经营者逾期未补交文件、资料的,视为未申报。

【条文主旨】本条规定了经营者集中申报材料补正制度。

二、立法理由

我国《反垄断法》规定的是事前强制申报制度,经营者集中达到国务院规定的申报标准,应向国务院反垄断执法机构申报。根据本法第28条的规定,经营者向国务院反垄断执法机构申报集中,应当提供符合法律法规要求的完备文件、资料。但是,考虑到实践中的复杂情况,部分经营者可能对经营者集中申报的程序要求缺乏了解,其向反垄断执法机构提交的文件、资料在形式上可能并不完备,不符合法律要求。此时,应允许经营者在规定的期限内补交文件、资料。

三、条文解读

根据本条规定,经营者提供的文件、资料不完备的,需要进行补正。本条实质上赋予了国务院反垄断执法机构对经营者集中申报提交的文件、资料进行核查的权力。[①] 但是,此处的核查只是对文件、材料的形式审核而非实质审核。只要经营者提

---

① 参见时建中:《反垄断法:法典释评与学理探源》,中国人民大学出版社2008年版,第278页。

供的文件、材料形式上符合本法第 28 条的要求,即具备了完备性。对于文件、资料具体内容的核查则需要在进一步审查中完成。

根据本法第 30 条的规定,国务院反垄断执法机构审查经营者集中的时限起算日期为收到“符合本法第二十八条规定文件、资料之日”。换言之,只有当经营者提供完备的文件、资料时,经营者集中的申报行为才是有效的,经营者集中的审查程序也随之启动。在经营者提交的文件、资料不完备的情形下,经营者在规定期限内补交文件、资料后,才算履行了经营者集中的申报义务。

如果经营者未补交文件、资料,超过了反垄断执法机构规定的期限,则视为经营者未履行申报义务。此时,反垄断执法机构可以根据本法第 58 条的规定,要求经营者承担相应的法律责任。当然,这种情况在实践中发生的可能性较小,因为集中当事方希望反垄断执法机构能尽快作出审查决定,从而能尽快完成交易,一般都会按要求补交文件和材料。

第三十条　经营者集中的初步审查

一、条文

第三十条　国务院反垄断执法机构应当自收到经营者提交的符合本法第二十八条规定的文件、资料之日起三十日内,对申报的经营者集中进行初步审查,作出是否实施进一步审查的决定,并书面通知经营者。国务院反垄断执法机构作出决定前,经营者不得实施集中。

国务院反垄断执法机构作出不实施进一步审查的决定或者逾期未作出决定的,经营者可以实施集中。

【条文主旨】本条是关于经营者集中初步审查的规定。

二、立法理由

经营者集中通常会带来积极的效果,正如我国《反垄断法》第 6 条所倡导的,经营者可以通过公平竞争、自愿联合,依法实施集中,扩大经营规模,提高市场竞争能力,经营者集中控制制度旨在筛选出那些具有消极效果的集中。因此,有必要通过合理的程序确保反垄断执法机构在审查经营者集中的过程中,采用相对快速、高效的方式。大部分国家和地区都将经营者集中审查分为两个阶段。第一阶段为初步审查,审查时间较短。如果经营者集中不会引发严重的竞争问题,就没有必要进入第二阶段的审查即进一步审查,可以尽早结束交易的不确定状态。但是,如果经营者集中较复杂,也应当为反垄断执法机构预留足够的审查期限。因此,我国《反垄断法》也将经营者集中审查分为两个阶段,保障审查程序的科学性、合理性。

三、条文解读

根据本条第1款规定,我国经营者集中审查分为初步审查和进一步审查两个阶段。国务院反垄断执法机构自收到符合本法第28条规定的文件、资料后,就应当开启审查程序。初步审查的时间为30日,与世界主要国家和地区的规定大致相同。经审查后,如果反垄断执法机构认为该经营者集中并不具有排除、限制竞争效果,不需要进一步审查的,可以作出决定并通知经营者,经营者可以实施集中;如果审查工作需要更多的时间,反垄断执法机构则作出进一步审查的决定。

我国对经营者集中实施的是预防性控制。在初步审查期间,经营者集中相关的交易进程需要中止,等待反垄断执法机构作出不实施进一步审查的决定后,经营者才可以继续实施集中。此处需要中止即暂时不得实施的行为,是指包括交易相关的程序性行为及相应组织融合的具体行为在内的所有可能引发股权变动、资产转让的实质性集中行为。[①] 因此,反垄断执法机构的审查期限就是经营者的等待期。如果经营者在等待期间没有中止交易进程,即使该经营者集中经审查后并不具有排除、限制竞争效果,也构成违法行为。根据本法第58条的规定,需要处500万元以下的罚款。

本条第2款规定了初步审查之后经营者可以实施集中的两类情形。第一类为国务院反垄断执法机构作出不实施进一步审查的决定。不实施进一步审查的决定即代表反垄断执法机构已批准该经营者集中的进行。第二类为国务院反垄断执法机构逾期未作出决定。与进一步审查相比,初步审查的法定期限并不能被延长。当审查期限届满后,国务院反垄断执法机构仍未作出是否实施进一步审查决定的,经营者可以自行实施集中。第二种情形的制度设计主要是为了保护经营者的合法利益,敦促反垄断执法机构尽快作出审查决定,避免因反垄断执法机构的不作为或延误导致交易长期停摆,增加交易成本,尤其是时间成本,导致经营者错过市场机遇。

---

① 参见时建中:《反垄断法:法典释评与学理探源》,中国人民大学出版社2008年版,第280~281页。

四、学术讨论

(一)经营者集中的"等待期间"

参与集中的经营者需要在其向反垄断执法机构申报后中止所有与集中有关的交易行为,待反垄断执法机构作出不予禁止的决定后才能继续完成交易,这段时间被称为"等待期间"。

等待期间的设置是反垄断执法机构对经营者集中实施事前审查的基本前提。可以说,等待期间的设置在一定程度上改变了经营者集中执法中的对抗性态势,使执法机构更接近于就双方一致同意的救济措施进行谈判的规范者,而非挑战非法交易的诉讼人。① 由于等待期间的存在,需要申报集中的经营者为了尽快通过审查,通常会更有意愿与反垄断执法机构展开合作,向反垄断执法机构提供必要的信息,并在集中具有或可能具有排除、限制竞争效果时积极向反垄断执法机构提供救济方案。但是,需要注意的是,交易停滞对经营者而言会产生巨大的成本,包括等待结果须支付的各种成本、交易机会的丧失等。② 甚至,在极端情况下,由于交易停滞成本过高,经营者可能会放弃集中交易,使原本良性的交易因长期等待而被放弃。因此,等待期间不能过长,应尽早使参与集中的经营者结束交易的不确定状态;但同时,等待期间不能过短,要给予反垄断执法机构足够的审查时间。

(二)经营者集中的简易程序

自 2008 年 8 月 1 日我国《反垄断法》实施以来,在已审结的案件中,无条件批准的案件占比约为98%,禁止的案件仅有 3 例,而附条件批准的案件占比维持在2%左右。③ 如果不考虑我国经营者集中审查中可能存在的假阴性问题,仅从这一数据来看,我国反垄断执法机构审查的大部分经营者集中案件都不存在限制竞争问题。但是,依照申报标准,大量的案件仍须通过反垄断执法机构审查。这部分案件占据了反垄断执法机构大量的执法资源,使反垄断执法机构难堪其负,无法将精力放在更重要的案件上。同时,在附条件批准及禁止率偏低的情况下,反垄断执法的震慑效果有待加强。考虑到等待期间的存在,交易方可能会"铤而走险",通过主动承担违法成本来实现更大的收益,具体行为可能包括尽快完成交易、节省申报费用以及逃

---

① 参见[美]欧内斯特·盖尔霍恩等:《反垄断法与经济学》,任勇等译,法律出版社 2009 年版,第 388 页。

② 参见李剑:《经营者集中强制申报制度的实效与转变》,载《交大法学》2021 年第 4 期。

③ 统计数据来源:国家市场监管总局竞争政策协调司网站与原商务部局网站,最后访问日期:2022 年 6 月 25 日。

避反垄断执法机构对具有排除、限制竞争效果的集中交易的阻止等。[①] 因此,反垄断执法机构需要将大部分不太可能造成竞争问题的经营者集中案件分离出来,从而将有限的执法资源放在更重要的案件上。由此,经营者集中的简易程序应运而生。市场监督管理总局制定的《经营者集中审查暂行规定》中规定了经营者集中简易案件的程序。经营者集中一般案件的程序应当是:经营者向反垄断执法机构申报,由反垄断执法机构审查后作出是否进一步审查的决定,需要进一步审查的案件进入进一步审查程序。简易案件的审查并未改变这一基本程序,也并未降低反垄断执法机构的职责要求,而是通过降低申报材料要求、缩短审查期限来提高审查效率。同时,从我国经营者集中简易案件的执法实践来看,简易案件的审查一般会在初步审查阶段完成。

不可否认的是,经营者集中简易案件程序的设立对于节省执法资源和提高执法效率具有重大价值。但是,程序的简化可能会对程序的正当性产生冲击。在效率至上的原则之下,程序公正可能会成为牺牲品。值得注意的是,反垄断执法机构在上述规章中以"简易案件"的提法代替了"简易程序",侧面说明反垄断执法机构也意识到,通过效力层级较低的规章形成的简易案件审查程序规则并不完整,与真正的简易程序尚存在距离。[②] 作为一种"抓大放小"的执法策略,简易案件程序的设立反映的是反垄断执法机构在执法资源有限与违法活动无限之间作出的无奈取舍。但这种执法上的"选择权"在法理上是难以成立的,其不仅对当事人权利影响极大,还可能带来公平问题。[③] 因此,《反垄断法》修改时应考虑增加适用简易程序的条款,并对反垄断执法机构进行明确的授权。然而,2022 年《反垄断法》修改并未对这一问题作出回应,只能留待未来再行解决。

第三十一条　经营者集中的进一步审查

一、条文

第三十一条　国务院反垄断执法机构决定实施进一步审查的,应当自决定之日起九十日内审查完毕,作出是否禁止经营者集中的决定,并书面通知经营者。作出禁止经营者集中的决定,应当说明理由。审查期间,经营者不得实施集中。

---

① 参见李剑:《经营者集中强制申报制度的实效与转变》,载《交大法学》2021 年第 4 期。
② 参见张世明:《经营者集中简易案件审查程序评议》,载《人大法律评论》2017 年第 1 辑。
③ 参见焦海涛:《论现代反垄断法的程序依赖性》,载《现代法学》2008 年第 1 期。

有下列情形之一的，国务院反垄断执法机构经书面通知经营者，可以延长前款规定的审查期限，但最长不得超过六十日：

（一）经营者同意延长审查期限的；

（二）经营者提交的文件、资料不准确，需要进一步核实的；

（三）经营者申报后有关情况发生重大变化的。

国务院反垄断执法机构逾期未作出决定的，经营者可以实施集中。

【条文主旨】本条是关于经营者集中进一步审查的规定。

二、立法理由

为了防范具有或可能具有排除、限制竞争效果的经营者集中，不同于垄断协议、滥用市场支配地位的事后监管模式，《反垄断法》对经营者集中采用了事前审查模式，重在预防垄断行为。但是，事前审查模式制度成本高昂，需要通过严格的程序规范来限定事前审查的期限。同时，审查期限的设置要在维持交易效率及审查效率与保证反垄断执法机构有充足的审查时间之间取得平衡。在特殊情况下，应允许反垄断执法机构延长审查期限。

三、条文解读

国务院反垄断执法机构如果在初步审查阶段作出进一步审查的决定，则该经营者集中进入进一步审查程序。一般而言，进入进一步审查程序的经营者集中对市场竞争可能具有较大影响。因此，作为经营者集中的主要审查程序，进一步审查需要对该经营者集中是否具有或可能具有排除、限制竞争效果进行仔细甄别，往往要花费更多的时间和精力。因此，根据本条第 1 款规定，国务院反垄断执法机构进一步审查的基础审查期限为 90 日，要长于初步审查 30 日的审查期限。

经营者集中的审查是一项专业性强、规范要求高、内容十分复杂的行政活动，因此审查期限也需要具有一定的灵活性，从而确保反垄断执法机构作出的审查决定的科学性、合理性。[①] 为此，本条第 2 款规定，在特殊情况下，反垄断执法机构可以延长审查期限。本条第 2 款共规定了 3 种可以延长审查期限的情形，分别为：

（1）经营者同意延长审查期限的。延长审查期限在实质上加重了经营者的负担，如果经营者同意延长，则可视为其在一定程度上放弃了程序性权利，延长就具有

---

① 参见全国人大常委会法制工作委员会编：《中华人民共和国反垄断法释义》，法律出版社 2007 年版，第 68 页。

了合理性。①

(2)经营者提交的文件、资料不准确,需要进一步核实的。经营者提供的文件、资料不准确,会对审查工作造成影响,影响审查工作的进度,此时延长审查期限也具有合理性。

(3)经营者申报后有关情况发生重大变化的。经营者申报后,如相关市场竞争状况发生重大变化、经营者的组织结构进行调整,这些因素都会对审查工作产生重大影响。因此,对新情况进行核实,既是反垄断执法机构的法定职责,也是审查工作的客观需要,此时延长审查期限具有合理性。

本条第 2 款还规定了延长审查期限的上限,反垄断执法机构在进一步审查中延长审查期限最长不得超过 60 日,即进一步审查的审查期限最长为 150 日。在法定的审查期限内,反垄断执法机构需要依法作出审查决定。如果反垄断执法机构作出禁止经营者集中的决定,经营者就不能实施集中,违法实施集中的,需要承担本法第 58 条规定的法律责任。反垄断执法机构作出禁止集中的决定,需要说明理由。如果反垄断执法机构作出不予禁止的决定,则经营者可以实施集中。本条同样规定了经营者的等待期,进一步审查期间,经营者需要等待反垄断执法机构作出不予禁止的审查决定,才可以实施集中。

本条第 3 款规定了可以实施集中的另一种情形,国务院反垄断执法机构逾期未作出决定的,经营者可以实施集中。这既是对反垄断执法机构无形的敦促,更是出于保障经营者交易效率和市场机遇的充分考虑。

第三十二条　中止计算审查期限的情形

一、条文

第三十二条　有下列情形之一的,国务院反垄断执法机构可以决定中止计算经营者集中的审查期限,并书面通知经营者:

(一)经营者未按照规定提交文件、资料,导致审查工作无法进行;

(二)出现对经营者集中审查具有重大影响的新情况、新事实,不经核实将导致审查工作无法进行;

① 参见时建中:《反垄断法:法典释评与学理探源》,中国人民大学出版社 2008 年版,第 288 页。

（三）需要对经营者集中附加的限制性条件进一步评估，且经营者提出中止请求。

自中止计算审查期限的情形消除之日起，审查期限继续计算，国务院反垄断执法机构应当书面通知经营者。

【条文主旨】本条是关于经营者集中审查期限中止计算的规定。

二、立法理由

我国《反垄断法》将经营者集中审查分为初步审查和进一步审查两个阶段。其中，初步审查的期限为30日，进一步审查的期限为90日，符合法定情形的情况下，进一步审查可以再延长60日。换言之，《反垄断法》规定经营者集中审查的最长期限为180日。但是，实践中案件数量大且部分案件较复杂，反垄断执法机构人员相对较少，“案多人少”的矛盾导致执法机构很难在规定的期限内完成审查。在部分案件中，由于反垄断执法机构未能在法定期限内完成审查，只能由申报方撤回后重新申报，以达到延长审查期限的目的。例如，在思科收购阿卡夏一案中，自反垄断执法机构首次立案至最终附条件批准该案，历时391天，远远超出了法律规定的最长审查期限。虽然这种做法在一定程度上缓解了审查期限无法延长的压力，但毕竟是权宜之计，无法从根本上解决这一矛盾。《反垄断法》的修改需要对这一问题作出回应。因此，2022年修法新增该条规定。

三、条文解读

根据本条规定，在特殊情况下，反垄断执法机构可以中止计算经营者集中的审查期限。本条第1款规定了3种可以中止计算经营者集中审查期限的法定情形，分别为：

（1）经营者未按照规定提交文件、资料，导致审查工作无法进行。由于申报方的原因，未按规定提交文件、资料，导致审查工作无法进行，此时应由申报方承担相应的法律后果，反垄断执法机构中止计算审查期限具有正当性与合理性。值得注意的是，此处规定的中止审查期限的法定情形与第31条规定的延长审查期限的法定情形“经营者提交的文件、资料不准确，需要进一步核实的”具有一定的相似性，都是因为文件、资料的不完整导致的审查期限中止（延长）。但是，两个条款对于文件、资料不完整程度的要求并不相同。第31条第2款第2项规定的延长审查期限的法定情形只需要“文件、资料不准确”即可，而第32条第1款第1项规定的中止审查期限的法定情形要求申报方未按规定提交的文件、资料达到导致审查工作无法进行的程度。简言之,反垄断执法机构在适用第 32 条第 1 款第 1 项的规定中止审查期限时,面临比适用第 31 条第 2 款第 2 项更高的证明要求和更重的证明责任。

(2)出现对经营者集中审查具有重大影响的新情况、新事实,不经核实将导致审查工作无法进行。在审查过程中出现对经营者集中审查具有重大影响的新情况、新事实时,国务院反垄断执法机构需要对其进行核实,这是反垄断执法机构的法定职责。值得注意的是,此处规定的中止审查期限的法定情形与第31 条第2 款第3 项规定的情形也具有一定的相似性。但是,本条规定的中止审查期限的法定情形具有额外的适用条件。“出现对经营者集中审查具有重大影响的新情况、新事实”是否需要中止计算审查期限,还需要根据审查工作的具体情况判断。只有不核实将导致审查工作无法进行时,才能够中止计算审查期限。

(3)需要对经营者集中附加的限制性条件进一步评估,且经营者提出中止请求。附加限制性条件是经营者集中审查中最为复杂的部分,选择不同类型的救济措施,是复杂的经济学理论问题,更是复杂的执法实践问题,这一过程会耗费执法机构大量精力。[①] 在实践中,附条件批准案件中的限制性条件通常都经过反垄断执法机构与参与集中的经营者的多轮磋商。其中,多数附条件批准案件的审查期限都超过了法定的 180 日。在双方未就限制性条件达成共识前,经经营者提出请求,可以中止审查期限,避免因审查期限临近而陷入“撤回申报—重新审查”的程序怪圈。

本条还规定了反垄断执法机构的两项通知义务:其一,在出现法定情形,需要中止计算经营者集中审查期限时,反垄断执法机构需要书面通知经营者;其二,中止计算审查期限的情形消除之日,审查期限继续计算,国务院反垄断执法机构需要书面通知经营者。

四、学术讨论

本条为 2022 年修法的新增条款,考虑了经营者集中审查的相关实践,也被称为“停钟制度”。[②] 欧盟《关于企业集中控制的(EC)第 139/2004 号理事会条例》第 10(4)条规定,若因当事人的原因未能获取必要的信息或反垄断执法机构需要对企业进行检查时,审查期限中止计算。虽然“停钟制度”的引入具有一定的现实合理性,但该条款的制定仍引发了很大的争议。从 2022 年《反垄断法》修改的历程来看,就

---

① 参见叶军:《经营者集中反垄断控制限制性条件的比较分析和选择适用》,载《中外法学》2019 年第 4 期。

② 参见侯利阳:《论〈反垄断法(修正草案)〉中的四大争议问题》,载《江西社会科学》2022 年第 4 期。

经营者集中审查期限中止问题曾形成了多种方案。《反垄断法》修改过程中“停钟制度”相关条款对比如表 4－1 所示。

表 4－1 《反垄断法》修改过程中“停钟制度”相关条款对比

2020 年国家市场监督管理总局《〈中华人民共和国反垄断法〉修订草案(公开征求意见稿)》	2021 年全国人大常委会《中华人民共和国反垄断法(修正草案)》	2022 年《中华人民共和国反垄断法》
第三十条　下列情形所需时间不计入本法第二十八、第二十九条规定的审查时限: (一)经申报人申请或者同意,暂停审查期间; (二)经营者按照国务院反垄断执法机构的要求补交文件、资料的; (三)国务院反垄断执法机构与经营者按照本法第三十三条规定对附加限制性条件建议进行磋商的。 停止计算审查期限的具体规定,由国务院反垄断执法机构另行制定	第三十二条　有下列情形之一的,国务院反垄断执法机构可以决定中止计算经营者集中的审查期限,并书面通知经营者: (一)经营者未按照规定提交文件、资料,导致审查工作无法进行; (二)出现对经营者集中审查具有重大影响的新情况、新事实,需要进行核实; (三)对经营者集中附加的限制性条件需要进一步评估,且经营者同意。 自中止计算审查期限的情形消除之日起,审查期限继续计算,国务院反垄断执法机构应当书面通知经营者	第三十二条　有下列情形之一的,国务院反垄断执法机构可以决定中止计算经营者集中的审查期限,并书面通知经营者: (一)经营者未按照规定提交文件、资料,导致审查工作无法进行; (二)出现对经营者集中审查具有重大影响的新情况、新事实,不经核实将导致审查工作无法进行; (三)需要对经营者集中附加的限制性条件进一步评估,且经营者提出中止请求。 自中止计算审查期限的情形消除之日起,审查期限继续计算,国务院反垄断执法机构应当书面通知经营者

2020 年 1 月公布的由市场监督管理总局起草的《〈中华人民共和国反垄断法〉修订草案(公开征求意见稿)》,对“停钟制度”的规定尚比较粗糙,前两种法定情形未能与经营者集中进一步审查中审查期限延长的法定情形区分开来。此外,该规定中可以“停钟”的情形笼统宽泛,反垄断执法机构的裁量权过大,可能导致“停钟制度”的异化。经营者集中审查期限的法定性是实现经营者集中控制预防垄断这一目标的重要组成部分,其不仅关乎审查的效率,更关乎着审查结果的正当性。在经营者集中的进一步审查中,审查期限的延长已经属于例外事项,审查期限的中止应当属于例外之例外。否则,程序公正长期被忽视会使执法规则的制定和执法活动的开展出现方向性偏差。① 只有在极少数情况下,经营者集中的审查期限才应中止计算。

① 参见朱战威:《从效率到公正:价值转换下反垄断执法程序之嬗变》,载《安徽大学学报(哲学社会科学版)》2015 年第 6 期。

在2021年10月全国人大常委会公布的《中华人民共和国反垄断法(修正草案)》中,“停钟制度”已经有了较适当的规定。但是,关于中止计算审查期限法定情形的措辞仍未能与延长审查期限法定情形的措辞形成明显区分。有学者指出,第2种法定情形涉及经营者集中审查中出现的新情况、新事实,若这些新情况、新事实的出现归咎于申报方,则中止计算也无不可;但若是市场客观条件发生变化,且并非申报方主观可以控制,那么由申报方承担由此带来的后果,则会产生责任过重的风险。[①] 在2022年通过的《反垄断法》中,该款项将“需要进行核实”修改为“不经核实将导致审查工作无法进行”。后者的措辞限定更加严格,需要以审查工作的具体需求为准据,保证了审查期限中止计算法定事由的客观性。但是,最终《反垄断法》规定的“停钟制度”仍有一定缺憾。根据本法第30条的规定,国务院反垄断执法机构收到符合本法第28条和第29条规定的文件、资料之日起,经营者集中的审查期限才开始计算。而经营者集中审查期限中止的第一种法定情形“经营者未按照规定提交文件、资料,导致审查工作无法进行”就容易使人产生误解:既然经营者未按规定提交文件、资料,经营者集中的审查期限应当尚未开始,何谈中止?应明确的是,第32条第1款第1项规定的“文件、资料”指的是“在审查过程中”申报义务人或其他交易方须提交的文件和资料,而非“在申报时”须提交的文件和资料。例如,在审查过程中,反垄断执法机构因审查需要,要求申报义务人或其他交易方提供必要的信息。因此,在后续执法工作中,反垄断执法机构应将本条(第32条)规定的“经营者未按照规定提交文件、资料”与第28条和第29条要求在申报时提供的文件、资料区分开来。

第三十三条　经营者集中审查的考虑因素

一、条文

> **第三十三条　审查经营者集中,应当考虑下列因素:**
> **(一)参与集中的经营者在相关市场的市场份额及其对市场的控制力;**
> **(二)相关市场的市场集中度;**
> **(三)经营者集中对市场进入、技术进步的影响;**
> **(四)经营者集中对消费者和其他有关经营者的影响;**

---

① 参见侯利阳:《论〈反垄断法(修正草案)〉中的四大争议问题》,载《江西社会科学》2022年第4期。

（五）经营者集中对国民经济发展的影响；

（六）国务院反垄断执法机构认为应当考虑的影响市场竞争的其他因素。

【条文主旨】本条规定了反垄断执法机构审查经营者集中应当考虑的因素。

二、立法理由

我国《反垄断法》将是否排除、限制竞争作为经营者集中审查的标准，但这一标准较为原则，需要规定相应的制度和量化标准加以配套。[①] 因此，有必要进一步规定经营者集中审查应当考虑的影响市场竞争的各类因素，以帮助反垄断执法机构对经营者集中是否排除、限制竞争进行合理分析和科学定性。本条是立法机构在总结实践经验的基础上，参考国际上的通行做法对审查经营者集中应当考虑的因素所作的规定。[②]

三、条文解读

根据《反垄断法》的规定，反垄断执法机构对于具有或者可能具有排除、限制竞争效果的经营者集中，应当作出禁止的规定。《反垄断法》第 33 条即本条规定了国务院反垄断执法机构在评估经营者集中是否具有排除、限制竞争效果时，应当考虑的各类因素。但这些规定仍具有较大的不确定性，为此，国家市场监督管理总局于 2020 年发布《经营者集中审查暂行规定》，对上述考量因素作了进一步的规定。

（一）关于"参与集中的经营者在相关市场的市场份额及其对市场的控制力"

市场份额是指一个企业的销售额或者销售量在相关市场同类商品总销量中所占的比例。一般而言，参与集中的经营者在相关市场的市场份额越大，对市场的控制力就越大，集中排除、限制相关市场竞争的可能性就越大。根据《经营者集中审查暂行规定》，评估参与集中的经营者对市场的控制力，可以考虑参与集中的经营者在相关市场的市场份额、产品或者服务的替代程度、控制销售市场或者原材料采购市场的能力、财力和技术条件，以及相关市场的市场结构、其他经营者的生产能力、下游客户购买能力和转换供应商的能力、潜在竞争者进入的抵消效果等因素。上述考虑因素与《反垄断法》第 23 条认定经营者具有市场支配地位的考量因素基本一致。

---

① 参见刘继峰：《竞争法学》（第 3 版），北京大学出版社 2018 年版，第 216 页。

② 参见全国人大常委会法制工作委员会经济法室编：《〈中华人民共和国反垄断法〉条文说明、立法理由及相关规定》，北京大学出版社 2007 年版，第 177 页。

评估参与集中的经营者对市场的控制力，实质上是对经营者集中是否具有或者是否可能具有排除、限制竞争效果的整体性考察，因为其考虑的因素不仅包括《反垄断法》第33条规定的市场份额、市场进入、对其他有关经营者（上游原材料商和下游客户）的影响，还涉及产品或者服务本身的替代性等。

（二）关于"相关市场的市场集中度"

市场份额并不能反映相关市场结构的全部情况，相比之下，市场集中度能够较全面、准确地体现相关市场结构，进而更合理地反映经营者集中对相关市场竞争的影响。[①] 实践中，市场集中度的具体量化指标主要有行业集中率（CRn）和赫芬达尔—赫希曼指数（HHI）两种。其中，CRn是指相关市场中前n家经营者所占市场份额的总和，而HHI的计算方式是将相关市场中所有经营者各自市场份额的数值平方后再相加（所得数值介于0～1，因而通常会乘以10000后使用）。

对于横向集中，美国司法部和联邦贸易委员会联合发布的2010年版《横向合并指南》根据实践经验，按照HHI数值的高低将相关市场分为3类：低度集中市场（HHI数值低于1500）、中度集中市场（HHI数值介于1500到2500）、高度集中市场（HHI数值高于2500）。在此基础上，如果集中后HHI数值涨幅低于100或者相关市场属于低度集中市场，则该集中不太可能导致反竞争效果，一般不需要进一步分析。如果相关市场属于中度集中市场，且集中后HHI数值涨幅超过100；或者相关市场属于高度集中市场，且集中后HHI数值涨幅介于100到200，则该集中可能导致反竞争效果，通常需要进一步审查。而当相关市场属于高度集中市场，且集中后HHI数值涨幅超过200时，一般推定该集中将导致企业市场力量的增强。[②] 而欧盟委员会认为，如果集中后相关市场的HHI数值低于1000，则集中一般不会产生反竞争效果；如果集中后相关市场的HHI数值介于1000到2000且涨幅低于250，或者集中后相关市场的HHI指数超过2000且涨幅低于150，除特殊情况外，一般也认为该集中不会产生反竞争效果。[③]

对于非横向集中，根据欧盟委员会2008年发布的《非横向合并的评估指南》的规定，如果集中后的实体在各相关市场的市场份额低于30%，且集中后相关市场的

---

① 参见王先林：《竞争法学》（第3版），中国人民大学出版社2018年版，第278页。

② See U. S. Department of Justice and the Federal Trade Commission, Horizontal Merger Guidelines.

③ See European Union, Guidelines on the Assessment of Horizontal Mergers under the Council Regulation on the Control of Concentrations between Undertakings (2004/C 31/03).

HHI 数值低于 2000,除特殊情况外,一般认为该集中不会产生反竞争效果。① 而美国司法部和联邦贸易委员会联合发布的 2020 年版《纵向合并指南》明确规定,并不依赖《横向合并指南》有关市场集中度的具体量化指标。②

我国目前并未在相关规范中明确规定市场集中度的具体量化指标,但我国反垄断执法机构已经在实践中普遍使用上述指标。以 HHI 为例,最早在 2009 年 9 月 29 日公告的附条件批准美国辉瑞公司收购美国惠氏公司案中,我国商务部根据其掌握的数据,即该项集中完成后的 HHI 数值为 2182,增量为 336,认定本案相关市场属于高度集中的市场,该项集中将产生限制或排除竞争效果。截至 2022 年 12 月底,在我国公开的经营者集中案件的审查结果中,共有 25 起经营者集中案件涉及对市场集中度 HHI 指标的考察(除马士基、地中海航运、达飞设立网络中心案为禁止经营者集中案件外,其余均为附条件批准经营者集中案件,详见表4-2)。虽然我国反垄断执法机构并未通过规章制度明确 HHI 数值对竞争效果评估的影响,但通过考察实践,可以得出以下结论:机构改革前,我国商务部将 HHI 数值高于 2000 的相关市场认定为高度集中市场,如在马士基、地中海航运、达飞设立网络中心案中,相关市场 HHI 数值由 890 增至 2240,我国商务部据此认为相关市场"将从较为分散变为高度集中"。而机构改革后,国家市场监督管理总局将 HHI 数值高于 2500 的相关市场认定为高度集中市场,如在林德集团与普莱克斯公司合并案中,全球惰性稀有气体混合气市场的 HHI 数值由 2356 增至 3054,国家市场监督管理总局据此认为"交易使相关市场从中度集中变成高度集中";全球氦气市场的 HHI 数值由 1800 增至 2700,国家市场监督管理总局据此认为"该市场从中度集中变为高度集中"。

表 4-2 我国涉及考察 HHI 的经营者集中案件统计

序号	案件名称	相关市场	集中前 HHI 值	集中后 HHI 值	HHI 增量值
1	美国辉瑞公司收购美国惠氏公司案	中国猪支原体肺炎疫苗市场	—	2182	336
2	汉高香港与天德化工组建合营企业案	全球氢乙酸乙酯市场	大于 4050	—	—

① See European Union, Guidelines on the Assessment of Non-horizontal Mergers under the Council Regulation on the Control of Concentrations between Undertakings (2008/C 265/07).

② See U. S. Department of Justice and the Federal Trade Commission, Vertical Merger Guidelines.

续表

序号	案件名称	相关市场	集中前 HHI 值	集中后 HHI 值	HHI 增量值
3	联合技术收购古德里奇案	全球飞机交流发电系统市场	—	7158	1728
4	美国百特国际有限公司收购瑞典金宝公司案	全球、中国境内 CRRT 监测仪	3612、2738	4410、3942	798、1204
		全球、中国境内 CRRT 血路管	3162、3702	3798、7158	636、3456
		全球、中国境内 CRRT 透析器市场	2908、4506	4108、6426	1200、1920
5	联发科技股份有限公司吸收合并开曼晨星半导体公司案	中国液晶电视主控芯片市场	4533	6500	1962
6	赛默飞世尔科技公司收购立菲技术公司案	中国细胞培养研究领域培养基市场	2126	2721	594
		中国细胞培养产业领域培养基市场	1444	1969	525
		全球细胞培养产业领域澳大利亚/新西兰胎牛血清市场	1991	2568	577
		全球细胞培养研究领域澳大利亚/新西兰胎牛血清市场	2041	2435	394
		中国移植诊断人类白细胞抗原配型 SSP 试剂盒市场	2925	4800	1875
		中国蛋白质生物学 SDS-PAGE 蛋白质标准品市场	3457	3761	304

续表

序号	案件名称	相关市场	集中前 HHI 值	集中后 HHI 值	HHI 增量值
6	赛默飞世尔科技公司收购立菲技术公司案	分子生物学核酸纯化基于磁珠的纯化仪器市场	1411	1697	286
		细胞培养研究领域过程液体市场	2850	3118	268
		蛋白质生物学染料活性染料市场	1553	1793	241
		细胞培养产业领域小牛血清市场	2177	2375	197
		分子生物学核酸扩增逆转录酶市场	1709	1878	169
		分子生物学核酸扩增热循环仪市场	1957	2070	113
		分子生物学导入系统转染试剂市场	2123	2231	108
7	马士基、地中海航运、达飞设立网络中心案	亚洲—欧洲航线国际集装箱班轮海运市场	890	2240	1350
8	雅培公司收购圣犹达医疗公司股权案	中国小腔血管闭合器市场	5678	9086	3408
9	陶氏化学公司与杜邦公司合并案	全球、中国酸共聚物市场	2008、4594	3002、5958	994、1364
10	惠普公司收购三星电子有限公司部分业务案	中国 A4 幅面激光打印机市场	2597	3067	470
11	马士基航运公司收购汉堡南美船务集团股权案	远东—南美西海岸航线冷藏集装箱班轮运输服务市场	1604	2652	1048

续表

序号	案件名称	相关市场	集中前 HHI 值	集中后 HHI 值	HHI 增量值
12	贝克顿—迪金森公司与美国巴德公司合并案	中国粗针穿刺活检器械市场	2508	2778	270
13	拜耳股份有限公司收购孟山都公司股权案	中国长日照洋葱种子市场	3178	4484	1306
		中国经切削加工销售胡萝卜种子市场	3175	4710	1535
		全球玉米性状市场	4127	4322	195
		全球大豆性状市场	3969	4441	472
		全球棉花性状市场	3531	5461	1930
		全球油菜性状市场	4289	8359	4070
14	林德集团与普莱克斯公司合并案	全球氦气市场	1800	2700	900
		全球惰性稀有气体混合气市场	2356	3054	698
		全球含氟稀有气体混合气市场	2881	3047	166
		全球氯化氢稀有气体混合气市场	1851	2291	440
		广东省液氧、液氮市场	1508、1517	2184、2045	676、528
15	联合技术公司收购罗克韦尔柯林斯公司股权案	全球可调水平安定面作动器市场	2724	3244	520
		全球机翼防冰系统市场	2929	3377	448
		全球供氧系统市场	5213	—	—
16	卡哥特科集团收购德瑞斯集团部分业务案	中国舱口盖市场	2038	3429	1391
		中国商船滚装设备市场	1556	2848	1292
		中国船货起重机市场	2716	3881	1165

续表

序号	案件名称	相关市场	集中前 HHI 值	集中后 HHI 值	HHI 增量值
17	高意股份有限公司收购菲尼萨股份有限公司股权案	全球、中国波长选择开关市场	3896、3714	4639、4548	743、834
18	浙江花园生物高科股份有限公司与皇家帝斯曼有限公司新设合营企业案	全球、中国兽用维生素 D3 市场	2235.96、2804.45	3892.41、4527.8	1656.45、1723.35
		全球、中国人用维生素 D3 市场	2797.52、2730.68	3716.91、3391.78	919.39、661.1
19	诺贝丽斯公司收购爱励公司股权案	中国汽车车身铝薄板内板市场	4941	5721	780
		中国汽车车身铝薄板外板市场	5032	6352	1320
20	丹纳赫公司收购通用电气医疗生命科学生物制药业务案	全球微载体市场	4732	5392	661
		全球、中国中空纤维切向流过滤器市场	4118、3752	—	—
		全球一次性低压液相层析系统市场	8134	8494	360
		全球中试/生产规模常规低压液相层析柱市场	2383	2783	400
		全球非蛋白 A 亲和性介质市场	5435	6165	730
		全球离子交换介质市场	4490	4750	260
		全球混合模式介质市场	4526	5806	1280
		全球连续层析系统市场	2294	3274	980
		全球非标记检测市场	2415	4223	1808

续表

序号	案件名称	相关市场	集中前 HHI 值	集中后 HHI 值	HHI 增量值
21	丹佛斯公司收购伊顿股份有限公司部分业务案	中国摆线马达市场	—	3259.4	1476
22	伊利诺斯工具制品有限公司收购美特斯系统公司股权案	中国境内高端电液伺服材料测试设备市场	—	4946.23	2286.36
23	SK 海力士株式会社收购英特尔公司部分业务案	全球、中国境内 SATA 企业级固态硬盘市场	2544、4139	2851、4329	307、190
		全球 PCIe 企业级固态硬盘市场	2775	3456	681
24	环球晶圆股份有限公司收购世创股份有限公司股权案	全球、中国境内 8 英寸区熔晶圆市场	3296、3127	4019、3323	723、196
25	大韩航空公司收购韩亚航空株式会社股权案	首尔—张家界/西安/深圳和釜山—北京/青岛航线、首尔—杭州/南京航线、首尔—广州/北京/长沙/上海航线、首尔—大连/天津/延吉和釜山—上海航线	3000 ~ 6000、4000 ~ 5000、2500 ~ 4000、2000 ~ 4000	6000 ~ 10000、5000 ~ 6000、4000 ~ 5500、3000 ~ 5000	2000 ~ 5000、0 ~ 600、1000 ~ 1500、1000 ~ 1500

资料来源：原商务部反垄断局网站 http://fldj.mofcom.gov.cn/article/ztxx/和国家市场监督管理总局反垄断执法二司网站 https://www.samr.gov.cn/fldes/tzgg/ftj/。

注：表中的横杠"—"是指该案审查决定中并未明确对应的 HHI 数值。

（三）关于"经营者集中对市场进入、技术进步的影响"

首先，"经营者集中对市场进入的影响"，是指经营者集中是否影响市场进入的难易程度，进而影响是否存在潜在的竞争者。实践中，即使经营者通过集中取得或者加强了市场支配地位，进而可能实施排除、限制竞争的行为，但只要市场进入不存在明显的障碍，潜在的竞争者就能很容易地进入市场，抢占市场份额，该集中最终不会导致竞争损害，即所谓的潜在竞争者进入的抵消效果。因此，"经营者集中对市场进入的影响"是审查经营者集中的重要考虑因素。《经营者集中审查暂行规定》进一步规定,评估"经营者集中对市场进入的影响",可以考察经营者是否控制生产要素、销售和采购渠道,利用技术优势(包括关键技术、关键设施)等影响市场进入门槛。以环球晶圆股份有限公司收购世创股份有限公司股权案为例,反垄断执法机构通过审查发现,晶圆制造具有明显的资金和技术密集型特征,客户对产品质量和稳定性要求极高。新进入者,一方面,面临专利许可、资金等障碍;另一方面,需要较长的建设周期和试产周期保证设备的良品率,并获得客户认可。反垄断执法机构据此认定,短期内市场上难以出现新的竞争者对集中后的实体形成有效竞争约束。① 此外,关于潜在竞争者进入的抵消效果是否有效,《经营者集中审查暂行规定》提出需要从可能性、及时性以及充分性 3 个方面进行考察。可能性要求潜在竞争者的进入能够盈利;及时性要求潜在竞争者能在适当时间内(一般是两年)进入市场;充分性要求潜在竞争者的规模能够充分抵消集中导致的竞争损害。②

其次,"经营者集中对技术进步的影响",主要是指经营者集中对技术创新的影响。2022 年《反垄断法》修改,立法目的中新增"鼓励创新"的表述,表明《反垄断法》意图通过维护市场竞争机制,塑造有利于创新的内外部环境,激发创新动力、提升创新效率、拓展创新空间。③ 创新一般表现为技术创新和商业模式创新,"经营者集中对技术进步的影响"即考察经营者集中对技术创新的影响。经营者集中能整合技术研发的资源和力量,一方面,可以促进创新;另一方面,可能因此增加市场进入的障碍,减弱参与集中的经营者的竞争压力,进而间接降低研发的积极性,包括减少技术研发的投入和利用等。④

(四)关于"经营者集中对消费者和其他有关经营者的影响"

首先,关于"经营者集中对消费者的影响"。维护消费者利益是《反垄断法》的立法目的之一。经营者集中,一方面,可以提高经济效率,实现规模经济,进而降低商品价格和提高商品质量,对消费者福利产生积极影响;另一方面,又可能增强集中后实体的市场控制力,使其有能力和动机实施排除、限制竞争的行为,从而对消费者福利产生消极影响。根据《经营者集中审查暂行规定》的要求,评估经营者集中对消

---

① 参见国家市场监督管理总局:《关于附加限制性条件批准环球晶圆股份有限公司收购世创股份有限公司股权案反垄断审查决定的公告》,载国家市场监督管理总局反垄断执法二司网站,https://www.samr.gov.cn/fldes/tzgg/ftj/202204/t20220424_342164.html。

② 参见刘继峰:《竞争法学》(第 3 版),北京大学出版社 2018 年版,第 219 页。

③ 参见方翔:《论数字经济时代反垄断法的创新价值目标》,载《法学》2021 年第 12 期。

④ 参见王晓晔:《反垄断法》,法律出版社 2011 年版,第 275 页。

费者的影响,可以考虑经营者集中对产品或者服务的数量、价格、质量、多样化等方面的影响。

其次,关于"经营者集中对其他有关经营者的影响"。经营者集中一方面可能增加其他有关经营者的竞争压力,促使其提高商品质量,降低商品价格,进而对消费者福利产生积极影响;另一方面可能导致集中后实体具有市场支配地位,并利用该地位实施提高市场进入门槛、限制交易机会等行为排挤其他有关经营者,进而对相关市场产生排除、限制竞争效果。根据《经营者集中审查暂行规定》的要求,评估经营者集中对其他有关经营者的影响,可以考虑经营者集中对有关经营者(包括同一相关市场、上下游市场或者关联市场的有关经营者)在市场进入、交易机会等竞争条件方面的影响。需要注意的是,审查经营者集中对消费者和其他有关经营者的影响,不仅要考虑短期影响,更要合理考量长期影响。[①]

(五)关于"经营者集中对国民经济发展的影响"

一般而言,经营者集中可以扩大经营规模,提高经济效率,促进国民经济发展。但经营者集中也可能损害相关市场的有效竞争以及相关行业的健康发展,进而对国民经济发展产生不利影响。[②] 根据《经营者集中审查暂行规定》的要求,评估经营者集中对国民经济的影响,可以考虑经营者集中对经济效率、经营规模及其对相关行业发展等方面的影响。国民经济发展在很大程度上体现为经济效率的提升,而对于不同行业,经营者集中审查应考虑的效率类型并不完全一致,比如,在一些高科技行业,对动态效率或者创新效率的考察相比静态效率(包括生产效率和配置效率)应占有更重要的地位。[③] 考察经营者集中对相关行业发展的影响,则需要反垄断执法机构统筹协调反垄断法的适用与实施国家产业政策与其他经济政策的关系。[④]

(六)关于"国务院反垄断执法机构认为应当考虑的影响市场竞争的其他因素"

本项为《反垄断法》第33条的兜底项,其授权国务院反垄断执法机构根据实践需要,不断丰富审查经营者集中应当考虑的影响市场竞争的其他因素。需要注意的

---

① 参见全国人大常委会法制工作委员会经济法室编:《〈中华人民共和国反垄断法〉条文说明、立法理由及相关规定》,北京大学出版社2007年版,第179页。

② 参见孟雁北:《反垄断法》(第2版),北京大学出版社2017年版,第207页。

③ 参见吴振国:《〈中华人民共和国反垄断法〉解读》,人民法院出版社2007年版,第482页。

④ 参见全国人大常委会法制工作委员会经济法室编:《〈中华人民共和国反垄断法〉条文说明、立法理由及相关规定》,北京大学出版社2007年版,第180页。

是，反垄断执法机构审查经营者集中的重点在于评估该集中是否具有或者可能具有排除、限制竞争的效果，因此本项规定的其他考量因素必须与市场竞争相关，即应当属于竞争性因素。①

四、学术讨论

在《反垄断法》修订审议期间，2007 年《反垄断法》第 27 条的内容在数个修订草案版本中均未有任何修改，最终得以完全保留为 2022 年《反垄断法》第 33 条。但理论和实务界对《反垄断法》第 33 条的规定仍有如下讨论：

（一）关于本条规定“经营者集中对国民经济发展的影响”的不同意见

对于《反垄断法》第 33 条是否应当规定“经营者集中对国民经济发展的影响”，理论和实务界存在争议，争议的焦点在于：“经营者集中对国民经济发展的影响”是否属于竞争评估中的竞争性因素；如果不属于竞争性因素，将其规定在《反垄断法》第 33 条是否妥当。

首先，关于“经营者集中对国民经济发展的影响”是否属于竞争性因素存在两种意见：一是经营者集中可能通过增强企业市场竞争力或者破坏相关市场的有效竞争，间接对国民经济产生促进或者减损的效果，对国民经济发展的影响实质上属于竞争性因素。② 二是集中对国民经济发展的影响应解读为直接影响，而不是通过影响市场竞争机制间接影响国民经济发展，因此其属于非竞争性因素。③ 一般认为，“经营者集中对国民经济发展的影响”的内涵应与《反垄断法》第 1 条“促进社会主义市场经济健康发展”这一立法目的相一致，并不局限于市场公平竞争的范畴，与《反垄断法》第 34 条规定的“社会公共利益”一样，属于非竞争性因素。

其次，《反垄断法》第 33 条是否仅考察竞争性因素。结合上文对《反垄断法》第 33 条兜底项的分析，第 33 条规定的都应当是影响市场竞争的因素。如果将“经营者集中对国民经济发展的影响”解读为非竞争性因素，那么其不应规定在本条中，并且“经营者集中对国民经济发展的影响”完全可以包含在《反垄断法》第 34 条规定的“社会公共利益”中。因此，考虑到《反垄断法》第 33 条主要是考察经营者集中对市场竞争的影响，即竞争效果评估，第 34 条包含了对社会公共利益等非竞争性因素的考察，即社会公共利益豁免，为保持这一体系化的结构逻辑，建议未来《反垄断法》修

---

① 参见全国人大常委会法制工作委员会经济法室编：《〈中华人民共和国反垄断法〉条文说明、立法理由及相关规定》，北京大学出版社 2007 年版，第 180 页。

② 参见王先林：《竞争法学》（第 3 版），中国人民大学出版社 2018 年版，第 278 页。

③ 参见刘桂清：《经营者集中实体审查制度的立法不足与修订完善》，载《南海法学》2020 年第 6 期。

正时删除第33条有关“经营者集中对国民经济发展的影响”的规定。

(二)关于平台经济领域的经营者集中审查

平台经济领域的经营者集中审查是当前学术讨论的热点问题,相关研究聚焦数据驱动型经营者集中,主要讨论数据在竞争效果评估中的特殊影响。2021年2月7日,国务院反垄断委员会发布《关于平台经济领域的反垄断指南》,对数据如何影响经营者集中的竞争效果评估作了具体的规定。

第一,关于数据对市场份额的影响。根据《关于平台经济领域的反垄断指南》第20条的规定,计算市场份额时可以考虑采用活跃用户数、点击量以及使用时长等指标在相关市场所占比重。在腾讯收购中国音乐集团股权违法实施经营者集中案中,反垄断执法机构即以月活跃用户数和用户月使用时长计算集中双方各自的市场份额。①

第二,关于数据对市场控制力的影响。《关于平台经济领域的反垄断指南》规定,可以考虑经营者掌握和处理数据的能力,对数据接口的控制能力等。关于经营者掌握数据的能力,具体可以从获取数据的成本等方面加以评估。而即使能够掌握数据,但不具有处理数据的能力,数据价值也会随之降低。同时,平台经济的网络效应可能进一步加强经营者掌握和处理数据的能力。②

第三,关于数据对市场进入的影响。《关于平台经济领域的反垄断指南》规定,可以考虑经营者获得数据等必要资源和必需设施的难度,用户在数据迁移等方面的转换成本。一般而言,当特定数据并非普遍可及且难以替代时会产生进入障碍,而数据价值链和网络效应会进一步增强进入障碍。③ 因此,考察数据对市场进入的影响,重点应为数据本身的替代性分析,即数据是否构成必需设施。

第四,关于数据对创新的影响。2022年《反垄断法》修订新增了“鼓励创新”的立法目的,考察数据集中对创新的影响,主要分析该集中是否会降低参与集中的经营者创新的积极性、封锁竞争者创新的可能性以及通过“掐尖式”并购消除潜在的竞争者等。④ 需要注意的是,考察数据集中对创新的影响,并不应局限于《反垄断法》

---

① 参见国家市场监督管理总局行政处罚决定书(国市监处〔2021〕67号)。

② 参见王煜婷:《数字经济背景下我国经营者集中制度的完善》,载《中国政法大学学报》2022年第1期。

③ 参见王磊:《数据驱动型并购中竞争损害的新面向及救济理念革新》,载《上海财经大学学报》2021年第6期。

④ 参见王磊:《数据驱动型并购创新效应的反垄断审查》,载《北京大学学报(哲学社会科学版)》2022年第3期。

第33条规定的技术进步，还应考察其对商业模式创新的影响，尤其是“掐尖式”并购，因为其往往造成对新兴商业模式的“复制”或者“扼杀”。

第五，关于数据对消费者的影响。数据驱动型经营者集中对消费者的影响主要体现在隐私和数据保护方面。一般认为，如果集中前在用户隐私和数据保护水平方面存在竞争，但集中会导致用户隐私和数据保护水平下降，则该集中不当减损了消费者福利，具有排除、限制竞争效果。①

第三十四条　经营者集中的禁止和豁免

一、条文

第三十四条　经营者集中具有或者可能具有排除、限制竞争效果的，国务院反垄断执法机构应当作出禁止经营者集中的决定。但是，经营者能够证明该集中对竞争产生的有利影响明显大于不利影响，或者符合社会公共利益的，国务院反垄断执法机构可以作出对经营者集中不予禁止的决定。

【条文主旨】本条规定了经营者集中审查的标准和豁免制度。

二、立法理由

得益于市场经济与对外开放，经营者集中逐渐成为一项常见的商业活动，正确理解其双面性是政府干预市场、进行法律规制的前提。经营者集中的利弊体现在，经营者在实施集中后能够整合生产要素，取得规模效益，提升自身竞争力，从而带动经济水平的整体提升；而经营者的集中行为也会改变市场结构，提升市场集中度，易产生反竞争效果，从而导致市场失灵，阻碍经济发展。故而，反垄断执法部门需要对经营者集中带来的积极影响与消极影响进行权衡比对。为此，需要形成经营者集中审查的标准和豁免制度，以明确某一项经营者集中是否能够顺利进行。于是，我国《反垄断法》采取了“一般+例外”的立法方式，将经营者集中原则性审查标准规则与抗辩规则相结合。

具体来说，《反垄断法》一般禁止具有或者可能具有排除、限制竞争效果的经营者集中。反垄断执法机构会通过相关市场界定制度、市场集中度界定制度、横向合并反竞争效果判定制度、纵向合并反竞争效果判定制度、混合合并反竞争效应，来判定制度以及这些实体分析所关联的证据制度，申报门槛、假定垄断者测试方法与赫

① 参见焦海涛：《个人信息的反垄断法保护：从附属保护到独立保护》，载《法学》2021年第4期。

芬达尔—赫希曼指数等经济分析方法和定量指标去甄别一项经营者集中可能给市场竞争带来的负面影响。[①] 但是,经营者需要被给予抗辩的机会,论证其集中行为带来的积极影响大于消极影响,以实现集中。对此,《反垄断法》基于有效竞争理论与公共利益理论为经营者设置了两个抗辩理由:一是证明集中对竞争产生的有利影响明显大于不利影响,此为竞争影响抗辩;二是集中符合社会公共利益,此为公共利益抗辩。反垄断执法机构对是否给予豁免有最终决定权。

三、条文解读

(一)关于经营者集中的审查标准

明确经营者集中的审查标准是反垄断执法机构进行审查的必要前提。当前,其他反垄断辖区存在 3 种经营者集中的审查标准:一是以美国的"实质性减少竞争"(Substantially Lessen Competition)标准。反垄断执法机构依据一项经营者集中是否会实质性地减少市场竞争而作出禁止或批准决定。二是以欧盟的"严重妨碍有效竞争"(Significant Impediment to Effective)标准。对妨碍共同市场有效竞争的经营者集中,反垄断执法机构应当予以禁止;对没有妨碍或者妨碍并不严重的经营者集中,反垄断执法机构应当予以批准。三是以德国的"产生或增强市场支配地位"(Market Dominance Test)标准。当经营者集中损害了有效竞争,特别是产生或增强了相关竞争者的市场支配地位时,反垄断执法机构应当予以禁止。从字面意义上看,"产生或增强市场支配地位"标准具有结构主义倾向,"实质性减少竞争"标准和"严重妨碍有效竞争"标准虽然在用语上有所区别,但在所指向的含义上具有一致性,都强调经营者集中的反竞争效应要达到一定程度才能予以禁止,具有行为主义的倾向。从实质意义上看,由于"产生或增强市场支配地位"标准针对的是经营者通过集中产生或增强支配地位,进而使竞争受损的情况,倾向于关注单边效应,但是,发展到一定阶段后,经营者集中还会促使经营者之间互相勾结,将共谋行为"内部化",产生协同效应,这是"产生或增强市场支配地位"标准所难以兼顾的。因此,"产生或增强市场支配地位"标准现已不再是主流标准。

我国则是将是否"排除、限制竞争"作为经营者集中的审查标准,原则上禁止具有或者可能具有排除、限制竞争效果的经营者集中。虽然在用语上与其他反垄断辖区存在区别,但对"具有或者可能具有排除、限制竞争"的理解,应类似于上述"实质

---

① 参见韩伟:《经营者集中附加限制性条件法律制度研究》,中国社会科学院研究生院 2012 年博士学位论文,第 7 页。

性减少竞争”标准。这是因为，经营者集中或多或少都会对市场竞争产生一定的排除、限制效果，尤其是达到申报标准的经营者集中。从实践上看，我国反垄断执法机构对于绝大多数经营者集中都是无条件批准，仅对极少数经营者集中作出禁止或者附条件批准的决定。截至2022年12月底，我国仅有3件禁止经营者集中案件，分别是2009年禁止可口可乐公司收购中国汇源公司案，2014年禁止马士基、地中海航运、达飞设立网络中心案以及2021年禁止虎牙公司与斗鱼国际控股有限公司合并案。不过，无论是“实质性减少竞争”标准，还是“排除、限制竞争效果”标准，都只是为经营者集中审查提供了一个最基本的分析框架，即经营者集中审查需要权衡集中带来的有利影响和不利影响。①

（二）关于经营者集中的豁免制度

本条规定的经营者集中的豁免制度，是指经营者集中在形式上符合反垄断法的禁止规定，但由于其满足了豁免的条件而不予禁止。根据该条规定，存在如下两种情况时，经营者集中能够得到豁免：第一，参与集中的经营者能够举证证明集中对竞争产生的有利影响明显大于反垄断执法机构在竞争效果评估环节提出的竞争关切；第二，参与集中的经营者举证证明集中符合社会公共利益。

证明集中对竞争产生的有利影响明显大于不利影响这一抗辩理由的理论基础是有效竞争理论。在创新与动态竞争观的影响下，克拉克提出有效竞争理论。其认为，在市场竞争中，一定时期内存在垄断是必要且合理的。竞争政策的目标，不应是消除竞争不完善或垄断的因素，而是要保证竞争过程中的动态性，把实现经济发展、技术进步放在优先位置。② 有效竞争理论影响了现代竞争法的发展，正是基于这一理论，反垄断法对具有促进资源优化配置、提高经济运行效率等积极作用的经营者集中予以放行。

至于有利影响与不利影响的考虑因素，我国《反垄断法》第33条进行了列举，包括市场份额、市场控制力，市场集中度，以及经营者集中对市场进入、技术进步、消费者、其他经营者和对国民经济发展的影响等。由此可见，关于经营者集中可能产生的有利影响与不利影响需要全方位、多维度地进行考察。在对集中的有利影响和不利影响进行分别评估之后，还需要衡量有利影响是否“明显大于”不利影响。如何对

---

① 参见金善明：《反垄断法解释：规范、历史与体系》，中国社会科学出版社2018年版，第362页。

② See John Maurice Clark, *Towards a Concept of Workable Competition*, 2 American Economic Review 30 (1940).

多维度的影响进行比较，得出“明显大于”的结论，属于反垄断执法机构的自由裁量权范围，也考验着反垄断执法机构的实践智慧。

证明集中符合社会公共利益这一抗辩理由的理论基础是公共利益理论。在多元的社会背景之下，为了整合各种形态的特殊利益，代表公共利益的国家借助法律的形式，建立起一种法律秩序，使其对社会的控制和管理合法化，这就是公共利益法律化的进程。① 根据公共利益理论，在特殊情况下，市场竞争机制需要让步于公共利益。然而，由于公共利益本身就是一个较宽泛的概念，加之社会福祉、社会福利等概念与之相近，这在很大程度上导致反垄断法中社会公共利益这一抗辩理由的适用弹性极大。一方面，可以增强经营者集中审查的灵活性；另一方面，也会影响经营者集中审查的确定性，易使该条款被空置或被滥用。

值得一提的是，《反垄断法》所规定的适用除外制度与《反垄断法》所规定的豁免制度常常容易混淆，故而有必要在此进行区分。两者在含义上存在区别。适用除外制度是指，《反垄断法》不约束特定领域的垄断行为，此处的特定领域主要有知识产权和农业。豁免制度是指，在对垄断行为进行全面分析，得出垄断行为带来的后果利大于弊的结论后，再允许该垄断行为的实施。可以看出，适用除外制度与豁免制度之间最明显的差距就是，一个是排除了反垄断法的适用，另一个是反垄断法适用的结果。

四、学术讨论

（一）经营者集中审查标准的完善路径

我国经营者集中审查究竟采取何种标准更佳，理论界的认识并不统一。但多数研究都认为本条有关经营者集中审查标准的规定存在名不副实的问题。因为，无论采取怎样的方式，经营者集中至少在形式上都会导致参与市场竞争的经营者的数量减少，或多或少都会对相关市场产生排除、限制竞争效果。按照本条的规定，这些经营者集中都应该被国务院反垄断执法机构禁止。② 以诺贝丽斯公司收购爱励公司股权案为例，在对该案件进行审查的过程中，国家市场监督管理总局将此项经营者集中可能具有排除、限制竞争效果的意见告知申报方，并与申报方就如何减少此项经营者集中对竞争产生的不利影响等有关问题进行了多轮商谈。经评估，申报方提交

---

① 参见倪斐：《公共利益法律化：理论、路径与制度完善》，载《法律科学（西北政法大学学报）》2009年第6期。

② 参见李华武：《我国并购反垄断豁免的实体规则体系：理论阐释与实证研究》，载《湖北社会科学》2019年第3期。

的限制性条件建议最终稿可以减少此项经营者集中对竞争造成的不利影响,国家市场监督管理总局决定附加限制性条件批准此项经营者集中。但"减少对竞争的不利影响"意味着对竞争仍有不利影响,属于"排除、限制竞争效果"的子集。如果严格按照《反垄断法》第34条的规定,该案件的处理过程中应论证该项经营者集中对竞争的有利影响大于不利影响,国家市场监督管理总局作出不予禁止的决定后,再决定附加减少集中对竞争产生不利影响的限制性条件。可惜的是,在我国经营者集中公告中,并未体现这一过程。分析此种情况可能的原因:一是因为在竞争评估中比较权衡有利影响与不利影响时存在论证困难;二是因为经营者集中审查标准在立法上的表述原则性较强,使应当被禁止的经营者集中范围被扩大。据此,有学者建议将"经营者集中具有或者可能具有排除、限制竞争效果"改为"经营者集中具有或者可能具有实质性损害市场竞争效果",或者改为"经营者集中具有或者可能具有严重妨碍市场竞争效果"。①

有学者对其他反垄断司法辖区经营者集中审查标准进行了研究。有学者建议,通过立法将"自由裁量模式"改变为"法定支持模式",并通过立法直接将经营者能够证明该集中对竞争产生的有利影响明显大于不利影响改为经营者能够证明该集中有助于提高经济运行效率或者维护消费者利益。② 还有学者提出,我国应进一步明确经营者集中审查标准,在审查经营者集中时,考虑的因素至少应包括市场进入、技术进步(效率)、买方力量以及濒临破产企业。③

(二)经营者集中豁免制度的完善路径

无论是竞争影响抗辩,还是公共利益抗辩,在立法上都具有表意模糊的特点。因此,完善与之配套的实施机制,提高反垄断执法的透明度,势所必须。

在竞争影响抗辩中,我国反垄断执法机构对市场竞争影响的判断,一般会考虑市场份额、市场控制力、市场集中度,以及经营者集中对市场进入、技术进步、消费者、其他经营者和国民经济发展的影响。有学者以国际视野对经营者集中审查过程中的消费者福利进行研究,认为反垄断法在经营者集中规制中虽然没有单独确立消费者利益标准,但在执法实践中消费者利益标准已成为竞争影响抗辩的要件,并对

---

① 刘桂清:《经营者集中实体审查制度的立法不足与修订完善》,载《南海法学》2020年第6期。

② 参见丁茂中:《论我国经营者集中控制制度的立法完善》,载《法商研究》2020年第2期。

③ 参见李华武:《我国并购反垄断豁免的实体规则体系:理论阐释与实证研究》,载《湖北社会科学》2019年第3期

效率主张起到限制、矫正作用。[①] 还有学者从市场集中度方面进行分析，认为我国应当合理设定测量方法临界值和变化值，在体现多方效应的案例中加强对赫芬达尔—赫希曼指数的适用。[②]

在公共利益抗辩中，有学者对其本质进行解读，认为从公共政策角度诠释，公共利益抗辩实际就是在个案中竞争政策向其他经济、社会、文化、环保等政策特别是产业政策的妥协和让步，代表其他公共政策和社会目标对反垄断制度的渗透。[③] 对于公共利益的立法模式，国际上有列举式和概括式两种，概括式以德国为代表，列举式以日韩为代表，多数国家采取的是列举式。[④] 学者们多从准确定位公共利益、以开放的方式明确公共利益类型方面着手。这是因为，作为一种抗辩理由，有必要对公共利益的范围予以明确，以完善抗辩规则的实施。有学者研究了英国公共利益司法审查，英国通常依据“八项门径”和一个“附属标准”进行，如果某种行为满足“八项门径”之一且满足“附属标准”，那么该行为就可以被认为符合公共利益。[⑤] 在我国，多数学者认为，公共利益抗辩中的“公共利益”一词指的是，除竞争利益外，社会绝大多数成员的利益总和。而且此处的社会公共利益内涵较广泛，并不总是限定于经济利益，还涉及国家安全、产业发展、环境保护、就业状况等非经济利益。还有学者提出，完善公共利益抗辩的程序设计，要将公共利益的维护落到实处，需要积极推进各利益主体的参与，健全听证会制度。首先，保障听证参与人的辩论权和参与权；其次，加强听证过程及结果的公开。[⑥]

也有学者对我国经营者集中豁免制度提出了修改意见，认为经营者集中的抗辩理由包括国民经济发展及社会公共利益、破产企业两项，竞争影响不宜作为抗辩理由。[⑦]

---

① 参见张永忠：《反垄断法中的消费者福利标准：理论确证与法律适用》，载《政法论坛》2013 年第 3 期。

② 参见王继荣：《合并审查中市场集中度测量的经济和法律分析》，载《当代法学》2016 年第 3 期。

③ 参见刘桂清：《反竞争经营者集中的公共利益辩护：路径选择与制度建构》，载《政法论坛》2016 年第 5 期。

④ 参见陈柏言：《法理视野中公共利益之边界》，载《学术探索》2011 年第 5 期。

⑤ “八项门径”包括一般消费者利益、经营者利益、就业和出口等。参见黄洁：《反垄断法视域下的公共利益探究》，载《新疆社科论坛》2016 年第 4 期。

⑥ 参见叶明、梁静：《我国互联网领域经营者集中反垄断审查的不足与改进》，载《西南政法大学学报》2021 年第 1 期。

⑦ 参见刘桂清：《经营者集中实体审查制度的立法不足与修订完善》，载《南海法学》2020 年第 6 期。

第三十五条 附条件批准经营者集中

一、条文

> **第三十五条 对不予禁止的经营者集中,国务院反垄断执法机构可以附加减少集中对竞争产生不利影响的限制性条件。**

【条文主旨】本条规定了附条件批准经营者集中制度。

二、立法理由

附条件批准经营者集中制度,也被称为经营者集中救济制度,其在经营者集中控制中具有重要作用,主要体现在两个方面:一是修正经营者集中交易的结果,消除集中可能导致的竞争损害,从而维护市场的有效竞争;二是维持市场竞争的同时实现集中带来的经济利益,包括参与集中方的效率收益和全社会的福利收益,进而得到比直接禁止或者无条件批准更好的结果。[①] 因此,有必要在立法上确立该项制度。

三、条文解读

本条对附条件批准经营者集中制度作了原则性规定,明确了该制度的适用前提和目标,分别是"不予禁止的经营者集中"和通过附加限制性条件"减少集中对竞争产生不利影响"。

(一)关于附条件批准经营者集中的前提

根据《反垄断法》第 35 条的规定,附条件批准经营者集中的对象是"不予禁止的经营者集中",对此不应理解为所有经审查不予禁止的经营者集中,而应理解为根据《反垄断法》第 34 条规定不予禁止的经营者集中。理由如下:首先,无条件批准的经营者集中审查决定,针对不具有排除、限制竞争效果的经营者集中,其中虽然也包括具有一定程度但可接受的竞争损害的情形,但这类集中明显不属于附条件批准经营者集中的对象,不能对其附加限制性条件。其次,虽然经营者能够根据《反垄断法》第 34 条的规定,举证证明"该集中对竞争产生的有利影响明显大于不利影响,或者符合社会公共利益",但是该集中毕竟具有或者可能具有排除、限制竞争效果,反垄断执法机构可以对其附加限制性条件以减少竞争损害。因此,附条件批准经营者集中的前提是该集中具有或者可能具有排除、限制竞争效果,但反垄断执法机构依据《反垄断法》第 34 条不予禁止。

---

① 参见吴振国:《〈中华人民共和国反垄断法〉解读》,人民法院出版社 2007 年版,第 494 页。

（二）关于附条件批准经营者集中的目标

根据《反垄断法》第 35 条的规定，反垄断执法机构附加的限制性条件应当能够“减少集中对竞争产生的不利影响”。实践中，附条件批准经营者集中可能导致相关市场的竞争水平发生如下 3 种变化：一是集中前后的竞争水平基本保持一致；二是集中后的竞争水平略微有所降低；三是集中后的竞争水平有所提高。前两种变化可以被认为是附条件批准经营者集中维持了相关市场的竞争水平，而后一种变化表明附条件批准经营者集中实际上促进了相关市场的竞争。尽管《反垄断法》第 35 条并未明确规定“减少集中对竞争产生的不利影响”的程度，但“减少”意味着附条件批准经营者集中至少不应要求附加的限制性条件必须提高相关市场的竞争水平，而只需维持或基本维持相关市场的竞争水平即可。[①] 因此，维持相关市场的竞争水平应是附条件批准经营者集中的目标。

将维持相关市场的竞争水平作为附条件批准经营者集中的目标意味着，反垄断执法机构与参与集中的经营者在对限制性条件的设计进行商谈的过程中应当遵循比例原则。一方面，为了保护参与集中的经营者的合法权益，防止反垄断执法机构滥用权力，附加的限制性条件必须与解决竞争关切紧密相关，不能无限扩大限制性条件的范围。[②] 另一方面，尽管参与集中的经营者作为“理性人”，一般不会主动提出超出解决竞争关切需要的承诺方案，但不排除在某些情况下，经营者为尽快完成集中而提出过于严格的承诺方案。因此，反垄断执法机构在评估承诺方案的有效性时应注意其是否合比例。

（三）关于限制性条件的类型及应用

在《经营者集中审查暂行规定》中，限制性条件的类型包括结构性条件、行为性条件以及二者相结合的综合性条件。

首先，关于结构性条件，一般是指旨在恢复相关市场竞争结构的一次性救济措施。[③] 剥离是结构性条件的典型形式，是指将集中当事方所拥有的资产（包括有形资产和知识产权等无形资产）或者相关权益等出售或转让，以增强已有竞争者的竞争力或创造一个新的竞争者。实践中，结构性条件一般适用于可能导致单边效应的

---

① 参见叶军：《经营者集中附条件研究——欧美反垄断法律移植和中国本土化经验》，法律出版社 2022 年版，第 127 页。

② 参见全国人大常委会法制工作委员会经济法室编：《〈中华人民共和国反垄断法〉条文说明、立法理由及相关规定》，北京大学出版社 2007 年版，第 203 页。

③ 参见吴振国：《〈中华人民共和国反垄断法〉解读》，人民法院出版社 2007 年版，第 497 页。

横向集中(详见表4－3)。以附加限制性条件批准环球晶圆股份有限公司收购世创股份有限公司股权案为例,因为参与集中方在区熔晶圆业务上横向重叠,该集中可能导致相关市场的竞争损害,因此反垄断执法机构要求剥离环球晶圆的区熔晶圆业务。同时,为保证剥离业务的有效性,反垄断执法机构要求剥离环球晶圆该业务所有有形资产和无形资产;所有协议、租约、承诺和客户订单;所有客户、信贷及其他记录等维持该业务运营、确保该业务存续和竞争性所必需的全部资产及人员。①

其次,关于行为性条件,一般是指通过限制集中后实体的某些竞争行为,从而维持相关市场有效竞争的持续性救济措施。② 行为性条件可以解决某些结构性条件不能有效解决的竞争关切,比如针对封闭型的竞争关切,行为性条件可以直接通过开放网络或者平台等基础设施、许可关键技术(包括专利、专有技术或者其他知识产权)等措施加以解决。例如,在附加限制性条件批准谷歌收购摩托罗拉移动经营者集中案中,我国反垄断执法机构认定安卓系统在移动智能终端操作系统市场占据市场支配地位,且预计在未来相当一段时间内将继续维持和巩固。因此,反垄断执法机构要求谷歌在免费和开放的基础上继续许可安卓平台。③ 实践中,行为性条件一般适用于可能导致封锁效应的非横向集中(详见表4－3)。以附加限制性条件批准高意股份有限公司收购相干公司股权案为例,集中双方具有纵向关系,反垄断执法机构经审查认为该集中可能对上、下游相关市场产生排除、限制竞争效果,具体体现为:集中后实体可以通过拒绝交易等方式,排挤上游竞争对手;集中后实体可以通过拒绝交易、差别待遇、收取不合理高价、降低服务质量以及滥用下游客户竞争性敏感信息谋取不正当竞争优势等方式,排挤下游竞争对手。为解决上述竞争关切,反垄断执法机构要求集中后的实体:一是继续履行现有涉及上、下游相关市场的供应和采购合同;二是依据公平、合理、无歧视原则,继续供应和采购相关商品,且不得实施差别待遇;三是承诺对下游客户的竞争性敏感信息采取保护措施,包括签署保密协

---

① 参见国家市场监督管理总局:《关于附加限制性条件批准环球晶圆股份有限公司收购世创股份有限公司股权案反垄断审查决定的公告》,载国家市场监督管理总局反垄断执法二司网站,https://www.samr.gov.cn/fldes/tzgg/ftj/202204/t20220424_342164.html。

② 参见吴振国:《〈中华人民共和国反垄断法〉解读》,人民法院出版社2007年版,第497页。

③ 参见商务部:《关于附加限制性条件批准谷歌收购摩托罗拉移动经营者集中反垄断审查决定的公告》,载原商务部反垄断局网站2012年5月19日,http://fldj.mofcom.gov.cn/article/ztxx/201205/20120508134324.shtml。根据该审查决定,“安卓平台是指用于移动设备的当前及未来版本的开源软件堆栈,包括以目前发布于http://code.google.com/android/的形式存在的且在义务期内的(除非这些义务被修改或解除)于该网站或后继网站上可获得的操作系统、中间件及关键开源应用程序在内”。

议以及对敏感信息设置信息屏障等。①

此外,反垄断执法机构可以根据案件具体情况,综合适用结构性条件和行为性条件(详见表4-3),以解决集中可能导致的竞争关切。

表4-3　我国附条件批准经营者集中案件的集中类型和限制性条件类型统计

序号	案件名称	集中类型	结构性条件	行为性条件
1	英博集团公司收购AB公司案	横向	—	√
2	日本三菱丽阳公司收购璐彩特国际公司案	横向、纵向	√	√
3	美国通用汽车有限公司收购美国德尔福公司案	纵向	—	√
4	美国辉瑞公司收购美国惠氏公司案	横向	√	—
5	松下公司收购三洋公司案	横向	√	√
6	诺华股份有限公司收购爱尔康公司案	横向	—	√
7	乌拉尔开放型股份公司吸收合并谢尔维尼特开放型股份公司案	横向	—	√
8	佩内洛普有限责任公司收购萨维奥纺织机械股份有限公司案	横向	√	—
9	通用电气(中国)有限公司与中国神华煤制油化工有限公司设立合营企业案	纵向	—	√
10	希捷科技公司收购三星电子有限公司硬盘驱动器业务案	横向	—	√
11	汉高香港与天德化工组建合营企业案	纵向	—	√
12	西部数据收购日立存储案	横向	√	√
13	谷歌收购摩托罗拉移动案	纵向	—	√
14	联合技术收购古德里奇案	横向	√	—
15	沃尔玛公司收购纽海控股33.6%股权案	混合	—	√
16	安谋公司、捷德公司和金雅拓公司组建合营企业案	纵向	—	√

① 参见国家市场监督管理总局:《关于附加限制性条件批准高意股份有限公司收购相干公司股权案反垄断审查决定的公告》,载国家市场监督管理总局反垄断执法二司网站,https://www.samr.gov.cn/fldes/tzgg/ftj/202206/t20220628_348220.html。

续表

序号	案件名称	集中类型	结构性条件	行为性条件
17	嘉能可国际公司收购斯特拉塔公司案	横向、纵向	√	√
18	丸红公司收购高鸿公司100%股权案	横向	—	√
19	美国百特国际有限公司收购瑞典金宝公司案	横向	√	√
20	联发科技股份有限公司吸收合并开曼晨星半导体公司案	横向	—	√
21	赛默飞世尔科技公司收购立菲技术公司案	横向	√	√
22	微软收购诺基亚设备和服务业务案	纵向	—	√
23	默克公司收购安智电子材料公司案	混合	—	√
24	科力远、丰田中国、PEVE、新中源、丰田通商拟设立合营企业案	横向、纵向	—	√
25	诺基亚收购阿尔卡特朗讯股权案	横向	—	√
26	恩智浦收购飞思卡尔全部股权案	横向	√	—
27	百威英博啤酒集团收购英国南非米勒酿酒公司股权案	横向	√	—
28	雅培公司收购圣犹达医疗公司股权案	横向	√	—
29	陶氏化学公司与杜邦公司合并案	横向	√	√
30	博通有限公司收购博科通讯系统公司股权案	纵向、混合	—	√
31	惠普公司收购三星电子有限公司部分业务案	横向	—	√
32	加阳公司与萨斯喀彻温钾肥公司合并案	横向	√	√
33	马士基航运公司收购汉堡南美船务集团股权案	横向、纵向	—	√
34	日月光半导体制造股份有限公司收购矽品精密工业股份有限公司股权案	横向	—	√
35	贝克顿—迪金森公司与美国巴德公司合并案	横向	√	—

续表

序号	案件名称	集中类型	结构性条件	行为性条件
36	拜耳股份公司收购孟山都公司股权案	横向、纵向	√	√
37	依视路国际与陆逊梯卡集团合并案	横向、纵向、混合	—	√
38	林德集团与普莱克斯公司合并案	横向、纵向	√	√
39	联合技术公司收购罗克韦尔柯林斯公司股权案	横向、混合	√	√
40	科天公司收购奥宝科技有限公司股权案	纵向、混合	—	√
41	卡哥特科集团收购德瑞斯集团部分业务案	横向	—	√
42	高意股份有限公司收购菲尼萨股份有限公司股权案	横向、纵向、混合	—	√
43	浙江花园生物高科股份有限公司与皇家帝斯曼有限公司新设合营企业案	横向、纵向	—	√
44	诺贝丽斯公司收购爱励公司股权案	横向	√	√
45	丹纳赫公司收购通用电气医疗生命科学生物制药业务案	横向	√	√
46	英飞凌科技公司收购赛普拉斯半导体公司股权案	横向、混合	—	√
47	英伟达公司收购迈络思科技有限公司股权案	纵向、混合	—	√
48	采埃孚股份有限公司收购威伯科控股公司股权案	横向、纵向、混合	—	√
49	思科系统公司收购阿卡夏通信公司股权案	纵向、混合	—	√
50	丹佛斯公司收购伊顿股份有限公司部分业务案	横向	√	—
51	伊利诺斯工具制品有限公司收购美特斯系统公司股权案	横向	—	√
52	SK 海力士株式会社收购英特尔公司部分业务案	横向	—	√

续表

序号	案件名称	集中类型	结构性条件	行为性条件
53	环球晶圆股份有限公司收购世创股份有限公司股权案	横向	√	√
54	超威半导体公司收购赛灵思公司股权案	混合	—	√
55	高意股份有限公司收购相干公司股权案	横向、纵向	—	√
56	上海机场(集团)有限公司与东方航空物流股份有限公司新设合营企业案	横向、纵向	—	√
57	大韩航空公司收购韩亚航空株式会社股权案	横向	√	√

注:表中的横杠"—"是指该案没有对应的限制性条件,表中的钩号"√"是指该案有对应的限制性条件。

(四)关于附条件批准经营者集中的程序步骤及实施机制

第一,因为附条件批准经营者集中是反垄断执法机构和参与集中的经营者均可接受的解决方案,因此其需要遵循一定的程序步骤。根据《经营者集中审查暂行规定》,首先,反垄断执法机构需要将其对经营者集中的竞争关切及时告知经营者,并与经营者就如何减少此项经营者集中对竞争产生的不利影响等有关问题进行商谈。其次,反垄断执法机构对经营者提出的承诺方案的有效性、可行性和及时性进行评估,以确定最终的限制性条件。由参与集中的经营者提交附加限制性条件的承诺方案主要是考虑到其作为相关市场的竞争者,对如何解决竞争关切比较了解,其提供的承诺方案往往最具可执行性。① 但参与集中的经营者出于自身利益的考量,可能会提出相对宽松的承诺方案,这就需要反垄断执法机构按照相应的评估标准对承诺方案进行把关。有效性意味着该承诺方案必须能够有效解决竞争关切。可行性和及时性可以认为是有效性的内在要求,如果承诺方案理论上能够消除集中对竞争的不利影响,但不具有现实可操作性和及时性,例如,现实中难以找到或者短时间内难以找到剥离业务的买方,则其实质上并不能有效解决竞争关切。

第二,附条件批准经营者集中制度目标的实现,还有赖于限制性条件的有效实施。附条件批准经营者集中制度的实施机制包括执行保障机制、监督机制以及变更

① 参见叶军:《经营者集中附条件研究——欧美反垄断法律移植和中国本土化经验》,法律出版社2022年版,第150页。

与解除机制等。执行保障机制是指保障限制性条件有效执行的程序机制,包括买家前置规则、“皇冠宝石”规则等。买家前置规则,顾名思义,是指事先采取措施确定买方,以确保成功进行业务剥离,主要是为解决业务剥离实施中的不确定问题。① 在附加限制性条件批准恩智浦收购飞思卡尔全部股权案中,我国商务部的审查决定与美国联邦贸易委员会的审查决定一致,均要求恩智浦完全剥离其射频功率晶体管业务,并按协议向北京建广出售上述业务。② “皇冠宝石”规则是指当承诺方案存在不能实施的风险时,参与集中的经营者需要提出比首选方案更严格的备选方案。此外,还有相关法律法规没有规定,但在实践中已经适用的先行修正规则、分持规则等。监督机制是指反垄断执法机构通过委托监督受托人或者自行对经营者履行限制性条件的行为进行监督。变更与解除机制是指反垄断执法机构可以基于市场经济的发展变化,主动或者应履行限制性条件的经营者的申请,变更或者解除限制性条件。

四、学术讨论

在《反垄断法》修订审议期间,2007 年《反垄断法》第 29 条的内容在数个修订草案版本中均未有任何修改,最终得以完全保留为 2022 年《反垄断法》第 35 条。但理论和实务界对《反垄断法》第 35 条的规定仍有如下讨论。

(一)关于限制性条件的提出主体

《反垄断法》第 35 条规定了国务院反垄断执法机构是附加限制性条件的决定主体,并未明确限制性条件的提出主体。有学者认为,《反垄断法》第 35 条的规定容易引发附加限制性条件的动议由国务院反垄断执法机构提起的误解,这可能导致选择性执法和潜在的赔偿风险。此处的选择性执法是指,国务院反垄断执法机构可以对任一具有或者可能具有排除、限制竞争效果的经营者集中提起附加限制性条件的动议。而潜在的赔偿风险是指,经营者因履行其被附加的限制性条件而导致破产等严重问题时,可以要求国务院反垄断执法机构赔偿。③ 参与集中的经营者作为限制性条件的提出主体,在我国和欧盟等司法辖区的理论和实务界已形成共识。因此,在《反垄断法》修订期间,有学者曾提出了针对本条的修改建议,认为应将本条调整为

---

① 参见袁日新:《经营者集中救济法律制度研究》,法律出版社 2017 年版,第 207 页。

② 参见商务部:《关于附加限制性条件批准恩智浦收购飞思卡尔全部股权案经营者集中反垄断审查决定的公告》,载原商务部反垄断局网站 2015 年 11 月 27 日,http://fldj.mofcom.gov.cn/article/ztxx/201511/20151101196182.shtml。

③ 参见丁茂中:《论我国经营者集中控制制度的立法完善》,载《法商研究》2020 年第 2 期。

如下内容:对不予禁止的经营者集中,国务院反垄断执法机构可以根据经营者提出的承诺,附加减少集中对竞争产生不利影响的限制性条件。[①]

在上述修订建议中,一方面,限制性条件的提出主体被明确为参与集中的经营者,这就消除了容易被误解为国务院反垄断执法机构率先提出限制性条件动议的担忧;另一方面,"国务院反垄断执法机构可以附加限制性条件"被修正为"国务院反垄断执法机构可以根据经营者提出的承诺,附加限制性条件",体现了附条件批准经营者集中是反垄断执法机构和参与集中的经营者相互接受的解决方案。

(二)关于附条件批准经营者集中的现状和问题

截至2022年12月底,我国反垄断执法机构附条件批准经营者集中共计57件。按照时间纵向考察上述57件对经营者集中附条件批准的决定,可以明显看出,决定中分析论证的部分越来越翔实,附加的限制性条件也越来越具有针对性。横向比较域外对相同案件的审查,在部分案件中,我国反垄断执法机构顶住压力,对域外无条件批准集中的案件,依据审查标准附条件批准。总体而言,我国在附条件批准经营者集中领域取得了可喜的成绩,但仍存在可进一步完善的地方,主要体现在以下两个方面:

首先,附条件批准经营者集中的原则有待进一步明确。附条件批准经营者集中的原则是贯穿于各个环节的基本准则,是实现附条件批准经营者集中目标的重要保证。因此,明确能够全面、客观和准确反映附条件批准经营者集中要求的原则,对附条件批准经营者集中制度的具体运作具有重要意义。[②] 目前,我国只在《经营者集中审查暂行规定》中要求市场监督管理总局对承诺方案的有效性、可行性和及时性进行评估,但对于上述"有效性""可行性""及时性"的内涵并未作进一步的阐释。除此之外,附条件批准经营者集中的原则还应包括比例原则、透明原则等。[③] 因此,建议我国未来在修订《经营者集中审查暂行规定》或者发布附条件批准经营者集中指南时,明确规定我国附条件批准经营者集中的适用应当坚持的各项原则,以确保附条件批准经营者集中制度的有效实施。

其次,限制性条件的选择态度不够明晰。大多数国家和地区对附加的限制性条

① 参见时建中主编:《〈中华人民共和国反垄断法〉专家修改建议稿及详细说明》,中国政法大学出版社2020年版,第116页。

② 参见袁日新:《经营者集中救济法律制度研究》,法律出版社2017年版,第200页。

③ 参见王炳:《反垄断法中的经营者集中附条件许可问题研究:争议与反思》,中国政法大学出版社2015年版,第90~101页。

件存在选择偏好。[①] 实践中,我国反垄断执法机构偏好行为性条件,即使在横向集中的案件中也是如此。但我国并未在制度层面阐明对限制性条件选择的基本态度,不利于提高附条件批准经营者集中的指引性和确定性。因此,建议我国未来在修订《经营者集中审查暂行规定》或者发布附条件批准经营者集中指南时,对限制性条件的选择作出明确指引。具体而言,可以针对不同的集中类型(横向集中与非横向集中)、不同的竞争损害(单边效应、协调效应以及封锁效应),阐明一般采取何种类型的限制性条件。

第三十六条　审查决定的公布

一、条文

第三十六条　国务院反垄断执法机构应当将禁止经营者集中的决定或者对经营者集中附加限制性条件的决定,及时向社会公布。

【条文主旨】本条规定了经营者集中的审查结果应当公开。

二、立法理由

在我国,行政公开是基本原则,不公开限于例外情形。行政公开原则要求行政主体在行使行政权力的过程中,将行政权力运行的依据、过程和结果向行政相对人和社会公众公开,使其有效参与和监督行政权力的运行。[②]《中华人民共和国行政许可法》第5条规定:"行政许可的实施和结果,除涉及国家秘密、商业秘密或者个人隐私的外,应当公开。"一般认为,经营者集中反垄断审查性质上属于具体行政行为中的行政审批,进一步细化则属于其中的行政许可。[③] 因此,经营者集中反垄断审查的结果应当公开,接受社会监督。

由于国务院反垄断执法机构作出的禁止经营者集中的决定和对经营者集中附加限制性条件的决定,不仅涉及参与集中的经营者的利益,还对其他经营者和消费者的利益具有重要影响,为确保这两种决定的科学性和合理性,《反垄断法》第36条

---

① 参见王炳:《反垄断法中的经营者集中附条件许可问题研究:争议与反思》,中国政法大学出版社2015年版,第288页。

② 参见周佑勇:《行政法基本原则研究》(第2版),法律出版社2019年版,第233页。

③ 参见叶军:《经营者集中附条件研究——欧美反垄断法律移植和中国本土化经验》,法律出版社2022年版,第134页。2018年9月29日修订的《经营者集中反垄断审查办事指南》也明确指出,经营者集中反垄断审查事项属于行政许可。

规定必须公开,并及时向社会公布。这一规定有助于保护集中相关方的合法权益,帮助经营者理解和把握我国经营者集中反垄断审查的标准,增强反垄断执法的透明度。①

三、条文解读

根据本条的规定,国务院反垄断执法机构应当将其分别依据《反垄断法》第 34 条和第 35 条作出的"禁止经营者集中的决定"和"对经营者集中附加限制性条件的决定","及时向社会公布"。

(一)关于经营者集中反垄断审查决定的公开范围

国务院反垄断执法机构依据《反垄断法》审查经营者集中,其作出的决定主要有 4 种,分别是不实施进一步审查的决定、不禁止经营者集中的决定、禁止经营者集中的决定和对经营者集中附加限制性条件的决定。前两种一般统称无条件批准经营者集中的决定。《反垄断法》第 36 条并未将上述 4 种决定全部纳入公开范围,而是仅规定了后两种"禁止经营者集中的决定"和"对经营者集中附加限制性条件的决定"要公开。

首先,关于"禁止经营者集中的决定",它是指经营者集中经审查具有或者可能具有排除、限制竞争效果,参与集中的经营者不能证明该集中对竞争产生的有利影响明显大于不利影响,或者符合社会公共利益,且未能提交经评估可以有效减少集中对竞争造成的不利影响的承诺方案,国务院反垄断执法机构依据《反垄断法》第 34 条作出禁止该项经营者集中的决定。截至 2022 年 12 月底,国务院反垄断执法机构(包括机构改革前负责经营者集中反垄断审查工作的原商务部反垄断局和当前负责经营者集中反垄断审查工作的国家市场监督管理总局国家反垄断局)通过其网站,共计公开"禁止经营者集中的决定"3 项(详见表 4－4)。公开的内容主要包括 6 个部分,分别是立案和审查程序、案件的基本情况、相关市场的界定、根据 2007 年《反垄断法》第 27 条(现为 2022 年《反垄断法》第 33 条)所作的竞争分析、附加限制性条件的商谈以及最终的审查决定。

---

① 参见全国人大常委会法制工作委员会经济法室编:《〈中华人民共和国反垄断法〉条文说明、立法理由及相关规定》,北京大学出版社 2007 年版,第 207 页。

表 4－4　我国公开的禁止经营者集中案件

序号	发布日期	案件名称
1	2009 年 3 月 18 日	可口可乐公司收购中国汇源公司案
2	2014 年 6 月 17 日	马士基、地中海航运、达飞设立网络中心案
3	2021 年 7 月 10 日	虎牙公司与斗鱼国际控股有限公司合并案

资料来源：原商务部反垄断局网站 http://fldj. mofcom. gov. cn/article/ztxx/和国家市场监督管理总局反垄断执法二司网站 https://www. samr. gov. cn/fldes/tzgg/ftj/。

其次，关于"对经营者集中附加限制性条件的决定"，它是指一项经营者集中经审查具有或者可能具有排除、限制竞争效果，但经营者能够提交经评估可以有效减少集中对竞争造成的不利影响的承诺方案，国务院反垄断执法机构基于该承诺方案，依据《反垄断法》第 35 条作出对该项经营者集中附加限制性条件的决定。截至 2022 年 12 月底，国务院反垄断执法机构通过其网站，共计公开"对经营者集中附加限制性条件的决定"57 项（详见表 4－5）。和禁止经营者集中的决定一样，对经营者集中附加限制性条件的决定的公开内容也主要包括 6 个部分，分别是立案和审查程序、案件的基本情况、相关市场的界定、根据 2007 年《反垄断法》第 27 条（现为 2022 年《反垄断法》第 33 条）所作的竞争分析、附加限制性条件的商谈以及最终的审查决定。但除此之外，对经营者集中附加限制性条件的决定还会同时公开经营者最终提交的非保密版的附加限制性条件承诺方案。

表 4－5　我国公开的附条件批准经营者集中案件

序号	发布日期	案件名称
1	2008 年 11 月 18 日	英博集团公司收购 AB 公司案
2	2009 年 4 月 24 日	日本三菱丽阳公司收购璐彩特国际公司案
3	2009 年 9 月 28 日	美国通用汽车有限公司收购美国德尔福公司案
4	2009 年 9 月 29 日	美国辉瑞公司收购美国惠氏公司案
5	2009 年 10 月 30 日	松下公司收购三洋公司案
6	2010 年 8 月 13 日	诺华股份有限公司收购爱尔康公司案
7	2011 年 6 月 2 日	乌拉尔开放型股份公司吸收合并谢尔维尼特开放型股份公司案
8	2011 年 10 月 31 日	佩内洛普有限责任公司收购萨维奥纺织机械股份有限公司案

续表

序号	公告日期	案件名称
9	2011 年 11 月 10 日	通用电气(中国)有限公司与中国神华煤制油化工有限公司设立合营企业案
10	2011 年 12 月 12 日	希捷科技公司收购三星电子有限公司硬盘驱动器业务案
11	2012 年 2 月 10 日	汉高香港与天德化工组建合营企业案
12	2012 年 3 月 2 日	西部数据收购日立存储案
13	2012 年 5 月 19 日	谷歌收购摩托罗拉移动案
14	2012 年 6 月 15 日	联合技术收购古德里奇案
15	2012 年 8 月 14 日	沃尔玛公司收购纽海控股 33.6% 股权案
16	2012 年 12 月 6 日	安谋公司、捷德公司和金雅拓公司组建合营企业案
17	2013 年 4 月 16 日	嘉能可国际公司收购斯特拉塔公司案
18	2013 年 4 月 23 日	丸红公司收购高鸿公司 100% 股权案
19	2013 年 8 月 13 日	美国百特国际有限公司收购瑞典金宝公司案
20	2013 年 8 月 27 日	联发科技股份有限公司吸收合并开曼晨星半导体公司案
21	2014 年 1 月 15 日	赛默飞世尔科技公司收购立菲技术公司案
22	2014 年 4 月 8 日	微软收购诺基亚设备和服务业务案
23	2014 年 4 月 30 日	默克公司收购安智电子材料公司案
24	2014 年 7 月 2 日	科力远、丰田中国、PEVE、新中源、丰田通商拟设立合营企业案
25	2015 年 10 月 19 日	诺基亚收购阿尔卡特朗讯股权案
26	2015 年 11 月 27 日	恩智浦收购飞思卡尔全部股权案
27	2016 年 7 月 29 日	百威英博啤酒集团收购英国南非米勒酿酒公司股权案
28	2016 年 12 月 30 日	雅培公司收购圣犹达医疗公司股权案
29	2017 年 5 月 2 日	陶氏化学公司与杜邦公司合并案
30	2017 年 8 月 22 日	博通有限公司收购博科通讯系统公司股权案
31	2017 年 10 月 5 日	惠普公司收购三星电子有限公司部分业务案
32	2017 年 11 月 6 日	加阳公司与萨斯喀彻温钾肥公司合并案
33	2017 年 11 月 8 日	马士基航运公司收购汉堡南美船务集团股权案
34	2017 年 11 月 24 日	日月光半导体制造股份有限公司收购矽品精密工业股份有限公司股权案

续表

序号	公告日期	案件名称
35	2017 年 12 月 27 日	贝克顿—迪金森公司与美国巴德公司合并案
36	2018 年 3 月 13 日	拜耳股份公司收购孟山都公司股权案
37	2018 年 7 月 25 日	依视路国际与陆逊梯卡集团合并案
38	2018 年 9 月 30 日	林德集团与普莱克斯公司合并案
39	2018 年 11 月 23 日	联合技术公司收购罗克韦尔柯林斯公司股权案
40	2019 年 2 月 20 日	科天公司收购奥宝科技有限公司股权案
41	2019 年 7 月 12 日	卡哥特科集团收购德瑞斯集团部分业务案
42	2019 年 9 月 23 日	高意股份有限公司收购菲尼萨股份有限公司股权案
43	2019 年 10 月 18 日	浙江花园生物高科股份有限公司与皇家帝斯曼有限公司新设合营企业案
44	2019 年 12 月 20 日	诺贝丽斯公司收购爱励公司股权案
45	2020 年 2 月 28 日	丹纳赫公司收购通用电气医疗生命科学生物制药业务案
46	2020 年 4 月 8 日	英飞凌科技公司收购赛普拉斯半导体公司股权案
47	2020 年 4 月 16 日	英伟达公司收购迈络思科技有限公司股权案
48	2020 年 5 月 15 日	采埃孚股份有限公司收购威伯科控股公司股权案
49	2021 年 1 月 19 日	思科系统公司收购阿卡夏通信公司股权案
50	2021 年 6 月 7 日	丹佛斯公司收购伊顿股份有限公司部分业务案
51	2021 年 11 月 18 日	伊利诺斯工具制品有限公司收购美特斯系统公司股权案
52	2021 年 12 月 22 日	SK 海力士株式会社收购英特尔公司部分业务案
53	2022 年 1 月 21 日	环球晶圆股份有限公司收购世创股份有限公司股权案
54	2022 年 1 月 27 日	超威半导体公司收购赛灵思公司股权案
55	2022 年 6 月 28 日	高意股份有限公司收购相干公司股权案
56	2022 年 9 月 14 日	上海机场(集团)有限公司与东方航空物流股份有限公司新设合营企业案
57	2022 年 12 月 26 日	大韩航空公司收购韩亚航空株式会社股权案

资料来源：原商务部反垄断局网站 http://fldj.mofcom.gov.cn/article/ztxx/和国家市场监督管理总局反垄断执法二司网站 https://www.samr.gov.cn/fldes/tzgg/ftj/。

(二)关于“及时向社会公布”

关于禁止经营者集中的决定和对经营者附加限制性条件的决定的公开期限和公开方式,《反垄断法》第36条并未明确规定。但是依据《中华人民共和国政府信息公开条例》(以下简称《政府信息公开条例》)第20条的规定,“办理行政许可和其他对外管理服务事项的依据、条件、程序以及办理结果”属于行政机关应当主动公开的政府信息。因此,上述两种决定的公开期限和公开方式应当符合《政府信息公开条例》的有关规定。

首先,关于决定的公开期限,《政府信息公开条例》第26条规定:“属于主动公开范围的政府信息,应当自该政府信息形成或者变更之日起20个工作日内及时公开。”因此,国务院反垄断执法机构需要在作出禁止经营者集中的决定或者对经营者集中附加限制性条件的决定之日起20个工作日内向社会公布。实践中,上述两类决定系以发布“公告”的形式向社会公布,且公告中通常有“本决定自公告之日起生效”的表述,公告的落款日期一般与在政府网站的发布日期一致,但也存在落款日期和发布日期不一致的情况。例如,国家市场监督管理总局关于附加限制性条件批准超威半导体公司收购赛灵思公司股权案反垄断审查决定的公告落款日期为2022年1月21日,其在政府网站上的发布日期为2022年1月27日,时间间隔为6个自然日。从文义和实践的角度来看,“本决定自公告之日起生效”中的“公告之日”指公告的发布日期而非落款日期。

其次,关于向社会公布决定的方式,《政府信息公开条例》第23条规定:“行政机关应当建立健全政府信息发布机制,将主动公开的政府信息通过政府公报、政府网站或者其他互联网政务媒体、新闻发布会以及报刊、广播、电视等途径予以公开。”实践中,国务院反垄断执法机构主要通过其网站第一时间公布其作出的禁止经营者集中的决定和对经营者集中附条件批准的决定。

四、学术讨论

(一)关于无条件批准经营者集中的决定是否应当公开

《反垄断法》第36条并未规定国务院反垄断执法机构应当将无条件批准经营者集中的决定,及时向社会公告。立法机构给出的理由是,无条件批准经营者集中的决定一般仅涉及参与集中的经营者的利益,对消费者和其他经营者的利益没有实质性的影响。[①] 这一观点值得商榷。首先,正如前述对本条立法理由的分析,经营者集中反垄断审查在性质上属于行政许可,因此审查结果一般都应当公开,以便社会有效监督行政权力的行使。其次,国务院反垄断执法机构作出的无条件批准经营者集中的决定与其他类型的决定一样,不能保证其完全正确,因此,如果不公开无条件批准经营者集中的决定,其正确性就得不到监督和评估,且受集中影响的其他经营者也会因为不能及时获得相关信息,而无法及时寻求法律救济。[②]

实践中,自2012年起国务院反垄断执法机构通过其网站向社会公告其无条件批准经营者集中的决定。一开始是按季度公布审结的无条件批准经营者集中案件,目前已改为每周公布上周审结的无条件批准经营者集中案件。但是,无条件批准经营者集中的决定的公开内容非常简单,只有案件名称、参与集中的经营者以及审结时间,因此,集中相关方和社会公众获取的信息十分有限,难以实现有效监督。相比之下,经营者集中简易案件的公示内容较丰富,包括交易概况(经营者集中的方式)、参与集中的经营者及其最终控制人、参与集中的经营者所处的相关市场及其市场份额等。这些信息基本可以帮助集中相关方和社会公众有效监督无条件批准经营者集中的决定的正确性。考虑到绝大多数经营者集中简易案件最终被无条件批准,且非简易案件需要提交的材料更多、更复杂,国务院反垄断执法机构可以要求经营者提交与《简易案件公示表》类似的《无条件批准经营者集中案件信息表》,同无条件批准经营者集中的决定一道向社会公布。如此,既不会实质性增加国务院反垄断执法机构和申报集中经营者的工作量,又能进一步提高经营者集中审查的透明度。

(二)关于本规定是否有必要修正的学术探讨

《反垄断法》第36条源于2007年《反垄断法》第30条,2020～2022年,《反垄断法》修订审议期间,本条内容在数个修订草案版本中均未修改,最终得以完全保留为《反垄断法》第36条。如前文所述,本条并未规定无条件批准经营者集中的决定必须公开,这会导致难以实现对行政权力的有效监督、难以最大限度弥补无条件批准经营者集中决定的失误。因此,有学者曾在《反垄断法》修订期间,提出了针对本条的修订建议,认为无条件批准的经营者集中案件也必须向社会公布。[③] 建议将本条调整为如下内容:

---

① 参见全国人大常委会法制工作委员会经济法室编:《〈中华人民共和国反垄断法〉条文说明、立法理由及相关规定》,北京大学出版社2007年版,第207页。

② 参见王晓晔:《我国反垄断法中的经营者集中控制:成就与挑战》,载《法学评论》2017年第2期。

③ 参见丁茂中:《论我国经营者集中控制制度的立法完善》,载《法商研究》2020年第2期。

国务院反垄断执法机构应当将审查经营者集中后作出的决定，及时向社会公布。

通过上述调整，需要公开的决定范围由“禁止经营者集中的决定”和“对经营者集中附加限制性条件的决定”扩大至“审查经营者集中后作出的决定”，即无条件批准经营者集中的决定也应当及时向社会公布，可以消除对其无法有效监督的担忧。同时，结合上文所分析的实践中无条件批准经营者集中的决定内容较为简单的问题，国务院反垄断执法机构应当通过配套制度对决定公告内容的公开程度作进一步的规定，以提高经营者集中审查的透明度。

第三十七条　经营者集中分类分级审查制度

一、条文

第三十七条　国务院反垄断执法机构应当健全经营者集中分类分级审查制度，依法加强对涉及国计民生等重要领域的经营者集中的审查，提高审查质量和效率。

【条文主旨】　本条规定了经营者集中分类分级审查制度。

二、立法理由

在我国反垄断执法资源紧张的现实背景下，考虑到实践中达到申报标准的经营者集中案件数量越来越多，且绝大部分经营者集中经反垄断执法机构审查，不会产生排除、限制竞争效果被无条件批准。因此，有必要在经营者集中反垄断审查中引入分类分级的监管理念，以优化执法资源配置，加强重要领域的经营者集中审查工作，进而提高反垄断审查质量和效率。早在 2021 年 10 月，国家市场监督管理总局发布《互联网平台分类分级指南（征求意见稿）》和《互联网平台落实主体责任指南（征求意见稿）》，这两个文件实质上体现了我国平台经济领域分类分级的监管思路。2022 年 4 月 10 日，《中共中央国务院关于加快建设全国统一大市场的意见》在“进一步规范不当市场竞争和市场干预行为”中强调“健全经营者集中分类分级反垄断审查制度”，突破了此前仅限于平台经济领域的分类分级监管理念。为有效回应中央关于加快建设全国统一大市场的决策部署，2022 年《反垄断法》修正新增第 37 条，从法律层面确立经营者集中分类分级审查制度，为后续配套规定的制定提供了法律依据。经营者集中分类分级审查制度可以说是 2022 年《反垄断法》有关经营者集中控制制度的一个重大制度创新。

三、条文解读

根据本条的规定，国务院反垄断执法机构将健全"经营者集中分类分级审查制度"，在此基础上依法加强"涉及国计民生等重要领域"的经营者集中审查工作，以"提高审查质量和效率"。

（一）关于"经营者集中分类分级审查制度"

《反垄断法》第 37 条规定的"经营者集中分类分级审查制度"，主要包括分类审查和分级审查这两个方面。所谓经营者集中分类审查，主要是指反垄断执法机构根据不同行业经营者集中的特点，分类进行审查。经营者集中分类审查有助于反垄断执法机构掌握特定行业情况，快速判断特定行业经营者集中可能导致的竞争损害，提高审查效率。事实上，我国已有反垄断分类监管的实践，例如，《国务院反垄断委员会关于原料药领域的反垄断指南》《国务院反垄断委员会关于平台经济领域的反垄断指南》《国务院反垄断委员会关于汽车业的反垄断指南》等。以《国务院反垄断委员会关于平台经济领域的反垄断指南》为例，该指南根据平台经济的发展状况、发展规律和自身特点，在申报标准、考量因素、救济措施等方面对平台经济领域的经营者集中审查作了更细致的规定，有助于增强反垄断执法的针对性和科学性。经营者集中分类审查制度不仅能降低反垄断执法成本，还能为经营者提供更明确的指引，降低其合规成本。至于分类标准，《反垄断法》第 37 条并未明确，仍有待配套制度的进一步规定。但根据国内外实践，一般是参照所在国家或地区对其国民经济行业的分类标准。① 而且同一行业仍可以进一步细分，例如，《互联网平台分类分级指南（征求意见稿）》依据平台的连接对象和主要功能，将平台进一步分为网络销售类平台、生活服务类平台、社交娱乐类平台、信息资讯类平台、金融服务类平台以及计算应用类平台等 6 大类。

所谓经营者集中分级审查，一般认为是指根据经营者集中的规模大小、是否较有可能引发竞争问题等，由不同层级的反垄断执法机构负责审理。当前，我国经营者集中反垄断审查不同于对垄断协议行为和滥用市场支配地位行为的调查，仍仅由国务院反垄断执法机构（目前是国家市场监督管理总局）负责，属于中央事权。但国务院反垄断执法机构的执法力量有限，经营者集中案件数量日益增多，有限的执法资源难以聚焦于重要领域真正可能导致竞争损害的经营者集中案件。因此，为缓解国务院反垄断执法机构的审查压力，也为发挥地方反垄断执法机构的优势和积极

① 例如，联合国《国际标准产业分类》；我国《国民经济行业分类》（GB/T 4754—2017）。

性,未来部分经营者集中案件将会下放至省级反垄断执法机构负责审理。但是,下放案件的范围仍需要国务院反垄断执法机构通过配套制度予以明确。2022 年 8 月,国家市场监督管理总局开始试点委托开展部分经营者集中案件的反垄断审查,下放案件的范围是适用经营者集中简易程序的案件;试点省级市场监督管理部门分别是北京市、上海市、广东省、重庆市、陕西省,分别负责我国华北和东北地区、华东地区、华南地区、华中和西南地区、西北地区的相关下放案件。至于地方反垄断执法机构审查经营者集中的标准,国家市场监督管理总局要求试点省级市场监督管理部门需要按照其制定的统一规则开展审查工作。①

需要注意的是,经营者分类审查和分级审查并不是割裂的,而是一种整体性的制度安排。而且,健全经营者集中分类分级审查制度还会涉及与其他经营者集中控制制度的衔接,比如经营者集中申报、审查、救济等制度。这是因为分类分级审查意味着将针对特定行业和领域设计特殊规则,会导致不同类别的经营者集中在适用经营者集中申报、审查、救济等制度方面的差异。国家市场监督管理总局按照修正后的《反垄断法》,修订《经营者集中审查暂行规定》形成的《经营者集中审查规定(征求意见稿)》也因此新增规定,"市场监管总局可以针对涉及国计民生等重要领域的经营者集中,制定具体的审查办法"。

(二)关于"依法加强涉及国计民生等重要领域的经营者集中的审查"

根据《反垄断法》第 37 条的规定,反垄断执法机构将在"健全经营者集中分类分级审查制度"的基础上,对"涉及国计民生等重要领域的经营者集中""依法加强审查"。

首先,关于"涉及国计民生等重要领域的经营者集中",其外延并不明晰,反垄断执法机构有必要尽快通过配套制度加以明确。与 2021 年 10 月发布的《中华人民共和国反垄断法(修正草案)》相比,2022 年《反垄断法》删除了对"民生、金融、科技、媒体"等具体领域的列举,而是概括规定为"涉及国计民生等重要领域"。立法机构给出的理由是:"经营者集中审查的重点领域将随着形势变化不断调整,法律只作原则

---

① 参见国家市场监督管理总局:《关于试点委托开展部分经营者集中案件反垄断审查的公告(2022 年第 23 号)》,载国家市场监督管理总局网站 2022 年 7 月 15 日,https://gkml.samr.gov.cn/nsjg/fldes/202207/t20220715_348645.html。

要求,为实践留出空间,更为积极稳妥。”[①]由此可见,2022 年《反垄断法》只是在立法表达上作了修改,《中华人民共和国反垄断法(修正草案)》列举的“民生、金融、科技、媒体”等具体领域实际上对于理解当前“涉及国计民生等重要领域的经营者集中”的规定仍具有参考意义。此外,《中共中央国务院关于加快建设全国统一大市场的意见》提出,“加强对金融、传媒、科技、民生等领域和涉及初创企业、新业态、劳动密集型行业的经营者集中审查”,以及《中国反垄断执法年度报告(2021 年)》提到,“加强和宣传、网信、发改、工信、金融等部门协同配合,统筹提升监管合力”和“重点加强医药、建材、公用事业等民生领域反垄断执法”,这些对于理解“涉及国计民生等重要领域的经营者集中”的规定都具有参考意义。总之,可以预见,未来一段时间,金融、科技、媒体以及涉及民生等领域将是经营者集中审查的重点。

其次,关于“依法加强审查”,是指国务院反垄断执法机构根据《反垄断法》及其配套制度的规定,加强经营者集中反垄断审查工作。这表明,一方面,加强审查的对象由《反垄断法》及其配套制度明确,即上文所分析的“涉及国计民生等重要领域的经营者集中”;另一方面,反垄断执法机构还应当明确在这些重要领域适用经营者集中控制制度(包括申报、审查、救济制度等)将有何差异,且这些差异不得与《反垄断法》基本制度相抵触。总之,“依法加强审查”要求提高经营者集中分类分级审查制度的预期性和确定性。

(三)关于“提高审查质量和效率”

根据《反垄断法》第 37 条的规定,“提高审查质量和效率”可以理解为“依法加强对涉及国计民生等重要领域的经营者集中的审查”的目的限定,即依法加强审查的目的既是提高重点领域经营者集中审查的质量和效率,也可以从更广泛的意义上理解为通过“健全经营者集中分类分级审查制度”,包括但不限于对重点领域的经营者集中加强审查,从而提高经营者集中审查的整体质量和效率。根据前述对本条立法理由的分析,作为 2022 年《反垄断法》修正有关经营者集中控制制度的一个重大制度创新,经营者集中分类分级审查制度的目标应当是实现经营者集中审查质量和效率的整体性提升。此外,通过质量和效率的排序可以看出,经营者集中分类分级制度应当是在保证经营者集中反垄断审查质量的前提下,提高审查的效率。

---

① 全国人民代表大会宪法和法律委员会:《关于〈中华人民共和国反垄断法(修正草案)〉审议结果的报告》,载中国人大网 2022 年 6 月 24 日,http://www.npc.gov.cn/npc/c30834/202206/850d885cacb947b5894527ef65829ff1.shtml。

四、学术讨论

2021 年《中华人民共和国反垄断法(修正草案)》新增的第 37 条规定:“国务院反垄断执法机构应当依法加强民生、金融、科技、媒体等领域经营者集中的审查。”2022 年《反垄断法》的第 37 条,删除了对具体领域的列举,改为“依法加强对涉及国计民生等重要领域的经营者集中的审查”,同时增加“健全经营者集中分类分级审查制度”以及“提高审查质量和效率”。在 2022 年《反垄断法》修正期间,针对经营者集中分级审查存在不同意见。

经营者集中分级审查,一般认为,是指国务院反垄断执法机构将规模较小、对市场竞争影响不大的经营者集中案件授权或委托省级反垄断执法机构审查,以优化执法资源配置,提高审查质量和效率。但理论界和实务界对此存在不同意见,反对意见担心分级审查将无法保证经营者集中审查标准的一致性。第十三届全国人民代表大会常务委员会第三十五次会议对《反垄断法(修正草案)》二审稿进行分组审议时,有委员建议,将“分级”审查改为“授权”审查。因为分级审查会使地方出于自身的某些考虑,做出一些不合理的监管行为。因此,可以将个案授权地方审查,而不是普遍授权地方审查与当地经营者集中相关的案件。[①] 此外,还有反对意见认为,执法资源紧张的情况可以通过增加编制等措施加以改善,将部分经营者案件分流至省级反垄断执法机构审查未必能提高审查效率。[②]

对于经营者集中分级审查还存在执法权限外的另外一种理解,即按照一定的标准将经营者划分为不同级别,属于执法内容的范畴。例如,《互联网平台分类分级指南(征求意见稿)》在综合考虑用户规模、业务种类以及限制能力等因素的基础上,将互联网平台分为超级平台、大型平台和中小平台 3 级。经营者集中分级审查意味着,未来可能会针对不同级别的经营者集中设计特殊规则。这一分级监管思路与欧盟《数字市场法》中的“守门人”制度有异曲同工之妙,大型企业可能因此受到比中小企业更严格的反垄断监管。

笔者认为,经营者集中分级审查应作执法权限层面的理解。同时,参照反垄断执法机构对垄断协议行为和滥用市场支配地位行为的调查,将部分经营者集中授权省级反垄断执法机构审查,具有必要性和合理性。但由于我国此前没有地方审查经

① 参见赵晨熙:《建立完善反垄断举报受理机制》,载《法治日报》2022 年 6 月 24 日,第 4 版。

② 参见汉坤律师事务所公司合规部:《经营者集中:分类分级审查和“停钟”制度》,载微信公众号“汉坤律师事务所”2022 年 6 月 28 日,https://mp.weixin.qq.com/s/SMRp2qZu9ikRWfIqNLuigg。

营者集中的实践，因此，可先通过局部试点，先对经营者集中进行分类，然后在保证审查标准统一的情况下，将部分相对简单的经营者集中案件交由省级反垄断执法机构负责审理。《中国反垄断执法年度报告（2021）》中也提到，“探索试点委托开展部分省级反垄断执法机构开展经营者集中审查”。2022 年，市场监督管理总局已经正式启动试点委托开展部分经营者集中案件的反垄断审查。总之，分级审查制度意味着我国将渐进式地下放部分经营者集中案件的审查权至省级反垄断执法机构，而国务院反垄断执法机构则专注于审查那些案情复杂的、可能具有重大竞争影响的经营者集中案件，以提高经营者集中反垄断审查的质量和效率。

第三十八条　国家安全审查

一、条文

第三十八条　对外资并购境内企业或者以其他方式参与经营者集中，涉及国家安全的，除依照本法规定进行经营者集中审查外，还应当按照国家有关规定进行国家安全审查。

【条文主旨】本条规定了经营者集中审查与国家安全审查的衔接制度。

二、立法理由

经济全球化程度不断提升的过程中，世界各国在着力引进外资和促进贸易自由化的同时，也非常重视外资并购对国家（地区）安全可能带来的不利影响和潜在威胁，普遍建立了针对外资并购的国家安全审查制度，以实现投资开放政策与国家安全利益的平衡。中国企业在参与海外并购过程中也经常受到所在国家（地区）的国家安全审查。例如，国产芯片巨头闻泰科技的全资子公司安世半导体收购英国最大芯片厂商威尔士新港晶圆厂时，在该项并购已经通过反垄断审查后，英国还依据《国家安全与投资法》对该项并购进行了审查。① 改革开放以来，外资引进对我国国民经济发展起到了显著的促进作用，但随着经济的不断发展和外商的持续进入，自 21 世纪以来，外资进入中国的形式和结构的变化开始影响中国经济布局、结构与稳定，部分跨国公司控制中国关键行业、敏感行业的战略意图已相当明显。② 若放任外资

① See Jim Pickard: Chinese takeover of semiconductor plant placed under review, Financial Times, 2022 - 5 - 26(2).

② 参见王先林:《竞争法学》(第 3 版)，中国人民大学出版社 2018 年版，第 282 页。

渗透和控制国民经济关键行业,无疑会给我国经济安全造成隐患。经济安全是国家安全的重要组成部分,经济领域的安全度在很大程度上决定了国家的安全度,因此,我国法律和政策有必要加强对经济领域国家安全的关注。①

我国对外商投资国家安全问题的规定始于1995年《指导外商投资方向暂行规定》,“国家经济安全”这一术语则最早见于2003年《外国投资者并购境内企业暂行规定》(已废止)②,该规定从竞争政策入手,使外资并购中涉及国家安全问题的审查过程依附于反垄断审查制度,主管部门只能从反垄断审查的角度来限制某些危害国家经济安全的外资并购行为,而对于不构成垄断却可能危害国家安全的并购无能为力。③ 但国家安全审查与反垄断审查是两种相互独立的审查制度,前者关注外资并购行为对国民经济、社会秩序、国防安全等方面的影响,而后者则着重考察企业并购是否具有或者可能具有排除、限制竞争效果,二者是从完全不同的角度来评估外资并购活动的影响,应在立法层面予以区分。④ 2007年《反垄断法》对经营者集中审查与国家安全审查的衔接制度作了规定,这既是对我国另行建立国家安全审查制度的认可,也是对经营者集中审查和国家安全审查的区分,其确立了对于“涉及国家安全”的外资并购行为所采取的“经营者集中审查 + 国家安全审查”双重审查模式⑤,对于严格把控外资并购在我国的市场准入,保护国有资产、维护国家利益有着积极意义。

三、条文解读

根据本条规定,只有“涉及国家安全”的外资并购境内企业或以其他方式参与的经营者集中,才需要在依据《反垄断法》进行经营者集中审查之外,按照国家有关规定进行国家安全审查。即本条在适用时,其主体范围限于与境内企业实施经营者集中的外国投资者;客体范围涵盖并购和以其他方式实施的经营者集中;行为范围限于“涉及国家安全”的经营者集中行为。

---

① 参见孟雁北:《反垄断法》(第2版),北京大学出版社2017年版,第222页。

② 根据《关于外国投资者并购境内企业暂行规定》第19、20条的规定,对于存在“严重影响市场竞争或国计民生和国家经济安全等重要因素”的外资并购,“外经贸部和工商管理总局认为可能造成过度集中、妨碍正当竞争、损害消费者利益的……依法决定批准或不批准”。

③ 参见彭岳:《外资并购国家安全审查中的权限配置问题:中美之间的差异及启示》,载《国际商务研究》2012年第4期。

④ 参见吴汉洪、李秀玉:《外资并购的反垄断审查和国家安全审查的比较》,载《国家行政学院学报》2008年第1期。

⑤ 参见梅宏、曹彩荣:《论我国外资并购反垄断规制立法的基本问题》,载《甘肃政法学院学报》2011年第4期。

(一)关于"涉及国家安全"

根据《国家安全法》第2条的规定,国家安全是指"国家政权、主权、统一和领土完整、人民福祉、经济社会可持续发展和国家其他重大利益相对处于没有危险和不受内外威胁的状态,以及保障持续安全状态的能力"。从上述规定看,国家安全包含国防安全、社会秩序安全、国家经济安全以及国家其他重大利益安全等,其内涵既包括没有危险和不受内外威胁的安全状态本身,又包括持续维持安全状态的能力。国家安全涵盖的范围较广,若将所有的安全类型都纳入国家安全的审查范围,一方面,会牵涉过多的审查程序和审查主体,执法成本较高;另一方面,过多、过严的审查标准不具备可预测性和可执行性,且与OECD《投资接受国与国家安全相关的投资政策指南》中所规定的可预测性原则相悖。[①] 考察域外各主要司法辖区的立法实践,国家安全审查申报标准的制定通常侧重于国防安全和经济与产业利益两方面的考量。我国也采用了类似的外商投资安全审查申报标准,2020年国家发展和改革委员会和商务部联合公布的《外商投资安全审查办法》第4条规定了外商投资应当主动申报国家安全审查的两类情形:一是只要投资关系国防安全领域,就应当在实施投资前主动申报国家安全审查;二是外商投资关系国家安全的重要领域且取得所投资企业的实际控制权。其中,"关系国家安全的重要领域"包括重要农产品、重要能源和资源、重大装备制造、重要基础设施、重要运输服务、重要文化产品与服务、重要信息技术和互联网产品与服务、重要金融服务、关键技术等领域。取得实际控制权则是指外资持有所投资企业50%以上股权;或者持有股权不足50%,但其享有的表决权能够对董事会、股东会或者股东大会的决议产生重大影响;或者其他导致外资能够对企业的经营决策、人事、财务、技术等产生重大影响的情形。

(二)关于"外资并购境内企业或者以其他方式参与的经营者集中"

对于外商投资进入中国境内的方式,《外商投资法》进行了详尽的规定,包括:(1)单独或者与其他投资者共同在中国境内设立外商投资企业;(2)取得中国境内企业的股份、股权、财产份额或者其他类似权益;(3)单独或者与其他投资者共同在中国境内投资新建项目。根据《反垄断法》的规定,经营者集中包括经营者合并、经营者通过取得股权或者资产的方式取得对其他经营者的控制权、经营者通过合同等方式取得对其他经营者的控制权或者能够对其他经营者施加决定性影响等情形。由此,对于外资参与境内经营者集中的方式,至少可以明确包括以下3类:(1)外国

① 参见黄勇、叶威:《论外资并购安全审查标准的建立》,载《河北法学》2017年第11期。

投资者与境内企业合并;(2)外国投资者通过取得股权或者资产的方式取得对境内企业的控制权;(3)外国投资者通过合同等方式取得对境内企业的控制权或者能够对境内企业施加决定性影响。值得注意的是,外国投资者取得外商投资企业的股权或资产,不应被视为外资参与境内的经营者集中,我国《关于外国投资者并购境内企业的规定》第2条对“外商投资者并购境内企业”的界定中,也明确将此种情形排除在外。[1] 而对于我国境内的外商投资企业与其他境内企业实施的经营者集中是否属于外资“以其他方式参与的经营者集中”这一问题,则须依该外商投资企业的性质确定。通常情况下,外商投资企业境内投资设立的企业属于内资企业,其与境内企业实施的经营者集中不在本条规制范围内,但外商投资的投资性公司、外商投资的创业投资公司、以投资为主要业务的外商投资合伙企业境内投资设立的企业仍属于外资企业,本条对其仍应适用。

(三)关于外资并购境内企业国家安全审查的法律依据

国家安全审查与反垄断审查相互独立,二者分别从国家安全和市场竞争两个角度出发,对外资与境内企业的经营者集中行为进行审查,《反垄断法》并非执法机构对外资并购境内企业进行国家安全审查的直接依据,国家安全审查“应当按照国家有关规定进行”。我国真正意义上的国家安全审查制度建设始于2011年《关于建立外国投资者并购境内企业安全审查制度的通知》,经过十余年的发展,我国已经建立较完整的针对外资并购境内企业的国家安全审查制度:宪法层面,《宪法》第18条规定我国允许外国投资者依据我国法律的规定在我国投资;法律层面,《国家安全法》第59条规定对于可能影响国家安全的外国投资建设项目须进行安全审查,《外商投资法》第35条规定国家建立外商投资安全审查制度,并以安全审查决定为最终决定,《反垄断法》第38条则规定了国家安全审查与反垄断审查的衔接;行政法规、部门规章层面则主要包括2006年《关于外国投资者并购境内企业的规定》(已被修改)、2011年《关于建立外国投资者并购境内企业安全审查制度的通知》、2011年《商务部实施外国投资者并购境内企业安全审查制度有关事项的暂行规定》、2020年《外商投资法实施条例》和2020年《外商投资安全审查办法》等,其中,《外商投资安

---

[1] 《关于外国投资者并购境内企业的规定》第2条:“本规定所称外国投资者并购境内企业,系指外国投资者购买境内非外商投资企业(以下称‘境内公司’)股东的股权或认购境内公司增资,使该境内公司变更设立为外商投资企业(以下称‘股权并购’);或者,外国投资者设立外商投资企业,并通过该企业协议购买境内企业资产且运营该资产,或,外国投资者协议购买境内企业资产,并以该资产投资设立外商投资企业运营该资产(以下称‘资产并购’)。”

全审查办法》对外商投资安全审查的范围、工作机制、程序、标准等进行了明确规定。

四、学术讨论

(一)关于《反垄断法》中外资并购国家安全审查条款的取舍问题

外商投资国家安全审查制度是东道国通过特定机关对可能威胁国家安全的外国投资进行审查,并根据审查情况对外商投资作出通过、禁止、附条件通过等决定的法律制度,[①]其核心目标在于维护本国的国家安全利益。有学者提出,反垄断法的定位是通过事后制裁机制对市场运行中的"垄断行为"进行矫治,从而达到维护市场竞争、提高经济效率的目标,应对《反垄断法》既有文本规范中非反垄断法所能达至的制度安排和规范进行删除或修改,如国有企业经营、国家安全审查等制度,以免其承受不能之重。[②] 然而,国家安全审查与反垄断审查是各自独立的,二者在制度设计上并不存在交叉。《反垄断法》中的外资并购境内企业国家安全审查条款,并不是要在反垄断法的框架下建构国家安全审查制度,而是对反垄断审查与国家安全审查的衔接性规定。这一衔接性规定的设置,并不意味着《反垄断法》需要承担维护国家安全的职能。相反,其明确规定外资并购境内企业的国家安全审查应通过国家相关法律规定进行,实则强调了外资并购境内企业国家安全审查这一职能应由"国家相关法律规定"承担。在《反垄断法》中设置国家安全审查与反垄断审查的衔接性规定,不仅不会混淆《反垄断法》本身的职能定位,反而会使其与其他法律之间的界限与联系更为明晰,应当予以保留。

(二)关于外商投资国家安全审查决定的司法审查问题

外商投资国家安全审查制度是东道国管理外资进入,维护国家安全的重要法律工具之一。但在涉及禁止、附条件通过等安全审查决定时,投资者的利益难免因其所涉限制性措施受到损害,东道国是否应为外国投资者提供国家安全审查决定的救济渠道,已成为国家安全审查制度中的一个重大争议问题。这是因为,尽管外商投资国家安全审查本身具有浓厚的政治色彩,国家安全审查决定,其在性质上仍属于行政机关作出的具体行政行为,且并不属于国防、外交等国家行为。有学者认为,应将其纳入司法审查的范围,司法审查也有助于通过诉讼程序减少安全审查中概念认

---

① 参见漆彤:《论外商投资国家安全审查决定的司法审查》,载《武汉大学学报(哲学科学社会版)》2020年第3期。

② 参见金善明:《〈反垄断法〉文本的优化及其路径选择——以〈反垄断法〉修订为背景》,载《法商研究》2019年第2期。

定的模糊性,以降低政治因素的干扰。[①] 也有观点认为,国家安全审查结论不应受司法审查,而审查程序应当受司法审查,因为国家安全审查在本质上是包裹政治内核的法律问题,若对其审查结论进行司法审查,则意味着司法介入了不具可裁判性的政治问题,但程序的合法性与正当性属于纯粹的法律问题,应当接受司法审查。[②] 目前多数国家在立法上确立了安全审查决定的可诉性,但在我国,依据《外商投资法》和《行政诉讼法》的相关规定,国家安全审查机关"依法作出的安全审查决定为最终决定",不属于行政诉讼的受案范围。[③] 笔者认为,应当平衡国家安全与投资者保护这两种价值,既要关注外商投资可能对国家安全造成的不利影响,同时也应从程序正义的角度赋予投资者必要的救济权利,对《外商投资法》中"依法作出的安全审查决定为最终决定"这一条文进行严格解释,仅对审查机关依据法律、行政法规作出的安全审查决定进行司法审查豁免,而允许投资者对未依法形成的安全审查决定提起行政诉讼。至于行政复议问题,《外商投资安全审查办法》第 3 条规定,安全审查决定由国家发展和改革委员会和商务部牵头成立的外商投资安全审查工作机制办公室作出,依据《行政复议法》的规定,须由作出该具体行政行为的行政机关担任复议机关,但这往往难以起到真正的监督作用,也难以对投资者起到应有的救济作用。因此,可以考虑明确规定国家安全审查决定豁免于行政复议程序。

---

① 参见贺丹:《企业海外并购的国家安全审查风险及其法律对策》,载《法学论坛》2012 年第 2 期。

② 参见王东光:《国家安全审查:政治法律化与法律政治化》,载《中外法学》2016 年第 5 期。

③ 《外商投资法》第 35 条第 2 款:"依法作出的安全审查决定为最终决定。"《行政诉讼法》第 13 条:"人民法院不受理公民、法人或者其他组织对下列事项提起的诉讼:(一)国防、外交等国家行为;(二)行政法规、规章或者行政机关制定、发布的具有普遍约束力的决定、命令;(三)行政机关对行政机关工作人员的奖惩、任免等决定;(四)法律规定由行政机关最终裁决的行政行为。"

第五章　滥用行政权力排除、限制竞争

第三十九条　行政性限定交易

一、条文

第三十九条　行政机关和法律、法规授权的具有管理公共事务职能的组织不得滥用行政权力，限定或者变相限定单位或者个人经营、购买、使用其指定的经营者提供的商品。

【条文主旨】本条规定了禁止行政主体限定交易。

二、立法理由

行政主体限定交易，有别于市场主体限定交易，是指行政机关和法律、法规授权的具有管理公共事务职能的组织（以下简称行政主体）滥用行政权力，限定或者变相限定单位或者个人经营、购买、使用其指定的经营者提供的商品。其中，“限定”是指直接要求交易标的必须为某个或某些特定经营者提供的商品。“变相限定”则是间接的限定，例如，事先设定一个看似面向所有经营者，但实际上只有某个或某些特定经营者方才符合条件的标准或理由，进而排除其他单位或者个人经营、购买或使用商品时的选择权。①

行政主体限定交易的动机主要有二：一是为了地方经济

---

① 参见刘继峰：《竞争法学》（第3版），北京大学出版社2018年版，第241页。

利益,保护本地的经营者;二是为了本单位、本部门的利益,"肥水不流外人田"。因此,尽管从理论上讲,限定交易常常与地区封锁、部门垄断作为并列的垄断现象被表述,但在实际经济生活中,限定交易常常被用作地区封锁和部门垄断的方式和手段。

行政主体限定交易通过限定特定经营者方能进入相关市场的方式,将其他经营者排除在市场竞争之外,不仅剥夺了其他经营者公平参与市场竞争的机会,也减少了消费者或其他交易相对人的选择空间。限定交易行为以排除、限制其他经营者的竞争为目的,这也是该行为与民商事活动中的强买强卖行为的本质区别。前者因损害了公平自由的竞争秩序,故而由反垄断法予以规制;后者则侵犯了被限定方的意思自由,与市场竞争秩序无直接关联,属于民商法胁迫、乘人之危等制度的调整范畴。

三、条文解读

根据《反垄断法》第39条的规定,实施限定交易行为的主体为行政主体。行为模式为"限定或者变相限定单位或者个人经营、购买、使用其指定的经营者提供的商品"。2019年6月26日,国家市场监督管理总局发布《制止滥用行政权力排除、限制竞争行为暂行规定》,其中第4条对行政主体限定交易的表现形式作了进一步的细化。为贯彻落实修正后的《反垄断法》,2022年6月27日,国家市场监督管理总局发布了一系列修改《反垄断法》配套部门规章的征求意见稿,其中就包括《制止滥用行政权力排除、限制竞争行为规定(征求意见稿)》,力图在总结反垄断实践经验的基础上,对上述暂行规定的有关内容进一步加以完善。

(一)以明确要求、暗示、拒绝或者拖延行政审批、重复检查、不予接入平台或者网络等方式,限定或者变相限定经营、购买、使用特定经营者提供的商品。其中,明确要求或暗示其他单位或个人与特定经营者进行交易,实际上排除了其他经营者参与市场竞争的可能。而针对单位或个人的拒绝或者拖延行政审批、重复检查,或者不予接入平台或者网络等行为,则极大地影响了单位或个人是否与其他经营者进行交易的决策,最终要么使其他经营者无法参与市场竞争,要么增加了其参与市场竞争的难度。

(二)通过限制投标人所在地、所有制形式、组织形式等方式,限定或者变相限定经营、购买、使用特定经营者提供的商品。该类行为是在招投标活动中对投标人设置所在地、所有制形式或组织形式等方面的不合理限制,达到限定经营、购买或使用特定经营者所提供商品的目的,并以此排除、限制市场竞争。

(三)没有法律、法规依据,通过设置不合理的项目库、名录库、备选库、资格库等方式,限定或者变相限定经营、购买、使用特定经营者提供的商品。该类行为通过事先设置项目库、名录库、备选库、资格库等,规定只有入库的特定经营者才能向其他单位或个人提供商品,使未入库的其他经营者无法正常参与市场竞争。例如,在政府采购领域,财政部《关于促进政府采购公平竞争优化营商环境的通知》(财库〔2019〕38号)中,要求重点清理和纠正的问题即包括“除小额零星采购适用的协议供货、定点采购以及财政部另有规定的情形外,通过入围方式设置备选库、名录库、资格库作为参与政府采购活动的资格条件,妨碍供应商进入政府采购市场”。当然,如果出于保证产品质量等正当理由,设置相应的项目库等,则是法律所允许的。对此,征求意见稿进一步明确只有“不合理”的项目库等,方在禁止之列。除此之外,征求意见稿还增列备选库、资格库等,以期尽可能全面地覆盖实践中名目繁多的资格条件限制形式。

(四)限定或者变相限定单位或者个人经营、购买、使用其指定的经营者提供的商品的其他行为。实践中,行政主体限定交易的表现形式多种多样,既包括直接的强制或者威胁,也包括变相或间接的限定。例如,行政主体只给特定经营者某些优惠条件,也可能被认定构成对其他经营者的强制排除竞争;①行政主体在办理行政审批或提供有关服务时,对经营、购买、使用其指定商品的单位或个人优先办理或者优先提供服务;②行政主体在提供相关服务时,强制搭售某种商品等。因此,《制止滥用行政权力排除、限制竞争行为暂行规定》除明确列举较典型和常见的行为类型外,以兜底条款的形式为规制其他行政主体限定交易预留了必要空间。

四、学术讨论

(一)部门规章的细化规定应进一步明确法律授权

我国《反垄断法》有关行政性垄断的规定,内容相对笼统,原则性强,弹性规定多。因此,作为部门规章的《制止滥用行政权力排除、限制竞争行为暂行规定》,一般被看作对《反垄断法》的细化规定,以增强《反垄断法》的实际可操作性。③ 具体而言,《制止滥用行政权力排除、限制竞争行为暂行规定》第4条是对《反垄断法》第39条的进一步细化。

但值得注意的是,《反垄断法》在具体列举横向垄断协议、纵向垄断协议以及滥

---

① 参见郑鹏程:《行政垄断的法律控制研究》,北京大学出版社2002年版,第54页。

② 参见尚明主编:《反垄断法理论与中外案例评析》,北京大学出版社2008年版,第322页。

③ 参见孙晋、李胜利:《竞争法原论》(第2版),法律出版社2020年版,第145页。

用市场支配地位行为的典型表现形式的同时，明确授权国务院反垄断执法机构可以对其他形式予以认定。包括《反垄断法》第17条第6项规定："国务院反垄断执法机构认定的其他垄断协议。"第18条第1款第3项规定："国务院反垄断执法机构认定的其他垄断协议。"第22条第1款第7项规定："国务院反垄断执法机构认定的其他滥用市场支配地位的行为。"也就是说，在由国务院反垄断执法机构制定的部门规章中细化认定相关的垄断行为，是具有明确的法律授权的。[①] 相比之下，《制止滥用行政权力排除、限制竞争行为暂行规定》中有关行政性垄断具体表现形式的细化规定，似乎应进一步明确法律授权。

就《反垄断法》"总则"第10条有关行政性垄断的原则性规定而言，既然宣示性地表明了国家坚决反对和禁止行政性垄断的态度和决心，那么是否可以据此认为，行政性垄断的具体表现形式复杂多样，法律上的列举不能穷尽所有形式，对未被列举的行政性垄断行为可依据此规定予以追究，使其发挥补缺或者兜底性的功能，[②]仍然值得进一步探讨。

（二）关于行政性垄断中获益经营者的法律责任问题

行政性垄断行为从本质上讲仍然是一种市场垄断，只是垄断力的源头来自行政权力，是公权与私权结合限制竞争的垄断行为。[③] 从利益平衡理论来看，行政性垄断中应该会存在因市场竞争秩序被破坏而获益的经营者。[④]《反垄断法》第39条规定的"行政主体限定交易"和第44条规定的"强制经营者从事垄断行为"均属于此种情况。

有关行政性垄断中获益经营者的法律责任，1993年制定的《反不正当竞争法》第30条规定："政府及其所属部门违反本法第七条规定，限定他人购买其指定的经营者的商品、限制其他经营者正当的经营活动，或者限制商品在地区之间正常流通的，由上级机关责令其改正；情节严重的，由同级或者上级机关对直接责任人员给予行政处分。被指定的经营者借此销售质次价高商品或者滥收费用的，监督检查部门应当没收违法所得，可以根据情节处以违法所得一倍以上三倍以下的罚款。"[⑤]显

---

① 参见《禁止垄断协议暂行规定》(2019年6月26日国家市场监督管理总局令第10号公布)、《禁止滥用市场支配地位行为暂行规定》(2019年6月26日国家市场监督管理总局令第11号公布)。

② 参见吕明瑜:《竞争法教程》(第3版)，中国人民大学出版社2021年版，第182页。尚明主编:《反垄断法理论与中外案例评析》，北京大学出版社2008年版，第359页。

③ 参见漆多俊:《中国反垄断立法问题研究》，载《法学评论》1997年第4期。

④ 参见顾全:《行政性垄断司法审查与救济问题研究》，法律出版社2017年版，第29页。

⑤ 2017年修订《反不正当竞争法》时此规定已被删除。

然，该法明确了复合性的行政性垄断责任主体，不仅规定了实施行政性垄断的行政主体的法律责任，还规定了因行政性垄断行为而获益的经营者也应当承担一定的法律责任，包括没收违法所得与罚款。

但是，尽管《反垄断法》大致承继了1993年《反不正当竞争法》中有关行政性垄断行为规制模式的内容，却并未规定行政性垄断中获益经营者的法律责任。为了增强《反垄断法》的震慑力，特别是避免出现经营者因行政垄断违法行为而获益的情况，有必要在《反垄断法》中增加获益经营者承担法律责任的相关内容。考虑到行政性垄断获益经营者的可非难性要低于从事经济性垄断的经营者，因此，在反垄断法制裁的实施规则上理应对二者予以区别对待，否则将违背法律制裁的基本法理。①而在具体的责任类型及责任程度上，应当综合考量获益经营者在行政主体限定交易等行政性垄断中是主动参与还是被动参与、对市场竞争的破坏程度、获益大小、获益持续时间等因素。

第四十条　联合型行政垄断

一、条文

第四十条　行政机关和法律、法规授权的具有管理公共事务职能的组织不得滥用行政权力，通过与经营者签订合作协议、备忘录等方式，妨碍其他经营者进入相关市场或者对其他经营者实行不平等待遇，排除、限制竞争。

【条文主旨】本条规定了禁止联合型行政垄断。

二、立法理由

本条是《反垄断法》2022年修正时新增的条款。事实上，行政主体通过与经营者签订合作协议、备忘录等方式，妨碍其他经营者进入相关市场或者对其他经营者实行不平等待遇的滥用行政权力行为，在实践中已经出现，并且已在反垄断行政执法中被查处。② 但在《反垄断法》新增该条款之前，均是以该法第32条（修正后的第39条）作为执法依据，但在行为主体、行为模式等构成要件上并不完全匹配。鉴于

---

① 参见李国海、彭诗程：《制裁行政垄断受益经营者：动因、范式与规则》，载《法学杂志》2019年第8期。

② 参见《2022年制止滥用行政权力排除、限制竞争执法专项行动案件（第一批）》，载国家市场监督管理总局竞争政策协调司网2022年6月9日，https://www.samr.gov.cn/jzxts/tzgg/qlpc/202206/t20220608_347613.html。

此，为防止行政主体滥用行政权力，形成单一市场主体垄断，妨碍其他市场主体公平参与市场竞争，在2022年《反垄断法》修正时，增加规定行政主体不得滥用行政权力，通过与经营者签订合作协议、备忘录等方式，妨碍其他经营者进入相关市场或者对其他经营者实行不平等待遇，排除、限制竞争。①

三、条文解读

从《反垄断法》的规定来看，无论是第39条规定的限定交易行为，还是第40条规定的联合型行政垄断行为，均造成了单一市场主体垄断的局面，进而排除、限制了竞争。不同之处在于，前者是行政主体单独实施的，而后者则是行政主体联合某个或某些市场主体（经营者）共同完成的。

（一）主体多元的联合型行政垄断

依据行政法学理论，行政行为以单方意志还是双方意志为标准，可以分为单方行政行为和双方行政行为。其中，双方行政行为是指行政主体为实现公共利益或者行政管理目标，在法定职责范围内，与对方当事人协商一致所订立的，具有行政法上权利义务内容的协议或合同的行为。② 据此，以行政性垄断的实施主体为标准，可以将行政性垄断分为单独行政性垄断和联合型行政垄断。

单独行政性垄断，是指行政主体单独实施的，没有市场主体参与的行政性垄断。单独行政性垄断并不是说行为主体只有一个，"单独"所强调的是行为主体只有行政主体，而不包括市场主体，即行政性垄断的实施者只有行政主体单一角色。现实中，大部分行政性垄断都是由行政主体单独实施的，尤其是地区封锁和抽象行政性垄断行为。

联合型行政垄断，是指行政主体与市场主体通过签订合作协议、备忘录或者协同一致行为等方式，联合排除、限制市场竞争的行为。本条规定的行政性垄断类型即属于此。但是也要看到，联合型行政垄断的实施者，仍然主要是行政主体，相关市场主体往往只是予以配合。换言之，如果没有行政主体滥用行政权力，单纯的市场主体是无法形成单一市场主体垄断的。实践中，联合型行政垄断中的市场主体，大多为受到当地政府重点扶持的地方企业或者具有一定市场地位的公用企业。③

---

① 参见张工：《关于〈中华人民共和国反垄断法（修正草案）〉的说明》，2021年10月19日在第十三届全国人民代表大会常务委员会第三十一次会议上所作。

② 参见姜明安主编：《行政法与行政诉讼法》（第7版），北京大学出版社、高等教育出版社2019年版，第150～151页。

③ 参见尚明主编：《反垄断法理论与中外案例评析》，北京大学出版社2008年版，第325页。

（二）排除、限制竞争的表现是妨碍市场准入及实行不平等待遇行为

从实践中已经发生或查处的该类案件来看，行政主体往往以维护市场秩序为由，选择与某一个经营者签订所谓的"战略合作协议"，并约定在协议期间不再引入其他同类经营者，使其他具有合格资质和服务能力的经营者无法进入本地市场。除此之外，行政主体往往针对未与其建立合作关系的经营者在税收、招投标等领域实行不平等的歧视待遇，削弱其竞争优势，以达到将其排挤出相关市场、最终形成单一市场主体垄断的目的。

四、学术讨论

（一）行政主体与市场主体在联合型行政垄断中的角色定位

如前所述，行政性垄断有可能是行政主体单独实施的，也有可能是行政主体与某些市场主体合作完成的。但无论如何，行政主体及其对行政权力的滥用均是行政性垄断的基本特点。反观市场主体，由于其并不掌握行政权力，自然也无法实施滥用行政权力的行为，至多是对行政主体滥用行政权力的行为予以配合。由此可见，从现有的反垄断法体系结构来看，难以将市场主体即经营者纳入行政性垄断的行为主体范围之中。

从垄断行为与垄断状态的视角来看，垄断状态往往是垄断行为的结果。无论是经济性垄断还是行政性垄断，市场上一定垄断状态的垄断主体必然是参与市场竞争的市场主体，即经营者。该垄断状态，既可能通过公平自由的竞争而自然形成，也可能是实施垄断协议等排除、限制竞争行为的结果，还可能是行政权力扶持的结果。就行政性垄断而言，只能是行政主体或者以行政主体为主实施的一种排除、限制竞争的行为，但最终却往往促成了特定经营者作为垄断主体的垄断状态。换言之，联合型行政垄断是行政主体与市场主体（特定经营者）共同实施的行为，由此形成的垄断状态中，特定经营者是实际的垄断主体，行政主体则是垄断力量的来源。

（二）关于联合型行政垄断中获益经营者的法律责任问题

尽管目前难以将经营者认定为行政性垄断的行为主体，但并不意味着经营者无须承担任何法律责任。事实上，参与联合型行政垄断的市场主体，往往会因为单一的市场主体垄断地位而获得远超一般利润水平的经济利益，并且对市场竞争秩序造成一定的损害。但是，《反垄断法》对这一获益经营者并未规定相应的法律责任。从前述 2022 年第一批制止滥用行政权力排除、限制竞争执法专项行动案件的查处情况来看，对经营者的处理仍限于停止违法行为、责令整改等。为避免出现经营者因

行政垄断违法行为而获益的情况，有必要在《反垄断法》中增加获益经营者承担法律责任的相关内容，包括没收违法所得、罚款等行政处罚。

第四十一条　妨碍商品自由流通

一、条文

第四十一条　行政机关和法律、法规授权的具有管理公共事务职能的组织不得滥用行政权力，实施下列行为，妨碍商品在地区之间的自由流通：

（一）对外地商品设定歧视性收费项目、实行歧视性收费标准，或者规定歧视性价格；

（二）对外地商品规定与本地同类商品不同的技术要求、检验标准，或者对外地商品采取重复检验、重复认证等歧视性技术措施，限制外地商品进入本地市场；

（三）采取专门针对外地商品的行政许可，限制外地商品进入本地市场；

（四）设置关卡或者采取其他手段，阻碍外地商品进入或者本地商品运出；

（五）妨碍商品在地区之间自由流通的其他行为。

【条文主旨】本条规定了禁止妨碍商品地区间自由流通。

二、立法理由

妨碍商品地区间的自由流通，即通常所说的地区封锁，一般是指一定地域范围内的行政主体为了维护本地域范围内的经济利益，滥用行政权力阻碍商品在不同地域之间自由流通，排除、限制竞争的行为。

商品的自由流通是构建统一开放、竞争有序市场体系的前提条件，是实现市场在资源配置中决定性作用的基础。妨碍商品地区间自由流通是一种典型的地方保护主义做法，造成市场的地域分割，不利于全国统一大市场的形成。鉴于此，打破地区封锁也一直是我国经济体制改革的重要内容，在不同时期国家颁布各种政策法规予以规制。

早在1980年颁布的《国务院关于开展和保护社会主义竞争的暂行规定》（已废止）就指出："开展竞争必须打破地区封锁和部门分割。任何地区和部门都不准封锁市场，不得禁止外地商品在本地区、本部门销售。对本地区出产的原材料必须保证按国家计划调出，不准进行封锁。工业、交通、财贸等有关部门对现行规章制度中妨碍竞争的部分，必须进行修改，以利于开展竞争。采取行政手段保护落后，抑制先进，妨碍商品正常流通的做法，是不合法的，应当予以废止。"这也是我国最早禁止地区封锁的相关规定。

1990年发布的《国务院关于打破地区间市场封锁进一步搞活商品流通的通知》(已失效)要求,“要确保商品流通畅通无阻。各地区、各部门不得擅自在道路、车站、码头、省区边界设关卡,阻碍商品的正常运输。”“严格执行国家财政、税收管理制度。各地区、各部门不得对外地产品或经销、使用外地产品的企业擅自增加税费、变动税率;不得制定封锁市场的惩罚性规定,收缴企业的合法收入;也不得超越权限擅自对经销本地产品的企业减免税收”等。

1993年制定的《反不正当竞争法》第7条规定:“……政府及其所属部门不得滥用行政权力,限制外地商品进入本地市场,或者本地商品流向外地市场。”[①]该条规定体现了立法者运用法律手段规制地区封锁的鲜明态度。

2001年颁布、2011年修订的《国务院关于禁止在市场经济活动中实行地区封锁的规定》第3条规定:“禁止各种形式的地区封锁行为。禁止任何单位或者个人违反法律、行政法规和国务院的规定,以任何方式阻挠、干预外地产品或者工程建设类服务(以下简称服务)进入本地市场,或者对阻挠、干预外地产品或者服务进入本地市场的行为纵容、包庇,限制公平竞争。”第4条则具体列举了8种不得实行的地区封锁行为。2007年颁布的《反垄断法》有关禁止妨碍商品自由流通行为的规定,基本上沿用了《国务院关于禁止在市场经济活动中实行地区封锁的规定》中的相关内容。

《反垄断法》的颁布实施,在破除地方保护主义、禁止妨碍商品在地区间自由流通等方面发挥了积极作用,但地区封锁问题并未得到彻底解决。2022年4月10日,《中共中央　国务院关于加快建设全国统一大市场的意见》发布,明确要“加快建立全国统一的市场制度规则,打破地方保护和市场分割,打通制约经济循环的关键堵点,促进商品要素资源在更大范围内畅通流动,加快建设高效规范、公平竞争、充分开放的全国统一大市场”。2022年修正的《反垄断法》在禁止妨碍商品在地区间自由流通条款上并未作出调整,一方面,是对该条款既往所发挥的积极作用的肯认;另一方面,也要认识到,在加快建设全国统一大市场的新形势和新要求下,《反垄断法》在禁止妨碍商品地区间的自由流通方面依旧任重而道远。

三、条文解读

根据《反垄断法》第41条的规定,实施妨碍商品在地区间自由流通行为的主体为行政主体。行为模式包括对外地商品设定歧视性收费项目、实行歧视性收费标

① 2017年修订《反不正当竞争法》时此规定已被删除。

准,或者规定歧视性价格等。《制止滥用行政权力排除、限制竞争行为暂行规定》对妨碍商品在地区间自由流通的表现形式作了进一步的细化。

(一)对外地商品设定歧视性收费项目、实行歧视性收费标准,或者规定歧视性价格、实行歧视性补贴政策。上述带有歧视性的收费项目、收费标准、价格或者补贴政策,往往导致外地商品无法获得与本地商品同等的竞争条件,在竞争中处于不利地位,最终达到限制外地商品进入本地市场的目的。

(二)对外地商品设置与本地同类商品不同的技术要求、检验标准,或者对外地商品采取重复检验、重复认证等措施,阻碍、限制外地商品进入本地市场。该类行为一般以保证产品质量安全、维护消费者权益等为借口,但其真实意图是通过对外地商品设置技术要求、检验标准等方面的壁垒,或者采取重复检验、重复认证等歧视性技术措施,不合理地提高外地商品进入本地市场的门槛,阻碍、限制外地商品参与本地市场的竞争。

(三)没有法律、法规依据,采取专门针对外地商品的行政许可、备案,或者对外地商品实施行政许可、备案时,设定不同的许可或者备案条件、程序、期限等,阻碍、限制外地商品进入本地市场。上述针对外地商品的行政许可或者备案,要么是专门为外地商品"量身定做"的,增加了不必要的程序或手续;要么在许可或者备案的条件、程序、期限等方面不同于本地商品,均在一定程度上增加了外地商品进入本地市场的难度,进而排除、限制了其在本地市场的竞争。

(四)没有法律、法规依据,设置关卡、通过软件或者互联网设置屏蔽等手段,阻碍、限制外地商品进入本地市场或者本地商品运往外地市场。设置关卡,是人为制造商品自由流通的障碍。实践中,一般是在道路、车站、港口、航空港或者本行政区域边界等地点设置各种名目的检查站。在互联网环境下,通过软件或者互联网设置屏蔽等手段,则相当于为商品的线上流通设置了一道无形的关卡。该行为在对商品自由流通的限制上是双向的,既阻碍、限制外地商品进入本地市场,以避免对本地商品造成竞争冲击;也阻碍、限制本地商品运往外地市场,特别是原材料等紧俏商品。

(五)利用标准实施妨碍商品自由流通行为。该种妨碍商品在地区间自由流通的类型在《反垄断法》和《制止滥用行政权力排除、限制竞争行为暂行规定》中均未规定,系征求意见稿新增的内容。根据《标准化法》第2条的规定,标准是指农业、工业、服务业以及社会事业等领域需要统一的技术要求。标准包括国家标准、行业标准、地方标准和团体标准、企业标准。国家标准分为强制性标准、推荐性标准,而行业标准、地方标准是推荐性标准。"标准是贸易规则的重要组成部分,能有效促进贸易发展,但利用不当也会阻碍贸易。"[①]对此,《标准化法》第 22 条第 2 款规定:"禁止利用标准实施妨碍商品、服务自由流通等排除、限制市场竞争的行为。"根据《地方标准管理办法》(2020 年 1 月 16 日国家市场监督管理总局令第 26 号公布)的规定,地方标准是指,为满足地方自然条件、风俗习惯等特殊技术要求,由省级标准化行政主管部门和经其批准的设区的市级标准化行政主管部门制定的标准。地方标准适用上的地域性特点,更有可能成为实施妨碍商品在地区间自由流通的手段和工具,对此,《地方标准管理办法》第 5 条第 2 款规定:"禁止通过制定产品质量及其检验方法地方标准等方式,利用地方标准实施妨碍商品、服务自由流通等排除、限制市场竞争的行为。"此外,根据《标准化法》第 39 条第 3 款的规定,违反该法第 22 条第 2 款规定,利用标准实施排除、限制市场竞争行为的,依照《反垄断法》等法律、行政法规的规定处理。

(六)妨碍商品在地区之间自由流通的其他行为。实践中,妨碍商品在地区间自由流通的表现形式多种多样,本条除了明确列举较典型和常见的行为类型外,以兜底条款的形式为规制其他妨碍商品在地区间自由流通预留了必要空间。

四、学术讨论

(一)对块块垄断和条条垄断的一体规制

政府的行政管理基本上可以分为横向的地区管理和纵向的行业管理;相应地,行政性垄断主要表现为地区垄断和行业垄断两大类,我国学者形象地将其分别称为块块垄断和条条垄断。[②] 就《反垄断法》第 41 条而言,是比较典型的专门规制块块垄断的条款。

块块垄断,又称横向垄断、地区封锁、地区垄断等,一般是指地方行政主体为本地区利益,滥用行政权力排除、限制竞争的行为。主要表现为地方行政主体禁止外地商品进入本地市场,或者阻止本地原材料运往外地等,导致本应统一的全国大市场被分割为一个个狭小的地方市场。

条条垄断,又称纵向垄断、行业垄断、部门分割等,一般是指政府行业主管部门为了保护本部门的经济利益,滥用其拥有的投资权、资源管理权、财政权、企业管理权等行政权力,排除、限制竞争的行为。[③] 主要表现为行业主管部门禁止本部门之外

---

① 甘藏春、田世宏主编:《中华人民共和国标准化法释义》,中国法制出版社 2017 年版,第 64 页。

② 参见王晓晔:《反垄断法》,法律出版社 2011 年版,第 288 页。

③ 参见张穹:《反垄断理论研究》,中国法制出版社 2007 年版,第 210 页。

的其他经营者从事相关业务活动、针对本部门之外的其他经营者实施不平等的歧视待遇等，导致市场主体无法在自由公平的营商环境中开展竞争。

之所以出现所谓块块垄断和条条垄断，一方面，是因为计划经济体制下国家公权力干预经济运行的思维模式的惯性影响；另一方面，也与行政主体过于注重短期利益和局部利益密切相关。党的十九大报告明确提出，经济体制改革必须以完善产权制度和要素市场化配置为重点，实现产权有效激励、要素自由流动、价格反应灵活、竞争公平有序、企业优胜劣汰。这就要求必须拆除原有的利益藩篱和制度障碍，从根本上打破行政性垄断。

实践中，块块垄断与条条垄断往往交织并存。因此，《反垄断法》除了第 41 条和第 43 条明确指向块块垄断即地区封锁外，其余规制行政性垄断的条文均未刻意强调"地区"要素或"部门"要素，实现了对块块垄断和条条垄断的一体规制。举例而言，《反垄断法》第 39 条对行政主体限定交易的禁止规定中，其中"其指定的经营者"，既有可能是特定地区的经营者，也有可能是特定部门的经营者。

（二）禁止的妨碍商品地区间自由流通均应当是双向的

妨碍商品在地区间自由流通的行为，往往是地方行政主体出于本地区经济利益的考虑，专门阻碍、限制外地商品进入本地市场，该类行为呈现出较明显的单向妨碍流通的特点。但是，在特殊情况下，也不排除阻碍、限制本地商品运往外地市场的情形。从目前《反垄断法》第 41 条所列举的 5 种妨碍商品地区间自由流通的行为来看，只有第 4 项明确规定了双向的妨碍流通，即"阻碍外地商品进入或者本地商品运出"，其余各项均只是针对单向的"限制外地商品流入本地市场"的情形。因此，为了更加周全地规制妨碍商品在地区间自由流通的各种情形，同时保持法条内部逻辑结构的一致性，应当考虑删除"本地""外地"的表述。

第四十二条　招投标限制行为

一、条文

第四十二条　行政机关和法律、法规授权的具有管理公共事务职能的组织不得滥用行政权力，以设定歧视性资质要求、评审标准或者不依法发布信息等方式，排斥或者限制经营者参加招标投标以及其他经营活动。

【条文主旨】本条规定了禁止招投标限制行为。

二、立法理由

招标投标机制通过公开竞争的方式遴选出优质的经营者中标，是一种规范、高效的市场交易方式，最具市场经济的特征，有助于实现资源的优化配置。而限制经营者参与招标投标，将缩小竞争参与者的范围，导致诸多潜在的投标人无法获得投标机会。最终只有较小范围内的特定经营者才能够投标和中标，不利于实现优胜劣汰，不仅弱化了招标投标的作用，而且妨碍了市场的公平竞争。主要用来规范招标投标活动的《招标投标法》第6条对一般意义上的限制招投标行为作出了禁止性规定："依法必须进行招标的项目，其招标投标活动不受地区或者部门的限制。任何单位和个人不得违法限制或者排斥本地区、本系统以外的法人或者其他组织参加投标，不得以任何方式非法干涉招标投标活动。"行政主体如果在招标投标领域滥用行政权力，排除、限制竞争，更是对招标投标这一典型的市场竞争活动的破坏，会导致招标投标机制的异化，因此，《反垄断法》专列一条对其加以规制。

三、条文解读

根据《反垄断法》第42条的规定，实施招投标限制行为的主体为行政主体。行为模式为"设定歧视性资质要求、评审标准或者不依法发布信息等"。相比之下，修正后的2022年《反垄断法》从经营者和经营活动两个方面进一步扩大了规制招投标限制行为的范围。一是删除了经营者必须为"外地"的限制性条件，将本地经营者也纳入调整范围，给予本地经营者与外地经营者同等的法律保护，构建公平竞争的营商环境。二是将"招标投标活动"扩展至"招标投标以及其他经营活动"，涵盖了招标投标活动以外的竞争性谈判、询价、竞争性磋商等竞争性采购方式，有效弥补了原有法律规定的疏漏和不足。

结合《制止滥用行政权力排除、限制竞争行为暂行规定》的相关细化规定，招投标限制行为的表现形式包括以下5种。

（一）不依法及时、有效、完整地发布招标投标信息。从行为方式来看，不依法发布信息属于不作为型行政性垄断，即行政主体以不作为的方式排除、限制竞争。[①] 经营者参加招标投标以及其他经营活动的前提，是知悉相关的具体情况。如果行政主体不依法发布信息，不仅使经营者无从知晓，错失参加招标投标以及其他经营活动的机会，而且在事实上排除、限制了招标投标以及其他经营活动中的竞争因素。对此，《招标投标法》第16条也规定："招标人采用公开招标方式的，应当发布招标公

① 参见刘继峰：《竞争法学》（第3版），北京大学出版社2018年版，第238页。

告。依法必须进行招标的项目的招标公告,应当通过国家指定的报刊、信息网络或者其他媒介发布。招标公告应当载明招标人的名称和地址、招标项目的性质、数量、实施地点和时间以及获取招标文件的办法等事项。”

具体到招标投标信息的发布,《征求意见稿》第 8 条第 1 项进一步明确要求应当及时、有效和完整。所谓及时,是指应当为经营者参加招标投标以及其他经营活动留下合理且足够的准备时间。所谓有效,是指经营者能够通过比较便利的渠道获取相关信息。所谓完整,是指信息的内容必须是全面的,尤其不能缺失影响经营者决策的关键信息。

(二)明确外地经营者不能参与特定的招标投标活动。实践中,行政主体往往出于地方利益的考虑而排斥外地经营者。相较而言,该种行为是直接明确拒绝外地经营者参与特定的招标投标活动,使外地经营者根本没有机会参与特定招标投标活动中的竞争,是对市场竞争的公然排除和限制,自然应当纳入禁止之列。

(三)对外地经营者设定歧视性的资质要求或者评审标准。《招标投标法》第 18 条规定:“招标人可以根据招标项目本身的要求,在招标公告或者投标邀请书中,要求潜在投标人提供有关资质证明文件和业绩情况,并对潜在投标人进行资格审查;国家对投标人的资格条件有规定的,依照其规定。招标人不得以不合理的条件限制或者排斥潜在投标人,不得对潜在投标人实行歧视待遇。”一方面,招标人根据招标项目本身的要求设定投标人的资质要求,是合理合法的;另一方面,在招投标活动中,包括行政主体在内的招标人必须一视同仁地给予所有投标人平等的机会,不得限制、排斥或者歧视任何一个投标人,以体现机会均等的公平原则。

关于歧视性资质要求。资质要求应当与中标后标书任务的完成之间具有实质性关联关系。歧视性的资质要求,则表现为对投标人资质要求设定过高,不恰当地提高投标人设计、制造、安装等的资质等级要求,人为提高准入门槛;设定较高的注册资本要求,排斥满足技术水平但规模较小的经营者参与投标;要求参与投标的外地经营者具有高于本地经营者的注册资本、经营期限条件;对不同所有制形式、不同组织形式的经营者设定不同的资质要求等。但是,从保障完成标书任务的角度出发,对经营者提出产品质量认证要求或者获得企业质量体系认证等要求,不应视为歧视性资质要求。

关于歧视性评审标准。评审标准应当依据完成中标任务的宗旨来设计,一般以产品的质量、技术水平、售后服务、价格等为主要内容。如果将这些内容弃之不用,而夸大其他无关紧要的参考因素,则可能构成歧视性评审标准。例如,在评审标准中设定的分值及其权重与评标项目不匹配，在缩小投标人范围的同时倾向于特定投标人；对不同地域、不同规模、不同所有制形式、不同组织形式的经营者设定不同的评审标准等。

此外，为了与《反垄断法》删除了经营者为“外地”这一限定性条件相匹配，为与之相匹配，《征求意见稿》将“对外地经营者设定歧视性的资质要求或者评审标准”调整为“对参加招标投标的经营者设定歧视性的资质要求或者评审标准”。

（四）通过设定与招标项目的具体特点和实际需要不相适应或者与合同履行无关的资格、技术和商务条件，变相限制外地经营者参加本地招标投标活动。通常而言，根据招标项目的具体特点和实际需要，设定相关的资格、技术和商务条件，原本是无可厚非的。但是，如果单纯为限制经营者参加招标投标，设定与招标项目的具体特点和实际需要不相适应或者与合同履行无关的条件，则无疑构成对市场竞争的排除和限制。对此，《招标投标法实施条例》第 32 条规定，招标人不得以不合理的条件限制、排斥潜在投标人或者投标人，并列举了具体的表现形式：（1）就同一招标项目向潜在投标人或者投标人提供有差别的项目信息；（2）设定的资格、技术、商务条件与招标项目的具体特点和实际需要不相适应或者与合同履行无关；（3）依法必须进行招标的项目以特定行政区域或者特定行业的业绩、奖项作为加分条件或者中标条件；（4）对潜在投标人或者投标人采取不同的资格审查或者评标标准；（5）限定或者指定特定的专利、商标、品牌、原产地或者供应商；（6）依法必须进行招标的项目非法限定潜在投标人或者投标人的所有制形式或者组织形式；（7）以其他不合理条件限制、排斥潜在投标人或者投标人。

同样，《反垄断法》删除了经营者为“外地”这一限定性条件，《征求意见稿》将“变相限制外地经营者参加本地招标投标活动”调整为“变相限制经营者参加招标投标活动”。

（五）排斥或者限制外地经营者参加本地招标投标活动的其他行为。实践中，招投标限制行为的表现形式多种多样，本条除明确列举较典型和常见的行为类型外，以兜底条款的形式为规制其他招投标限制行为预留了必要空间。

四、学术讨论

（一）关于招标投标活动中行政性垄断规制内容的调整

《制止滥用行政权力排除、限制竞争行为暂行规定》第 4 条是对《反垄断法》所规定的“禁止行政主体限定交易”的进一步细化。其中，第 1 款第 2 项规定“通过限制投标人所在地、所有制形式、组织形式等方式，限定或者变相限定经营、购买、使用特定投标人提供的商品”。《制止滥用行政权力排除、限制竞争行为暂行规定》第6条则是对《反垄断法》所规定的“禁止招投标限制行为”的进一步细化。虽然都是针对招标投标活动的规定，但二者所规制的行为是有所区别的。

《制止滥用行政权力排除、限制竞争行为暂行规定》第4条的规定，是针对招标投标领域限定交易行为多发的实际情况而设定的条款，规制的是行政主体通过限制投标人所在地、所有制形式、组织形式等方式，限定或变相限定特定的投标人中标，最终则达到限定经营、购买或使用特定投标人提供商品的目的的行为。特别是就所在地而言，并未明确区分外地和本地，即不仅包括外地经营者，也包括本地经营者。反观《制止滥用行政权力排除、限制竞争行为暂行规定》第6条的规定，则是针对排斥或者限制外地经营者参加招标投标活动而设定的条款，该行为实际上是行政主体在招投标的初始环节人为设置准入障碍，从根本上排除、限制了外地经营者参加招投标等活动的竞争机会。两相比较，虽然同为行政主体在招标投标活动中滥用行政权力，但第4条中的行为是不恰当地助力特定经营者中标，第6条则是不恰当地阻碍特定经营者参与投标，自然更谈不上中标了。

需要注意的是，修正后的2022年《反垄断法》第42条已经删除了经营者必须为“外地”的限制性条件，其所针对的经营者实际上也包括了外地经营者和本地经营者，在地域限制这一点上已经与《制止滥用行政权力排除、限制竞争行为暂行规定》第4条有关行政主体限定交易的规定趋同，相关部门规章也应据此进行调整和完善。

（二）关于不作为型行政性垄断的法律规制

实践中，绝大多数行政性垄断表现为行政主体以作为的方式积极主动地实施排除、限制竞争的行为。相应地，《反垄断法》及《制止滥用行政权力排除、限制竞争行为暂行规定》中对行政性垄断的行为列举，基本上也都是作为型行政性垄断。但即便如此，也并不意味着所有的行政性垄断均以积极作为的形式存在。《制止滥用行政权力排除、限制竞争行为暂行规定》第6条第1项所规定的行政主体在招投标活动中“不依法发布信息”，即属于为数不多的不作为型行政性垄断。从这个意义上说，对行政性垄断的规制，既包括遏制行政主体以积极作为的方式对市场进行过度干预，也包括改变行政主体以消极不作为的方式表现出来的懒散行政或监管缺失。[①]

---

① 参见时建中：《打破行政性垄断 使市场在资源配置中起决定性作用——纪念〈中华人民共和国反垄断法〉实施十周年》，载《价格理论与实践》2018年第8期。

与此相关联，在对行政性垄断的概念及其表现形式的把握上，滥用行政权力中的“滥用”，不能仅仅作一般语言学上的动词定性和按字面意义理解。[①] 具体而言，其内涵除了应当包括以积极作为方式不当行使行政权力外，还应当包括以消极不作为方式怠于行使行政权力的情形；其外延则是行政主体排除、限制竞争以致应当受到《反垄断法》否定性评价的所有外化表现形式。

第四十三条　限制投资或设立机构

一、条文

第四十三条　行政机关和法律、法规授权的具有管理公共事务职能的组织不得滥用行政权力，采取与本地经营者不平等待遇等方式，排斥、限制、强制或者变相强制外地经营者在本地投资或者设立分支机构。

【条文主旨】本条规定了禁止投资或机构设立限制行为。

二、立法理由

经营者选择某地进行投资或者设立分支机构，一般是为获取该地的原材料、相对廉价的劳动力或者占领该地区的市场，实现对该地区市场的分享或控制。与此同时，投资或机构设立可以实现资金、技术和人员等要素的自由流动。对于外地经营者来本地投资或者设立分支机构，本地政府一般是持欢迎态度的。但是，出于狭隘的地方保护主义或者小团体利益的考量，有些地方政府可能会采取两种截然相反的做法：要么直接或间接地阻碍外地经营者在本地投资或者设立分支机构；要么想方设法地强制或者变相强制外地经营者在本地投资或者设立分支机构。但无论何种做法，均是对要素自由流动机制的破坏，阻碍了市场机制正常发挥作用，破坏了自由公平的市场竞争秩序，理应纳入《反垄断法》的调整范围。

三、条文解读

根据《反垄断法》第 43 条的规定，实施投资或机构设立限制行为的主体为行政主体，行为模式为“采取与本地经营者不平等待遇等”。与 2007 年《反垄断法》相比修正后的 2022 年《反垄断法》，在原有的“排斥或者限制”外地经营者在本地投资或者设立分支机构之外，增加了“强制或者变相强制”外地经营者在本地投资或者设立

---

① 参见杨军：《以不作为方式实施的行政垄断及其规制》，载王利明主编：《判解研究》2016 年第 1 辑，人民法院出版社 2016 年版，第 45 页。

分支机构的表述。事实上,尽管2007年《反垄断法》并未规定"强制或者变相强制",但在《制止滥用行政权力排除、限制竞争行为暂行规定》中对此作了规定。也就是说,通过2022年《反垄断法》修正,实际上是将对该类投资或者机构设立限制行为的规制上升到了法律层面。

结合《制止滥用行政权力排除、限制竞争行为暂行规定》的相关细化规定,投资或机构设立限制行为的表现形式包括以下4种。

(一)拒绝、强制或者变相强制外地经营者在本地投资或者设立分支机构。采用直接拒绝的方式,即明确规定外地经营者不得在本地投资或者设立分支机构,从而彻底阻碍各类市场要素的自由流动。强制或者变相强制,违背了经营者意愿,是政府不恰当地介入和干预市场领域的活动,破坏了正常的市场竞争秩序。

(二)没有法律、法规依据,对外地经营者在本地投资的规模、方式以及设立分支机构的地址、商业模式等进行限制或者提出不合理要求。实践中,行政主体对外地经营者可能不仅会进行限制,还有可能提出"不合理要求"。对此,征求意见稿予以了明确。在没有法律、法规依据的情况下,对于外地经营者以多大规模、采用何种方式进行投资,或者对于外地经营者在何处、采用何种商业模式设立分支机构等方面进行限制或者提出不合理要求,如要求外地投资者具有与投资无关的资质条件、设定最低资本要求、提供不必要的高额担保、强制征收额外税费、限定投资项目和资金使用去向、设置烦琐的审批程序和条件等,不仅是对经营者自主决策的不当干涉,也是对自由竞争秩序的破坏。

(三)对外地经营者在本地的投资或者设立的分支机构在投资、经营规模、经营方式、税费缴纳等方面规定与本地经营者不同的要求,在安全生产、节能环保、质量标准等方面实行歧视性待遇。例如,行政主体要求银行只给予本地经营者贷款支持、给予本地经营者税收优惠、在行政程序上给予本地经营者特殊关照等。[①] 该种行为通过对本地经营者提供特殊扶持,从而间接限制外地经营者在本地的经营,或者导致外地经营者投资或者设立分支机构之后面临不公平竞争,进而降低其在本地投资或者设立分支机构的意愿,这无疑背离了构建公平竞争的营商环境的要求。

(四)排斥、限制、强制或者变相强制外地经营者在本地投资或者设立分支机构的其他行为。实践中,投资或机构设立限制行为的表现形式多种多样,例如,在没有法律法规依据的情况下,将在本地投资或者设立分支机构作为参与本地招标投标、

① 参见刘继峰:《竞争法学》(第3版),北京大学出版社2018年版,第243页。

享受补贴和优惠政策等的必要条件，变相强制外地经营者在本地投资或者设立分支机构等。本条除了明确列举较典型和常见的行为类型外，以兜底条款的形式为规制其他投资或机构设立限制行为预留了必要空间。

四、学术讨论

（一）关于逆向歧视的法律规制问题

行政主体不恰当地干扰经营者在本地投资或者设立分支机构，一般表现为行政主体出于保护本地经济利益的目的，为避免外地经营者对本地经营者造成竞争性冲击，对外地经营者采取不平等待遇等歧视性措施。目前包括《反垄断法》在内的法律、法规、政策等对投资或机构设立限制行为等地区封锁的规制，基本上集中于该类单向实施的限制或者歧视行为。

但值得注意的是，现实中出现了逆向歧视的现象，即优待外地经营者、歧视本地经营者。[①] 例如，在大力对外招商引资过程中，从税收、土地、环保等方面给予外地经营者高于本地经营者的优惠政策，以此吸引外地投资，达到短时间内给当地带来大量资金、促使当地 GDP 快速上升的目的。相比之下，本地经营者尤其是本地民营企业中小经营者则处于竞争劣势，甚至被限制、排除在市场之外。又如，出于“肥水不流外人田”的想法，一些地方政府限制具有当地特色的经营者去往外地发展，以防止本地的原材料、信息、技术等流入外地，实际上剥夺了经营者积极参与市场竞争、获得更大发展空间的机会。

2022 年《反垄断法》的修正，仍未在立法上实现针对逆向歧视规制的补缺。《反垄断法》后续的完善，建议参照《反垄断法》第 42 条有关招投标限制行为的规定，删除要求经营者为“外地”的限制性条件，明确规定行政主体不得对本地经营者尤其是本地民营企业中小经营者实施逆向歧视行为，使本地经营者与外地经营者处于平等的竞争地位，从而构建公平的市场竞争秩序。

（二）对“没有法律、法规依据”的理解与行政性垄断的适用除外问题

反垄断法的适用除外制度，是指国家为了保障国民经济的健康发展，在反垄断法及相关法规中规定，某些垄断行为不适用反垄断法的法律制度。[②] 根据我国《反垄断法》的相关规定，学界一般认为，我国反垄断法适用除外的范围包括国有经济占控制地位的关系国民经济命脉和国家安全的行业以及依法实行专营专卖的行业、特

---

① 参见孙晋、李胜利：《竞争法原论》（第 2 版），法律出版社 2020 年版，第 141 页。

② 参见张穹：《反垄断理论研究》，中国法制出版社 2007 年版，第 96 页。

定情形下的垄断协议、知识产权及农业经济活动。[①]

尽管鲜见行政性垄断适用除外制度的相关研究文献，但事实上，“一般应当考虑该行为是否具有法律或国家政策的依据，如果行政机关和法律法规授权的具有管理公共事务职能的组织的行为是依照法律或者国家政策做出的，即使具有排除、限制竞争的效果，也不属于滥用行政权力的行为”[②]。可见，具有法律和国家政策依据的“行政性垄断”并不在《反垄断法》的规制之列。

但必须强调的是，行政性垄断的适用除外必须“师出有名”，即具有明确的法律法规或者国家政策依据。目前来看，仅有部门规章层面的《制止滥用行政权力排除、限制竞争行为暂行规定》在第 4 条第 3 项、第 5 条第 3 项和第 4 项、第 7 条第 2 项规定，行政主体在“没有法律、法规依据”的情况下实施的排除、限制竞争行为构成行政性垄断。如果以此作为行政性垄断适用除外制度的规范依据，效力层级明显偏低。因此，为了体现和保障行政性垄断适用除外制度的权威性与统一性，《反垄断法》作为规制行政性垄断的基本法律制度，至少应当考虑对此作出原则性规定。

第四十四条　强制经营者从事垄断行为

一、条文

第四十四条　行政机关和法律、法规授权的具有管理公共事务职能的组织不得滥用行政权力，强制或者变相强制经营者从事本法规定的垄断行为。

【条文主旨】本条规定了禁止强制经营者从事垄断行为。

二、立法理由

强制经营者从事垄断行为，是指行政主体强制并无从事垄断行为意愿的经营者从事垄断协议、滥用市场支配地位、有竞争损害的经营者集中等经济性垄断的行为。经营者作为市场主体，相互间的公平、自由竞争是实现资源优化配置的动力。行政主体滥用行政权力强制经营者从事垄断行为，不但侵害了经营者依法享有的经营自主权，而且会破坏正常的市场竞争秩序。

尽管该类行为既区别于由经营者从事的经济性垄断，也区别于由政府直接干预的行政性垄断。但从性质上说，该类行为中的经营者从事经济性垄断行为仅仅是行

① 参见吕明瑜：《竞争法教程》（第 3 版），中国人民大学出版社 2021 年版，第 219～222 页。

② 法律出版社法规中心编：《中华人民共和国反垄断法注释本》，法律出版社 2008 年版，第 37 页。

政主体强制经营者从事垄断行为的外在表现形式，其本质上仍然是行政权力滥用的结果。[①] 特别是与经营者自行从事经济性垄断行为相比，由于经济力与强制性的行政力的叠加，强制经营者从事垄断行为对市场竞争的危害更大。因此，《反垄断法》将其归入行政性垄断予以规制。

三、条文解读

根据《反垄断法》第44条的规定，实施强制经营者从事垄断行为的主体为行政主体。行为模式为强制或者变相强制经营者从事反垄断法规定的垄断行为。相比之下，修正后的2022年《反垄断法》，在原有的"强制"经营者从事垄断行为之外，新增了"变相强制"经营者从事垄断行为的规定。事实上，尽管2007年《反垄断法》并未规定"变相强制"，但《制止滥用行政权力排除、限制竞争行为暂行规定》中对此作了规定。也就是说，通过2022年《反垄断法》修正，实际上是将变相强制经营者从事垄断行为的规制从部门规章上升到了法律层面。据此，该类行为的表现形式包括以下两种：

一是强制经营者从事垄断行为。即直接以行政命令、行政授权、行政指导或者通过行业协会等方式，强制、组织或者引导经营者达成和实施垄断协议、实施滥用市场支配地位行为、实施有竞争损害的经营者集中等《反垄断法》所禁止的垄断行为。

二是变相强制经营者从事垄断行为。即采取间接或迂回的方式，通过能否参与招投标、能否享受补贴和各种优惠政策等手段向经营者施压，迫使其违背真实意愿达成和实施垄断协议、实施滥用市场支配地位行为、实施有竞争损害的经营者集中等《反垄断法》所禁止的垄断行为。

在适用该条规定时，有以下4点需要特别注意：第一，只要行政主体实施强制或者变相强制的行为，即构成行政性垄断，至于经营者是否屈从于行政权力而从事垄断行为，对于行政性垄断的性质认定并无影响。第二，强制或者变相强制行为的表现形式，既可以是抽象行政行为，也可以是具体行政行为。第三，强制或者变相强制的内容是要求经营者从事违反《反垄断法》的行为，具体包括强制或变相强制经营者达成和实施垄断协议，限定价格、生产或销售数量、销售范围等，以此排除或限制经营者之间的竞争；强制或变相强制经营者滥用市场支配地位，从事拒绝交易、价格歧视等行为，以保证特定经营者的垄断利润；强制或变相强制经营者实施违法的经营者集中，通过组建企业集团等方式排斥其他地区或者部门经营者的竞争。第四，强制或者变相强制，表明行政主体与作为行政相对人的经营者的意愿相左。只是由于

---

① 参见刘继峰：《竞争法学》（第3版），北京大学出版社2018年版，第243页。

二者之间的关系为命令与服从,前者得以借助行政行为的公权属性,向后者施加压力使其服从。①

四、学术讨论

(一)正确区分行政性垄断行为与正常的政府干预经济行为

在现代市场经济国家,政府普遍承担着经济管理的职能。但是,任何背离市场经济内在要求的政府干预,只会阻碍甚至破坏现代市场经济的发展。强制经营者从事垄断行为,是对经营活动以及市场秩序的非法干预,严重扭曲市场竞争机制,必须予以禁止。

就强制经营者从事垄断行为而言,行政主体本身并没有从事具体的垄断行为,而是强制经营者从事违法的经济性垄断行为,因而具有更强的隐蔽性和复杂性。鉴于此,认定该行为应当综合考量行为主体、行为模式、行为后果等因素,准确识别和认定行为性质。例如,行政主体出于调整、优化产业结构等目的推动的经营者集中,应当属于对经济生活的正常干预和管理,不能视为强制经营者从事垄断行为。② 但行政主体如果从地区利益和部门利益出发,借宏观调控、政策扶持、发展战略、产业结构调整等名义,强制经营者从事垄断协议、滥用市场支配地位、有竞争损害的经营者集中等行为,则无疑构成行政性垄断。

(二)获益经营者的法律责任问题

与《反垄断法》第 39 条规定的"行政主体限定交易"类似,"强制经营者从事垄断行为"一般也存在获益经营者,自然也会涉及获益经营者的法律责任问题,相关论述已如前述(参见第 39 条学术讨论部分)。当然,相较于行政主体限定交易中的"限定或者变相限定",强制经营者从事垄断行为中的"强制或者变相强制",更加凸显行政主体滥用行政权力的严重性,以及经营者从事垄断行为的被动性及其可非难性的降低,而这些因素在确定获益经营者的法律责任时,都是需要认真加以考虑的。

第四十五条　制定含有排除、限制竞争内容的规定

一、条文

> **第四十五条　行政机关和法律、法规授权的具有管理公共事务职能的组织不得滥用行政权力,制定含有排除、限制竞争内容的规定。**

---

① 参见张晨颖:《行政强制垄断中经营者责任的认定》,载《政治与法律》2019 年第 3 期。

② 参见尚明主编:《反垄断法理论与中外案例评析》,北京大学出版社 2008 年版,第 322 页。

【条文主旨】本条是关于禁止行政机关和法律、法规授权的具有管理公共事务职能的组织滥用行政权力制定含有排除、限制竞争内容的规定。

二、立法理由

根据行政法理论,行政行为可以分为具体行政行为和抽象行政行为。具体行政行为,是指行政主体针对特定的人或事作出的行为;抽象行政行为,是指以不特定的人或事为对象制定具有普遍约束力的规范性文件的行为。行政机关和法律法规授权的具有管理公共事务职能的组织不仅可能通过具体行政行为排除、限制竞争,也可能通过抽象行政行为排除、限制竞争。抽象行政行为作为一种资源分配手段,在释放竞争机制所制造的秩序张力的同时,更具有侵损竞争秩序的强烈倾向。[①] 相较于行政主体作出的具体行政行为,抽象行政行为对行政相对人具有普遍约束力,可以反复适用,而且通常会创设一种新的行为模式。[②] 在实践中,本法第 39 ~ 44 条禁止的各类行政性垄断行为都可能通过制定含有排除、限制竞争内容规定的方式来实施。因此,《反垄断法》不仅应规制通过具体行政行为实施的行政性垄断行为,也应当规制通过抽象行政行为实施的行政性垄断行为。

三、条文解读

本条针对的行为主体是行政机关和法律、法规授权的具有管理公共事务职能的组织。2007 年《反垄断法》中规定,本条的行为主体较特殊,仅限于行政机关。对于本条行为主体缺少授权组织的缘由,有学者认为,有权制定法规、规章等规范性文件的行政机关才是抽象行政行为的主体,经授权的公共组织显然不符合这样的要求。[③] 2022 年修法新增了"法律、法规授权的具有管理公共事务职能的组织"这一行为主体。随着政府职能转变,将会有越来越多的公共管理和服务职能由社会组织承担。[④] 实践中,由于诸多立法规范本身并没有明确规定公共职能组织的权力范围,各地方政府通常对此类组织不加区分地授予行政管理权。[⑤] 这类法律、法规授权的具有管理公共事务职能的组织在行使行政管理权的过程中,同样可能制定含有排除、限制竞争内容的规定。

---

① 参见汪玉涛:《论抽象行政行为的竞争审查——以竞争秩序建构为视角》,载《中国行政管理》2015 年第 4 期。

② 参见王先林:《竞争法学》(第 3 版),中国人民大学出版社 2018 年版,第 296 页。

③ 参见时建中主编:《反垄断法:法典释评与学理探源》,中国人民大学出版社 2008 年版,第 376 页。

④ 参见童卫东:《进步与妥协——〈行政诉讼法〉修改回顾》,载《行政法学研究》2015 年第 4 期。

⑤ 参见于立深:《法定公共职能组织的资格、权能及其改革》,载《华东政法大学学报》2016 年第 6 期。

根据《立法法》的规定,我国的社会主义法律体系自上而下表现为:全国人民代表大会及其常务委员会制定的法律;国务院制定的行政法规;各省、自治区、直辖市以及设区的市的人民代表大会及其常务委员会制定的地方性法规;国务院各部、委制定的部门规章;各省、自治区、直辖市政府和省会市、设区的市的政府制定的地方政府规章。除法律、行政法规、地方性法规、部门规章、地方规章外,我国还有数量庞大的其他规范性文件。从制定主体来看,地方人大并不属于行政机关和法律、法规授权的具有管理公共事务职能的组织,故本条中的"规定"并不包括地方人大及其常务委员会制定的地方性法规。对于地方性法规中涉及排除、限制竞争内容的规定,只能依照《立法法》《地方各级人民代表大会和地方各级人民政府组织法》的相关规定来处理。参照市场监督管理总局2019年公布实施的《制止滥用行政权力排除、限制竞争行为暂行规定》的相关内容,本条中的"规定"主要是指以规定、办法、决定、公告、通知、意见、会议纪要等形式,制定、发布含有排除、限制竞争内容的市场准入、产业发展、招商引资、招标投标、政府采购、经营行为规范、资质标准等涉及市场主体经济活动的规章、规范性文件和其他政策措施。

四、学术讨论

(一)《反垄断法》与行政法规范的衔接

作为政府干预经济的手段,抽象行政行为势必会引起倡导经济理性的竞争法的关注;而行政法作为调整行政关系、规范和控制行政权的法律规范系统,更需要对抽象行政行为进行规范。① 在行政法的救济体系中,行政诉讼制度最具代表性,是规范国家行政权、保障公民权益的重要手段。② 然而,在2014年以前很长的一段时间内,我国法院的司法审查权仅限于对具体行政行为的合法性审查。这种状况在2014年《行政诉讼法》修改后得以改变。修改后的《行政诉讼法》确立了法院对规范性文件的附带审查权。需要注意的是,《行政诉讼法》第53条规定的附带审查针对的是国务院部门和地方人民政府及其部门制定的规范性文件。《反垄断法》第37条中"规定"一词涵盖的范围显然要大于附带性审查的范围。此外,虽然修改后的《行政诉讼法》用行政行为取代了具体行政行为这一表述,但附带性审查并不能独立提起,仍须依附于属于受案范围的行政行为。

---

① 参见汪玉涛:《论抽象行政行为的反垄断机构竞争审查》,载《湖南科技大学学报(社会科学版)》2016年第2期。

② 杨建顺主编:《行政法总论》,北京大学出版社2016年版,第306页。

对于“行政机关和法律、法规授权的具有管理公共事务职能的组织滥用行政权力，制定含有排除、限制竞争内容的规定”是否具有可诉性这一问题，有学者认为，抽象行政垄断行为并不具有可诉性，此类抽象行为必须要通过具体行为予以落实，对于这类具体的行政垄断行为，经营者才可以提起行政诉讼。[①] 这种理解与《行政诉讼法》的规定是基本一致的。但是，区分具体行政行为与抽象行政行为并不能仅依据行政行为的外在形式来判断。如果行政主体制定含有排除、限制竞争内容的规定，针对的是特定对象和特定事项，应当属于可诉的、具体的行政行为；如果行政主体制定含有排除、限制竞争内容的规定，针对的是不特定对象和不特定事项，就只能对行政主体滥用行政权力排除、限制竞争的具体行政行为提起诉讼，再一并请求法院对该规定进行审查。[②] 当然，抽象行政行为与具体行政行为之间并不存在一条绝对的界限，对于什么属于“特定对象”和“特定事项”也有多种解释。特别是，对于一些以会议纪要、通告、决议等形式作出的行政行为，其对象的特定性并不易判断，将其划分为抽象行政行为还是具体行政行为取决于对“特定”一词的解释，这属于法官裁量权的范围。[③] 考虑到行政诉讼在规范滥用行政权力排除、限制竞争方面所能发挥的独特价值，在判断含有排除、限制竞争内容的规定是否属于具体行政行为这一问题上，应秉持保护公平竞争的基本理念，在不偏离法律条文原意的前提下，尽可能地对具体行政行为从宽解释，使更多的行为能够纳入行政诉讼的受案范围。

（二）抽象行政垄断行为与公平竞争审查制度

我国《反垄断法》虽然将行政性垄断纳入规制范围，但基本上沿袭了在行政系统内自我纠偏的路径。[④] 行政系统的内部纠偏重心在于合法性问题，即只要有法可依，行政行为就具有正当性。[⑤] 虽然《立法法》对行政法规、规章等规范性文件的立法权限作出了严格规范，但在法律、法规和规章之外，各级政府及其部门制定的大量规范性文件，在国家治理中发挥着巨大影响，仍有待加以规范。[⑥] 通过制定规范性文件或其他政策措施，行政主体就为其行为赋予了形式上的合法性。尽管本条已经对“行政机关和法律、法规授权的具有管理公共事务职能的组织滥用行政权力排除、限制

---

① 参见许光耀：《反垄断法上的行政垄断分析》，载《行政管理改革》2014 年第 11 期。

② 参见梁凤云：《新行政诉讼法讲义》，人民法院出版社 2015 年版，第 112～113 页。

③ 参见姜明安：《行政诉讼法》，法律出版社 2021 年版，第 166～167 页。

④ 参见王先林：《竞争法学》，中国人民大学出版社 2018 年版，第 298 页。

⑤ 参见徐士英：《竞争政策视野下行政性垄断行为规制路径新探》，载《华东政法大学学报》2015 年第 4 期。

⑥ 参见何海波：《行政法治，我们还有多远》，载《政法论坛》2013 年第 6 期。

竞争”作了禁止性规定,但其效果有限。一般而言,禁止性规定的法律效果有二:一是对违反该规定的行为进行否定性评价;二是通过制裁形成威慑,以达到预防该行为发生之目的。但是,由于我国《反垄断法》并没有对行政性垄断规定严格的法律责任,仅要求责令改正,威慑程度有限,作为实体规范的禁止性规定也就难以发挥预防效果。同时,由于反垄断执法机构仅具有向上级机关提出建议的权力,无法提前介入“规定”的制定程序,本条规定难以在执法实践中真正落地。①

2016年6月,《国务院关于在市场体系建设中建立公平竞争审查制度的意见》(以下简称《意见》)正式建立了我国的公平竞争审查制度。2022年《反垄断法》也将公平竞争审查制度纳入了总则部分,将公平竞争审查制度的效力位阶提升至法律层面。建立公平竞争审查制度,是通过事前方式规范行政性垄断的重要举措。② 公平竞争审查制度不仅与《反垄断法》关于行政垄断的规定有着极为密切的联系,而且是对《反垄断法》的重大补充和发展。③ 从法律文本来看,本条禁止制定的“规定”基本可以涵盖公平竞争审查的审查对象。同时,《意见》对公平竞争审查标准的兜底性规定是“不得违反《中华人民共和国反垄断法》,制定含有排除、限制竞争内容的政策措施”,所以,对于规范抽象行政垄断行为,《反垄断法》中关于禁止行政性垄断的规定和公平竞争审查制度具有共同的制度目标。④ 但是,无论是公平竞争审查制度,还是《反垄断法》第45条,在适用要件和标准建设方面仍显不足,需要在未来加以明确。

---

① 参见许身健:《行政性垄断的概念构造及立法完善——基于〈反垄断法(修正草案)〉的分析》,载《行政法学研究》2022年第3期。

② 参见时建中:《新〈反垄断法〉的现实意义与内容解读》,载《中国法律评论》2022年第4期。

③ 参见王晓晔:《我国〈反垄断法〉修订的几点思考》,载《法学评论》2020年第2期。

④ 参见叶卫平:《财政补贴、产业促进与公平竞争审查》,载《交大法学》2021年第4期。

第六章　对涉嫌垄断行为的调查

第四十六条　反垄断调查程序的启动

一、条文

> 第四十六条　反垄断执法机构依法对涉嫌垄断行为进行调查。
>
> 对涉嫌垄断行为，任何单位和个人有权向反垄断执法机构举报。反垄断执法机构应当为举报人保密。
>
> 举报采用书面形式并提供相关事实和证据的，反垄断执法机构应当进行必要的调查。

【条文主旨】本条规定了反垄断调查程序的启动。

二、立法理由

实现反垄断法的立法目的，有效发挥禁止垄断协议、禁止滥用市场支配地位、经营者集中控制、制止滥用行政权力排除、限制竞争行为等实体制度的作用，需要程序的有力保障。对执法程序的规定为反垄断执法活动提供了明确的法律授权和程序遵循，使执法机构可以有效和有序地履行职责，开展执法活动。同时，这些规定对执法权力的范围作了明确的限定，指明了反垄断执法机构合法履职的边界，使执法活动运行在法治轨道上，保障被调查方及各相关方的合法权益免受非法侵害。涉嫌垄断行为的调查程序是反垄断执法程序的重要组成部分，而调查职权和程序的启动则是首先应予规定的内容。基于垄断案件的复杂性，反垄断执法机构通常需要调查收集大量证据以及相关材料、信息才能准确地作出判断。因此,反垄断法赋予了反垄断执法机构依职权启动调查的权力,同时,大多数国家都会发挥社会监督作用,利用反垄断举报或投诉制度,及时发现更多的涉嫌垄断行为线索,我国亦是如此。

三、条文解读

本条以及本章其他多数条款在《反垄断法》修法中均未修改。对于涉嫌垄断行为,本条第1款规定反垄断执法机构可依职权启动反垄断调查;第2款、第3款规定反垄断执法机构可依举报启动反垄断调查,以及相应的保密义务和处理义务。

(一)依职权启动调查

本条第1款的规定可从3方面理解:第一,反垄断调查活动往往涉及被调查方及相关方的重大利益,具有专业性、复杂性、强制性等特点,因而只有依法获得授权的机构才有权开展相关调查,即反垄断执法机构享有专属的反垄断行政调查权。《反垄断法》2008年施行以后,我国反垄断执法机构经历了两轮大的机构调整。截至2022年,反垄断执法机构包括国家市场监督管理总局(加挂"国家反垄断局"牌子)和省、自治区、直辖市的市场监督管理部门。第二,反垄断执法机构可以依据工作过程中获取的线索、证据启动反垄断调查。例如,在对涉嫌达成横向垄断协议行为进行调查时发现上游企业也存在涉嫌垄断行为,经营者集中审查工作中发现既往交易涉嫌违法实施经营者集中等这些情况下,反垄断执法机构都可以依职权启动反垄断调查。第三,反垄断执法机构应当依法开展调查。反垄断调查属于行政执法活动,需要遵循依法行政的原则。此处依据的"法",不仅包括《反垄断法》,还包括《国务院关于经营者集中申报标准的规定》等反垄断法配套法规。在这些"特别法"未做规定的问题上,还可以依据《行政处罚法》《行政强制法》《行政复议法》《市场监督管理行政处罚程序规定》《市场监督管理行政处罚听证办法》等"一般法"的规定。

(二)依举报启动调查

本条第2款规定,对涉嫌垄断行为,任何单位和个人有权向反垄断执法机构举报。实践中,举报也是涉嫌垄断违法线索的主要来源。不同于欧盟将举报人限定为合法利益受到侵害的主体的做法,我国没有对反垄断举报人的资格进行限制,即任何单位和个人都有权进行举报。这样规定有利于更大范围地调动社会积极性、发挥社会监督作用,向反垄断执法机构提供更多的违法线索,更加高效地发现涉嫌垄断行为。为消除举报人的后顾之忧,本条第2款还规定反垄断执法机构应当为举报人保密。

虽然不对举报人的资格进行限制有利于获取更多的违法线索,但也可能造成无效举报泛滥、浪费执法资源的后果。因此,对举报进行一定程度的筛选,引导举报人提供更有价值的线索是必要的。本条第 3 款规定,若举报人采用书面形式进行举报,并提供相关事实和证据的,反垄断执法机构应当进行必要的调查。一方面,可以引导举报人采用书面形式进行举报并提供相关事实和证据,从而起到获取更有价值的违法线索的作用。根据《禁止垄断协议暂行规定》《禁止滥用市场支配地位暂行规定》等的规定,书面举报一般应包括举报人和被举报人的基本情况、涉嫌垄断行为的相关事实和证据以及是否就同一事实已向其他行政机关举报或者向人民法院提起诉讼。另一方面,本款规定只有在上述情形下,反垄断执法机构才"应当"进行"必要的调查"。具体而言,对于那些口头或无相应证据的举报,《反垄断法》并不要求反垄断执法机构必须处理,避免无谓地浪费执法资源。同时,即使是采用书面形式并提供相关事实和证据的举报,反垄断执法机构也并非必须对此展开正式的调查(立案调查),"必要的调查"应当理解为初步调查,或称核查、非正式调查。经初步调查,执法机构认为相关行为涉嫌构成垄断行为的,可以经"立案"程序,开展正式调查。

第四十七条　反垄断调查措施

一、条文

第四十七条　反垄断执法机构调查涉嫌垄断行为,可以采取下列措施:

(一)进入被调查的经营者的营业场所或者其他有关场所进行检查;

(二)询问被调查的经营者、利害关系人或者其他有关单位或者个人,要求其说明有关情况;

(三)查阅、复制被调查的经营者、利害关系人或者其他有关单位或者个人的有关单证、协议、会计账簿、业务函电、电子数据等文件、资料;

(四)查封、扣押相关证据;

(五)查询经营者的银行账户。

采取前款规定的措施,应当向反垄断执法机构主要负责人书面报告,并经批准。

【条文主旨】本条规定了反垄断执法机构可以采取的调查措施及程序要求。

二、立法理由

鉴于垄断行为常常具有隐蔽性、复杂性，为查清涉嫌垄断行为相关事实，作出公正的处理，需要赋予反垄断执法机构较广泛的调查权。赋权的范围，也是一种限权。反垄断执法机构有权采取的诸多调查措施直接关系到被调查方、其他相关方的人身和财产利益，因而需要有明确的授权范围。换言之，反垄断执法机构能够采取的调查措施仅限于《反垄断法》等法律法规规定的权限范围。与此同时，程序正义是现代法治的应有之义，反垄断调查措施的使用应当受到合理的程序上的控制。

三、条文解读

本条第1款规定了反垄断执法机构开展调查可以采取的措施，赋予了执法机构较广泛的调查权。第2款规定了采取调查措施前应当遵守的程序要求——向反垄断执法机构主要负责人书面报告，并经批准。

(一)反垄断调查措施

本条第1款规定了反垄断执法机构调查涉嫌垄断行为时可以采取的5项调查措施，包括：检查营业场所或者其他有关场所；询问有关单位和个人；查阅、复制有关文件、资料；查封、扣押相关证据；查询经营者的银行账户。

1. 检查营业场所或者其他有关场所

本条第1款第1项规定，反垄断执法机构可以进入被调查方的营业场所或者其他有关场所进行检查。对营业场所进行检查较容易理解，因为这是被调查方开展经营活动的主要场所，也是获取其涉嫌垄断行为相关证据的重要来源。此处的“其他有关场所”该如何理解，其是否可以包括相关个人(如高级管理人员)的住所，需要谨慎对待，在对执法机构所享有的权力进行解释时，应当坚持比例原则，充分考量其所要实现的目的与其可能带来的不利影响，以实现目标与手段的平衡。[1] 反垄断执法机构检查相关场所是为了调查涉嫌垄断行为，获取相关证据，而相关个人的住所通常并非被调查方开展经营活动的场所，并不是相关证据的主要来源，与此同时，对个人的住所进行检查是对个人权利较严厉的限制。因此，在通常情形下，反垄断执法机构无权进入相关个人的住所进行检查。

反垄断执法机构进入营业场所或者其他有关场所进行检查时，并不需要征得被调查方的同意。为快速、有效地收集违法证据，防止重要证据灭失，各个国家或地区反垄断执法机构惯常采用不事先通知的突击检查方式开展调查(特别是首次正式调

---

① 参见焦海涛：《我国反垄断法修订中比例原则的引入》，载《华东政法大学学报》2020年第2期。

查)，这被形象地称为"黎明突袭"(dawn raids)。只要反垄断执法机构的调查符合相应程序性规定，被调查方及相关人员即有义务配合其调查。这些程序性规定并不限于《反垄断法》的规定，还包括《行政处罚法》《市场监督管理行政处罚程序规定》等的相关规定。如《市场监督管理行政处罚程序规定》第 28 条规定，对有违法嫌疑的物品或者场所进行检查时，应当通知当事人到场。办案人员应当制作现场笔录，载明时间、地点、事件等内容，由办案人员、当事人签名或者盖章。

2. 其他调查措施

为使反垄断执法机构有足够的能力查清涉嫌垄断行为相关事实，本条第 1 款第 2～5 项还赋予了反垄断执法机构采取其他调查措施的权力。第 2 项规定，反垄断执法机构有权询问被调查的经营者、利害关系人或者其他有关单位或者个人，要求其说明有关情况，即执法机构有权询问的对象并不限于被调查方。第 3 项规定，反垄断执法机构有权查阅、复制被调查的经营者、利害关系人或者其他有关单位或者个人的有关单证、协议、会计账簿、业务函电、电子数据等文件、资料。执法实践中，这些文件、资料可能存放于办公场所、办公系统、电脑、邮箱、工作人员手机等，对它们的查阅、复制是案件证据材料的重要来源。第 4 项规定，反垄断执法机构有权查封、扣押相关证据。第 5 项规定，反垄断执法机构有权查询经营者的银行账户，此处应注意，不包含对银行账户的查封和冻结。

(二)采取调查措施的程序要求

为防止执法人员滥用行政权力，保障被调查方的合法权益，本条第 2 款规定，采取前款规定的措施，应当向反垄断执法机构主要负责人书面报告，经批准后才可实施。在书面报告中，应当明确须采取的具体措施及理由，反垄断执法机构主要负责人应当进行严格审查，在符合比例原则的前提下才能批准。

第四十八条　反垄断执法的人员要求

一、条文

> **第四十八条　反垄断执法机构调查涉嫌垄断行为，执法人员不得少于二人，并应当出示执法证件。**
>
> **执法人员进行询问和调查，应当制作笔录，并由被询问人或者被调查人签字。**

【条文主旨】本条规定了反垄断执法机构调查涉嫌垄断行为的程序要求。

二、立法理由

反垄断执法不仅关注实体问题,也注重程序规范。为实现反垄断执法机构行政行为的公开透明,防止权力滥用,保障被调查方等的合法权益,《反垄断法》对反垄断执法机构的调查行为规定了诸多程序性要求。

三、条文解读

本条第 1 款对反垄断调查的执法人员数量提出了要求,即不得少于 2 人。这是因为,如果调查由单个执法人员展开,可能导致调查过程及结果失之主观、随意。调查由 2 名及以上执法人员开展,可以使执法人员相互监督,保持行政执法的公信力。若反垄断调查是由 1 名执法人员开展,被调查方等可以拒绝接受调查。

实际执法过程中,执法人员的数量往往多于 2 人。在较重大的案件中,执法人员数量还会达到数十甚至过百,同一时间进入被调查方分处多地的经营场所。进入被调查方经营场所后,执法人员可分头开展调查活动,同步到不同的内设部门、办公区室等开展查阅、复制、询问等调查活动。由于反垄断执法机构普遍面临执法人员不足的问题,在实际调查过程中,部分甚至全部执法人员可能并非来自办案单位,反垄断执法机构从下级机构抽调人员参与执法的情况较普遍。

反垄断调查会造成对被调查方等的权利的限制,因此,为表明调查的合法性、正当性,本条第 1 款同时规定,反垄断执法机构在调查涉嫌垄断行为时,应当出示执法证件。如果执法人员在调查时不能出示执法证件,被调查方等有权拒绝接受调查。

本条第 2 款要求,执法人员进行询问和调查时,应当制作笔录。笔录是记载询问和调查过程及具体内容的重要文书,是反垄断执法案件的重要证据形式,有利于反垄断执法机构最终查明事实,也是构建法律真实、还原客观真实的重要材料之一。当然,笔录若要获得证据效力,须由被询问人或被调查人签字确认,这也是保证证据的客观性、保障被询问人或被调查人权益的必要程序。如果被询问人或被调查人拒绝签字,根据《市场监督管理行政处罚程序规定》第 43 条的规定,办案人员应当在笔录或者其他材料上注明情况,并采取录音、录像等方式记录,必要时可以邀请有关人员作为见证人。

第四十九条　反垄断执法的保密要求

一、条文

第四十九条　反垄断执法机构及其工作人员对执法过程中知悉的商业秘密、个人隐私和个人信息依法负有保密义务。

【条文主旨】本条规定了反垄断执法机构及其工作人员的保密义务。

二、立法理由

反垄断调查过程中会涉及相关经营者及个人的大量信息,其中不乏商业秘密、个人隐私和个人信息。为了保护反垄断调查过程中相关主体的合法权益,反垄断执法机构及其工作人员应当对这些信息进行保密。这样同时可以消除被调查方等的后顾之忧,推动调查顺利进行。2022 年《反垄断法》特别将个人隐私和个人信息明确纳入保密范围,这与我国数字经济快速发展,个人隐私和个人信息保护问题越发受到重视的背景有关。

三、条文解读

本条规定,反垄断执法机构及其工作人员对执法过程中知悉的商业秘密负有保密义务。根据《反不正当竞争法》第 9 条的规定,商业秘密是指不为公众所知悉、具有商业价值并经权利人采取相应保密措施的技术信息、经营信息等商业信息。本条同时规定了反垄断执法主体对个人隐私和个人信息负有的保密义务,这是 2022 年修法所增加的内容,体现了对个人隐私和个人信息保护问题的重视。隐私是指个人生活的秘密,保护的是个人私生活安宁不受他人非法干扰,他人不得非法收集、公开其私人信息。个人信息是指以电子或者其他方式记录的与已识别或者可识别的自然人有关的各种信息,例如个人姓名、身份证号等。隐私与个人信息存在部分交叉重合,有时很难对二者进行严格区分。[①] 在《反垄断法》规定反垄断执法机构对个人隐私和个人信息均具有保密义务的情况下,没有必要对二者进行严格的区分,当然,这是在反垄断法语境之下,在其他场景则另当别论。

商业秘密、个人隐私和个人信息一旦被泄露,可能给相关主体带来人身、财产损害。因而,反垄断执法机构及其工作人员对上述信息履行保密义务是必要的。根据

① 参见张新宝:《从隐私到个人信息:利益再衡量的理论与制度安排》,载《中国法学》2015 年第 3 期。

《反垄断法》第 66 条的规定,反垄断执法机构工作人员泄露执法过程中知悉的商业秘密、个人隐私和个人信息的,依法给予处分。如构成犯罪,还须承担刑事责任。

第五十条　被调查者的配合义务

一、条文

第五十条　被调查的经营者、利害关系人或者其他有关单位或者个人应当配合反垄断执法机构依法履行职责,不得拒绝、阻碍反垄断执法机构的调查。

【条文主旨】本条规定了被调查的经营者、利害关系人和其他有关单位、个人配合调查的义务。

二、立法理由

为查清涉嫌垄断行为的相关事实,及时制止垄断行为,《反垄断法》在规定反垄断执法机构享有调查权力的同时,也需要明确被调查方等的配合调查义务。这是因为,即使反垄断执法机构享有广泛的调查权力,若被调查方等不予配合,反垄断执法机构仍然难以有效履职。

三、条文解读

本条规定,在反垄断调查过程中,负有配合调查义务的主体是广泛的,包括被调查的经营者、利害关系人和其他有关单位、个人。执法实践中,为了查明案件事实,反垄断执法机构可能需要从被调查方的供应商、合作方、经销商、代理商、客户、竞争对手、所在的行业协会等获取相关信息、证据。在此过程中,相关方也须履行配合调查的义务,不能以己方未实施相关涉嫌垄断行为、不属于案件的被调查方为理由拒绝配合调查。当然,被调查方等应当配合的只限于反垄断执法机构"依法履行职责"的行为,对于不符合相关程序性规定的调查行为,被调查方等有权拒绝配合。被调查方等违反配合调查义务,拒绝、阻碍反垄断调查的,须依据《反垄断法》第 62 条、第 63 条等的规定承担相应的法律责任。

第五十一条　被调查者的陈述权

一、条文

第五十一条　被调查的经营者、利害关系人有权陈述意见。反垄断执法机构应当对被调查的经营者、利害关系人提出的事实、理由和证据进行核实。

【条文主旨】本条规定了被调查的经营者、利害关系人的陈述权。

二、立法理由

行政参与是指“受行政权力运行结果影响的利害关系人有权参与行政权力的运行过程,表达自己的意见,并对行政权力运行结果的形成发挥有效作用”。行政参与原则体现的是行政程序的基本价值追求——程序正义,行政参与同时是公民保护自身合法权益、监督政府的重要手段。[①] 反垄断执法涉及被调查的经营者、利害关系人的重大利益,更应当注重保障其在反垄断执法过程中的参与权利。被调查的经营者及利害关系人陈述意见的权利对应的是反垄断执法机构对其提出的事实、理由和证据进行核实的义务,否则该项权利将无法发挥实际效用。对经营者及利害关系人陈述权的保障也有利于反垄断执法机构查明案件事实。

三、条文解读

本条规定可以从两方面进行理解:第一,被调查的经营者、利害关系人有权陈述意见。陈述意见的形式有多种,例如,可以通过书面或口头形式向反垄断执法机构陈述意见,也可以通过申请听证来陈述意见(仅限当事人)。被调查的经营者、利害关系人可以在案件的不同阶段行使陈述权,包括调查阶段、垄断行为认定阶段以及作出制裁决定阶段。[②] 第二,反垄断执法机构有义务对被调查的经营者、利害关系人提出的事实、理由和证据进行核实。这是被调查者陈述权得以实现的重要保障。同时需要强调的是,被调查的经营者依法行使陈述权的,反垄断执法机构不应当因此加重其违法责任。《市场监督管理行政处罚程序规定》第 58 条规定,市场监督管理部门在告知当事人拟作出的行政处罚决定后,应当充分听取当事人的意见,对当事人提出的事实、理由和证据进行复核。当事人提出的事实、理由或者证据成立的,市场监督管理部门应当予以采纳,不得因当事人陈述、申辩或者要求听证而给予更重的行政处罚。这一规定既可以打消被调查者陈述的顾虑,也能够反向强化反垄断执法机构依法行政的观念。

---

① 参见周佑勇:《行政法的正当程序原则》,载《中国社会科学》2004 年第 4 期。

② 参见国家市场监督管理总局反垄断局:《中国反垄断立法与执法实践》,中国工商出版社 2020 年版,第 311 页。

第五十二条　对垄断行为的处理决定

一、条文

第五十二条　反垄断执法机构对涉嫌垄断行为调查核实后，认为构成垄断行为的，应当依法作出处理决定，并可以向社会公布。

【条文主旨】本条规定了反垄断执法机构对垄断行为处理决定的作出与公布。

二、立法理由

在反垄断执法机构查处垄断行为的整个过程中，处理决定的作出与公布是最重要的环节之一。如果反垄断执法机构对涉嫌垄断行为调查核实后，认为其构成垄断行为而不作出并公开其处理决定，则执法行为将处于隐蔽状态，无法受到公众的监督。更重要的是，反垄断执法的可预见性将大大降低，不利于激发市场主体的活力。

三、条文解读

本条规定可以从两方面进行理解：第一，反垄断执法机构对涉嫌垄断行为进行调查核实后，认为构成垄断行为的，应当依法作出处理决定，通常情况下决定以行政处罚决定书的形式作出。第二，反垄断执法机构享有是否公开处理决定的裁量权。实践中，2013 年后，我国反垄断执法机构作出的处理决定基本上都予以公布，公布渠道主要为反垄断执法机构的网站，有的公布全文，有的公布主要信息。[①] 处理决定的公开有利于提高反垄断执法活动的透明度，便于社会监督，同时可起到以案释法的作用。

四、学术讨论

2022 年修法之前，有学者认为，应当采取强制公开的基本模式、集中公开的基本方式、全面公开的基本形式及时对反垄断调查的信息公开制度进行完善；[②]有专家也建议将“可以向社会公布”改为“及时向社会公布”[③]。无论是执法领域还是司法领域，以公开促公正都是共识，公开处罚决定应是执法透明的最低要求，也应成为反垄

① 参见国家市场监督管理总局反垄断局：《中国反垄断立法与执法实践》，中国工商出版社 2020 年版，第 318 页。

② 参见丁茂中：《论我国反垄断调查信息公开制度的立法完善》，载《电子知识产权》2019 年第 2 期。

③ 参见《〈中华人民共和国反垄断法〉中国政法大学竞争法研究中心专家意见稿》，载微信公众号“竞争法微网”2020 年 1 月 3 日，https://mp. weixin. qq. com/s/ZSRIU2taoWyZrz6aGH4sOA。

断执法机构一项基本的自我要求。虽然2022年修法未将“可以”删去，保留了执法机构在是否公开处罚决定书上的自由裁量权，但是，这种裁量权应该受到较大程度限制，即以公开为原则，以不公开为例外。

在《行政处罚法》2021年修法的3次审议中，均专门引入了要求执法部门公开处罚决定的相关条款。其中，一审稿规定“行政处罚决定应当依法公开”；二审稿规定“行政处罚决定应当按照政府信息公开的有关规定予以公开”；最终通过的条文规定“具有一定社会影响的行政处罚决定应当依法公开”。尽管法律未对公开作绝对要求，但“具有一定社会影响”这唯一的限定语应可以符合绝大部分甚至全部的垄断案件的特性。

此外，鉴于垄断案件的分析通常具有复杂性、专业性，就形式来看，公开的不应仅是行政处罚信息摘要或以新闻稿、通告等形式公开的主要信息，而应至少包括含有更多案件事实、证据、当事人的陈述、申辩的采纳情况及理由等内容的行政处罚决定书。

第五十三条　经营者承诺制度

一、条文

第五十三条　对反垄断执法机构调查的涉嫌垄断行为，被调查的经营者承诺在反垄断执法机构认可的期限内采取具体措施消除该行为后果的，反垄断执法机构可以决定中止调查。中止调查的决定应当载明被调查的经营者承诺的具体内容。

反垄断执法机构决定中止调查的，应当对经营者履行承诺的情况进行监督。经营者履行承诺的，反垄断执法机构可以决定终止调查。

有下列情形之一的，反垄断执法机构应当恢复调查：

（一）经营者未履行承诺的；

（二）作出中止调查决定所依据的事实发生重大变化的；

（三）中止调查的决定是基于经营者提供的不完整或者不真实的信息作出的。

【条文主旨】本条规定了经营者承诺制度。

二、立法理由

进行反垄断调查，执法机构通常需要投入大量人力、物力收集、整理证据、信息，调查、分析涉嫌垄断行为。为此,作为一种解决反竞争问题的有效方式,经营者承诺制度被世界各个国家和地区在反垄断法实施过程中普遍采用。[①] 在反垄断调查过程中,被调查方承诺采取有效措施消除其行为对竞争的不良影响时,反垄断执法机构可以中止调查。这一制度对于反垄断执法机构和被调查方,是一种双赢。《国务院反垄断委员会垄断案件经营者承诺指南》指出,经营者承诺制度有助于提高反垄断执法效率,节约行政执法资源,同时能够有效实现保护市场公平竞争、维护消费者利益和社会公共利益的目标。就被调查方而言,承诺制度的优势也十分明显。若被调查方的承诺得到反垄断执法机构认可,并最终得以实施,被调查方可以免受高额的反垄断罚款,同时可以避免反垄断处罚对其声誉等方面的影响。

三、条文解读

本条第 1 款规定了中止调查的适用条件:第一,在反垄断执法机构认可的期限内;第二,采取具体措施;第三,消除涉嫌垄断行为的后果。首先,创设经营者承诺制度的一大原因是其可以提高反垄断执法效率,因而,中止调查的适用条件之一是被调查方承诺在反垄断执法机构认可的期限内采取措施消除其行为的后果,避免使承诺制度沦为被调查方拖延调查进程的工具。其次,经营者提出的承诺应当包括所要采取的具体措施,而不能只有空泛的承诺。最后,经营者承诺的具体措施应当能够消除涉嫌垄断行为的后果,这是经营者承诺制度存在的目的,即制止垄断行为,保护市场公平竞争。

此外,《禁止垄断协议暂行规定》第 21 条和《禁止滥用市场支配地位行为暂行规定》第 29 条还进一步明确了中止调查申请的形式及时间等问题。依上述规定,中止调查申请应当以书面形式提出,并由经营者负责人签字盖章。中止调查申请应当在被调查期间内提出,且不宜过晚,若反垄断执法机构对涉嫌垄断行为的调查已基本结束,认为其构成垄断行为的,一般不会再接受中止调查申请。

中止调查的决定应当载明被调查的经营者承诺的具体内容,一方面,可以提高执法透明度,以便公众进行监督;另一方面,可以将承诺的具体内容固定化,并赋予其一定的法律效力。[②]

本条第 2 款规定了反垄断执法机构对经营者承诺履行情况的监督,这既是反垄

---

① 参见国家市场监督管理总局反垄断局:《〈垄断案件经营者承诺指南〉解读》,载国家市场监督管理总局网 2020 年 10 月 30 日,https://gkml.samr.gov.cn/nsjg/xwxcs/202010/t20201030_322782.html。

② 参见王晓晔主编:《中华人民共和国反垄断法详解》,知识产权出版社 2008 年版,第 231 页。

断执法机构的权力,也是其职责。若承诺内容得到履行,涉嫌垄断行为的不良后果得到消除,反垄断执法的目的得以实现,则可以决定终止调查。终止调查,只意味着反垄断执法机构不再对被调查方的涉嫌垄断行为展开调查,且不会对其进行处罚,并不意味着反垄断执法机构认定其行为不构成垄断行为。实际上,反垄断执法机构决定终止调查,只表明其不再对涉嫌垄断行为的合法性作出判断,不会影响其他程序(如民事诉讼)中对该涉嫌垄断行为的认定。正如《国务院反垄断委员会垄断案件经营者承诺指南》第 3 条所规定的,执法机构的中止调查及终止调查决定,不是对经营者的行为是否构成垄断行为作出认定。执法机构仍然可以依法对其他类似行为实施调查并作出行政处罚。中止调查及终止调查决定也不应作为认定该行为是否构成垄断行为的相关证据。

本条第 3 款规定了反垄断执法机构应当恢复调查的情形,具体包括:(1)经营者未履行承诺的;(2)作出中止调查决定所依据的事实发生重大变化的;(3)中止调查的决定是基于经营者提供的不完整或者不真实的信息作出的。《禁止垄断协议暂行规定》第 25 条和《禁止滥用市场支配地位行为暂行规定》第 33 条对应当恢复调查的情形的规定略有不同,其将第 1 项规定为"经营者未履行或者未完全履行承诺的",对《反垄断法》的规定进行了一定程度的扩展。"未履行或者未完全履行承诺"可能包含以下 3 种情形:第一,经营者没有履行或没有完全履行其承诺的具体措施;第二,经营者履行了具体措施,但未能消除其行为的后果;第三,经营者未能在反垄断执法机构认可的期限内采取措施消除其行为的后果。就第 2 项应当恢复调查的情形而言,其理由在于相关事实的重大变化可能导致已有的承诺无法满足反垄断执法机构的要求。关于第 3 项恢复调查的情形,反垄断执法机构在作出中止调查的判断时,较依赖经营者所提供的各种信息,若该信息是不完整或者不真实的,则意味着反垄断执法机构作出的中止调查决定也可能是不恰当的,因而应当恢复调查。但应当明确的是,并非所有的信息不完整或不真实都会导致调查恢复,只包括那些关键性的、反垄断执法机构"基于"其作出判断的信息。

经营者承诺制度固然能够节约执法资源、提高执法效率,但其代价是放弃对一些涉嫌垄断行为进行追责,减损了部分公平价值。为更好地处理效率与公平之间的关系,需要对承诺制度进行适当调整。《反垄断法》所追求的是预防和制止垄断行为、保护市场公平竞争等目标,适当的经营者承诺制度将有助于这些目标的实现,但若滥用承诺制度,将有损《反垄断法》的权威性、背离其所追求的目标。

通常而言,对市场公平竞争秩序产生严重不良影响的垄断行为不应当适用经营者承诺制度。对此，我国《禁止垄断协议暂行规定》和《国务院反垄断委员会垄断案件经营者承诺指南》也有明确规定。

第五十四条　对行政性垄断的调查

一、条文

第五十四条　反垄断执法机构依法对涉嫌滥用行政权力排除、限制竞争的行为进行调查，有关单位或者个人应当配合。

【条文主旨】本条规定了反垄断执法机构对行政性垄断行为的调查权，以及有关单位、个人的配合调查义务。

二、立法理由

本条为2022年修法新增的规定。2007年《反垄断法》中并没有明确规定反垄断执法机构拥有对滥用行政权力排除、限制竞争的行为进行调查的权力，而仅在第51条规定了反垄断执法机构对行政性垄断行为的“建议处理权”。从立法逻辑的角度来看，反垄断执法机构的“建议处理权”应当建立在其对涉嫌行政性垄断行为的调查权的基础上。只有反垄断执法机构有权对相应行为开展调查，在了解相关事实后，才有可能提出正确的处理建议。而且，反垄断执法机构对行政性垄断行为的调查只有在有关单位、个人配合的情况下才能够更好地发挥作用，因此明确其配合调查的义务是有必要的。

三、条文解读

本条明确规定了反垄断执法机构对滥用行政权力排除、限制竞争行为的调查权，配合调查的义务主体包括被调查的行政机关和法律、法规授权的具有管理公共事务职能的组织以及其他相关单位、个人。《反垄断法》修法过程中，2021年10月公布的《中华人民共和国反垄断法（修正草案）》曾在本条末尾进一步明确了具体的配合调查义务的内容，即“如实提供相关文件、资料，说明有关情况”。不过，在最终通过的修改条文中，该表述被删除。从语言逻辑的角度来看，如实提供相关文件、资料，说明有关情况实为配合调查的应有之义。

第五十五条　反垄断执法约谈制度

一、条文

第五十五条　经营者、行政机关和法律、法规授权的具有管理公共事务职能的组织，涉嫌违反本法规定的，反垄断执法机构可以对其法定代表人或者负责人进行约谈，要求其提出改进措施。

【条文主旨】本条规定了反垄断执法约谈制度。

二、立法理由

行政约谈，简言之，就是政府部门实施的约请谈话活动。在我国，行政约谈制度的雏形最早于2000年出现在税务管理领域。如今，越来越多的领域开始尝试使用这一“刚柔相济”的治理工具。[①] 在市场监管领域，行政约谈作为一种新型治理工具，能够通过事前的行政执法谈判机制实现执法机构与市场主体的平等沟通，有助于调动双方参与的积极性。[②] 尤其是在一些新兴领域的监管过程中，行政约谈有助于行政执法机构与市场主体相互了解，促进执法机构全面掌握了解市场主体的需求、正确引导其健康发展，同时推动了市场主体对法律法规的了解，自觉规范其经营活动。《国务院关于印发“十四五”市场监管现代化规划的通知》（国发〔2021〕30号）在其“创新丰富市场监管工具”部分写到，应完善阶梯式监管工具。针对不同违法倾向、违法阶段和违法程度，创新和丰富普法宣传、合规指南、行政指导、行业公约、公开承诺、约谈、警告、检查执法等监管手段，实现规范市场行为、降低执法成本，形成执法震慑的综合效果。坚持预防为先、重在引导，建立、完善针对市场违法苗头性问题的提醒告诫制度，进一步创新引导市场主体自我规范的监管方式。

在反垄断执法过程中采取行政约谈制度可以起到一定的事前预防作用。在涉嫌垄断行为造成较大甚至过度不良影响之前，由反垄断执法机构通过约谈的方式给予及时的提醒告诫，在节约执法资源的同时能更好地引导被约谈方自我规范。

三、条文解读

本条为2022年《反垄断法》修法新增的规定，建立了反垄断执法约谈制度。约

---

① 参见韩志明、刘羽晞：《刚柔相济的治理工具及其治理优势——以行政约谈为例》，载《甘肃行政学院学报》2021年第1期。

② 参见周泽中：《行政约谈的规制功能及其法治约束》，载《学习论坛》2019年第12期。

谈涉及的行为范围包括经济性垄断和行政性垄断;约谈对象为经营者、行政机关、法律、法规授权的具有管理公共事务职能的组织的法定代表人或负责人;约谈的主要内容是要求被约谈对象提出改进措施。本条只是原则性规定,仍须在后续的实践中进一步明确约谈制度的具体规则。例如,进行约谈的程序性要求、可适用的具体改进措施,以及约谈制度与正式的反垄断调查及处罚之间的衔接等问题,都有待进一步探索。

第七章　法律责任

第五十六条　垄断协议的法律责任

一、条文

> 第五十六条　经营者违反本法规定，达成并实施垄断协议的，由反垄断执法机构责令停止违法行为，没收违法所得，并处上一年度销售额百分之一以上百分之十以下的罚款，上一年度没有销售额的，处五百万元以下的罚款；尚未实施所达成的垄断协议的，可以处三百万元以下的罚款。经营者的法定代表人、主要负责人和直接责任人员对达成垄断协议负有个人责任的，可以处一百万元以下的罚款。
>
> 经营者组织其他经营者达成垄断协议或者为其他经营者达成垄断协议提供实质性帮助的，适用前款规定。
>
> 经营者主动向反垄断执法机构报告达成垄断协议的有关情况并提供重要证据的，反垄断执法机构可以酌情减轻或者免除对该经营者的处罚。
>
> 行业协会违反本法规定，组织本行业的经营者达成垄断协议的，由反垄断执法机构责令改正，可以处三百万元以下的罚款；情节严重的，社会团体登记管理机关可以依法撤销登记。

【条文主旨】本条规定了垄断协议的法律责任。

二、立法理由

垄断协议是市场经济中的一种较常见和典型的垄断行

为,极易导致固定价格、划分市场以及阻碍、限制其他经营者进入相关市场等比较严重的排除、限制竞争后果,对市场竞争秩序的危害极大。因此,垄断协议规制制度作为反垄断法三大支柱性制度之一,属于备受关注且制裁最严厉的部分。世界上制定和实施了反垄断法的国家和地区均对垄断协议采取了严格的规制措施,并将禁止垄断协议的条款置于相关法律条文中最突出的位置。[①] 同时执法实践中出现了兼具横向垄断协议和纵向垄断协议特征的轴辐协议,例如,2012 年湖南省娄底保险业垄断协议案[②]、2013 年湖南省常德市、郴州市、张家界市和永州市保险行业协会垄断协议案[③]等。这些案件的出现引发了学界关于传统垄断协议二分法下难以有效规制此类案件中的组织者、协调者的讨论。2022 年《反垄断法》修法引入垄断协议组织帮助条款正是对现实执法困境的积极回应,《反垄断法》在法律责任中专设一款对垄断协议的组织者和积极帮助者规定了严格的法律责任,能够有效避免现实中垄断协议的组织者、帮助者逃脱法律的制裁。此外,行业协会、商会为实现会员企业利益的最大化,倡导会员企业进行"自律",甚至签订垄断协议,以减少行业竞争,损害消费者利益和社会整体利益,此类行业协会、商会也是垄断协议的高发领域,反垄断法也应当对行业协会垄断协议予以关注并设置严格的法律责任。需要特别注意的是,由于垄断协议具有较强的隐蔽性,加之在数字经济领域垄断协议的达成更具有技术上的可行性,垄断协议的查处十分不易,而以"自首"换取责任减免的宽大政策成为有效查处垄断协议违法行为的重要突破口,因此,本条第 3 款规定了垄断协议的宽大制度。

三、条文解读

本条是关于经营者达成、实施垄断协议的法律责任,达成垄断协议的组织者、帮助者的法律责任,垄断协议宽大制度以及行业协会组织达成垄断协议的法律责任的规定。

(一)经营者达成、实施垄断协议的法律责任

本条第 1 款所称"经营者违反本法规定",是指经营者违反本法第 17 条、第 18 条关于横向垄断协议、纵向垄断协议的禁止性规定。一旦认定经营者的行为构成了

---

① 王先林:《论我国垄断协议规制制度的实施与完善——以〈反垄断法〉修订为视角》,载《安徽大学学报(哲学社会科学版)》2020 年第 1 期。

② 湖南省价格监督检查与反垄断局:《娄底保险行业垄断行为被查处》,载《中国价格监督检查》2013 年第 3 期。

③ 参见原国家工商行政管理总局竞争执法公告 2013 年第 7 号。

本法规定的横向垄断协议和纵向垄断协议情形,并且经营者不能够证明其垄断协议行为符合本法第20条规定的豁免情形,就应当承担相应的法律责任。关于经营者达成、实施垄断协议的法律责任,《反垄断法》规定了责令停止违法行为、没收违法所得、行政罚款这3种责任形式。与2007年《反垄断法》相比,2022年《反垄断法》在行政罚款的设置上有较大的改动,增加了上一年度没有销售额的情形,并提高了尚未实施垄断协议时的罚款上限,同时,建立了单位与个人处罚并行的双罚制,大大提高了垄断协议法律责任的威慑力。具体而言:

第一,继续沿用原有最高额限制下执法机关裁量的罚款数额确定模式。针对垄断协议的罚款数额,世界各个国家或地区基本采取两种立法模式:一是最高额限制下的执法机关裁量模式,二是固定比例模式。① 最高额限制下的执法机关裁量模式是指,反垄断法只规定罚款的最高数额,对于具体案件中的罚款数额交由反垄断执法机关综合考量多种因素后自由裁量决定,这种模式又可以采用两种形式:一种是直接规定绝对数值;另一种是规定比例或倍数。我国综合采取了绝对数值和比例两种形式:(1)以比例方式规定罚款最高额的情形:对于达成并实施垄断协议的经营者处以上一年度销售额1%以上10%以下的罚款;(2)以绝对数值方式规定罚款最高额的情形:对于上一年度没有销售额的经营者,可以处500万元以下的罚款;对于尚未实施所达成的垄断协议的经营者,可以处300万元以下的罚款。

第二,增加上一年度没有销售额的经营者的罚款规定,并提升尚未实施垄断协议的经营者的罚款上限。本条在保留经营者达成并实施垄断协议的销售额比例罚款模式的基础上,增加了上一年度没有销售额的,处500万元以下罚款的规定。在既往发生的多数执法案件中,对当事人处以罚款并无障碍,但个别案件出现了当事人上一年度没有销售额(如查处当年才设立、上一年度未营业等)进而无法罚款的情况。考虑到执法实践中违法所得难以计算和没收的客观现实,2022年《反垄断法》规定在上一年度无销售额的情况下对当事人处500万元以下的罚款,②弥补了这一法律漏洞,可以有效解决此前的处罚困境。同时,将“尚未实施所达成的垄断协议”情形下的处罚额度由50万元以下提升到300万元以下,大大增强了《反垄断法》的法律威慑力。

---

① 参见李国海:《反垄断法律责任专题研究》,武汉大学出版社2018年版,第49页。

② 参见杜广普:《利剑锋芒更盛——〈反垄断法(修正草案)〉法律责任部分实务解读》,载微信公众号“京师律所”2021年11月1日,https://mp.weixin.qq.com/s/5dKpjTPbuMVJ5I0oPWj40g。

第三,构建了单位与个人处罚并行的双罚制,增加了对经营者的法定代表人、主要负责人和直接责任人员的个人责任的处罚内容。长期以来,除非从事商品生产、经营或者提供服务的主体是自然人,否则依据我国反垄断法的规定,针对垄断行为的罚款是不会落到个人头上的,这在一定程度上助长了经营者的员工特别是管理层操纵实施垄断行为的积极性,客观上也降低了他们预防垄断行为的主动性。① 实践中经营者通常表现为法人或者非法人组织,一般意义上是缺乏主观意识的,难以与其他经营者形成"合谋",那些通过会面、电话、邮件、微信等形式进行交流达成垄断协议的,实际上并不是常常作为垄断案件当事人出现的"企业",而是一个个具体的"人"。② 经营者行为所表达的往往是法定代表人、主要负责人和直接责任人员决策的内容,而管理层的个人利益则与单位的经济效益挂钩,他们可能是违法收益的主要获得者,这也使管理层成员极有可能试图通过让经营者实施可以攫取高额利润的垄断行为来为自己谋取私利。③ 因此,如果仅仅针对经营者设置处罚内容,会降低法律的威慑力,难以对经营者的管理层积极实施垄断协议的行为形成有效的威慑。因此,2022 年《反垄断法》增加了个人处罚的规定,以预防和规制经营者的法定代表人、主要负责人和直接责任人员积极促进垄断协议达成的行为。

(二)达成垄断协议的组织者、帮助者的法律责任

2022 年《反垄断法》增加了"经营者组织其他经营者达成垄断协议或者为其他经营者达成垄断协议提供实质性帮助的,适用前款规定"的内容。该款与第 19 条组织、帮助达成垄断协议条款相对应,为垄断协议的组织者和帮助者设定法律责任,其现实背景为,在既往查处的一些垄断协议案件中,一些"案外人"(如经销商)虽不是垄断协议的达成方,却对垄断协议的达成起到了很大的作用,但根据 2007 年《反垄断法》无法对其进行制裁。例如,在冰醋酸原料药垄断案④中,江西某企业曾与两当事人通过电话沟通、会议等形式讨论提高冰醋酸原料药价格等相关问题。该企业相关负责人还两次前往另一当事人处讨论相关涨价事宜。然而,根据 2007 年《反垄断法》的规定,最终受到处罚的只有也只能限于 3 个当事人,本条的修改正是弥补了这

① 参见丁茂中:《中国反垄断法的立法完善》,法律出版社 2022 年版,第 143 页。

② 参见杜广普:《利剑锋芒更盛——〈反垄断法(修正草案)〉法律责任部分实务解读》,载微信公众号"京师律所"2021 年 11 月 1 日,https://mp.weixin.qq.com/s/5dKpjTPbuMVJ5I0oPWj40g。

③ 参见时建中:《我国〈反垄断法〉的特色制度、亮点制度及重大不足》,载《法学家》2008 年第 1 期。

④ 参见国家市场监督管理总局行政处罚决定书,国市监处罚〔2018〕第 17~19 号。

一法律漏洞。①

（三）宽大制度

本条第 3 款是关于宽大制度的规定，与 2007 年《反垄断法》的规定一致，均为宽大制度的原则性规定。垄断协议通常产生严重排除、限制竞争的效果，因此对其的处罚也是极其严厉的，面对高额的行政处罚，经营者之间往往通过相对稳定、高度隐蔽的方式达成和实施垄断协议。尤其是在数字经济时代，借助算法等新型工具，垄断协议的实施变得更隐蔽，查处也就愈加艰难。在这样的现实背景下，如果参与垄断协议的相关经营者能够主动配合，将极大地降低执法机构发现垄断协议并展开调查的难度，节约行政执法成本，提高执法效率。因此，执法机构认为，对于愿意主动报告垄断协议并提供重要证据，同时停止涉嫌违法行为并配合执法机构调查的经营者，执法机构相应地对其减轻或者免除处罚，有助于提高执法机构发现并查处垄断协议行为的效率，维护消费者的利益和社会公共利益。同时，执法机构认为，给予经营者宽大的幅度应当与经营者协助执法机构查处横向垄断协议案件的贡献程度相匹配。根据本条规定，国务院反垄断委员会出台了《横向垄断协议案件宽大制度适用指南》，根据该指南的示明，经营者适用宽大制度应当满足以下 3 个要件：

第一，本款所称的“经营者”应当是参与了垄断协议的达成与实施的经营者。对于达成垄断协议的组织者与帮助者是否适用该条规定，2022 年《反垄断法》虽未给予明确规定，但从条文逻辑来看，应当可以适用，具体内容可以在《横向垄断协议案件宽大制度适用指南》的后续修订中予以明确。另外按照《禁止垄断协议暂行规定》第 34 条第 2 款的规定，并非所有的经营者主动报告后都可以得到豁免，“对于第一个申请者，反垄断执法机构可以免除处罚或者按照不低于百分之八十的幅度减轻罚款；对于第二个申请者，可以按照百分之三十至百分之五十的幅度减轻罚款；对于第三个申请者，可以按照百分之二十至百分之三十的幅度减轻罚款”。《横向垄断协议案件宽大制度适用指南》第 12 条第 2 款规定：“一般情况下，执法机构在同一垄断协议案件中最多给予三个经营者宽大。如果案件重大复杂、涉及经营者众多，并且申请宽大的经营者确实提供了不同的重要证据，执法机构可以考虑给予更多的经营者宽大。”由此可见，一般情况下宽大制度的适用上限为 3 个，而针对那些重大复杂、涉及经营者众多的案件，特殊情形下可以有 3 个以上。

---

① 参见杜广普：《利剑锋芒更盛——〈反垄断法（修正草案）〉法律责任部分实务解读》，载微信公众号“京师律所”2021 年 11 月 1 日，https://mp.weixin.qq.com/s/5dKpjTPbuMVJ5I0oPWj40g。

第二，本款所称的“主动向反垄断执法机构报告达成垄断协议的有关情况”，应发生在反垄断执法调查开始前与调查进行中。调查结束后，反垄断执法机构已经掌握相关事实，此时主动上报并不能起到节约执法资源、有效规制垄断协议行为的作用。对于“主动”的认定还应要求经营者停止其违法行为，仍在进行的垄断协议行为不能给予宽大。①

第三，本款所称的“重要证据”应是对查处相关案件有较大证明力的证据。反垄断执法机构应根据经营者提供证据的证明力大小、证明对象的重要程度，决定对经营者减轻或免除处罚的程度。《横向垄断协议案件宽大制度适用指南》第6条和第8条详细列举了经营者申请免除处罚或者减轻处罚时提交重要证据的认定标准。其中，第一个向执法机构提交垄断协议有关情况的报告及重要证据的经营者，可以申请免除处罚，其重要证据侧重要求提供垄断协议达成和实施的基本事实及参与人信息，重在全面、及时、准确，且是执法机构尚未掌握的内容，具体包括：(1)执法机构尚未掌握案件线索或者证据的，足以使执法机构立案或者依据《反垄断法》启动调查程序的证据；(2)执法机构立案后或者依据《反垄断法》启动调查程序后，经营者提供的证据是执法机构尚未掌握的，并且能够认定构成《反垄断法》规定的横向垄断协议的。第一个之后提交垄断协议有关情况的报告及重要证据的经营者可以申请减轻处罚，其证据要求侧重于证据材料具有更大证明力和补充证明价值，要求提供的重要证据是执法机构尚未掌握的，并对最终认定垄断协议行为具有显著证明效力的证据，包括：(1)在垄断协议的达成方式和实施行为方面具有更大证明力或者补充证明价值的证据；(2)在垄断协议的内容、达成和实施的时间、涉及的产品或者服务范畴、参与成员等方面具有补充证明价值的证据；(3)其他能够证明和固定垄断协议证明力的证据。

（四）行业协会组织达成垄断协议的法律责任

行业协会是行业的自律组织，一般不属于2022年《反垄断法》第15条规定的经营者的范畴。因此，无法适用本条第1款关于经营者达成、实施垄断协议的法律责任的规定。然而，行业协会虽不是经营者，却常实施组织行业内经营者达成、实施垄断协议的行为。其危害程度有时甚至比经营者之间直接达成的垄断协议更甚。随着经济社会的不断发展，诸多行业的经济体量不断扩大，行业协会组织、实施垄断协议的危害也日趋严重。因此，2022年《反垄断法》对于行业协会组织本行业经营者

① 参见许光耀主编：《垄断协议的反垄断法调整》，人民出版社2018年版，第518页。

达成、实施垄断协议的罚款数额上限由原来的50万元以下提升至300万元以下。2007年《反垄断法》规定50万元的处罚额度可能是考虑到行业协会一般不参与生产经营,其"销售额"通常主要是会员费,不足以支撑高额的反垄断罚款。但在实践中有些行业协会也参与生产经营,并且销售额很高,该项修改有利于执法机构按照客观市场现实进行执法活动,[①]提高法律的威慑力。对于情节严重的,2022年《反垄断法》仍采用"社会团体登记管理机关可以依法撤销登记"的责任形式。需要说明的是,我国负责社会团体登记管理的机关是民政部门。同时,2022年《反垄断法》增加了"责令改正"的责任形式,以及时有效地制止、纠正行业协会的违法行为。

需要特别注意的是,参与行业协会组织达成垄断协议的经营者,仍须按照本条前3款的规定承担相应的法律责任。不能以行为由行业协会组织或者行业协会已受惩罚为由,请求减轻或免除责任。

四、学术讨论

(一)关于垄断协议个人罚的适用问题

纵观世界主要司法辖区的竞争法,大部分国家或地区对参与垄断协议企业的高管等责任人规定了个人罚金,甚至是自由刑。在美国,企业员工违反《谢尔曼法》将面临包括罚金和监禁在内的个人刑事制裁。其中,对于参与卡特尔行为的个人,最高可处100万美元的刑事罚金以及10年的监禁。欧盟竞争法包含欧盟委员会及其成员国两个层面:欧盟委员会仅仅关注企业的竞争行为,无权对企业员工个人作出处罚;在欧盟各成员国中,多数国家均对违反竞争法的行为规定了个人责任。例如,法国针对违反竞争法的行为,对个人最高可处7.5万欧元罚金以及4年监禁;爱尔兰对个人最高可处500万欧元罚金以及10年监禁;丹麦对个人最高可处20万丹麦克朗(约20万元人民币)罚金和18个月监禁。[②] 类似地,在日本私人垄断行为可能会构成私人垄断罪(日本《禁止垄断法》第89条),如果构成私人垄断罪可以对自然人处5年以下有期徒刑或500万日元的罚金。

我国2022年《反垄断法》的修正虽然增加了垄断协议规制制度下企业高管等责任人的罚款,但未包含拘役、有期徒刑等限制人身自由的刑罚,仅原则性地明确了"对经营者实施垄断行为构成犯罪的,依法追究刑事责任"(2022年《反垄断法》第

---

① 参见侯利阳:《论〈反垄断法(修正草案)〉中的四大争议问题》,载《江西社会科学》2022年第4期。

② 参见宁宣凤、张若寒等:《随世而制——〈反垄断法(修正草案)〉垄断协议变动详解》,载微信公众号"金杜研究院"2021年10月25日,https://mp.weixin.qq.com/s/CnmXmut3qUQi14MedqdbSQ。

67 条)。该条目前主要指向某些竞合情形,比如串通投标行为除可能违反《反垄断法》外,也可能触犯《刑法》。但是,在《刑法》以明确的罪刑法定的形式将一般垄断行为入刑以前,我国还不会出现明确追究相关责任人垄断行为刑事责任的情况。

(二)关于垄断协议宽大制度的适用问题

我国《反垄断法》仅对宽大制度作出了原则性规定,并未对具体的实施程序进行规定。2020 年 9 月,国务院反垄断委员会公布了适用于横向垄断协议的《横向垄断协议案件宽大制度适用指南》,就反垄断执法机构在给予宽大时采用的程序和标准提供了更大的确定性和透明度,对宽大制度的适用范围、申请宽大的时间、提交的资料、登记制度等进行了详细的规定。在执法实践中应当在《横向垄断协议案件宽大制度适用指南》的指导下,对宽大制度的实施进行严格的限制,以增强宽大制度的恰当性和准确性。但是,关于宽大制度的适用仍存在现实的不足与限制。首先,根据反垄断法的规定,经营者主动向反垄断执法机构报告达成垄断协议的有关情况并提供重要证据就可以获得处罚的减轻或者免除,但《横向垄断协议案件宽大制度适用指南》并未将纵向垄断协议纳入宽大制度的适用范围。现实执法实践中,宽大制度的应用并不局限于横向垄断协议,还在某些纵向垄断协议案件中进行了适用。因此,有研究者认为,宽大制度适用于纵向垄断协议符合立法本意、制度原意和现实需要。① 但也有研究者认为宽大制度本身作为一种侦查工具,针对的就是秘密的卡特尔案件,对纵向垄断协议适用宽大制度可能导致经营者因自己报告本身实施的违法行为而免责,某种程度上有可能纵容并鼓励纵向垄断协议。② 其次,在宽大制度的适用主体对象上,当前《反垄断法》及《横向垄断协议案件宽大制度适用指南》的适用主体对象仅包括达成横向垄断协议的经营者,不包括行业协会和个人。我国《反垄断法》已明确了违法垄断行为的个人责任,但并未针对个人设置相对应的宽大制度,同时也未对实践中广泛存在的行业协会组织的垄断协议设置相应的行业协会责任减免制度。此外,2022 年《反垄断法》新增了垄断协议参加者之外的组织者、帮助者责任,那么针对此类组织者、帮助者的责任减免也成为反垄断执法和司法实践中应当考虑的重要问题。这些主体对象适用宽大制度的空间有待于配套规则尤其是后续《横向垄断协议案件宽大制度适用指南》修订中予以明确。最后,免除处罚不适用

---

① 参见国家发展改革委价监局反垄断二处:《纵向价格垄断协议法律适用问题研究》,载《中国价格监督检查》2013 年第 11 期。

② 参见毕金平:《〈反垄断法〉宽大制度之完善建议》,载《竞争法律与政策评论》2020 年第 6 期。

于垄断协议的组织者、胁迫者，但反垄断执法机构可以酌情减轻处罚，避免垄断协议的组织者、胁迫者借助宽大制度逃避法律责任。在执法实践中，要严格依据《横向垄断协议案件宽大制度适用指南》的各项规定开展执法活动，尽可能压缩执法机构的自由裁量空间，防止执法机构的不作为、乱作为甚至权力腐败问题，使宽大制度真正成为帮助我国反垄断执法机构获取证据的重要途径，确保宽大制度的确定性、竞赛性和道德性。①

（三）关于处罚措施的适用关系

我国《反垄断法》针对垄断协议的法律责任规定，“由反垄断执法机构责令停止违法行为，没收违法所得，并处上一年度销售额百分之一以上百分之十以下的罚款”。在此，法律规定了 3 种处罚措施：“责令停止违法行为”“没收违法所得”“罚款”。但它们三者之间实际上是一种“并处”关系，即可以同时适用。对于罚款比例的设置问题，有研究者指出，处罚比例下限的设置可能存在不当之处，有可能造成对轻微违法行为罚款数量过大的问题。② 关于目前 3 种处罚措施并行的模式，有研究者指出，从比例原则来看，合理的处罚措施应与违法行为的严重程度相匹配并不超过必要限度。对所有垄断行为并处 3 种处罚措施不满足比例原则中的必要性要求。首先，“责令停止违法行为”完全可以作为一项独立的处罚措施，在那些垄断行为尚未实施、情节轻微且行为人积极采取补救措施，或者基于被胁迫、不知情而实施垄断行为的案件中单独适用，不必非与罚款并用。例如，欧盟第 1/2003 号条例第 7 条就将“终止违法行为”作为欧盟委员会的独立决定之一。其次，将“没收违法所得”与“罚款”并处，也可能面临以下问题：一是违法所得很多时候无法计算，尽管欧盟《反垄断罚款指南》③规定当违法收益大于罚款数额时可以增加罚款数额，但该规则仅适用于违法收益可计算的情况下；二是两者功能并没有本质区别，都是确保反垄断法的威慑力，罚款完全可以替代没收违法所得，在这种情况下，不如直接适用相对更易计算的罚款；三是在没收违法所得之外，再处以上一年度销售额 1% 至 10% 的罚款，容易使最终责任超过必要限度。④ 因此，在《反垄断法》修正过程中，部分研究者

---

① 参见丁茂中：《我国〈反垄断法〉的修订路径》，载《法学》2020 年第 5 期。

② 参见王先林：《论我国垄断协议规制制度的实施与完善——以〈反垄断法〉修订为视角》，载《安徽大学学报（哲学社会科学版）》2020 年第 1 期。

③ Guidelines on the Method of Setting Fines Imposed Pursuant to Article 23(2)(a) of Regulation No. 1/2003(2006/C 210/02).

④ 参见焦海涛：《我国反垄断法修订中比例原则的引入》，载《华东政法大学学报》2020 年第 2 期。

建议删除法律责任中的"没收违法所得"，而将"违法所得"作为确定罚款比例的一个考量要素，对该问题的专门论述，可参见本书《反垄断法》第59条"四、学术讨论"部分。

第五十七条　滥用市场支配地位的法律责任

一、条文

第五十七条　经营者违反本法规定，滥用市场支配地位的，由反垄断执法机构责令停止违法行为，没收违法所得，并处上一年度销售额百分之一以上百分之十以下的罚款。

【条文主旨】本条规定了滥用市场支配地位行为的法律责任。

二、立法理由

设立合适的反垄断法律责任可以起到有效的威慑作用，行政责任是反垄断法律责任制度中最重要的组成部分。

三、条文解读

本条规定的是具有市场支配地位的经营者，实施《反垄断法》第22条第1款规定的滥用市场支配地位行为应当承担的行政责任，包括责令停止违法行为、没收违法所得和处以行政罚款3种。我国《反垄断法》采用"并科模式"，即没收违法所得的同时，"并处"行政罚款。①

（一）责令停止违法行为

制止违法行为是执法活动的目标之一。被调查人的相关行为是否构成滥用市场支配地位、违法程度如何、是否可以适用承诺制度等具有不确定性。特别是在一些疑难、复杂、调查周期较长的案件中，这种不确定性会更加明显。而只有最终认定被调查人的相关行为构成违法行为，执法机构才有权责令其停止违法行为并发生法律效力。

执法实践中，被调查人一般会在执法机构启动调查后不久或者调查期间停止涉嫌垄断行为。从这一点来看，"责令停止违法行为"更多起到一种进一步宣示被调查人行为违法的事实并加以警示的作用。无论是实际地起到制止违法行为的作用，还

---

① 参见国家市场监督管理总局反垄断局：《中国反垄断立法与执法实践》，中国工商出版社2020年版，第353页。

是事后起到的宣示、警示作用,责令停止违法行为都是必要的。

(二)没收违法所得

根据《行政处罚法》第28条的规定,违法所得是指实施违法行为所取得的款项。法律、行政法规、部门规章对违法所得的计算另有规定的,从其规定。原国家工商行政管理总局2008年公布的《工商行政管理机关行政处罚案件违法所得认定办法》第2条规定,工商行政管理机关认定违法所得的基本原则是:以当事人违法生产、销售商品或者提供服务所获得的全部收入扣除当事人直接用于经营活动的适当的合理支出,为违法所得。国家市场监督管理总局2021年公布的《市场监督管理行政处罚案件违法所得认定办法(征求意见稿)》第3条规定了市场监督管理部门计算违法所得的基本方式:以当事人因实施违法行为所取得的全部款项扣除直接用于生产经营活动的必需支出,为违法所得。

没收违法所得的立法目的在于使违法行为无利可图,体现了"任何人都不得从其违法行为中获利"的理念。尽管本条规定采用"并科模式",但由于违法所得通常难以准确计算等现实原因,没收违法所得在既往反垄断案件中的适用情况并不统一。有的案件没收了违法所得,有的案件没有没收。在没有没收的案件中,有的说明了没有没收的理由,如某某原因导致违法所得难以计算或者没有违法所得,有的则没有说明理由。①

国家市场监督管理总局反垄断局原相关负责人曾公开表示,"执法实践中,计算违法所得往往难度较大,但要应算尽算,不能计算的要充分说明理由……就此问题,市场监管总局已经专门请示全国人大常委会法工委,并得到明确答复"。② 市场监督管理总局反垄断局所著的《中国反垄断立法与执法实践》一书中进一步提出,"对于确实因无法计算而不能没收违法所得的,应在罚款比例上予以体现"。③

(三)行政罚款

相比于没收违法所得,罚款在滥用市场支配地位类型案件中更容易也更常适用。与达成并实施垄断协议行为一样,我国对滥用市场支配地位行为规定的罚款也

---

① 参见杜广普:《论反垄断法中的"没收违法所得"——以中美实践为视角》,载宁立志主编:《知识产权与市场竞争》(第4辑),湖北人民出版社2018年版,第214~216页。

② 参见倪泰:《细化措施落实竞争政策 突出重点加强反垄断执法——专访市场监管总局反垄断局局长吴振国》,载《中国市场监管报》2019年5月22日,A3版。

③ 参见国家市场监督管理总局反垄断局:《中国反垄断立法与执法实践》,中国工商出版社2020年版,第348页。

是“上一年度销售额百分之一以上百分之十以下的罚款”。这里,法律法规并没有对“上一年度”和“销售额”如何认定作出明确规定。执法实践中,一般认为“上一年度”为垄断行为存续期间的最后1个会计年度,垄断行为在作出处罚时仍然在持续的,“上一年度”可以是作出处罚决定的上一个会计年度。[①] 而关于“销售额”的范围,2018年国务院反垄断执法机构调整前,执法实践中既有以相关市场的销售额为罚款基数的情形,又有以当事人全部销售额为罚款基数的情形,执法标准并不统一。2018年机构改革后,国家市场监督管理总局经商全国人大法制工作委员会,“在垄断案件执法中原则上按照经营者的全部销售额作为计算罚款的基数”。[②]

执法实践中,除前述时间和销售额计算范围两个维度外,在认定作为罚款基数的“销售额”时,有时还需要考虑经营者的范围(如母公司、子公司是否涉案)、地域范围(如是否存在出口)等问题。

四、学术讨论

在以销售额的比例确定罚款数额的国家或地区,一般只规定罚款比例的上限(如10%),我国较特殊地同时规定了1%的下限。有学者表示,“执法机关已经在很多案件体会到最低罚款为上一年度销售额1%的规定束缚了它的自由裁量权”[③];还有学者认为,考虑到恢复竞争秩序的目的和更好地适应实际需求,可以考虑删除1%的处罚门槛。[④] 不过,2022年《反垄断法》修法中,1%的下限依然得到了保留。

鉴于案件情形的多样性,对于营收金额动辄数亿元、数十亿元或者业务领域、产品或服务品类众多的企业,如果相关违法情形着实很轻、影响也非常有限,则最低按销售额的1%进行处罚可能会产生处罚过重的问题。笔者建议,在日后修法时予以删除。

---

① 参见国家市场监督管理总局反垄断局:《中国反垄断立法与执法实践》,中国工商出版社2020年版,第349页。

② 参见国家市场监督管理总局反垄断局:《中国反垄断立法与执法实践》,中国工商出版社2020年版,第349页。

③ 王晓晔:《我国〈反垄断法〉修订的几点思考》,载《法学评论》2020年第2期。

④ 参见时建中主编:《〈中华人民共和国反垄断法〉专家修改建议稿及详细说明》,中国政法大学出版社2020年版,第217页。

第五十八条　违法实施集中的法律责任

一、条文

> **第五十八条　经营者违反本法规定实施集中，且具有或者可能具有排除、限制竞争效果的，由国务院反垄断执法机构责令停止实施集中、限期处分股份或者资产、限期转让营业以及采取其他必要措施恢复到集中前的状态，处上一年度销售额百分之十以下的罚款；不具有排除、限制竞争效果的，处五百万元以下的罚款。**

【条文主旨】本条规定了经营者违法实施集中的法律责任。

二、立法理由

我国《反垄断法》第6条规定："经营者可以通过公平竞争、自愿联合，依法实施集中，扩大经营规模，提高市场竞争能力。"但考虑到经营者集中会直接导致市场结构的改变，多数国家（包括我国）反垄断法均要求达到一定规模的经营者实施集中需要事前申报并通过反垄断审查。控制经营者集中是为了维护竞争性的市场结构，防止市场过度集中。为实现经营者集中控制的目标，有必要通过立法明确经营者违反《反垄断法》规定实施集中的法律责任，对违法实施经营者集中的行为形成威慑。鉴于2007年《反垄断法》对违法实施经营者集中行为的惩处力度过低，2022年《反垄断法》修正大幅提高对违法实施经营者集中处以行政罚款的金额上限，并根据违法实施经营者集中是否具有排除、限制竞争效果，规定了不同的法律责任。

三、条文解读

根据本条的规定，经营者违反《反垄断法》的相关规定实施集中将承担相应的法律责任。而集中是否具有"排除、限制竞争效果"决定其应承担不同的法律责任。具体而言，违法实施经营者集中，如果具有或者可能具有排除、限制竞争效果，经营者将被责令采取措施恢复到集中前的状态并被处以罚款；如果不具有排除、限制竞争效果，经营者将只被处以罚款。

（一）关于"经营者违反本法规定实施集中"

根据《反垄断法》第4章的相关规定，经营者集中应当遵守如下规则：(1)经营者集中达到国务院规定的申报标准或者虽未达到申报标准但有证据证明该经营者集中具有或者可能具有排除、限制竞争效果而被国务院反垄断执法机构要求申报的，应当事先向国务院反垄断执法机构申报，未申报不得实施集中；(2)经营者向国务院反垄断执法机构申报集中，应当按照《反垄断法》第 29 条的规定提交申报材料，如果申报材料不完备且未在规定期限内补交，视为未申报，未申报不得实施集中；(3)国务院反垄断执法机构在对申报的经营者集中进行审查期间(包括初步审查期间和进一步审查期间)，经营者不得实施集中(不得"抢跑")；(4)国务院反垄断执法机构作出禁止经营者集中的决定，经营者不得实施集中；(5)国务院反垄断执法机构作出附加限制性条件批准决定的，经营者不得违反附加的限制性条件。另外，经营者集中如果符合《反垄断法》第 38 条的规定，还应当接受国家安全审查，但这是与经营者集中审查相互独立的制度范畴。《反垄断法》第 58 条规定的"经营者违反本法规定实施集中"就是指经营者未遵守上述规则即实施集中。实践中，绝大多数被查处的违法实施经营者集中案件都是因为未遵守上述第 1 种规则，即"应申报而未申报"。

(二)关于"排除、限制竞争效果"

《反垄断法》第 58 条按照经营者集中对市场竞争的影响规定了具有或者可能具有排除、限制竞争效果和不具有排除、限制竞争效果这两类违法实施的经营者集中。经营者集中是否具有"排除、限制竞争效果"需要由国务院反垄断执法机构根据《反垄断法》第 33 条的规定进行评估。实践中，绝大多数被查处的违法实施经营者集中案件都不具有"排除、限制竞争效果"。但是国务院反垄断执法机构并未在行政处罚决定书中给出详细的理由，只是简单提及"本机关就本案对市场竞争的影响进行了评估，评估认为，该项经营者集中不会产生排除、限制竞争的效果"①。截至 2022 年 12 月底，国务院反垄断执法机构只在腾讯控股有限公司收购中国音乐集团股权违法实施经营者集中案中认定该项集中具有或者可能具有排除、限制竞争效果，并在行政处罚决定书中给出了较详细的认定理由。反垄断执法机构首先根据《反垄断法》和《国务院反垄断委员会关于相关市场界定的指南》，通过考虑平台经济特点和音乐版权的授权模式，将该案的相关市场界定为中国境内网络音乐播放平台市场，并进一步从集中后的实体在相关市场具有较高市场份额、集中减少相关市场主要竞争对手、集中可能进一步提高相关市场进入壁垒(包括可能提高版权资源壁垒、增加用户转换成本以及集中后市场进入活跃度不高)3 个方面认定，该项集中对相关市场具

① 参见国家市场监督管理总局行政处罚决定书(国市监处罚〔2022〕8 号)、国家市场监督管理总局行政处罚决定书(国市监处罚〔2022〕9 号)、国家市场监督管理总局行政处罚决定书(国市监处罚〔2022〕14 号)。

有或者可能具有排除、限制竞争的效果。①

（三）关于违法实施经营者集中承担法律责任的形式

根据《反垄断法》第58条的规定，违法实施经营者集中应承担的具体行政法律责任主要包括停止违法垄断行为、强制性恢复竞争措施以及行政罚款。②

首先，关于停止违法垄断行为，是指对于具有或者可能具有排除、限制竞争效果的违法实施经营者集中案件，集中还没有完成的，由国务院反垄断执法机构责令其“停止实施集中”。截至2022年12月底，责令“停止实施集中”尚未在执法实践中得以适用。

其次，关于强制性恢复竞争措施，是指对于具有或者可能具有排除、限制竞争效果的违法实施经营者集中案件，集中已经完成或者部分完成的，由国务院反垄断执法机构责令其“限期处分股份或者资产、限期转让营业”。如果采取上述措施仍不能“恢复到集中前的状态”，反垄断执法机构可以采取其他必要措施。采取必要措施“恢复到集中前的状态”一般包括结构性制裁和行为性制裁。结构性制裁主要是指，反垄断执法机构责令集中后的实体“限期处分股份或者资产、限期转让营业”，其实质上属于拆分的制裁方式，会直接对市场结构产生影响。除第58条外，我国《反垄断法》再无其他条文规定拆分这种制裁方式。③ 截至2022年12月底，责令“限期处分股份或者资产、限期转让营业”，即拆分制裁，尚未在执法实践中得以适用。至于行为性制裁，是指反垄断执法机构强制集中后的实体为或者不为某些行为，以针对性地减少集中对相关市场产生的排除、限制竞争效果。腾讯控股有限公司收购中国音乐集团股权违法实施经营者集中案是《反垄断法》施行以来，国务院反垄断执法机构对违法实施经营者集中采取必要措施恢复市场竞争状态的第一起也是截至2022年12月底唯一一起案件。该案中，反垄断执法机构并未适用责令“限期处分股份或者资产、限期转让营业”的结构性制裁，而是适用与竞争损害相匹配的行为性制裁，以针对性地解决该项集中产生的排除、限制竞争效果。该案中的行为性制裁包括：一，不得与上游版权方达成或变相达成独家版权协议或其他排他性协议；二，没有正当理由，不得要求或者变相要求上游版权方给予当事人优于其他竞争对手的条件；三，不得通过高额预付金等方式变相提高竞争对手成本。此外，国务院反垄断执法

① 参见国家市场监督管理总局行政处罚决定书（国市监处罚〔2021〕67号）。
② 参见丁国峰：《反垄断法律责任制度研究》，法律出版社2012年版，第168～170页。
③ 参见李国海：《反垄断法律责任专题研究》，武汉大学出版社2018年版，第86页。

机构还要求腾讯依法申报经营者集中，依法合规经营，建立健全公平参与市场竞争的长效机制。①

最后，关于行政罚款。对于不具有排除、限制竞争效果的违法实施经营者集中案件，反垄断执法机构应当对经营者处以500万元以下的罚款。而对于具有或者可能具有排除、限制竞争效果的违法实施经营者集中案件，反垄断执法机构应当对经营者处以上一年度销售额10%以下的罚款。值得注意的是，与垄断协议行为、滥用市场支配地位行为的法律责任相比，《反垄断法》第58条并没有规定上一年度销售额1%的罚款下限。关于"上一年度销售额"的具体含义，即上一年度究竟是指违法实施经营者集中、立案调查还是作出行政处罚决定的上一年度，销售额是指涉案销售额还是总销售额，《反垄断法》第58条并未明确。实践中，反垄断执法机构在查处垄断协议行为和滥用市场支配地位行为时，"上一年度销售额"被理解为正式立案调查的上一年度的总销售额。② 至于如何确定具体的行政罚款数额，详见下文对《反垄断法》第59条的释评。近几年的执法实践中，绝大多数违法实施经营者集中案件属于"应申报而未申报"，主观恶意较明显，国务院反垄断执法机构多按照2007年《反垄断法》第48条的规定顶格处罚50万元，尤其是受到广泛关注的平台经济领域应申报而未申报的经营者集中。但修正后的2022年《反垄断法》已大幅提高罚款数额的上限，未来反垄断执法机构如何具体裁量罚款数额还有待明确。

（四）关于新旧法的衔接问题

2022年《反垄断法》修正显著增加了违法实施经营者集中的成本，进一步提高了对违法实施经营者集中的威慑力。而对于2022年《反垄断法》正式施行前的违法实施经营者集中案件，如何适用罚则，2022年《反垄断法》并未就此新旧法的衔接问题提供明确的指引。但是根据《行政处罚法》的一般规定，③违法实施经营者集中作为一种持续状态，如果在2022年《反垄断法》正式施行后仍未停止，则当然适用2022

---

① 参见国家市场监督管理总局行政处罚决定书（国市监处罚〔2021〕67号）。

② 关于"上一年度"的理解参见陕西省市场监督管理局行政处罚决定书（陕市监反垄断处字［2022］1号）。关于"销售额"的理解参见王健：《论我国反垄断罚款的结构化改革——从一元构造体系走向二元构造体系》，载《交大法学》2021年第4期。

③ 《行政处罚法》第36条规定："违法行为在二年内未被发现的，不再给予行政处罚；涉及公民生命健康安全、金融安全且有危害结果的，上述期限延长至五年。法律另有规定的除外。前款规定的期限，从违法行为发生之日起计算；违法行为有连续或者继续状态的，从行为终了之日起计算。"第37条规定："实施行政处罚，适用违法行为发生时的法律、法规、规章的规定。但是，作出行政处罚决定时，法律、法规、规章已被修改或者废止，且新的规定处罚较轻或者不认为是违法的，适用新的规定。"

年《反垄断法》第58条的规定；如果在2022年《反垄断法》正式施行前已经停止（例如，经营者丧失控制权或者所设合营企业已注销），且自停止之日起超过2年未被反垄断执法机构立案调查，则行为主体不再承担违法实施经营者集中的法律责任；如果在2022年《反垄断法》正式施行前已经停止，但在自停止之日起2年的追诉时效内被反垄断执法机构立案调查，则应当适用2007年《反垄断法》第48条的规定。

四、学术讨论

（一）关于平台经济领域违法实施经营者集中案件的查处

一方面，我国大部分平台企业都采取可变利益实体（Variable Interest Entity，VIE）协议控制架构，该架构实际处于政策禁止与实际运行的灰色地带，因此，国务院反垄断执法机构对于是否审查涉及VIE架构的经营者集中持犹疑态度；[①]另一方面，为了鼓励平台企业创新，以及由于对谦抑执法或者包容审慎监管的片面理解，我国平台经济领域的反垄断监管早些年处于缺位状态。[②] 此外，2007年《反垄断法》第48条规定，国务院反垄断执法机构对违法实施经营者集中行为的罚款上限为50万元，这一违法成本对于平台企业而言非常低，以至于平台企业敢为了集中带来的经济利益"铤而走险"。以上原因共同导致了我国平台经济领域存在不少应申报而未申报即实施集中的案件。

2020年12月14日，首批3起涉及VIE架构的违法实施经营者集中案件被公开查处。[③] 紧接着，2020年12月16日至18日召开的中央经济工作会议要求，强化反垄断和防止资本无序扩张，平台经济领域的反垄断执法就此如火如荼地展开。《中国反垄断执法年度报告（2021）》显示，国家市场监管总局在2021年度合计查处98起互联网领域未依法申报案件，案件数量和处罚金额均创历史新高。2022年7月10日，国家市场监管总局在其网站共计公告28起未依法申报违法实施经营者集中案件，并指出"随着反垄断常态化监管的深入推进，企业经营者集中申报意识不断提高，积极自查历史交易，主动报告涉嫌未依法申报行为并积极配合调查"[④]。由此可

---

① 参见仲春：《我国数字经济领域经营者集中审查制度的检视与完善》，载《法学评论》2021年第4期。

② 参见叶明、梁静：《我国互联网领域经营者集中反垄断审查的不足与改进》，载《西南政法大学学报》2021年第1期。

③ 即阿里巴巴投资收购银泰商业股权未依法申报违法实施经营者集中案、阅文集团收购新丽传媒股权未依法申报违法实施经营者集中案、丰巢网络收购中邮智递股权未依法申报违法实施经营者集中案。

④ 《市场监管总局发布未依法申报违法实施经营者集中案行政处罚决定书》，载国家市场监督管理总局反垄断执法二司网站2022年7月10日，https://www.samr.gov.cn/fldes/tzgg/xzcf/202207/t20220710_348523.html。

见,当前平台经济领域违法实施经营者集中案件的查处仍以存量案件为主。但随着企业合规意识的不断提高,再加上修正后的2022年《反垄断法》显著增加了违法实施经营者集中的成本,可以预见,未来"应申报而未申报"的违法实施经营者集中的情况将有所减少。

(二)关于违反附加限制性条件决定的法律责任

国务院反垄断执法机构根据《反垄断法》第35条作出对经营者集中附加限制性条件的决定,如果经营者违反决定中附加的限制性条件,是否构成违法实施经营者集中,进而应适用《反垄断法》第58条,理论界和实务界存在争论。有学者认为,《反垄断法》第58条并未规定经营者违反附加限制性条件决定的法律责任。[①] 但实践中,国务院反垄断执法机构直接依据2007年《反垄断法》第48条对违反附加限制性条件决定的经营者处以罚款。[②] 即使可以将《反垄断法》第58条规定的"经营者违反本法规定实施集中"作扩大解释,认为其包含违反附加限制性条件决定的情形,但也没有对应的责令"继续履行限制性条件"的法律责任。因此,违反附加限制性条件决定的法律责任仍有待明确。

国家市场监督管理总局2020年公布的《〈反垄断法〉修订草案(公开征求意见稿)》第55条明确列举了违法实施经营者集中的4种情形:一是应当申报而未申报即实施集中的;二是申报后未经批准实施集中的;三是违反附加限制性条件决定的;四是违反禁止经营者集中的决定实施集中的。同时,反垄断执法机构可以"责令停止实施集中,附加减少集中对竞争产生不利影响的限制性条件,责令继续履行附加的限制性条件中的义务或变更附加的限制性条件,责令限期处分股份或者资产、限期转让营业以及采取其他必要救济措施恢复到集中前的状态"。由此可见,反垄断执法机构已经注意到我国《反垄断法》并未明确规定违反附加限制性条件决定的法律责任。遗憾的是,《〈反垄断法〉修订草案(公开征求意见稿)》有关违反附加限制性条件决定的法律责任的修订建议最终并未被2022年《反垄断法》采纳。

(三)关于本规定是否有必要修正的学术探讨

2022年《反垄断法》第58条源于2007年《反垄断法》第48条,与《中华人民共和国反垄断法(修正草案)》第58条的内容一致。与2007年《反垄断法》第48条相

---

① 参见时建中主编:《〈中华人民共和国反垄断法〉专家修改建议稿及详细说明》,中国政法大学出版社2020年版,第230页。

② 参见商务部行政处罚决定书(商法函[2018]11号)。

比,2022 年《反垄断法》第 58 条首次区分了集中是否具有排除、限制竞争效果,并配置了不同的法律责任。对于不具有排除、限制竞争效果的违法实施经营者集中案件,一方面,罚款上限由“五十万元”提高到“五百万元”;另一方面,“可以”的表述被删除,罚款成为强制性要求。而对于具有或者可能具有排除、限制竞争效果的违法实施经营者集中案件,除 2007 年《反垄断法》第 48 条规定的“责令停止实施集中、限期处分股份或者资产、限期转让营业以及采取其他必要措施恢复到集中前的状态”外,还应承担上一年度销售额 10% 以下的罚款。

结合上文所分析的本条并未明确规定违反附加限制性条件决定的法律责任问题,这可能导致反垄断执法机构无法对经营者违反附加限制性条件决定的行为进行处罚,给附加限制性条件决定的监督、执行带来困难。因此,有学者曾在 2022 年《反垄断法》修正期间,提出了针对本条的修正建议,认为应当明确规定违反附加限制性条件决定的法律责任。[①] 建议将本条调整为如下内容:

经营者违反本法规定实施集中或者违反附加限制性条件的决定,且具有或者可能具有排除、限制竞争效果的,由国务院反垄断执法机构责令停止实施集中、限期处分股份或者资产、限期转让营业、继续履行附加的限制性条件以及采取其他必要措施恢复到集中前的状态,处上一年度销售额 10% 以下的罚款;不具有排除、限制竞争效果的,处 500 万元以下的罚款。

通过上述调整,一方面,违反附加限制性条件决定的行为被明确纳入《反垄断法》第 58 条的调整范围;另一方面,反垄断执法机构可以责令经营者“继续履行附加的限制性条件”,经营者集中救济制度因此得到完善。

第五十九条　罚款数额的考虑因素

一、条文

第五十九条　对本法第五十六条、第五十七条、第五十八条规定的罚款,反垄断执法机构确定具体罚款数额时,应当考虑违法行为的性质、程度、持续时间和消除违法行为后果的情况等因素。

【条文主旨】本条规定了确定具体罚款数额时应当考虑的因素。

---

① 参见时建中主编:《〈中华人民共和国反垄断法〉专家修改建议稿及详细说明》,中国政法大学出版社 2020 年版,第 230 页。

二、立法理由

《反垄断法》在执行过程中面临两个问题:一是如何认定经营者的违法行为;二是在违法行为认定后如何确定罚款数额。罚款数额的确定直接关系法律威慑目标的实现,在有效威慑目标之下,判断处罚措施的选择是否适当,主要看处罚措施是否服务并有助于有效威慑目标的实现。处罚显然是为了形成威慑,但要确保威慑的有效性,就要避免威慑不足。具有适当性的处罚措施应当足以匹配违法行为的严重程度,如果违法行为严重,处罚措施较轻,则处罚难以起到威慑效果(不适当),罚款数额过高,又可能产生过度威慑(不必要或不均衡)。[①] 一般而言,对违法性严重的垄断行为往往适用更为严厉的法律责任。因此,为确定恰当、必要且均衡的罚款数额,需要明确可考量的因素,以发挥法律的震慑作用,提高反垄断法的可预期性。

三、条文解读

我国《反垄断法》对垄断行为罚款数额的确定是一种分两步走的方案:一是以销售额作为基础,用销售额的相应比例来确定基础罚款数额;二是反垄断执法机构综合考量与处罚结果直接相关的各种因素后,确定具体的罚款数额。一般而言,影响罚款的因素有客观因素和主观因素两种类别。客观因素往往是与垄断行为自身的状况密切相关的、实际可见的一些因素,包括垄断行为的类型、造成的损害后果、违法行为的持续时间等。在实践中,假如行为人仅仅达成了纵向垄断协议,但实际上并未对纵向垄断协议予以积极的实施,那么即使该协议被发现,其可能并未对市场竞争秩序造成不良影响,此时高额罚款就可能没有必要。而主观因素往往与垄断行为实施人的主观目的息息相关,主要考量行为人的过错程度以及事后为消除垄断行为危害所作的努力,包括行为人是否明确知悉垄断行为的违法性、是否存在被胁迫参与垄断行为的情形、是否主动终止垄断行为以及是否积极、真诚地配合执法机关的调查活动等。

我国修正后的2022年《反垄断法》第56条、第57条、第58条分别针对垄断协议、滥用市场支配地位行为、违法实施经营者集中的法律责任进行了具体的规定。具体到垄断协议和滥用市场支配地位行为,法条均规定了“上一年度销售额百分之一以上百分之十以下的罚款”,并对上一年度没有销售额的垄断协议行为规定了500万元以下的罚款,对尚未实施所达成的垄断协议规定了300万元以下的罚款;对于违法实施的经营者集中行为则规定了“上一年度销售额百分之十以下的罚款”以及

---

① 参见焦海涛:《我国反垄断法修订中比例原则的引入》,载《华东政法大学学报》2020年第2期。

针对不具有排除、限制竞争效果的经营者集中规定了“五百万元以下的罚款”。由此可见，这3条规定的罚款数额幅度较大，给了反垄断执法机构较大的自由裁量权，在实际的执法实践中，如果反垄断执法机构不能正确把握和实施，极有可能造成处罚的随意性，进而影响《反垄断法》的实施成效。因此，为了有效规范反垄断执法机构的执法活动，规范反垄断执法机构的罚款行为，有必要对反垄断执法机构确定罚款数额时需要考虑的主要因素作出规定。

（一）违法行为的性质

违法行为的性质主要是指特定的行为究竟是达成、实施垄断协议的行为还是经营者滥用市场支配地位的行为，抑或违法实施的经营者集中行为。而具体到每一种违法行为，则需要进一步确认该行为应当归属于特定垄断行为中的何种具体表现形式。例如，垄断协议可以分为横向垄断协议和纵向垄断协议等类型，不同类型的垄断协议对社会竞争秩序和消费者福祉的损害程度是不同的，其被法律责难的程度也应有所区别。因此，针对不同的行为性质应当适用相对较匹配的罚款数额，以有效惩戒和阻止垄断行为。

（二）违法行为的程度

违法行为的程度，一般是指垄断行为造成的社会危害后果。有的垄断行为可能只造成特定相关市场内物价的短期波动，并不会给竞争秩序造成严重影响，而有的垄断行为可能直接造成整个行业的混乱，影响市场经济的稳定，对于不同程度的违法行为应适用不同强度的处罚。例如，对于固定价格、划分市场、限制产量等被称为“核心卡特尔”的行为予以严厉处罚，但对于纵向非价格限制协议等对竞争损害较轻的垄断协议，处罚也应较轻，以体现过罚相当原则。

（三）违法行为的持续时间

违法行为的持续时间，是指违法行为从开始到终止的时间长度。一般来说，持续时间越长，垄断行为可能造成的损害就越大，而且持续时间越长的垄断行为，其行为涉及的市场结构就越稳定，长此以往，借助垄断行为控制整个行业进而影响市场机制的可能性就越大。因此，将违法行为的持续时间列入计算罚款时所应考量的重要因素是十分必要的。例如，欧盟《反垄断罚款指南》中明确指出“委员会必须考虑违法行为的严重性和持续时间”①，并将垄断行为的持续时间作为计算罚款金额的

---

① Guidelines on the Method of Setting Fines Imposed Pursuant to Article 23(2)(a) of Regulation No. 1/2003(2006/C 210/02).

系数,还明确提出“基础罚款金额将与销售价值的比例有关,具体比例大小取决于违法行为的严重程度,再乘以违法行为的持续时间”①。

(四)消除违法行为后果的情况

作为2022年《反垄断法》的新增因素,消除违法行为后果的情况成为确定罚款数额的一项重要考量因素。在基础罚款数额确定后,反垄断执法主体可以根据一些从重或者从轻情节对罚款数额和罚款比例进行相应的调整。例如,英国竞争和市场管理局(Competition and Markets Authority,CMA)《关于确定适当罚款金额的指南》在确定罚款的具体步骤中明确规定“根据宽大政策、和解协议和/或批准的自愿补救计划进行减免处理”,其中,“自愿补救计划”往往就是企业向竞争违法行为的受害者提供赔偿,②这种赔偿实际上就是违法行为后果的一种消除,在危害后果减轻的基础上,违法行为的竞争减损效应显著降低,此时根据过罚相当的原则,反垄断执法机构就理应对罚款进行相应的减免。

2016年公布的《国务院反垄断委员会关于认定经营者垄断行为违法所得和确定罚款的指南(征求意见稿)》第26条明确规定将“主动消除违法行为危害后果的”和“主动减轻违法行为危害后果的”作为从轻减轻情节,并在第27条中明确规定对于“主动消除违法行为危害后果的”可以将罚款比例下调1个百分点,对于“主动减轻违法行为危害后果的”可以将罚款比例下调0.5个百分点。

四、学术讨论

(一)关于确定罚款数额的考虑因素

对于确定罚款数额的考虑因素,2022年《反垄断法》列举了具体情形,将罚款金额确定时应当考量的主要因素予以明确列举,以更好地评估违法行为对竞争秩序和消费者福利造成或可能造成的损害的程度。有研究者指出,我国反垄断罚款的裁量基准还应当在情形列举的基础上补充具体的裁量情节,包括商品或服务的性质、市场结构状况、相关消费者和经营者的损失程度以及违法企业的获利情况、违法行为的影响范围、垄断行为发生的背景以及对横向垄断行为的特别威慑等。③ 在这样的思路下,反垄断执法机构在确定罚款金额时可以采取三步走的方案:第一步,根据违法行为的严重性、持续时间等基础因素,以销售额或者最高罚款上限额确定基础罚

---

① 王健主编:《反垄断罚款指南》,法律出版社2021年版,第4页。

② See CMA's Guidance as to the Appropriate Amount of a Penalty (CMA73),2018-4-18.

③ 参见王健、方翔:《中国反垄断罚款裁量的不确定性及其克服》,载《社会科学战线》2021年第5期。

款数额；第二步，根据从重或从轻情节对基础罚款数额作出适当调整，在这个调整过程中主要考量有无主观上需要从重或从轻的情节，特别是实施垄断行为的经营者的主观恶性程度、动机与目的等，比如，经营者有无组织、胁迫其他经营者参与垄断行为、是否主动积极真诚地配合执法机构的执法活动、是否存在主动停止违法行为消除损害后果的补救行动等，这一步骤仍然是对垄断违法行为的评价，更体现为对垄断行为实施者主体的评价；第三步，根据特定的垄断行为罚款有无超过法定罚款上限、经营者的支付能力、是否存在适用宽大制度的情形等特别因素确定最终罚款数额，这最后一步的考量往往是反垄断执法机构基于反垄断政策或立法中的特别规定确定最终罚款数额。由此可见，我国《反垄断法》第 59 条规定的违法行为的性质、程度和持续时间这些因素主要作为基础罚款确定指标，而经营者消除违法行为后果的情况实际上是一种罚款金额适当调整的指标。

此外，对于罚款数额的考虑因素，有研究者提出，应将支付能力作为独立考虑因素予以规定，基于比例原则的均衡性要求，罚款数额不应超过企业的支付能力，所以建议将支付能力作为独立考虑因素予以规定。①

（二）关于将违法所得作为确定罚款数额的考虑因素

需要注意的是，《中华人民共和国反垄断法（修正草案）》提及的“违法所得难以准确计算的，反垄断执法机构应当将违法所得作为确定具体罚款数额时的考虑因素”，在 2022 年《反垄断法》中并没有被采纳。《反垄断法》第 56 条和第 57 条规定了 3 种法律责任——停止违法行为、没收违法所得、罚款，在这样的法律规则体系下，3 种责任形式实际是并行实施的，但是在实践中没收违法所得存在诸多问题，现实中存在有些垄断行为如拒绝交易行为并不会产生违法所得，且上一年度销售额为基准的计算方式实际已经将违法所得考虑在内，②加之执法实践中多次出现违法所得难以准确计算导致没有没收违法所得的案例，③因此，很多研究者认为，不宜将没收违法所得作为独立的责任形式，而应当仅将其作为确定罚款数额的考虑因素。还有研究者认为，反垄断案件基本都涉及动态竞争，计算违法所得需要大量证据，实际上并不容易，同时行政罚款一般都可以解决“没收违法所得”的问题，加之《反垄断法》规

---

① 参见焦海涛：《我国反垄断法修订中比例原则的引入》，载《华东政法大学学报》2020 年第 2 期。

② 参见王健、方翔：《反垄断没收违法所得适用的现实困境与解决思路》，载《竞争政策研究》2018 年第 1 期。

③ 参见冯博：《没收违法所得与罚款在反垄断执法中的组合适用》，载《法商研究》2018 年第 3 期。

定了民事损害赔偿制度,反垄断法应删除"没收违法所得"的规定。[①] 此外,也有研究者认为,不应完全删除没收违法所得的规定,我国在执法实践中已经出现只按照上一年度的销售额计算罚款数额不足以真正处罚涉案违法行为的案件,例如在上海海基业垄断协议案中,上海海基业公司实施垄断行为长达 5 年,被处罚没收违法所得 1985.5 万元及 2014 年度销售额 8% 的罚款 7.6 万元,从该处罚金额看,该公司 2014 年度销售额仅为 95 万元左右,而纵观其违法所得,其年均销售额达 397 万元,此时以上一年度销售额作为罚款基准就不足以使其受到公正的处罚。[②]

由此可见,主张将违法所得作为罚款金额确定的考量因素实际上也是为了能够实现垄断行为经营者的过罚相当,尽可能剥夺其垄断获利。而 2022 年《反垄断法》仍然采取了没收违法所得与罚款并处的处罚模式,并将违法所得作为罚款确定考虑因素的修正方案予以删除,进一步强调垄断行为法律责任的多元性,并强化反垄断罚款的确定性。

第六十条　垄断行为的民事责任

一、条文

第六十条　经营者实施垄断行为,给他人造成损失的,依法承担民事责任。

经营者实施垄断行为,侵害社会公共利益的,设区的市级以上人民检察院可以依法向人民法院提起民事公益诉讼。

【条文主旨】本条规定了垄断行为的民事责任及反垄断检察公益诉讼制度。

二、立法理由

市场经济是法治经济,市场中的所有经营者都享有自由、公平地参与市场竞争的权利,也有依法参与竞争的义务。如果经营者实施的排除、限制竞争行为给他人造成损害,应当承担相应的民事责任。民事责任是民事法律关系之构成要素,[③]是民事主体违反民事义务应当承担的民事法律后果。[④] 民事责任以财产责任为主,以等

---

① 参见王晓晔:《〈反垄断法(修正草案)〉的评析》,载《当代法学》2022 年第 3 期。

② 参见侯利阳:《论〈反垄断法(修正草案)〉中的四大争议问题》,载《江西社会科学》2022 年第 4 期。

③ 参见梁慧星:《民法总论》(第 5 版),法律出版社 2017 年版,第 84 页。

④ 参见王利明主编:《中华人民共和国民法总则详解(下册)》,中国法制出版社 2017 年版,第 806 页。

价补偿为原则。我国《民法典》第179条规定了11种民事责任承担方式，包括：停止侵害；排除妨碍；消除危险；返还财产；恢复原状；修理、重作、更换；继续履行；赔偿损失；支付违约金；消除影响、恢复名誉；赔礼道歉。经营者实施垄断行为给他人造成损失时，具体应当承担何种民事责任，需要依据个案的具体情况和有利于弥补受害人损失的原则予以确定。

反垄断法的执行除依赖于反垄断执法机构的行政执法外，反垄断民事诉讼也日益升温。众多引人注目的反垄断民事案件目前正在审理过程中。同时，消费者权益具有整体性和社会公共性，垄断行为对消费者权益的侵害必然涉及对社会公共利益的侵害，建立反垄断民事公益诉讼制度对消费者权益救济具有正当性。2022年《反垄断法》从法律层面确立了反垄断检察公益诉讼制度。

三、条文解读

(一)反垄断民事救济制度

反垄断民事救济是指，受害者以垄断行为人违反反垄断法中有关民事法律关系的规定为由，请求垄断行为人承担民事责任，以维护自身合法权益的活动。根据本条规定，经营者实施垄断行为，给他人造成损失的，依法承担民事责任。民事责任有其特定的构成要件，反垄断民事法律责任同样不例外。根据民事责任的构成要件理论，反垄断民事责任的构成要件主要包括以下4个方面：

1. 垄断行为。垄断行为主要是指违反我国反垄断法的相关规定，经营者之间达成垄断协议或者具有市场支配地位的经营者滥用市场支配地位排除、限制竞争的活动。垄断行为根据不同的标准可以划分为不同类型：一是根据垄断力的来源，垄断行为可以划分为联合限制竞争行为、滥用市场支配地位行为、行政性垄断行为；二是根据垄断行为实施主体的性质，可以将垄断行为划分为企业垄断行为、公用事业垄断行为、行业协会垄断行为和行政垄断行为；三是根据垄断行为的表现形式，垄断行为可以划分为搭售行为、拒绝交易行为、掠夺性定价行为以及纵向限制行为、知识产权滥用行为等；四是根据垄断行为的违法性质，垄断行为可以划分为禁止行为和豁免行为；五是根据垄断行为对社会福利的剥夺形式，可以划分为剥削性垄断行为和排挤型垄断行为。[①]

2. 垄断损害后果。垄断行为存在可责难性，根本原因在于其造成或者可能造成严重的危害后果。只有存在排除、限制竞争后果或者存在产生排除、限制竞争后果

---

① 参见李小明：《对反垄断法规制的垄断行为的分析与比较》，载《河北法学》2008年第3期。

的危险时，才能追究其法律责任。根据民事责任的损害结果理论，垄断损害是垄断行为给特定的利益相关者造成的直接或者间接经济损失，损害后果的存在是违法行为人承担反垄断民事责任的必要前提，也是反垄断民事责任的构成要件之一。

3. 因果关系。无论是依据过错责任还是严格责任，因果关系都是侵权责任认定过程中不可或缺的要件。反垄断民事责任的认定也离不开因果关系这一构成要件。在认定反垄断民事责任中的因果关系时应当结合反垄断法的立法目的、市场逻辑、个案中的因果链条以及实际的损害结果等来具体确定。

4. 过错。传统民事责任的法律构成要件有"三要件说"与"四要件说"，但无论是"三要件说"还是"四要件说"，都将"过错"作为民事责任法律构成的要件之一。需要注意的是，对于垄断行为而言，经营者实施该行为就是为了获得超额的垄断利润，从这个意义上说，垄断行为不存在因过失而实施。世界各个国家或地区也普遍认为反竞争行为几乎完全是故意行为。[①] 同时需要特别注意的是，经营者实施垄断行为大都较隐蔽，受害人往往从行为的外观无法判断该行为是否为垄断行为，且即便经营者实施了垄断行为，受害者也极难获取相关证据。因此，在认定反垄断民事责任时不宜将过错作为反垄断民事责任法律构成的主要考量因素。

（二）反垄断检察公益诉讼制度

公共利益既是我国《反垄断法》的核心追求，也是其维护的主要目标[②]。作为国家利益、公共利益之代表人的检察机关，也最宜担当守护者的角色[③]。2022 年《反垄断法》明确规定，经营者实施垄断行为，侵害社会公共利益的，设区的市级以上人民检察院可以依法向人民法院提起民事公益诉讼。消费者权益保护法的部门法属性一直介于民法与经济法之间，事实上，现代消费者权益保护法的内容是由民法和经济法两种不同的制度范式构成的。然而，从实体法角度来看，对消费者和经营者之间权利义务的倾斜性配置并未改变其法律关系的私法性质，经济法公法属性并不突出；从程序法角度看，消费者权益的救济机制仍然被归入普通民事诉讼，经济法属性未曾展现。民事公益诉讼是指，法律规定的机关和有关组织对污染环境、侵害众多消费者合法权益等损害社会公共利益的行为，向人民法院提起诉讼。传统公益诉讼多发生于环境保护、食品药品安全等领域，2022 年《反垄断法》将垄断行为明确纳入

---

① 参见李国海：《反垄断法损害赔偿制度的比较研究》，载《法商研究》2004 年第 6 期。
② 参见王晓晔：《反垄断法》，法律出版社 2011 年版，第 26 页。
③ 参见高永富：《建立检察机关反垄断公诉权的思考》，载《中国国情国力》2007 年第 6 期。

检察公益诉讼的范围,一是体现了制止垄断行为对于社会利益保护的重要性,二是通过司法程序为反垄断工作多提供一层保障。

需要特别注意的是,2022 年《反垄断法》明确将反垄断检察公益诉讼的主体设置为“设区的市级以上人民检察院”,以法律条文的形式对反垄断公益诉讼的级别管辖问题进行了明确。实施违反《反垄断法》的行为造成损害的范围可能非常广泛,既可能给违法者的竞争对手带来损害,也可能给其交易相对人带来损害,还可能给广大消费者带来损害。综合来看,反垄断公益诉讼涉案违法行为侵害的往往是社会公共利益,涉及不特定多数人的权益,影响范围较大、波及的区域也较广,涉及的专业性或者技术性极强,且反垄断法的实施主要依赖于反垄断的行政执法,反垄断公益诉讼需要与行政执法之间做好司法审判权与行政管理权的良好衔接,因此此类案件交由基层人民法院审理并不是最佳的制度选择。① 此外,如果将提起反垄断公益诉讼的检察机关的级别定得较低,与之相匹配的初审法院的级别就会相应地较低,此时基层人民法院更加难以处理好与行政执法之间的衔接,并在一定程度上影响司法裁判的权威性和公正性。② 因此,从垄断行为侵害社会公共利益的实际出发,将案件涉及面广、审理及执行影响范围与程度远超一般民事案件的反垄断公益诉讼案件交由设区的市级以上人民检察院提起诉讼是比较适宜的。

四、学术讨论

(一)反垄断民事诉讼的原告资格及赔偿力度

原告资格的确认是诉讼程序的开端,是法院是否受理案件的关键环节。救济的前提是法律关系主体的合法权益受到侵犯。《反垄断民事案件司法解释》第 1 条规定:“本规定所称因垄断行为引发的民事纠纷案件(以下简称垄断民事纠纷案件),是指因垄断行为受到损失以及因合同内容、行业协会的章程等违反反垄断法而发生争议的自然人、法人或者非法人组织,向人民法院提起的民事诉讼案件。”根据该规定,原告应当是垄断行为的受害人,而因垄断行为间接受到损害的受害人是否能提起反垄断民事诉讼,当前法律并未明确规定。③ 因此,受害人只要能够证明其因垄断行为受到了实际损失,即具有原告资格。从理论上来说,所有受到垄断行为损害的

---

① 参见包万平、郝小娟:《环境公益诉讼问题浅析》,载《兰州学刊》2005 年第 1 期。

② 参见最高人民法院环境资源审判庭编著:《最高人民法院关于环境民事公益诉讼司法解释理解与适用》,人民法院出版社 2015 年版,第 99 页。

③ 参见王新蕊:《浅析〈民法典〉背景下反垄断法民事救济制度》,载微信公众号“四川省律师协会”2021 年 11 月 24 日,https://mp.weixin.qq.com/s/3tZQ1enMYiuyDkZx0GXJwA。

主体都有权获得损害赔偿,但是,有些国家或地区的法院对反垄断案件损害赔偿请求权的原告资格做了限制性规定。反垄断法不赋予普通消费者损害赔偿请求权可能有多种理由,比如受害者个人的损失金额不大,但诉讼成本总体很大,法院难以承受。[①] 还有研究者认为,反垄断法不是不保护消费者,而是其保护措施并不主要依靠损害赔偿,而是依赖于市场的有效竞争。[②] 此外,即便法律规定任何人都有权到法院请求损害赔偿,但是一般人考虑到赔偿的金额不大,而诉讼成本很高,因此除律师有可能提起这种诉讼,普通消费者较少提起此类诉讼。从这个意义上讲,为了有效惩治违法者,遏制违法行为,切实保护消费者合法权益,我国也有必要明确规定反垄断公益诉讼制度,由国家特定机关作为反垄断民事诉讼的原告,代为维护原子化分布的消费者的合法权益。

关于反垄断民事赔偿的惩罚力度问题,学界多有探讨。有研究者认为,如果惩罚力度过大,可能导致某些企业被罚出相关市场。[③] 在垄断行为民事责任体系中最适宜的应当是赔偿损失这种具体的民事责任类型。[④] 赔偿受害人所遭受的损失,首先表现为对受损害者的补偿,但是补偿性的责任承担形式并不能加大违法者的违法成本,无法实际有效地遏制经营者实施违法行为的动机,因此很多研究者提出我国应当规定惩罚性赔偿制度。从域外立法经验来看,很多国家或地区都建立了惩罚性赔偿制度,其中最典型的为绝对 3 倍损害赔偿制度和酌定 3 倍损害赔偿制度。

(二)反垄断公益诉讼制度

我国传统上主要依靠反垄断执法机构的行政执法和垄断行为受害人的私人诉讼来实施《反垄断法》,2022 年《反垄断法》修正时则明确规定了反垄断公益诉讼制度。

1. 提起反垄断公益诉讼的主体

我国《民事诉讼法》第 58 条第 1 款明确规定民事公益诉讼的原告主体为“法律规定的机关和有关组织”,此处并未明确指明机关和组织的具体范围,但在第 2 款规定人民检察院对于破坏生态环境和资源保护、食品药品安全领域侵害众多消费者合法权益等损害社会公共利益的行为,可以在没有前款规定的机关和组织或者前款规定的机关和组织不提起诉讼的情况下提起公益诉讼。对于一般意义上公益诉讼的

---

① 参见李俊峰:《反垄断法中交易不成损害的可赔偿性》,载《现代法学》2012 年第 4 期。
② 参见刘伟:《论我国反垄断与政府管制的谐和》,载《湖湘论坛》2019 年第 4 期。
③ 参见王晓晔:《〈反垄断法(修正草案)〉的评析》,载《当代法学》2022 年第 3 期。
④ 参见杨春华:《消费者反垄断诉讼的本源与我国应然之探》,载《现代法学》2012 年第 5 期。

起诉主体，学界有4种观点：(1)一主体说，认为只有检察院才有资格提起公益诉讼；[①](2)二主体说，认为检察机关和公益性组织均可提起公益诉讼；[②](3)三主体说，认为检察机关、社会团体或组织、公民都可提起公益诉讼；[③](4)四主体说，认为检察机关、有关行政机关、公益组织和公民个人均可提起公益诉讼。[④] 但在实践中，需要注意的是，提起公益诉讼的主体范围过宽极易引发滥诉问题，增加法院的工作压力和司法成本。2014年10月，《中共中央关于全面推进依法治国若干重大问题的决定》中提出，要探索检察机关提起公益诉讼的制度。2015年5月5日，中央全面深化改革领导小组第十二次会议通过的《检察机关提起公益诉讼改革试点方案》明确了检察机关将要进行的改革试点既包括行政公益诉讼又包括民事公益诉讼。[⑤] 2022年《反垄断法》修正，将检察机关作为提起反垄断民事公益诉讼的主体，对于依靠司法程序恢复市场竞争秩序具有重要的现实意义和实践价值。

2. 举证责任的分配

司法实践中，反垄断民事私益诉讼的原告维权往往举步维艰，很大程度上就是由于举证困难。自2007年《反垄断法》实施以来，陆续有消费者对涉嫌垄断行为的企业提起诉讼，但鲜有社会反响良好的判决出现。有研究者认为，在反垄断公益诉讼领域，可以借鉴较成熟的环境公益诉讼制度，规定反垄断公益诉讼领域的无过错责任及举证责任倒置，加重被告的举证责任。也有研究者主张，进行积极的制度构建，包括建立审前证据开示规则制度、建立初步证据规则、明确损害赔偿数额的计算方法、设立反垄断民事诉讼前置条件。[⑥] 还有研究者主张，通过赋予检察机关调查取证权，运用证明责任减轻理论减轻原告举证责任。[⑦] 在反垄断案件中，与受害方相比，违法者通常拥有雄厚的经济实力，参照环境公益诉讼的立法和司法实践，在反垄断民事公益诉讼制度中适度地将举证责任更多赋予被告是比较适宜的，即要求垄断行为的实施者证明其存在《反垄断法》规定的免责事由以及其垄断行为与竞争秩序损害后果之间不存在因果关系。

---

① 参见王名扬：《美国行政法》，中国法制出版社1995年版，第628页。
② 参见张晓玲：《论行政公益诉讼权》，载《行政与法》2006年第10期。
③ 参见王玉萍：《论行政公益诉讼制度》，载《四川行政学院学报》2006年第5期。
④ 参见颜运秋：《公益诉讼：国家所有权保护和救济的新途径》，载《环球法律评论》2008年第3期。
⑤ 参见李浩：《民事公益诉讼起诉主体的变迁》，载《江海学刊》2020年第1期。
⑥ 参见薛克鹏：《经济法的实施模式及其创新》，载《天津法学》2019年第1期。
⑦ 参见宋庆阁：《论反垄断公益诉讼制度的完善》，载《现代商贸工业》2019年第32期。

第六十一条　行政性垄断的法律责任

一、条文

> 第六十一条　行政机关和法律、法规授权的具有管理公共事务职能的组织滥用行政权力，实施排除、限制竞争行为的，由上级机关责令改正；对直接负责的主管人员和其他直接责任人员依法给予处分。反垄断执法机构可以向有关上级机关提出依法处理的建议。行政机关和法律、法规授权的具有管理公共事务职能的组织应当将有关改正情况书面报告上级机关和反垄断执法机构。
>
> 法律、行政法规对行政机关和法律、法规授权的具有管理公共事务职能的组织滥用行政权力实施排除、限制竞争行为的处理另有规定的，依照其规定。

【条文主旨】本条是对滥用行政权力排除、限制竞争的法律责任的规定。

二、立法理由

为保护公共利益和正当私人利益，维护正常的市场经济秩序特别是竞争秩序，《反垄断法》规定行政机关和法律、法规授权的具有管理公共事务职能的组织不得滥用行政权力，实施排除、限制竞争行为。行政垄断行为的本质是攫取公共利益和他人利益，并将其转化为集团利益、私人利益，其危害不仅在于对市场秩序造成破坏，更在于因公权力介入而极易滋生腐败，从而导致分配不公，破坏稳定和谐的社会关系。鉴于此，《反垄断法》应当对行政垄断行为采取措施并加以矫正。

三、条文解读

(一)行政性垄断的法律责任

本条第 1 款规定了行政性垄断的两种法律责任，即“由上级机关责令改正”和“对直接负责的主管人员和其他直接责任人员依法给予处分”。

其一，由上级机关责令改正。本条规定的“上级机关”应当根据案件的具体情况确定，例如，滥用行政权力排除、限制竞争的主体是地方人民政府，则上级机关应为本级地方人民政府的上级政府；滥用行政权力排除、限制竞争的主体为地方人民政府的有关部门，则上级机关可以是本级人民政府，也可以是上级主管部门。“责令改正”是指上级机关要求滥用行政权力排除、限制竞争的行为主体纠正违法行为。

其二，对直接责任人员予以处分。一般而言，行政机关的负责人和直接责任人是行政垄断行为的决策者，对其予以处分能够使其意识到滥用行政权力的严重后果，帮助其树立保护市场公平竞争的意识。行政处分是公务员违法违纪时所应承担的行政责任。根据《公务员法》的相关规定,行政处分的主要方式有警告、记过、记大过、降级、撤职、开除等。

(二)反垄断执法机构的建议权

本条第1款规定了反垄断执法机构的建议权。对于行政性垄断行为,反垄断执法机构虽然没有直接进行处罚的权力,但仍有向上级机关提出建议的权力。这在一定程度上可以加强对行政性垄断行为的监督。从行政性垄断的执法实践来看,在大部分案件中,只要反垄断执法机构及时告知其行为违法,相关行为就能够得到纠正。按照市场监督管理总局2019年公布实施的《制止滥用行政权力排除、限制竞争行为暂行规定》第20条的规定,反垄断执法机构向有关上级机关提出依法处理建议的,应当制作行政建议书。

(三)行政垄断责任主体的改正报告义务

2022年《反垄断法》新增了行政垄断责任主体的改正报告义务。早在2019年,国家市场监督管理总局颁布的《制止滥用行政权力排除、限制竞争行为暂行规定》(第21条)就有类似规定:"省级市场监管部门在提出依法处理的建议或者结束调查前,应当向市场监管总局报告。提出依法处理的建议后7个工作日内,向市场监管总局备案。反垄断执法机构认为构成滥用行政权力排除、限制竞争行为的,依法向社会公布。"反垄断执法机构在行政体制上与其他行政主体并没有直接隶属关系,因此,反垄断执法机关无法向其直接作出改正违法行为的命令,只能向违法主体的上级机关提出依法处理的建议。为避免上述行政垄断执法流于形式,2022年《反垄断法》新增了违法主体的改正报告义务,使改正违法行为的情况得到有效监督,防止行政垄断的持续存在或变相实施,从而消除市场竞争秩序受到破坏的不利影响。①

四、学术讨论

(一)关于反垄断执法机构建议权实效性的讨论

关于反垄断执法机构的建议权,学界的讨论主要集中于建议权的实效性问题上。多数学者认为,反垄断执法机构仅有建议权,没有实际处罚权,不能直接作出处罚决定,此规定实际上无法产生强有力的制裁效果。② 实践中出现的一些行政垄断行为往往是在上级机关指令或默示的情况下做的。如果把这类行政行为交给上级

---

① 参见时建中:《新〈反垄断法〉全面解读》,载公平竞争网2022年6月30日,http://www.zggpjz.com/keji/shuma/9118.html。

② 参见李剑:《中国行政垄断的治理逻辑与现实》,载《法学家》2018年第1期。

机关处理,那么很难对行政垄断起到有效的遏制作用。

此外,本条第1款在规定建议权的行使时使用了"可以"这一表述,似乎意味着反垄断执法机构在行使建议权时存在任意选择空间,能够根据具体情况选择提或不提建议。实际上,此处的建议权应当被理解为涉及重大公共利益的公权力,不能被任意放弃或设定条件,否则只会让原本弱化的行政垄断法律责任更趋于弱化。[①] 从实践中可查找到的行政垄断案件来看,不少反垄断执法机构都将"是否主动整改"作为是否行使建议权的前置条件。如果上级机关已主动责令下级机关改正,反垄断执法机构便不再提出建议。长此以往,只要上级机关积极主动地责令下级机关进行改正,反垄断执法机构可介入的空间就会被不断压缩,最终其在行政垄断治理中的存在感降低,反行政垄断执法权基本被架空。例如,在台州市住建局行政垄断案中,浙江省物价局对其展开调查后表示:"鉴于台州市住建局能及时、主动整改,积极消除滥用行政权力排除、限制竞争行为的影响,省物价局决定不再向有关上级机关提出依法处理的建议,并终止调查。"而在内蒙古公安厅行政垄断案中,行政机关经上级机关问责后未积极整改,反垄断执法机构才介入并向上级机关提出依法处理的建议。[②] 这些实践中的做法进一步强化了建议权的可选属性,同时导致行政垄断追责体系日趋碎片化。事实上,在修法的意见征求过程中就有学者和社会团体提出,为防止出现反垄断执法机构向有关上级机关提出依法处理的建议后,上级机关不采取任何措施的情况,《反垄断法》应强制要求上级机关对相关人员予以处分,并明确相关人员的法律责任。

但也有学者认为,本条中建议权的规定是我国治理行政垄断行为的有效过渡手段。基于我国行政垄断的治理在初始阶段,一般会依赖于行政系统内部解决或党纪党规监督,之后才会慢慢向法律手段转移[③],建议权的设立恰好给了反垄断执法机构介入行政垄断治理的空间。[④] 况且,2007年《反垄断法》有关建议权的规定也并非不起作用,《反垄断法》施行10余年来不断增多的行政垄断案件也在一定程度上反映了其有效性。尽管公开的案件数量有限,但仍能看出大部分公开案件中的违法行为都是通过反垄断执法机构向上级机关发出建议函来纠正的。大部分被查处机关也都积极配合,按照建议函的要求进行整改。由此可见,被不断质疑不具有强制性作

① 参见王健:《我国行政性垄断法律责任的再造》,载《法学》2019年第6期。

② 参见《市场监管总局办公厅关于建议纠正内蒙古自治区公安厅滥用行政权力排除限制竞争有关行为的函》(市监价监函〔2018〕412号)。

③ 参见刘继峰:《俄罗斯反垄断法规制行政垄断之借鉴》,载《环球法律评论》2010年第2期。

④ 参见时建中:《我国〈反垄断法〉的特色制度、亮点制度及重大不足》,载《法学家》2008年第1期。

用的建议权在实践中仍然起到了约束效果。[①]

(二)关于责令改正的法律属性和实际效果

责令改正是一种典型的行政性内部控制行为,将其在《反垄断法》中予以规定是中国长期以来通过行政权内部控制行政垄断行为这一传统的延续。[②] 行政垄断行为的实施主体是行政机关及法律、法规授权的具有公共管理职能的组织,主体的特殊性就决定了行政垄断行为的预防和监督存在较大障碍。因此,在我国行政体制下,规制行政垄断行为的关键就在于行为主体事后法律责任的承担能否得到有效落实。关于责令改正,不仅学界对其法律责任属性提出了质疑,其在行政垄断治理中发挥的实际效果也存在争议。

从法律责任的本质来看,责令改正不具有制裁、补偿或强制等效果,因此并非严格意义上的法律责任形式。[③] 法律责任是由违法行为引起的不利法律后果,是特定法律事实所引起的对损害予以补偿、强制履行或接受惩罚的特殊义务,承担或追究法律责任的具体方式包括惩罚、补偿、强制 3 种。[④] 而责令改正的一般法理特质是行政执法者针对违法者作出的一种意思表示,要求行政违法者实际履行一定的法律义务,其目的在于恢复被破坏的理想法秩序。[⑤] 但本条仅规定了责令改正,其后并未紧跟具体的惩罚、补偿或强制义务。虽然 2022 年《反垄断法》在本条新增了"改正报告"义务,但此义务也只能起到监督管理作用,并不会给责任主体带来任何不利的法律后果。鉴于此,要想对行政垄断的法律责任加以完善,就要将行政处罚和赔偿责任作为责令改正的后续责任状态[⑥],并在具体法律规范中有所体现,从而有效实现确立行政垄断法律责任的规制和补救目的。

从实践来看,在治理行政垄断时以"责令改正"为法律责任形式也并不恰当。首先,"责令改正"一般适用于行政不当和行政违法程序的救济。理论上讲,改正虽然可以适用于对违法行为的处理,但是并非对所有违法行为都适用。行政垄断行为既

---

① 参见陈宁生:《仅靠"建议函"管不住行政垄断》,载《解放日报》2014 年 9 月 26 日,第 5 版。

② 参见魏琼:《追究行政性垄断法律责任的对策——从"责令改正"谈起》,载《政治与法律》2009 年第 11 期。

③ 参见魏琼:《追究行政性垄断法律责任的对策——从"责令改正"谈起》,载《政治与法律》2009 年第 11 期。

④ 参见张文显主编:《法理学》,高等教育出版社、北京大学出版社 2007 年版,第 167 ~ 168、175 ~ 177 页。

⑤ 参见黄锫:《行政执法中责令改正的法理特质与行为结构》,载《浙江学刊》2019 年第 2 期。

⑥ 参见魏琼:《追究行政性垄断法律责任的对策——从"责令改正"谈起》,载《政治与法律》2009 年第 11 期。

不属于行政不当行为，也不属于行政程序违法行为，而是属于严重违反法律法规的无效法律行为，应当对其宣告无效，而不是责令其改正，因此，对行政垄断行为适用责令改正于法无据。[①] 其次，责令改正的要求与行政垄断的本质特征和危害严重程度也不相称。根据《反垄断法》的相关规定，经济性垄断中的经营者及其相关责任人员需要承担行政、民事甚至刑事责任，而实施了行政垄断行为的行政机关和特定组织却仅承担较轻的"责令改正"责任，该行政机关相关主管人员和责任人员最多受到处分，此种规定难免会有"罪责不相适应"之嫌。[②] 最后，在责令改正的具体内容上，实践中反垄断执法机构提出的很多建议都过于原则，缺乏对如何改正的具体指引。[③]例如，在中山市住建局行政垄断案中，广东省发展和改革委员会给中山市人民政府发出的行政建议书只是建议"责令中山市住房和城乡建设局及其下级单位中山市燃气管理办公室深刻认识并改正相关违法行为，认真学习《反垄断法》，不再发生违反《反垄断法》的行为"[④]。在苏州市运管局行政垄断案中，反垄断执法机构只是原则性地建议"责令改正上述滥用行政权力排除、限制竞争行为"[⑤]。显而易见，这些过于原则的"责令改正"建议算不上是一个合格的建议，它可能会令行为主体的上级机关无所适从，难以有效制止行政垄断行为，从而降低了"责令改正"这一责任形式的效用。[⑥]

(三)关于行政化治理方式和"上级机关"的探讨

关于我国行政垄断应采取何种治理方式，学界一直存在两种对立意见。一种意见认为，行政垄断不应当由反垄断法进行规制。持这种观点的学者认为，行政垄断是异化的行政行为，与经济性垄断不属于同一类社会关系，并坚持行政垄断应当通过行政系统内部来解决。[⑦] 另一种意见认为，行政垄断应当由反垄断法进行规制。该类观点认为，行政垄断现象是我国经济转型时期存在的最大阻碍之一，已经严重破坏了市场经济的公平竞争秩序。因此，《反垄断法》应当设专章对行政垄断作出规定，有关行政垄断行为的治理也应当放入反垄断法的框架中进行设计。2022年《反垄断法》以专章的形式规定了行政垄断行为的治理，这看起来是第二种意见的胜利，

① 参见丁茂中：《我国〈反垄断法〉的修订路径》，载《法学》2020年第5期。

② 参见辜佳慧、孔维霞：《我国行政性垄断法律规制体系研究》，载《湖北经济学院学报(人文社会科学版)》2019年第5期。

③ 参见王健：《我国行政性垄断法律责任的再造》，载《法学》2019年第6期。

④ 参见广东省发改委行政建议书，粤发改价监函〔2018〕3000号。

⑤ 参见苏州市工商局行政建议书，苏工商经检〔2018〕53号。

⑥ 参见黄锫：《行政执法中责令改正的法理特质与行为结构》，载《浙江学刊》2019年第2期。

⑦ 参见刘继峰：《俄罗斯反垄断法规制行政垄断之借鉴》，载《环球法律评论》2010年第2期。

但实际上另一种观点在《反垄断法》有关行政垄断的条文中也有所体现。

本条将行政垄断责任追究的主体确定为“上级机关”，但从我国行政垄断治理的历史经验来看，上级机关在反垄断执法中交出的答卷不尽如人意。造成这种情况的因素有很多，单就立法技术而言，此“上级机关”的规定模糊，带来了适用层面的问题。首先，在确定责任追究主体时如何对“上级机关”作出正确解释。除海关、外汇管理等实行垂直领导的行政机关和地方人民政府的“上级机关”就是“上一级主管部门”或“上一级人民政府”外，大多数行政机关内部都存在双重领导关系，其上级机关包括作为组织、人事、财政领导的本级人民政府和作为业务领导的“上一级主管部门”。[①] 上级机关指代模糊，且在实践中并无统一解释，就可能导致相关主体在追责时出现互相推诿的现象，进而影响追责程序的顺利推进。[②] 其次，2022 年《反垄断法》将规制行政垄断行为的主动权交到“上级机关”的手中，此时上级机关是否有足够的动力去纠正下级行政机关的违法行为也成为问题的关键所在。实践中，上级部门在对行政垄断行为进行查处时更多采取的是告诫方式，这主要是因为处于同一系统的上下级行政机关往往都是利益共同体，此种情况下的上级机关难免就会采取包庇和姑息的态度来应对反垄断执法的要求。[③] 更何况，即便不存在上述现象，上级机关在查处复杂的行政垄断案件时，其执法人员的专业水平往往良莠不齐，执法效果也难以经得起检验。

《反垄断法》在行政垄断问题上的修法趋势，应当是不断加大行政垄断法律责任的制裁力度，2022 年修法也顺应了这一趋势。但在行政垄断的治理问题上，2022 年《反垄断法》修正后的规制水平仍然难以满足应有的要求和达到应有的水平。

第六十二条　阻碍反垄断审查和调查的法律责任

一、条文

第六十二条　对反垄断执法机构依法实施的审查和调查，拒绝提供有关材料、信息，或者提供虚假材料、信息，或者隐匿、销毁、转移证据，或者有其他拒绝、阻碍调查行为的，由反垄断执法机构责令改正，对单位处上一年度销售额百分之一以下的罚款，上一年度没有销售额或者销售额难以计算的，处五百万元以下的罚款；对个人处五十万元以下的罚款。

① 参见王健：《我国行政性垄断法律责任的再造》，载《法学》2019 年第 6 期。

② 参见李晓鸿：《隐性行政垄断及其法律规制研究》，武汉大学 2015 年博士学位论文，第 169 ~ 170 页。

③ 参见王健：《行政垄断法律责任追究的困境与解决思路》，载《法治论丛》2010 年第 1 期。

【条文主旨】本条是对阻碍反垄断审查和调查的法律责任的规定。

二、立法理由

反垄断执法机构进行审查和调查,并作出行政决定,需要真实、准确、完整的材料、信息。本法在"经营者集中"一章中规定,申报集中的经营者应当向反垄断执法机构提交有关申请书、集中对相关市场竞争状况影响的说明、集中协议、参与集中的经营者经会计师事务所审计的财务会计报告等文件、资料;在"对涉嫌垄断行为的调查"一章中规定,反垄断执法机构在调查涉嫌垄断行为时可以要求被调查者、利害关系人或者其他有关单位和个人提供有关的单证、协议、会计账簿、业务函电、电子数据等文件、资料,被调查的单位和个人应当配合反垄断执法机构依法进行的调查,不得拒绝或者阻碍。本条通过设定拒绝、阻碍反垄断调查行为的法律后果,完善反垄断调查制度。

三、条文解读

本条由2007年《反垄断法》第52条修改而来,主要规定了被审查或被调查的经营者、利害关系人或者其他有关单位或者个人阻碍反垄断执法机构的审查和调查的行为表现以及法律后果。相较于2007年《反垄断法》,2022年《反垄断法》删除了刑事法律责任的规定,并将罚款数额由原来的单位最高100万元、个人最高10万元提升到单位最高年销售额的1%或500万元、个人最高50万元,调整责罚形态的同时,增强了法律责任的威慑力。本条可从以下方面加以解读。

(一)行为主体

本条规定的行为主体主要是反垄断调查过程中被调查的经营者、利害关系人或者其他有关单位或个人,以及经营者集中审查中的申报人等。

(二)阻碍反垄断审查、调查行为的表现

在反垄断执法机构向被审查人、被调查人发出审查、调查通知后,其有按照通知的要求积极配合的义务,以下行为,构成拒绝、阻碍反垄断审查、调查行为,应当受到处罚:

1. 拒绝提供有关材料、信息的行为

反垄断执法机构有权要求经营者和相关单位及个人提供有关材料和信息,被调查人在规定的时间内无正当理由拒绝提供的,构成该类行为。

2. 提供虚假材料、信息

该行为包括两种类型:一是捏造或者夸大事实;二是掩盖事实或者弱化事实,期

望误导反垄断执法机构的调查、审查活动。

3. 隐匿、销毁、转移证据

该类行为的最终目的就是让反垄断执法机构无法取得相关证据，进而阻碍调查。

4. 其他拒绝、阻碍调查的行为

这主要是为了实现立法体系的严谨而设置的兜底条款，只要行为人主观上具有拒绝、阻碍反垄断执法机构调查的目的，客观上实施了相关行为，并且该行为在客观上具有阻碍反垄断执法机构调查的可能性，那么就应当属于该条款规制的行为。例如，使用暴力、威胁等方法阻碍反垄断执法机构工作人员进行调查。

（三）法律责任

本条规定的法律责任类型有两种：一是行为罚，即责令改正；二是财产罚，即处以罚款。

首先，责令改正是对拒绝、阻碍执法行为的纠正，目的是阻止危害后果继续产生与扩大，推动反垄断调查程序继续进行。根据行为人不同的违法行为形态，责令改正的内容也有不同的表现形式①：一是拒绝提供材料、信息的行为人，应当及时提供反垄断执法机构调查需要的或者与涉嫌垄断行为相关的材料和信息。二是提供虚假材料、信息的行为人，一方面应当及时停止继续提供虚假材料和信息，另一方面要及时提供真实的材料和信息。三是隐匿、销毁、转移证据的行为人，正在进行隐匿、销毁、转移证据的，应当停止相关行为并及时披露、还原、恢复、复制并且提供相关的证据；对已经被隐匿、销毁、转移的证据，能够还原或恢复的应当及时还原或者恢复，无法还原或者恢复的，提供其他相关证据替代。四是其他拒绝、阻碍调查行为的行为人，行为正在进行的应当及时停止有关行为，并且积极配合反垄断执法机构的调查；行为已经完成的，应当及时消除影响、恢复原状，并同样积极配合反垄断执法机构的调查。

其次，拒绝、阻碍调查行为的行为主体不仅有单位，还包括个人，二者的财力和经济能力往往具有较大的差距，并且不同主体的社会危害性质和程度不同，因此应当对不同的行为主体适用不同的罚款幅度。具体而言，对于个人拒绝、阻碍调查行为的，处以 50 万元以下的罚款。对于单位拒绝、阻碍调查行为的，以其上一年度销售额为罚款基数，根据其拒绝、阻碍调查行为的性质及危害程度确定一定比例，最终

① 黄锫：《行政执法中责令改正的法理特质与行为结构》，载《浙江学刊》2019 年第 2 期。

罚款数额为罚款基数与罚款比例的乘积;如果单位在上一年度没有销售额或者销售额难以计算的,则处以 500 万元以下的罚款。反垄断执法机构在确定罚款幅度时应当符合过罚相当原则,综合考量单位或个人拒绝、阻碍调查行为的性质、危害程度、持续时间、是否及时改正等因素,防止处罚畸轻畸重。

四、学术讨论

针对拒绝、阻碍调查的行为,2022 年《反垄断法》将个人罚款的上限由 10 万元提高至 50 万元,并将单位罚款的上限由 100 万元修改为上一年度销售额的 1%(没有销售额或销售额难以计算的处 500 万元以下的罚款),从而增加了行为主体的违法成本,也增强了反垄断执法的威慑力。

2020 年 4 月和 5 月,国家市场监督管理总局分别公布了两起企业及个人因拒绝和阻碍反垄断执法机构开展调查被处以行政处罚的案件,且该两起案件所涉企业均因"蔑视国家法律权威,暴力抗拒、积极对抗执法调查,性质恶劣、情节严重、影响极坏"被从重处罚,罚款金额创历史纪录,甚至部分企业被顶格处罚。由此,足见反垄断执法机构拟加强对企业和个人拒绝、阻碍调查行为的规制和惩罚的执法态势。

因具体从事"拒绝、阻碍调查行为"的主体实际上是企业的相关个人,那么,个人行为何时会被认为是代表其所在企业的行为,何时仅被认为是个人行为,其界限在反垄断法中是不明晰的。换言之,针对某一不配合调查的行为,执法机构应当仅处罚相关企业、仅处罚相关个人还是应当既处罚相关企业也处罚相关个人,目前似乎仍缺乏明确的法律标准。对此,一方面,反垄断执法机构需要考虑相关个人在企业中所担任的职务;另一方面,还需要考虑相关个人的不配合行为是在何种情境、何种背景下采取的。

某种意义上,在反垄断执法机构对企业的调查过程中,企业及相关负责人、员工如何践行其在反垄断法中的配合义务对于调查结果而言尤为重要,其决定了企业及相关个人是否会被单独或另行处以行政处罚,也决定了企业能否通过在调查开展过程中积极配合、主动整改、减少或消除违法行为危害后果的态度和行为争取降低对企业的处罚比例,进一步地,若符合一定的情形,企业的该等态度和行为还可能争取以申请中止调查、承诺的方式结案。在反垄断执法机构日渐重视和严惩拒绝和阻碍调查行为的背景下,企业及相关负责人、员工如何恰当地落实其配合义务对于保护企业利益及声誉而言至关重要。

第六十三条　反垄断处罚的加重条款

一、条文

> **第六十三条　违反本法规定，情节特别严重、影响特别恶劣、造成特别严重后果的，国务院反垄断执法机构可以在本法第五十六条、第五十七条、第五十八条、第六十二条规定的罚款数额的二倍以上五倍以下确定具体罚款数额。**

【条文主旨】本条为《反垄断法》的"特别威慑条款"，规定了加重罚款的情形和幅度。

二、立法理由

本条是《反垄断法》2022年修正时新增的条款。作为反垄断法律责任的重要类型之一，"反垄断行政执法机关对违法者处以行政罚款，这是反垄断法为预防和制止违法行为所采取的最重要的法律手段，也是最常使用的法律手段"①。在我国，反垄断罚款制度自设立以来，在规制垄断行为、维护市场公平竞争等方面发挥了积极作用，但同时存在威慑力不足等现实问题。鉴于此，《反垄断法》修正时，针对垄断协议的部分情形和有竞争损害的经营者集中等《反垄断法》所禁止的垄断行为，以及拒绝、阻碍反垄断调查的行为，均大幅提高了罚款数额的上限，以此提高涉垄断违法行为的成本（参见第56条、第58条和第62条的释义）。在此基础上，为了进一步加大处罚力度、增强反垄断法的威慑效应，又以本条创设加重罚款规则。总览当今世界各个国家或地区反垄断立法，本条之内容确属鲜见。

三、条文解读

《反垄断法》第63条规定的加重罚款情形，以基础罚款的相关规定为前提。因此，既要厘清加重罚款时的考量因素，又要注重其与规定基础罚款的其他条款之间的呼应。

（一）三重"特别"的考量因素

因为违法垄断行为界定的模糊性以及法律与事实关系的复杂性等诸多因素，就针对垄断协议、滥用市场支配地位、违法实施经营者集中以及拒绝、阻碍反垄断调查的行政罚款而言，我国《反垄断法》采用的是比例自由裁量模式，即反垄断执法机构根据垄断行为的危害程度、被控对象的配合态度、行业发展的阶段特质等诸多因素自由裁定对不同个案的违规企业按照特定会计年度及营业额依据某个比例征收行

① 王晓晔：《反垄断法》，法律出版社2011年版，第358页。

政罚款。[①] 但是，由于确定罚款数额时的考虑因素繁杂，客观上很有可能出现罚款尺度不一的情形。

《反垄断法》第63条将加重罚款的条件设定为"情节特别严重、影响特别恶劣、造成特别严重后果"。从某种意义上说，这一规定增加了行政罚款上的不确定性。尽管现实世界的复杂性、变动性、个别性与法律的抽象性、稳定性、普遍性之间始终存在矛盾，立法难以用通俗的语言对现实的一切作出明确规定，[②]但是法律的实施必然要直面现实社会经济生活。为了最大限度地保证加重罚款的确定性、透明度和可预见性，亟须厘清三重"特别"的考量因素。[③] 这无疑对反垄断执法机构提出了更高的审慎性和专业性要求。

事实上，为了限制和规范反垄断执法机构的自由裁量权，《反垄断法》第59条对反垄断执法机构确定具体罚款数额时的考量因素，已经作出了原则性规定，包括违法行为的性质、程度、持续时间和消除违法行为后果的情况等。在此基础上，反垄断执法机构在作出是否加重罚款以及加重罚款的幅度等行政处罚决定时，也应当在这一原则框架内进行考虑。

在违法行为的性质上，不同类型垄断行为的危害性存在很大差别。一般而言，被称为核心卡特尔的固定价格、划分市场和限制生产数量等横向垄断协议行为，对竞争的损害最严重，这已成为学术界和实务界的共识。相比之下，其他横向垄断协议、维持转售价格的纵向垄断协议、具有排除限制竞争效果的滥用市场支配地位行为等，危害程度则相对较低。

在行为违法的程度上，应当综合考虑产品性质、市场结构等诸多因素。其一，产品性质，如果垄断行为所涉及的产品是关涉民生的药品、医疗器械等，则应考虑认定其为严重的违法行为。其二，市场结构状况，包括市场集中度、进入壁垒、违法企业的市场份额等。一般而言，市场结构垄断性较强的情况下，反垄断处罚会适度严厉，执法机构考虑认定为严重违法行为的概率会增大；反之，市场结构竞争性特征更明显时，反垄断处罚可适度温和，被认定为严重违法行为的概率会降低。其三，相关消费者和经营者的损失程度以及违法企业的获利情况，这些在客观上反映了违法行为造成的损害程度。其四，违法行为的影响范围，例如，区域市场还是全国市场或是某

---

① 参见全国人大常委会法制工作委员会经济法室编：《〈中华人民共和国反垄断法〉条文说明、立法理由及相关规定》，北京大学出版社2007年版，第227页。

② 参见王贵松：《行政裁量的构造与审查》，中国人民大学出版社2016年版，第21页。

③ 参见时建中：《新〈反垄断法〉的现实意义与内容解读》，载《中国法律评论》2022年第4期。

一行业等。其五，垄断行为发生的背景，例如，在全社会遭遇重大疫情危机下，违法企业针对防疫物资的生产、销售市场实施的垄断行为。[①]

在违法行为的持续时间上，作为为数不多的可以客观量化的因素，违法行为的持续时间越长，往往意味着对竞争的损害也越大。事实上，为了提高对于垄断违法行为的惩罚力度，许多国家已创制并应用了时间威慑乘数[②]确定罚款数额。

在消除违法行为后果上，应当综合考虑经营者是否积极配合反垄断调查、是否主动采取整改措施以及是否主动停止违法行为等因素。

除了上述因素，是否属于违法垄断行为的组织者或主要实施者、是否存在反复或多次实施违法垄断行为等，也是执法机构在决定是否加重罚款时可能要考量的因素。

值得一提的是，三重"特别"所指向的情节、影响和后果，往往相互交织，难分彼此。因此，对三者的考量不能割裂开来，而是应当一体进行。至于所谓的"特别"，则是在比较的基础上得出的结论。就某一个反垄断案件而言，情节是否"特别"严重，影响是否"特别"恶劣，是否造成"特别"严重后果，均要结合个案的情况进行具体分析。当然，为了最大限度地消减反垄断加重罚款的不确定性，实现从个案正义向普遍正义的转变，一方面，应尽快制定反垄断罚款指南，为包括加重罚款在内的反垄断行政罚款提供统一的计算标准；另一方面，应通过行政处罚书中的充分说理和行政执法惯例，尽可能地在实践中达成反垄断行政罚款裁量标准的统一。

（二）与其他条款的呼应

根据《反垄断法》第 63 条的规定，加重罚款是在一般性罚款的基础上实施的，幅度为 2 倍以上 5 倍以下。结合《反垄断法》第 56 条、第 57 条、第 58 条、第 62 条的规定，加重罚款的基础罚款情形以及加重以后的情况具体包括：

1. 垄断协议。(1) 达成并实施垄断协议的，在"上一年度销售额百分之一以上百分之十以下的罚款"的 2 倍以上 5 倍以下确定具体罚款数额。(2) 上一年度没有销售额的，在"五百万元以下的罚款"的 2 倍以上 5 倍以下确定具体罚款数额。(3) 尚未实施所达成的垄断协议的，在"三百万元以下的罚款"的 2 倍以上 5 倍以下确定具

---

① 参见王健、方翔：《中国反垄断罚款裁量的不确定性及其克服》，载《社会科学战线》2021 年第 5 期。

② 所谓时间威慑乘数，即在依据上一年度涉案销售额按照一定比例计算出罚款起点金额后，再根据持续时间乘以一定的系数，目的在于提高对于垄断违法行为的惩罚力度。参见王健：《论我国反垄断罚款的结构化改革——从一元构造体系走向二元构造体系》，载《交大法学》2021 年第 4 期。

体罚款数额。(4)经营者的法定代表人、主要负责人和直接责任人员对达成垄断协议负有个人责任的,在“一百万元以下的罚款”的2倍以上5倍以下确定具体罚款数额。(5)经营者组织其他经营者达成垄断协议或者为其他经营者达成垄断协议提供实质性帮助的,在上述不同罚款情形的2倍以上5倍以下确定具体罚款数额。(6)行业协会违反《反垄断法》规定,组织本行业的经营者达成垄断协议的,在“三百万元以下的罚款”的2倍以上5倍以下确定具体罚款数额。

2. 滥用市场支配地位。在“上一年度销售额百分之一以上百分之十以下的罚款”的2倍以上5倍以下确定具体罚款数额。

3. 经营者集中。(1)违反《反垄断法》规定,实施具有或者可能具有排除、限制竞争效果的经营者集中,在“上一年度销售额百分之十以下的罚款”的2倍以上5倍以下确定具体罚款数额。(2)违反《反垄断法》规定,实施不具有排除、限制竞争效果的经营者集中,在“五百万元以下的罚款”的2倍以上5倍以下确定具体罚款数额。

4. 拒绝、阻碍反垄断调查。(1)对反垄断执法机构依法实施的审查和调查,拒绝提供有关材料、信息,或者提供虚假材料、信息,或者隐匿、销毁、转移证据,或者有其他拒绝、阻碍调查行为的,对单位在“上一年度销售额百分之一以下的罚款”的2倍以上5倍以下确定具体罚款数额。(2)上一年度没有销售额或者销售额难以计算的,对单位在“五百万元以下的罚款”的2倍以上5倍以下确定具体罚款数额。(3)对个人在“五十万元以下的罚款”的2倍以上5倍以下确定具体罚款数额。

需要注意的是,2022年修正的《反垄断法》部分实现了反垄断法律制裁由单罚制向双罚制的转变。早在2007年《反垄断法》颁布之初,就有学者指出,作为违法行为决策者或实施者的高级管理人员和直接责任者,如果无须对经营者的垄断行为承担任何法律责任,预防和制止垄断行为无异于缘木求鱼。[①] 鉴于此,2022年《反垄断法》修正,在针对垄断协议的法律制裁上采用了双罚制。该法第56条不仅规定对达成或实施垄断协议的经营者处以罚款,而且规定了个人责任,即“经营者的法定代表人、主要负责人和直接责任人员对达成垄断协议负有个人责任的,可以处一百万元以下的罚款”。加重罚款之于双罚制规定,无论是针对经营者的罚款,还是针对个人的罚款,在满足法定条件下均可适用。

---

① 参见时建中:《我国〈反垄断法〉的特色制度、亮点制度及重大不足》,载《法学家》2008年第1期。

四、学术讨论

(一)增强行政罚款威慑力与保护正常市场竞争之间的平衡

2007年颁布的《反垄断法》在实施中一直受到罚款数额过轻、威慑力不足等批评。“严厉使之蚀本是打击垄断行为的关键,只有如此才能产生足够的威慑效果。”[①]这一理论界和实务界的共识,在2022年《反垄断法》修正时得以体现,不仅大幅提高了固定数额罚款的上限,而且在新增加重罚款规则的加持下,针对垄断协议、滥用市场支配地位、违法实施经营者集中等行为,最高可处经营者上一年度销售额50%的罚款,针对拒绝、阻碍反垄断调查行为,最高可处经营者上一年度销售额5%的罚款。

“法律通过使从事违法行为变得成本高昂来阻止违法行为。”[②]但是,成本高昂到什么程度方合适,并不易把握。事实上,理论与实务界对于是否在《反垄断法》中新增加重罚款规定,观点并不一致。有学者认为,我国无须通过提高罚款数额的方式提升《反垄断法》的威慑力,加之我国以“全口径”销售额为计算基础的处罚方式本身就带有加重处罚的色彩,因此,不宜再增加加重处罚的规定。[③] 也有学者认为,为提高反垄断法的威慑力,增加加重罚款的特别威慑条款是必要的。[④]

应当说,对实施违法垄断行为的经营者或者个人处以行政罚款,无疑是垄断行为人必然付出的违法成本。但无论出于何种考虑,反垄断行政罚款的目标并不是将经营者逐出市场。因此,在设定行政罚款的额度特别是加重罚款的额度时,必须在增强行政罚款威慑力与保护正常的市场竞争之间寻求适当的平衡。上述立法调整确实显著提升了行政罚款的威慑力,但这只是问题的一个方面。如果行政罚款特别是加重罚款的数额过高,则可能走向另一极端,即威慑过度。具体而言,当销售额基数的较大差别导致罚款呈现较大的绝对额倍差时,则凸显法律针对不同经营者的不公。而当行政罚款超出经营者所能承受的财产负担时,有可能导致其在承担行政罚款责任之后的经营状况恶化和竞争力下降,甚至影响整个相关市场既有的竞争结构和正常的竞争秩序。显然,这样的处理结果与《反垄断法》的立法宗旨并不相符。

---

① 丁茂中:《垄断行为法律责任条款实施困境的消解》,载《法学》2017年第9期。

② [美]理查德·A.波斯纳:《反托拉斯法》(第2版),孙秋宁译,中国政法大学出版社2003年版,第313页。

③ 参见侯利阳:《论〈反垄断法(修正草案)〉中的四大争议问题》,载《江西社会科学》2022年第4期。

④ 参见王晓晔:《〈反垄断法(修正草案)〉的评析》,载《当代法学》2022年第3期。

为了解决上述矛盾,建议考虑从两方面着手:第一,设置科学合理的评估测算办法,在新增加重罚款规定的同时,进一步明确加重罚款的上限。例如,规定最高不超过经营者上一年度销售额的20%。当按照基础性罚款数额的2倍以上5倍以下确定的具体罚款数额,未超过经营者上一年度销售额的20%时,即以此作为加重罚款的数额;超过经营者上一年度销售额的20%时,则以经营者上一年度销售额的20%作为加重罚款的数额。总之,这一上限比例的确定,以既起到足够的惩戒作用,又不过分影响经营者正常的生产经营、不侵害经营者的生存能力为宜。第二,构建"宽严相济"的反垄断行政罚款制度,充分体现过罚相当。一方面,对于轻微垄断行为案件可免予追究其行政罚款责任;另一方面,充分落实宽大制度。例如,对第一位提出宽大申请并提交足够证据文件的违法行为人免除全部罚款,对不能获得罚款全部免除的申请人或符合其他宽大条件的申请人,则考虑给予其减少一定罚款金额的激励。

(二)关于加重罚款的执法主体

加重罚款规定作为新增内容,首次出现是在2021年10月公布的《中华人民共和国反垄断法(修正草案)》第63条中,该条规定:"违反本法规定,情节特别严重、影响特别恶劣、造成特别严重后果的,反垄断执法机构可以按照本法第五十六条、第五十七条、第五十八条、第六十二条规定的罚款数额的二倍以上五倍以下处以罚款。"对比可发现,2022年修正的《反垄断法》第63条将上述条文中的"反垄断执法机构"调整为了"国务院反垄断执法机构",意味着加重罚款的执法主体仅限于国务院反垄断执法机构,而不包括"省、自治区、直辖市人民政府相应的机构"。

《反垄断法》第13条规定:"国务院反垄断执法机构负责反垄断统一执法工作。国务院反垄断执法机构根据工作需要,可以授权省、自治区、直辖市人民政府相应的机构,依照本法规定负责有关反垄断执法工作。"由此可见,在我国,反垄断执法机构实际上包括两个层级:一是国务院反垄断执法机构;二是获得授权的省、自治区、直辖市人民政府相应的机构。

结合《反垄断法》第7章"法律责任"的相关条款来看,第56条、第57条和第61条规定的执法主体为"反垄断执法机构",即对于垄断协议、滥用市场支配地位和滥用行政权力排除、限制竞争案件,反垄断执法机构既包括国务院反垄断执法机构,也包括获得授权的省、自治区、直辖市人民政府相应的机构。而第58条规定的执法主体则与第63条相同,均为"国务院反垄断执法机构",即对于违法实施经营者集中案件和加重罚款案件,反垄断执法机构仅限于国务院反垄断执法机构。这一点,也可以从2019年1月3日发布的《市场监管总局关于反垄断执法授权的通知》(国市监反垄断〔2018〕265 号)的相关规定中得以印证。具体而言,该通知规定:“(一)市场监管总局负责反垄断统一执法,直接管辖或者授权有关省级市场监管部门管辖下列案件:1. 跨省、自治区、直辖市的垄断协议、滥用市场支配地位和滥用行政权力排除限制竞争案件,以及省级人民政府实施的滥用行政权力排除、限制竞争行为。2. 案情较为复杂或者在全国有重大影响的垄断协议、滥用市场支配地位和滥用行政权力排除、限制竞争案件。3. 总局认为有必要直接管辖的垄断协议、滥用市场支配地位和滥用行政权力排除、限制竞争案件。”显然,对于“国务院反垄断执法机构”作为执法主体的违法实施的经营者集中案件而言,并不存在授权执法的空间。以此推之,加重罚款案件的执法主体也仅限于国务院反垄断执法机构。

如此规定,主要是通过限定反垄断执法机构的层级与范围,防止执法机构滥用加重罚款规则而造成威慑过度,避免产生不当干预市场竞争的消极影响,最大限度地保证反垄断执法的专业性、审慎性、统一性和权威性。

(三)在罚款缴纳上注重与《行政处罚法》的衔接以增强罚款的实效性

在反垄断执法实践中,无论是基础罚款,还是加重罚款,均要求违法垄断行为人按时、足额地缴纳,否则将无法实现反垄断行政罚款制度的立法目标,更会大大减损行政罚款的威慑性和反垄断行政执法的权威性。

《行政处罚法》第 72 条规定:“当事人逾期不履行行政处罚决定的,作出行政处罚决定的行政机关可以采取下列措施:(一)到期不缴纳罚款的,每日按罚款数额的百分之三加处罚款,加处罚款的数额不得超出罚款的数额;(二)根据法律规定,将查封、扣押的财物拍卖、依法处理或者将冻结的存款、汇款划拨抵缴罚款;(三)根据法律规定,采取其他行政强制执行方式;(四)依照《中华人民共和国行政强制法》的规定申请人民法院强制执行。行政机关批准延期、分期缴纳罚款的,申请人民法院强制执行的期限,自暂缓或者分期缴纳罚款期限结束之日起计算。”作为行政处罚的基础性法律,该规定对于加重罚款在内的反垄断行政罚款的执行或缴纳同样适用。具体而言,当事人到期不缴纳反垄断加重罚款的,每日按罚款数额的 3% 加处罚款,加处罚款的数额不得超出罚款的数额。当事人仍拒不缴纳的,反垄断执法机构可以依照有关法律规定申请人民法院强制执行。

第六十四条　行政处罚信息记入信用记录

一、条文

第六十四条　经营者因违反本法规定受到行政处罚的，按照国家有关规定记入信用记录，并向社会公示。

【条文主旨】本条规定了反垄断行政处罚信息记入信用记录并公示。

二、立法理由

市场经济是法治经济、竞争经济，也是信用经济。遵纪守法、公平竞争、诚实信用是现代市场经济中市场主体从事生产经营活动须遵循的基本准则。

党中央、国务院就推进社会信用体系建设作出一系列决策部署。党的十八大提出“加强政务诚信、商务诚信、社会诚信和司法公信建设”；党的十八届三中全会提出“建立健全社会征信体系，褒扬诚信，惩戒失信”；《中共中央 国务院关于加强和创新社会管理的意见》提出“建立健全社会诚信制度”；《国民经济和社会发展第十二个五年规划纲要》提出“加快社会信用体系建设”。

2014 年 6 月，国务院印发了《社会信用体系建设规划纲要（2014—2020 年）》。该规划纲要指出，社会信用体系是社会主义市场经济体制和社会治理体制的重要组成部分。它以法律、法规、标准和契约为依据，以健全覆盖社会成员的信用记录和信用基础设施网络为基础，以信用信息合规应用和信用服务体系为支撑，以树立诚信文化理念、弘扬诚信传统美德为内在要求，以守信激励和失信约束为奖惩机制，目的是提高全社会的诚信意识和信用水平。

2019 年 7 月，国务院办公厅发布《关于加快推进社会信用体系建设构建以信用为基础的新型监管机制的指导意见》（国办发〔2019〕35 号），要求按照依法依规、改革创新、协同共治的基本原则，以加强信用监管为着力点，创新监管理念、监管制度和监管方式。全面建立市场主体信用记录，健全失信联合惩戒对象认定机制。以相关司法裁判、行政处罚、行政强制等处理结果为依据，按程序将涉及性质恶劣、情节严重、社会危害较大的违法失信行为的市场主体纳入失信联合惩戒对象名单。

2022 年 3 月，中共中央办公厅、国务院办公厅印发《关于推进社会信用体系建设高质量发展促进形成新发展格局的意见》。该意见指出，完善的社会信用体系是供需有效衔接的重要保障，是资源优化配置的坚实基础，是良好营商环境的重要组成部分，对促进国民经济循环高效畅通、构建新发展格局具有重要意义。

将反垄断行政处罚信息记入信用记录并向社会公示，既体现了反垄断法律制度与我国正在大力推行的社会信用体系建设的有效衔接，又能提高经营者违反《反垄断法》的综合成本，增强《反垄断法》自身的威慑力。

三、条文解读

（一）修法过程中的条文变化

本条为2022年《反垄断法》新增的规定。修法过程中，2021年公布的《中华人民共和国反垄断法（修正草案）》第64条曾规定："经营者因违反本法规定受到行政处罚的，依照国家有关规定记入信用记录，对严重违法失信行为给予信用惩戒，并向社会公示。"不过，最后正式通过的修法决定中删去了"对严重违法失信行为给予信用惩戒"的表述。

反垄断法律制度与社会信用制度分属不同的制度体系，从立法逻辑来看，记入信用记录即可为衔接社会信用制度提供一个接口并对经营者起到一定的警示作用。至于记入信用记录后，相关信用主体可能面临哪些后果，宜在社会信用相关制度中作出具体规定，《反垄断法》直接作出信用惩戒的规定，并不合适。

（二）被记入信用记录的主体

根据本条规定，被记入信用记录的主体是因违反《反垄断法》的规定而受到行政处罚的经营者。《反垄断法》第15条第1款规定："本法所称经营者，是指从事商品生产、经营或者提供服务的自然人、法人和非法人组织。"参考《民法典》的相关规定，这里的自然人还包括个体工商户和农村承包经营户；法人主要包括有限责任公司、股份有限公司和其他企业法人等营利法人；非法人组织包括个人独资企业、合伙企业、不具有法人资格的专业服务机构等。受到行政处罚的事由包括从事垄断协议和滥用市场支配地位等垄断行为、违法实施经营者集中、阻碍反垄断调查等。

除经营者外，因违反《反垄断法》而可能受到处罚的主体还包括对达成垄断协议负有个人责任的经营者的法定代表人、主要负责人和直接责任人员；因阻碍调查行为而被处罚的个人、行业协会等。但是，本条并未将这些主体明确纳入记入信用记录的范围。不过，这并不意味着相关主体全无信用方面的风险。《关于加快推进社会信用体系建设构建以信用为基础的新型监管机制的指导意见》提出，对被列入失信联合惩戒对象名单的市场主体，依法依规对其法定代表人或主要负责人、实际控制人进行失信惩戒，并将相关失信行为记入其个人信用记录。机关、事业单位、国有企业出现违法失信行为的，要通报上级主管单位和审计部门；工作人员出现违法失信行为的，要通报所在单位及相关纪检监察、组织人事部门。

(三)记入信用记录的具体规则

关于处罚信息的记入,本条规定"按照国家有关规定"进行,并向社会公示。根据2014年8月国务院颁布的《企业信息公示暂行条例》第6条的规定,工商行政管理部门(现为市场监督管理部门)在履行职责过程中产生的企业行政处罚信息应当自产生之日起20个工作日内通过企业信用信息公示系统公示。

与前述暂行条例同步施行、由原国家工商行政管理总局发布的《工商行政管理行政处罚信息公示暂行规定》对公示的原则和具体规则作了进一步明确和细化。例如,公示的信息主要包括行政处罚决定书和行政处罚信息摘要(第2条);公示的行政处罚信息不得泄露国家秘密,不得危及国家安全、公共安全、经济安全和社会稳定(第5条);应当删除涉及商业秘密的内容以及自然人住所(与经营场所一致的除外)、通讯方式、身份证号码、银行账号等个人信息(第6条);行政处罚决定出现因行政复议、行政诉讼或者其他原因被变更、被撤销或者被确认违法等被改变情形的,应当在企业信用信息公示系统中以醒目方式进行标注(第12条)。

2021年9月1日,国家市场监督管理总局公布的《市场监督管理行政处罚信息公示规定》开始施行,《工商行政管理行政处罚信息公示暂行规定》同时废止。新规对公示的具体规则做了多处调整,包括强调遵守法律法规关于商业秘密和个人信息保护的有关规定①,修改、细化公示期限规定②等。

此外,部分违反《反垄断法》的行为可能构成"严重违法失信行为"。根据《市场监督管理严重违法失信名单管理办法》第2条第1款的规定,当事人违反法律、行政法规,性质恶劣、情节严重、社会危害较大,受到市场监督管理部门较重行政处罚的,由市场监督管理部门依照该办法规定列入严重违法失信名单,通过国家企业信用信息公示系统公示,并实施相应的管理措施。

值得注意的是,在反垄断法相关配套法规中,2019年公布的《禁止垄断协议暂行规定》和《禁止滥用市场支配地位行为暂行规定》均明确规定,"行政处罚信息应

① 《市场监督管理行政处罚信息公示规定》第6条规定:"市场监督管理部门公示行政处罚信息,应当遵守法律法规关于商业秘密和个人信息保护的有关规定,对信息进行必要的处理。"

② 《工商行政管理行政处罚信息公示暂行规定》第14条规定:"行政处罚信息自公示之日起届满5年的,记录于企业信用信息公示系统,但不再公示。"《市场监督管理行政处罚信息公示规定》第13条规定:"仅受到通报批评或者较低数额罚款的行政处罚信息自公示之日起届满三个月的,停止公示。其他行政处罚信息自公示之日起届满三年的,停止公示。前款所称较低数额罚款由省级以上市场监督管理部门结合工作实际规定。依照法律法规被限制开展生产经营活动、限制从业超过三年的,公示期按照实际限制期限执行。"

当依法通过国家企业信用信息公示系统向社会公示”。也即，在2022年《反垄断法》修法前，反垄断行政处罚信息记入信用记录并公示已有明确的规定。本条实际上是在《反垄断法》中就此问题做进一步明确和确认。

四、学术讨论

关于修法过程中曾拟规定的“失信惩戒”，在全国人大及其常委会制定的法律中，暂未有将其直接引入并明确作为一种法律责任形式的先例。① 不过，无论是在行政机关出台的信用领域的规范中，还是学界对社会信用焦点问题的研究与探讨中，“失信惩戒”都高频出现，处于核心地位。②

有学者认为，失信惩戒的核心特征在于减损失信者的人格信用，所以主张将其纳入法律责任体系，作为与传统三大法律责任——民事责任、行政责任和刑事责任比肩而立的第4类新型独立法律责任——信用责任。③ 也有学者认为，在现有的制度框架下，将失信惩戒作为独立法律责任看待，并非单纯的理论构建那么简单，还存在巨大的制度障碍和制度成本限制，实践中并不具备可行性。④

根据对若干规范性文件的考察，失信惩戒措施可分为失信记录、提醒告诫、重点监管、声誉不利、资格限制或剥夺和自由限制6大类。⑤ 这些措施可被类型化为行政检查、行政指导等行政事实行为和行政处罚、行政许可、行政补贴、行政强制措施等行政法律行为，以此实现失信惩戒制度与行政法秩序的对接与融合。⑥ 在2021年修订的《行政处罚法》增设行政处罚定义条款（第2条规定：“行政处罚是指行政机关依法对违反行政管理秩序的公民、法人或者其他组织，以减损权益或者增加义务的方式予以惩戒的行为。”）的背景下，大部分失信惩戒措施都可以纳入行政处罚范畴。⑦

目前，学界尚未就失信惩戒的性质、规范进路等形成普遍的共识，进一步积累、

---

① 《海南自由贸易港法》第23条和第53条虽有提到“失信惩戒”，但实际是指向一项“机制”，而非作为一种法律责任形式。第23条规定：“国家依法保护海南自由贸易港内自然人、法人和非法人组织的知识产权，促进知识产权创造、运用和管理服务能力提升，建立健全知识产权领域信用分类监管、失信惩戒等机制，对知识产权侵权行为，严格依法追究法律责任。”第53条规定：“海南自由贸易港加强社会信用体系建设和应用，构建守信激励和失信惩戒机制。”

② 参见秦前红、陈芳瑾：《地方信用立法的探索模式研究》，载《法治社会》2021年第4期。

③ 参见刘俊海：《信用责任：正在生长中的第四大法律责任》，载《法学论坛》2019年第6期。

④ 参见门中敬：《失信联合惩戒的正当性拷问与理论解决方案》，载《法学杂志》2021年第6期。

⑤ 参见沈岿：《社会信用体系建设的法治之道》，载《中国法学》2019年第5期。

⑥ 参见张晓莹：《行政处罚视域下的失信惩戒规制》，载《行政法学研究》2019年第5期。

⑦ 参见谭冰霖：《处罚法定视野下失信惩戒的规范进路》，载《法学》2022年第1期。

总结经验并加深研究仍是实务界和理论界面临的任务。

第六十五条　对反垄断行政决定不服的救济途径

一、条文

> 第六十五条　对反垄断执法机构依据本法第三十四条、第三十五条作出的决定不服的，可以先依法申请行政复议；对行政复议决定不服的，可以依法提起行政诉讼。
>
> 对反垄断执法机构作出的前款规定以外的决定不服的，可以依法申请行政复议或者提起行政诉讼。

【条文主旨】本条是关于对反垄断执法机构行政决定不服的救济途径的规定。

二、立法理由

反垄断执法机构依法作出的决定本质上属于具体行政行为。根据《行政复议法》和《行政诉讼法》的规定，公民、法人或者其他组织认为具体行政行为侵犯其合法权益的，有权向行政机关提出行政复议申请，也有权向人民法院提起行政诉讼。实践中，反垄断执法机构依据《反垄断法》对经营者等主体作出行政处罚等决定后，相关主体应依法依规认真执行。而由于反垄断执法机构所作的决定可能对行政相对人以及其他利害关系人的合法权益产生重大影响，若相关主体认为执法机构存在执法错误或执法不当等行为，对行政决定不服的，可依据《行政复议法》和《行政诉讼法》之规定寻求法律救济，依法申请行政复议或提起行政诉讼。

本条分两款，分别规定了行政复议前置以及行政复议和行政诉讼并行的法律救济途径。通常情况下，反垄断案件当事人若对反垄断执法机构的行政决定有异议，既可以选择申请行政复议，也可以选择提起行政诉讼。但在特定情形下，当事人若对行政决定不服，必须先申请行政复议，对行政复议决定不服时方可提起行政诉讼。这种行政复议前置是行政程序法的特殊规定。本条第 1 款规定，当事人对反垄断执法机构针对具有或者可能具有排除、限制竞争效果的经营者集中作出的禁止集中决定和附加限制性条件批准决定不服的，应遵循行政复议前置的规定。该规定的主要原因在于，《反垄断法》对于经营者集中的规制为事前规制。对于存在竞争关切的经营者集中，反垄断执法机构需要预先判断、评估该经营者集中对于市场竞争的影响，这必须借助经济学分析工具等，依靠专业人士进行综合考察，经营者集中审查后作出的决定要经得起实践的检验。相较于反垄断执法机构，司法机构一般缺少足够的专业力量来进行审查,行政相对人先求诸行政机构进行行政复议,有助于充分发挥行政部门的专业作用和减少司法机构的压力。

三、条文解读

(一)救济途径的选择

《反垄断法》第65条为反垄断执法中的当事人提供了救济途径和救济依据,在保障当事人合法权益的同时对反垄断执法机构的行政执法权力能起到一定制约作用。根据本条第1款的规定,经营者对反垄断执法机构依据本法第34条、第35条之规定作出的禁止集中决定、附条件批准决定不服的,应当先依法申请行政复议,对行政复议决定不服的,可以依法提起行政诉讼。按照本条第2款的规定,对于反垄断执法机构作出的第1款规定以外的决定,包括对经营者从事垄断协议、滥用市场支配地位、阻碍调查行为等作出的处理决定不服的,经营者既可以先依法申请行政复议,对行政复议决定不服的再提起行政诉讼,也可以直接提起行政诉讼。

无论是哪一种模式,在具体案件中,行政诉讼和行政复议都不可"兼容"。行政复议已获依法受理或者适用行政复议前置模式的,行政相对人在法定复议期间内不得向法院提起行政诉讼。行政诉讼已获法院依法受理的,行政相对人不得申请行政复议。

需要注意的是,我国反垄断行政执法机构不能对所有的垄断行为进行强制性执法,仅可就经济性垄断行为(垄断协议、滥用市场支配地位、具有或者可能具有排除限制竞争效果的经营者集中)进行处罚,对于行政垄断行为,须由"上级机关责令改正",反垄断执法机构可以向有关上级机关提出依法处理的建议。①

(二)适格主体

根据《行政复议法》和《行政诉讼法》的规定,公民、法人或者其他组织认为具体行政行为侵犯其合法权益的,有权向行政机关提出行政复议申请,也有权向人民法院提起行政诉讼。从反垄断执法实践的角度来看,申请行政复议或提起行政诉讼的主体有两大类:首先,申请行政复议或提起行政诉讼的主体是反垄断执法机构作出的行政决定的对象,即行政相对人,主要是从事垄断行为的经营者、行业协会、负有个人责任的经营者的法定代表人、主要负责人和直接责任人员、参与集中的经营者等,还包括对反垄断审查、调查负有一定义务的经营者、利害关系人和其他有关单位与个人等;其次,申请行政复议或提起行政诉讼的主体是反垄断执法所关涉的利害

---

① 参见《反垄断法》第61条。

关系人。除涉嫌违法的经营者等主体外，其他大量市场主体，包括从事垄断行为的经营者的竞争者、交易相对人以及消费者和其他社会公众等的利益均可能受到垄断行为以及反垄断执法的影响，因此，反垄断执法机构作出的决定亦关乎其合法利益。总之，《反垄断法》第65条并未明确规定申请行政复议或提起行政诉讼的适格主体，对此应按照我国《行政复议法》和《行政诉讼法》的有关规定对申请人或原告资格予以认定。

(三)行政复议

行政相对人不服反垄断执法机构作出的审查决定、处罚决定等具体行政行为的，可以自知道该具体行政行为之日起60日内提出行政复议申请。利害关系人可以作为第三人参加行政复议。

我国反垄断执法机构包括国家市场监督管理总局(国家反垄断局)和省级市场监督管理部门。根据《行政复议法》的相关规定，对国家市场监督管理总局作出的具体行政行为不服而申请行政复议的，行政复议机关为国家市场监督管理总局；对省级市场监督管理部门的具体行政行为不服的，可以选择向省级市场监督管理部门的同级人民政府申请行政复议，也可以向国家市场监督管理总局申请行政复议。

在既往的反垄断行政处罚案件中，部分案件的当事人曾提起过行政复议，①但尚未有就经营者集中审查决定而提起行政复议的情况。《反垄断法》实施14年来，反垄断执法机构审查的经营者集中案件超过4000起，其中绝大部分案件获得无条件批准。截至2022年12月底，只有3起交易被禁止，57起交易被附加限制性条件批准。最终被禁止和附加限制性条件的交易通常是重大复杂的案件，审查周期也相对较长，反垄断执法机构、申报方会格外审慎，也会有多轮的沟通。从实践的角度来看，该类交易出现行政复议情况的概率较低。

(四)行政诉讼

针对大部分反垄断具体行政行为，行政相对人不服的，可以选择申请行政复议，也可以选择提起行政诉讼。如对复议结果不服，还可以再提起行政诉讼。对于适用

① 例如，在安徽密码器企业垄断协议案中，当事人之一上海海基业高科技有限公司不服行政处罚决定，向原国家工商行政管理总局申请行政复议；在山东临沂会计师事务所垄断协议案中，部分当事人不服行政处罚决定，分别向原国家工商行政管理总局和山东省人民政府申请行政复议；在陕西机动车检测机构垄断协议案中，当事人之一陕西西部国际车城有限公司不服行政处罚决定，向陕西省人民政府申请行政复议。这些案件中，相关行政处罚决定均被复议维持。

复议前置的行政决定，行政相对人只能先申请行政复议，对于复议结果不服的，才能提起行政诉讼。

行政相对人直接提起行政诉讼的，应当自知道或者应当知道作出行政行为之日起6个月内提出，作出行政行为的反垄断执法机构是被告。不服复议决定的或者复议机关逾期不作决定的，可以在收到复议决定书或者复议期满之日起15日内提起行政诉讼。

复议维持的案件，作出原行政行为的反垄断执法机构和复议机关是共同被告，法院应当对复议决定和原行政行为一并作出裁判；复议机关改变原行政行为的，复议机关是被告。复议机关在法定期限内未作出复议决定，行政相对人起诉原行政行为的，作出原行政行为的行政机关是被告；起诉复议机关不作为的，复议机关是被告。

我国对涉及《反垄断法》的司法案件的管辖做了多次调整，主要体现在一审跨行政区域集中管辖和二审"飞跃上诉"统一由最高人民法院知识产权法庭管辖两个方面。其中，《最高人民法院关于垄断行政案件管辖问题的通知》（法〔2021〕136号）于2021年6月10日生效后，垄断行政案件的管辖得以进一步集中。

在2021年6月之前，根据是否提出过复议、复议机关、复议结果等的不同，垄断行政案件的管辖法院存在较大的差异。管辖法院视具体情况而定，一审管辖法院包括省级市场监督管理部门、省级人民政府所在地的基层人民法院，国家市场监督管理总局所在地的基层人民法院（北京市西城区人民法院）和中级人民法院（北京市第二中级人民法院）；二审管辖法院包括省级市场监管部门、省级人民政府所在地的中级人民法院，北京市第二中级人民法院和最高人民法院知识产权法庭。但是，该规定不利于垄断行政案件司法裁量标准的统一。

根据《最高人民法院关于垄断行政案件管辖问题的通知》的规定，对国家市场监督管理总局涉及反垄断的行政行为依法提起诉讼的第一审行政案件，由北京知识产权法院管辖；对省级市场监督管理部门涉及反垄断的行政行为或者省级人民政府所作的反垄断行政复议决定依法提起诉讼的第一审行政案件，由省级人民政府所在地具有垄断民事案件管辖权的中级人民法院管辖、知识产权审判部门审理。

此外，根据《行政诉讼法》的相关规定，最高人民法院和高级人民法院分别管辖全国范围内以及本辖区内重大、复杂的第一审行政案件。实践中，已有因不服国家市场监督管理总局反垄断行政处罚决定而提起的行政诉讼案件被提级管辖的情况。①

不服中级人民法院、知识产权法院一审判决、裁定而提起上诉的案件,将“跳过”高级人民法院,由最高人民法院知识产权法庭审理。

四、学术讨论

2022 年《反垄断法》对于本条的修改,学界和实务界存在一定的争议,修法过程也有过反复。根据 2007 年《反垄断法》第 53 条之规定,“对反垄断执法机构依据本法第 28 条、第 29 条作出的决定不服的,可以先依法申请行政复议;对行政复议决定不服的,可以依法提起行政诉讼。对反垄断执法机构作出的前款规定以外的决定不服的,可以依法申请行政复议或者提起行政诉讼”。而 2020 年公布的《〈中华人民共和国反垄断法〉修订草案(公开征求意见稿)》第 60 条整体保留了 2007 年《反垄断法》第 53 条的规定(仅在表述中调整了该条所依据的条文序号)。但是在 2021 年公布的《中华人民共和国反垄断法(修正草案)》中,删除了“对反垄断执法机构作出的前款规定以外的决定不服的,可以依法申请行政复议或者提起行政诉讼”,仅保留第 1 款内容。如此修改引起学界和实务界的关注,一些学者、有关单位建议恢复相关规定,以明确当事人依法申请行政复议或者提起行政诉讼的权利。后经全国人大宪法和法律委员会研究决定采纳了这一意见。②

(一)关于反垄断行政诉讼问题的讨论

反垄断行政诉讼是当事人重要的法律救济途径之一。在我国,与反垄断有关的行政诉讼案件主要包括两种类型:一是行政相对人和反垄断执法机构之间的行政诉讼案件,即反垄断行政诉讼,其直接法律依据是《反垄断法》第 65 条,即行政相对人对反垄断执法机构的具体行政行为存在异议;二是经营者、利害关系人等主体就行政垄断行为提起行政诉讼,即反行政垄断诉讼。③ 我国反垄断行政诉讼的相关制度处于不断完善的过程中,在行政诉讼的机构体系、立案标准、管辖权、举证责任、行政

---

① 参见李玲:《两药企不服 3 亿反垄断罚单告市场监管总局! 北京高院提级审理》,载微信公众号“反垄断前沿”2021 年 11 月 23 日,http://mp. weixin. qq. com/s/xnsfWUOm9ROkugUwVo1w2w。

② 参见第十三届全国人民代表大会常务委员会第三十五次会议《关于〈中华人民共和国反垄断法(修正草案)〉审议结果的报告》(2022 年 6 月 21 日)。

③ 参见王岩:《反垄断行政诉讼中的若干问题探析》,载《电子知识产权》2015 年第 8 期。

诉讼与民事诉讼衔接等方面还需要优化。[①] 相关行政诉讼程序的启动只能依赖现行的行政诉讼法律，反垄断行政诉讼特别程序框架需要细化和完善。

我国反垄断民事诉讼允许因垄断行为受到损失的任何主体成为原告，包括竞争者、交易相对人与消费者等。[②] 但在反垄断行政诉讼中，不当扩大诉讼原告范围可能对行政机关的效率产生不利影响，并且会增加行政行为的不确定性风险、影响行政相对人的合法权益。通常而言，对于提起反垄断行政诉讼的主体——行政相对人，法律应积极保障其基本权利，毕竟反垄断执法机构所作出的处理决定直接关系相关行政相对人的核心利益。但对于所谓"利害关系人"之原告资格认定问题，学界存在一定争议。依据最高人民法院对刘广明诉张家港市政府行政复议案的判决，[③]行政诉讼利害关系的认定存在 3 个要件：一是利害关系限于公法上的利害关系；二是利害关系应当是行政机关依法必须考虑、尊重和保护的权益；三是利害关系应当是特定的、个别的主体的权益。[④] 在反垄断案件中，第三方主体原则上都能满足前两个要件，但是否能满足第三个要件中"特定的、个别的主体的权益"的要求则不无疑问。这是因为目前反垄断法究竟是保护具体市场主体的特殊利益还是保护所有市场主体的抽象利益仍存争议。为确定利害关系人的原告资格，有学者将垄断行为分为"存在具体对象的垄断行为"和"不存在具体对象的垄断行为"。[⑤] 前者是指为排除、限制特定市场主体的竞争而实施的行为。相关主体包括但不限于被联合抵制的主体、转售价格维持中的合同相对方、被拒绝交易的主体、被指定交易对象的交易相对人等。此类行为存在"特定的、个别的"指向对象，且数量较少。此时法院应当认定这些主体的合法权益受到不利影响，因此具有利害关系。[⑥] 后者是指并非以排除、限制特定竞争者为目的的垄断行为，违法行为主体实施此类行为旨在排除、限制不特

---

① 参见王岩：《反垄断行政诉讼中的若干问题探析》，载《电子知识产权》2015 年第 8 期；廖丽环：《反行政垄断诉讼与行政诉讼的客观化》，载《中山大学法律评论》2016 年第 3 期；张晨颖：《论反垄断行政决定在民事诉讼中的效力》，载《法律适用》2017 年第 7 期；刘克江：《论反垄断行政纠纷解决的程序问题》，载《中国法律评论》2019 年第 6 期。

② 《最高人民法院关于审理因垄断行为引发的民事纠纷案件应用法律若干问题的规定》(2020 修正)第 1 条规定："本规定所称因垄断行为引发的民事纠纷案件(以下简称垄断民事纠纷案件)，是指因垄断行为受到损失以及因合同内容、行业协会的章程等违反反垄断法而发生争议的自然人、法人或者非法人组织，向人民法院提起的民事诉讼案件。"

③ 中华人民共和国最高人民法院行政裁定书，(2017)最高法行申 169 号。

④ 参见章剑生：《行政诉讼原告资格中"利害关系"的判断结构》，载《中国法学》2019 年第 4 期。

⑤ 侯利阳：《我国反垄断行政诉讼的困境及因应——基于 165 份判决书的实证分析》，载《法学》2022 年第 1 期。

⑥ 参见胡建淼主编：《行政诉讼法学》，法律出版社 2019 年版，第 247 页。

定市场主体的竞争。由于被此类垄断行为影响的市场主体不特定且数量众多，若普遍赋予这些主体的原告资格，对司法将提出更高的要求，客观上也会影响行政执行效率。但从制度完善的角度讲，也不能完全忽视这部分市场主体的利益，建议将当事人是否参与行政机构为作出行政行为而特别设置的程序（如听证会、招标程序等）作为重要评判因素。

（二）关于反垄断行政复议问题的讨论

自我国2007年《反垄断法》实施以来，行政纠纷案件相对较少，当事人针对反垄断执法机构作出的行政处罚决定以及其他决定申请行政复议或提起行政诉讼的情况并不多见，很多经营者在受到行政处罚后均表示会接受处罚并积极整改。但随着我国反垄断执法实践的深入，掌握着较大自由裁量权的反垄断执法机构作出的处罚决定等可能面临越来越多的争议，反垄断行政复议的程序性等问题将逐渐显现。例如，有观点认为，我国现行反垄断行政复议中对于垄断协议涉及多个经营者的共同违法行为复议的实践是对民事领域的共同侵权和刑事领域的共同犯罪的简单模拟，并未对垄断协议涉及的多个经营者规定共同复议还是分别复议，复议范式不够清晰，进而使复议程序不统一；行政执法中对于垄断行为的行政查处与处罚往往是一系列组合行为，对共同行为人共同申请复议还是分别为之，我国《行政复议法》并没有明确规定，反垄断行政复议如何操作还有待明确。① 此外，就反垄断行政复议机构而言，国务院反垄断执法机构以及获得授权的省级反垄断执法部门在执法活动中有不同的权责，根据不同案件情况，反垄断行政复议机构如何选择还需要进一步研究。

关于行政复议与行政诉讼的衔接问题，行政复议与行政诉讼的启动和衔接包括4种情形：相对人自由选择、复议前置、复议终局、复议后选择行政最终裁决。但是我国学界对于如何看待"行政相对人选择为原则、复议前置为例外"模式仍然争议较大。有观点认为，应取消"选择为原则、复议前置为例外"的现行模式，以"前置主义为原则、选择主义为例外"的模式代之；有观点则认为，在既有模式上予以限定和完善即可。② 一方面，积极扩大复议前置范围有利于提高行政复议化解行政争议的能力，促使行政复议成为行政争议解决的主要渠道，助力形成"大复议、中诉讼、小信访"的行政争议化解格局；③另一方面，强制复议前置限制了当事人的程序选择权，

① 参见刘克江：《论反垄断行政纠纷解决的程序问题》，载《中国法律评论》2019年第6期。

② 参见章志远：《论行政复议与行政诉讼之程序衔接》，载《行政法学研究》2005年第4期。

③ 参见张少波：《行政复议与行政诉讼程序衔接机制再探讨——兼评〈行政复议法（修订）（征求意见稿）〉的相关规定》，载《中国司法》2021年第11期。

以自由选择为原则,有利于在行政救济和司法救济之间形成良性竞争,提升行政复议制度化解行政争议的能力,不应以实施强制复议前置为条件。①

行政复议前置的主要原因在于,在一些如知识产权等专业性较强的领域,相较于司法部门和法官,行政执法部门及其工作人员对于案件事实与争议的判断和裁量更具优势。在这些领域由具有专门经验的复议机关工作人员先对案件问题作出认定,能够更加准确、更有效率地解决纠纷,司法部门的直接介入反而可能达不到预期效果。因此,在特定领域设置行政复议前置符合我国"选择为原则、复议前置为例外"的基本模式。反垄断案件向来具有相当的复杂性、专业性和知识性特征,尤其是就经营者集中问题而言,需要反垄断执法机构运用多种分析工具、依托多方主体、根据多元考量因素进行事前的判断和评估,其所作出的决定具有高度预测性,出现执法错误或执法偏差的概率亦相对较高。这就要求法律须赋予经营者充分的救济空间。同时,机构改革后,我国反垄断执法机构在组织结构、人员配置、资源配备等方面有了较大改善,国家市场监督管理总局下设的反垄断执法二司专门负责经营者集中案件的审查,其执法机制不断完善、执法能力不断提升。因此,基于行政执法机构与司法机构的专业性不同,以及垄断行为的复杂程度及其对市场竞争的影响效果差异等因素,我国《反垄断法》第 65 条第 1 款针对经营者集中的禁止以及附条件批准的行政决定实行行政复议前置的规定具有合理性。经营者集中审查作为事前审查,具有相当的审查难度,行政复议前置可缓解司法机关的压力,提升经营者集中审查决定的科学性和确定性。需要指出的是,国务院反垄断执法机构就经营者集中问题除依据《反垄断法》第 34 条、第 35 条作出行政决定外,通常还会作出同意集中的决定,即经过审查后认为该集中并不会产生排除、限制竞争的消极后果。实践中绝大多数案件为无条件批准的经营者集中。从理论上讲,同意集中的决定亦属于行政复议和行政诉讼的范畴;但按照文义解释,相关主体如与集中有关的利害关系人对同意集中的决定不服的,不必依据第 65 条第 1 款之规定申请行政复议和提起行政诉讼,易言之,其无须遵守行政复议前置的要求,可根据第 65 条第 2 款之规定寻求救济。

---

① 参见王万华:《完善行政复议与行政诉讼的衔接机制》,载《中国司法》2019 年第 10 期。

第六十六条　执法人员违法行为的责任追究

一、条文

第六十六条　反垄断执法机构工作人员滥用职权、玩忽职守、徇私舞弊或者泄露执法过程中知悉的商业秘密、个人隐私和个人信息的,依法给予处分。

【条文主旨】本条是关于反垄断执法机构工作人员违法行为法律责任的规定。

二、立法理由

反垄断执法机构的主要职责是通过对垄断案件的查处,维护自由公平的市场竞争秩序,保护消费者合法权益,推动《反垄断法》立法宗旨和国家竞争政策的落实。反垄断执法机构通常具有较强的独立性和较高的地位,科学专业、配置合理、力量强大的反垄断执法机构对于保障市场经济良好运行发挥着举足轻重的作用。自2018年国家机构改革以来,我国反垄断执法体系的建设迈入新阶段,2021年11月国家反垄断局挂牌成立更是标志着我国反垄断执法体制机制得到进一步完善,困扰我国反垄断执法实践的多头管理、职责交叉、执法尺度不一等问题得到改善。① 而随着我国反垄断监管的常态化、精细化,市场主体与社会公众对反垄断执法机构及其工作人员提出了更高的要求。为保障执法公平、执法透明、执法及时高效,除了在业务能力、专业素养等方面加强执法队伍建设外,还应在法律层面对反垄断执法机构工作人员的行为加以必要约束,执法机构工作人员在执法过程中违法的需要承担法律责任。反垄断执法活动必须以事实为根据,以法律为准绳,执法机构及其工作人员要严格遵守《反垄断法》以及其他法律的有关规定,秉持科学执法、专业执法、严格执法的职责要求,不得借助公权力的行使从事任何违法活动,不得滥用职权、玩忽职守、徇私舞弊,切实维护《反垄断法》的权威性和公正性,防止侵犯当事人合法权益的事件发生。

2022年《反垄断法》修正在本条中新增了保护个人隐私和个人信息的内容。数字时代,垄断行为对个人隐私、个人信息合法权益的威胁日益严重,反垄断执法活动涉及这些合法权益甚至造成损害的可能性亦不断增加。这要求反垄断执法人员在执法过程中,必须按照法律和相关规定履行保护义务和注意义务,谨慎、周延、合法地处理个人隐私与个人信息保护问题,不得泄露执法过程中知悉的商业秘密、个人隐私和个人信息,否则应承担相应的法律责任。

---

① 参见吴振国:《反垄断监管的中国路径:历史回顾与展望》,载《清华法学》2022年第4期。

三、条文解读

本条列举了反垄断执法机构工作人员的违法行为以及法律责任。相较于2007年《反垄断法》第54条的规定，2022年《反垄断法》删除了反垄断执法机构工作人员因违法行为构成犯罪而承担刑事责任的规定，只保留了“依法给予处分”这一表述；同时，增加保护个人隐私和个人信息的规定，回应了现实需求。

（一）行为方式

1. 滥用职权行为

滥用职权是渎职行为的一种表现。反垄断执法机构工作人员属于国家机关工作人员，滥用职权是指，反垄断执法人员在执行职务过程中违反法律规定，不正当行使职权或超越职权而导致公共财产、国家和人民利益遭受损失的行为。反垄断执法机构工作人员的职权来自法律法规授权，滥用职权背离了法定职责要求与宗旨，其通常是在行使职权外观下，实施实质的、具体的不当或违法行为，主要表现为违法行使授权范围内的职权，或者超越职权，擅自决定、处理没有决定权限与处理权限的事项等。就行为后果而言，反垄断执法机构工作人员滥用职权行为可能会损害市场主体、消费者的合法权益和公共利益，破坏国家对于市场竞争进行调节与监管的秩序，降低社会公众对反垄断执法机构的信任程度。例如，《反垄断法》第47条规定，反垄断执法机构在调查涉嫌垄断行为时可以采取进入被调查的经营者的营业场所或者其他有关场所进行检查，询问被调查的经营者、利害关系人或者其他有关单位或者个人，要求其说明有关情况，查阅相关文件资料，查封、扣押相关证据等措施，但在此之前，执法人员必须向反垄断执法机构主要负责人作书面报告，并经过批准。执法人员没有经过批准擅自采取了第47条规定的调查措施，就是一种不依法正当行使职权的表现。

2. 玩忽职守行为

反垄断执法机构工作人员玩忽职守是指，反垄断执法机构工作人员怠于履行或者不认真履行职责义务而损害市场竞争管理秩序，导致公共财产、国家和人民利益遭受损失的行为。玩忽职守概念强调的是反垄断执法人员应积极履行职责却严重不负责任，不履行职责或者不正确履行职责。所谓不履行职责，是指行为人有能力且有条件履行自己的职责而违背职责要求，完全不履行或者部分不履行，如擅离职守。所谓不正当履行职责，是指行为人虽然形式上有履行职责的表现，但并未完全按职责要求依法认真履行，包括在职务活动中出现差错、决策失误、采取措施不及时或不得力，或者违反职责规定，马虎草率、粗心大意等。例如，在反垄断执法过程中，执法人员对提供了相关事实和证据的书面形式的举报，应当进行必要调查而因过失没有进行调查;应当对举报人信息进行保密,因过失而未采取保密措施、未履行工作职责。

3. 徇私舞弊行为

本条所规定的徇私舞弊,是指反垄断执法机构工作人员在执法过程中,为私情、私利故意违背事实和法律进行乱执法、不执法或枉法作出处理,导致公共财产、国家和人民利益遭受损失的行为。徇私舞弊行为包括"徇私"与"舞弊"两方面,但行为的重点或落脚点在于后者。"徇私"作为行为的动机包括徇私情、谋私利两种情形,是行为人为了追求与职责宗旨相违背的物质利益与精神利益,既可能是个人利益,也可能涉及单位或集体利益;而"舞弊"是指行为人出于私情、私利而弄虚作假、玩弄职权的行为。[①] 徇私舞弊和玩忽职守都是反垄断执法机构工作人员应当履行某种法定职责但没有依法履行的行为,二者的区别主要在于行为人的主观方面:徇私舞弊是明知其行为违法,并且为了"徇私"而积极追求违法后果的故意;玩忽职守的主观方面则是过失,即行为人主观上对危害后果的产生不是积极追求的态度。

4. 泄露执法过程中知悉的商业秘密、个人隐私和个人信息的行为

商业秘密是指,不为公众所知悉、具有商业价值并经权利人采取相应保密措施的技术信息、经营信息等商业信息。[②] 从目前各个国家或地区法律关于商业秘密的类型表述来看,大体上可以将商业秘密划分为技术秘密和经营秘密。我国《反不正当竞争法》将商业秘密定性为"商业信息",主要包括技术信息和经营信息,如生产工艺、配方、财务数据、客户信息等,除此之外的其他符合条件的商业信息也可以被纳入保护范围。商业秘密的构成要件主要包括:一是秘密性,即商业秘密是不为公众所知悉的商业信息。根据2020年施行的《最高人民法院关于审理侵犯商业秘密民事案件适用法律若干问题的规定》第3条、第4条的规定,"不为公众所知悉"的判断主体是所属领域的相关人员,判断的标准是既不属于"普遍知悉",也不属于"容易获得"。二是价值性,即商业秘密能够为权利人带来直接或潜在的经济利益。判定商业秘密的商业价值应当考虑其研究开发成本、实施该项商业秘密的收益、可得利益、可保持竞争优势的时间等因素。三是保密性,即商业秘密权利人采取了相应的保密措施。权利人采取相应的保密措施,既体现了其保护商业秘密的意愿,也使

① 参见时建中主编:《反垄断法——法典释评与学理探源》,中国人民大学出版社2008年版,第508页。

② 参见《反不正当竞争法》第9条第4款。

相关人员能够知晓"不为公众所知悉"的商业秘密的存在及其范围。[①] 在激烈的市场竞争中,商业秘密已成为企业重要的竞争工具和"秘密武器",作为一项无形财产,任何单位和个人不得侵犯权利人的商业秘密。为便于查清涉嫌垄断行为的有关事实、开展经营者集中审查等工作,《反垄断法》赋予了反垄断执法机构广泛的调查、审查职权,同时对被经营者、利害关系人等设定了很高的配合调查、审查的义务。反垄断执法机构工作人员在执法过程中,因工作需要可能知悉经营者的商业秘密,其应遵守法律法规和职责要求,不得泄露当事人的商业秘密。

个人隐私,是自然人的私人生活安宁和不愿为他人知晓的私密空间、私密活动、私密信息。[②] 在我国《民法典》颁行之前,我国对隐私权保护的立法较分散,隐私权的内涵、范围、效力与保护方式等并不清晰。为回应社会关切、满足公众保护合法权益的需要,《民法典》第1032条至第1039条,用专章的形式对隐私权和个人信息保护进行了规定。《民法典》明确规定"隐私"应包括私生活安宁和私生活秘密两方面内容,个人日记、身体缺陷、个人私密照片等属于典型的个人隐私。判断一项内容是否属于个人隐私,核心就在于自然人本人是否愿意为他人知晓,以及该内容是否与他人及社会利益相关。同时,任何组织或者个人不得以刺探、侵扰、泄露、公开等方式侵害他人的隐私权。

个人信息是以电子或者其他方式记录的能够单独或者与其他信息结合识别特定自然人的各种信息,包括自然人的姓名、出生日期、身份证件号码、生物识别信息、住址、电话号码、电子邮箱、健康信息、行踪信息等,[③]但匿名化处理后的信息除外。个人信息的处理涵盖个人信息的收集、存储、使用、加工、传输、提供、公开、删除等方面。[④] 个人信息与个人隐私既存在一定的重合,也存在诸多差异。随着互联网、大数据、人工智能等新技术的广泛运用,个人信息中的私密信息兼具个人隐私与个人信息的双重属性。[⑤] 多数个人信息具有敏感性而属于隐私范畴,但部分个人信息因高度公开而不涉及隐私,同时,一些隐私事项亦非个人信息。

反垄断执法机构工作人员在执法过程中可能知悉当事人的商业秘密、个人隐私

---

① 参见林广海、李剑、杜微科:《系列解读之一〈最高人民法院关于审理侵犯商业秘密民事案件适用法律若干问题的规定〉的理解与适用》,载《法律适用》2021年第4期。

② 参见《民法典》第1032条第2款。

③ 参见《民法典》第1034条第2款。

④ 参见《个人信息保护法》第4条。

⑤ 参见冉克平:《论〈民法典〉视野下个人隐私信息的保护与利用》,载《社会科学辑刊》2021年第5期。

和个人信息,这是出于职务需要的合法行为。为了保护经营者及他人的合法权益,《反垄断法》第 49 条明确规定,反垄断执法机构的工作人员负有保密义务,不得向任何单位、个人以及其他行政机关非法提供或透露上述信息。此外,《民法典》第 1039 条规定:"国家机关、承担行政职能的法定机构及其工作人员对于履行职责过程中知悉的自然人的隐私和个人信息,应当予以保密,不得泄露或者向他人非法提供。"《个人信息保护法》第 34 条规定:"国家机关为履行法定职责处理个人信息,应当依照法律、行政法规规定的权限、程序进行,不得超出履行法定职责所必需的范围和限度。"因此,反垄断执法人员对于商业秘密、个人信息和个人隐私的获取、收集、处理等应以执法调查所必需为限,避免泄露相关信息。

(二)责任承担

如前所述,本条在修订时删除了 2007 年《反垄断法》中反垄断执法机构工作人员承担刑事责任的内容,只规定了"依法给予处分",同时 2022 年《反垄断法》新增第 67 条来统一规定《反垄断法》中的刑事责任。若反垄断执法机构工作人员的违法行为构成犯罪,则可能触犯《刑法》中的滥用职权罪、玩忽职守罪、侵犯商业秘密罪、侵犯公民个人信息罪等规定。① 而所谓"依法给予处分"主要是指行政处分,根据我国《公务员法》和《行政机关公务员处分条例》,行政处分是指国家行政机关依照行政

---

① 《刑法》第 219 条:"有下列侵犯商业秘密行为之一,情节严重的,处三年以下有期徒刑,并处或者单处罚金;情节特别严重的,处三年以上十年以下有期徒刑,并处罚金:

(一)以盗窃、贿赂、欺诈、胁迫、电子侵入或者其他不正当手段获取权利人的商业秘密的;

(二)披露、使用或者允许他人使用以前项手段获取的权利人的商业秘密的;

(三)违反保密义务或者违反权利人有关保守商业秘密的要求,披露、使用或者允许他人使用其所掌握的商业秘密的。

明知前款所列行为,获取、披露、使用或者允许他人使用该商业秘密的,以侵犯商业秘密论。

本条所称权利人,是指商业秘密的所有人和经商业秘密所有人许可的商业秘密使用人。"

《刑法》第 253 条之一:"违反国家有关规定,向他人出售或者提供公民个人信息,情节严重的,处三年以下有期徒刑或者拘役,并处或者单处罚金;情节特别严重的,处三年以上七年以下有期徒刑,并处罚金。

违反国家有关规定,将在履行职责或者提供服务过程中获得的公民个人信息,出售或者提供给他人的,依照前款的规定从重处罚。

窃取或者以其他方法非法获取公民个人信息的,依照第一款的规定处罚。

单位犯前三款罪的,对单位判处罚金,并对其直接负责的主管人员和其他直接责任人员,依照各该款的规定处罚。"

《刑法》第 397 条:"国家机关工作人员滥用职权或者玩忽职守,致使公共财产、国家和人民利益遭受重大损失的,处三年以下有期徒刑或者拘役;情节特别严重的,处三年以上七年以下有期徒刑。本法另有规定的,依照规定。

国家机关工作人员徇私舞弊,犯前款罪的,处五年以下有期徒刑或者拘役;情节特别严重的,处五年以上十年以下有期徒刑。本法另有规定的,依照规定。"

隶属关系,对有违法失职行为的国家机关公务人员的一种惩罚措施,包括警告、记过、记大过、降级、撤职、开除。此外,《监察法》确立了"政务处分"的概念,指国家监察机关对违法的公职人员给予的惩戒,对象范围大于行政处分。① 反垄断执法机构工作人员存在滥用职权、玩忽职守等行为的,应根据行为的性质、主观意图、后果严重程度、影响范围等因素依法作出处理。

除法律责任的威慑外,执法机构的科学设置也对敦促反垄断执法机构工作人员依法履职至关重要。2021 年国务院反垄断执法机构改革前,原国家市场监督管理总局反垄断局主要以各处室研究案件处理意见、提交局务会审议的工作模式来办理涉垄断案件,但由于相关处室的监管权力较集中,且缺乏复核把关案件的主责部门,存在一定廉政风险。国家市场监督管理总局加挂"国家反垄断局"牌子后,设置竞争政策协调司、反垄断执法一司和反垄断执法二司 3 个司局。其中,竞争政策协调司的职责之一是"承担反垄断案件内部法制审核",实现案件查办与复核审理"查办分离"。②

四、学术讨论

反垄断执法机构是以完成行政职责为目标的科层组织,受到决策结构、激励结构、监督结构(信息结构)、任务性质这些关键因素的影响。③ 我国反垄断执法机构在执法权责体系的完善、执法领域的不断拓展、执法手段和方法的更新等方面面临新的要求与挑战。国家机构改革后,我国反垄断执法机构的权力配置模式已经由权力共享模式转换为权力独享模式,④建立更加科学、专业、精细的反垄断执法体制机制成为各界共识。严格执法、公平公正执法、科学执法是反垄断执法人员应秉持的基本原则。执法人员违法行为对于法律的损害,如同污染水源,对市场竞争秩序、经营者和消费者等主体的合法权益都可能造成严重影响。因此,加强执法队伍建设,提升执法能力与执法水平,防范和规制执法过程中的违法行为至关重要,这直接影响我国反垄断法的权威性与实施效果。

---

① 参见曹静静:《你问我答丨政务处分与政纪处分、党纪处分有什么不同?》,载中央纪委国家监委网站 2020 年 7 月 7 日,https://www.ccdi.gov.cn/toutiao/202007/t20200707_221527.html。

② 参见黄秋霞:《强化政治监督　严把选人用人关口　保障国家反垄断局顺利组建》,载《中国纪检监察报》2021 年 12 月 21 日,第 1 版。

③ See Eric Maskin, Yingyi Qian, Chenggang Xu, *Incentives, Information, and Organizational Form*, 67 The Review of Economic Studies 359(2000).

④ 参见王健:《权力共享制抑或权力独享制——我国反垄断执法机关权力配置模式及解决方案》,载《政法论坛》2013 年第 3 期。

有观点认为,尽管理论上反垄断执法机构被假设为代表公共利益执法,但这一假设在各种经验研究中并未得到证实。[①] "执法机构的成员并不是机械执行上级命令的抽象'组织人',而是带有各自想法、情感、利益的社会人。同时,由于反垄断法的专业性、复杂性,上下级之间存在信息不对称,很多时候上级难以了解到底是案件本身的特性,还是执法人员懈怠所造成法律执行不力的局面。"[②]如何进一步明确反垄断执法机构的执法权责是当前我国需要重视并继续探讨的重要命题。然而,我国《反垄断法》中有关反垄断执法机构及其工作人员法律责任的规定一直相对不足。即使《反垄断法》规定了追究反垄断执法人员的法律责任,但其内容是任何行政执法工作人员违法都应承担的一般法律责任,与反垄断执法责任清单的内容要求并无太大关联。对此,有必要通过后续配套制度的完善,进一步明确反垄断执法机构执法责任清单,厘清承担执法责任的具体情形及其担责标准、评估要求等内容,并对于反垄断执法机构及其工作人员不作为、乱作为以及违法行为等作出清晰规定。[③]

就第66条中的责任主体而言,法律明确规定为"反垄断执法机构工作人员",但有观点认为,还应当包括"参与调查等执法活动的第三方主体"。例如,反垄断执法机构可能聘请相关专家或技术人员参与调查。由于不同市场领域有不同的行业特点,对垄断行为的调查往往需要依靠相关领域的专家进行分析和鉴定。实践中,反垄断执法机构聘请相关专家证人、邀请第三方机构进行经济分析和技术鉴定已经成为反垄断执法的重要环节。而这类参与执法活动的第三方主体在进行专业分析和鉴定时,很有可能接触到商业秘密、个人隐私和个人信息。如果参与执法活动的第三方主体泄露其在接受委托时接触到的商业秘密、个人隐私和个人信息,不仅会损伤反垄断执法机构的执法威严和信用,也会损害被调查人的权益。因此,有学者提出,应当将反垄断执法机构及其调查人员的保密义务延及"参与调查的第三方"。[④]在责任形式上,应当包括行政责任和刑事责任两种,在没有构成犯罪时,处以行政处罚。由于"参与调查的第三方"并不是国家机关的工作人员,不适用《公务员法》规

---

① See Howard P. Marvel, Jeffrey M. Netter & Anthony M. Robinson, *Price Fixing and Civil Damages: An Economic Analysis*, 40 Stanford Law Review 561(1988); Kenneth Elzinga, *The Antimerger Law: Pyrrhic Victories*, 12 The Journal of Law and Economics 43(1969).

② 李剑:《中国反垄断执法机构间的竞争——行为模式、执法效果与刚性权威的克服》,载《法学家》2018年第1期。

③ 参见刘云亮:《反垄断执法机构责任清单研究》,载《财经法学》2016年第1期。

④ 参见时建中主编:《〈中华人民共和国反垄断法〉专家修改建议稿及详细说明》,中国政法大学出版社2020年版,第187页。

定的行政处分,但可以在其行为尚未构成刑事犯罪时采取“罚款 + 吊销职业资格”的行政处罚等措施。

第六十七条　反垄断刑事责任

一、条文

第六十七条　违反本法规定,构成犯罪的,依法追究刑事责任。

【条文主旨】本条是关于反垄断刑事责任的规定。

二、立法理由

新增刑事责任条款是2022年《反垄断法》修正的一项重要内容。垄断行为破坏正常的市场环境和竞争秩序,降低经济效率,损害消费者利益和社会公共利益,使市场机制难以进行有效资源配置,也难以激发市场主体的创造力,因而需要对其予以必要打击。特别是在新商业模式和新技术条件下,经济活动的信息化、数字化、智能化程度日益提升,市场竞争的复杂性不断增强,垄断现象多发、频发,垄断行为对市场竞争秩序、消费者福利和经济社会发展的损害更加凸显。实践中,我国民事责任加行政责任的反垄断法律责任安排难以充分、有效地预防和制止垄断行为。反垄断立法与实践表明,设置刑事责任、强化反垄断刑事制裁能够极大提升反垄断法的威慑力。缺少刑事责任使我国反垄断法律责任体系硬约束不足,引起了部分学者和立法机关的重视。因此,2022年《反垄断法》新增了本条,与民事责任、行政责任一起,共同构成反垄断法新的法律责任体系。

三、条文解读

(一)反垄断刑事责任的立法概况

关于《反垄断法》是否引入刑事责任,对实施特定垄断行为的经营者予以刑事惩戒这一问题,我国学界和实务界一直存在争议。在2007年《反垄断法》制定过程中,相关条文的设定曾出现过反复。2004年2月,商务部向国务院原法制办提交的《反垄断法(送审稿)》以分散的形式分别规定了垄断协议、滥用市场支配地位行为等垄断行为的刑事责任。2005年9月14日,国务院公布的《反垄断法(修改稿)》对刑事责任条款进行了修改,以集中一条的形式统一规定违反《反垄断法》应承担刑事责任。2007年6月25日,第十届全国人民代表大会常务委员会第二十八次会议对《反垄断法(草案)》进行第二次分组审议,有代表也提出应设立刑事责任条款,[①]但此次审议的结果是,有关反垄断刑事责任的条文被删除。2007 年《反垄断法》并未直接针对垄断行为设置刑事责任,而是在第 52 条中规定了妨碍反垄断调查的行为的刑事责任,以及在第 54 条中规定了反垄断执法机构工作人员滥用职权等行为的刑事责任。前者可能构成妨害公务罪或隐匿、故意销毁会计凭证、会计账簿、财务会计报告罪等犯罪;后者则可能构成滥用职权罪、玩忽职守罪等犯罪。2022 年《反垄断法》修正,是否及如何设置刑事责任再次成为各方争议焦点。从最后结果来看,《反垄断法》第 67 条以相对概括的方式进行立法,一方面,删繁就简,对程序性的刑事责任条款,即妨碍反垄断调查行为以及反垄断执法机构工作人员违法行为的刑事责任条款加以吸收、整合;另一方面,统一规定了实体性的刑事责任,即实施垄断行为构成犯罪的,依法承担刑事责任。

根据经济合作与发展组织的统计,全世界已有 38 个国家或地区对垄断行为设置了刑事责任(约占反垄断法域总数的 30%),[②]并且这些国家或地区只针对本身违法的垄断行为规定刑事责任,主要包括固定价格、限制产出、分割市场、串通投标这 4 类。[③] 全球反垄断刑事责任制度的发展趋势表明,对危害严重的垄断行为追究刑事责任的国家或地区在逐步增加,这与我国对 2022 年《反垄断法》进行修正,增设刑事责任条款是一致的。

(二)违反本法规定,构成犯罪的行为及其刑事责任

本条统一规定对违反《反垄断法》的行为进行刑事制裁,并与民事责任、行政责任实现衔接。本条关涉的行为主体包含实施垄断行为的经营者,即从事商品生产、经营或者提供服务的自然人、法人和非法人组织;实施阻碍反垄断审查调查行为的单位和个人;以及反垄断执法机构的工作人员等。按照刑法理论,犯罪客体是指刑法所保护的为犯罪行为所危害的社会关系。构成犯罪的垄断行为所危害的社会关系主要是自由公平竞争的社会秩序及相关社会关系。本条规定的犯罪行为主要包括:

---

① 第十届全国人大常委会委员王祖训和全国人大代表陈舒等在《反垄断法(草案)》二审时提出增加刑事责任的意见。参见顾功耘、罗培新:《经济法前沿问题》,北京大学出版社 2009 年版,第 150 页。

② See Anu Bradford, Adam S. Chilton, Christopher Megaw & Nathaniel Sokol, *Competition Law Gone Global: Introducing the Comparative Competition Law and Enforcement Datasets*, 16 Journal of Empirical Studies 411(2019).

③ 参见侯利阳:《论〈反垄断法(修正草案)〉中的四大争议问题》,载《江西社会科学》2022 年第 4 期。

1. 妨碍反垄断执法审查和调查的犯罪行为

反垄断执法机构对案件进行审查和调查并作出决定，需要依靠真实、准确、完整的材料与信息。根据《反垄断法》的规定，反垄断执法机构在调查涉嫌垄断行为时可以要求被调查者、利害关系人或者其他有关单位和个人提供相关的单证、协议、会计账簿、业务函电、电子数据等文件、资料，被调查的单位和个人应当配合反垄断执法机构依法进行的调查，不得拒绝或者阻碍。对于反垄断执法机构依法实施的审查和调查，单位或个人拒绝提供有关材料、信息或者提供虚假材料、信息，或者隐匿、销毁、转移证据，或者有其他拒绝、阻碍调查行为的，由反垄断执法机构责令改正，对实施上述违法行为的单位或个人可处以罚款；构成犯罪的，如构成妨害公务罪或者隐匿、故意销毁会计凭证、会计账簿、财务会计报告罪，依照《刑法》有关规定追究刑事责任。

2. 反垄断执法机构工作人员的渎职犯罪行为

《反垄断法》第 66 条规定，反垄断执法机构工作人员滥用职权、玩忽职守、徇私舞弊或者泄露执法过程中知悉的商业秘密、个人隐私和个人信息的，依法给予处分。但按照 2007 年《反垄断法》第 54 条的规定，上述行为构成犯罪的，还应依法追究刑事责任。2022 年《反垄断法》删除了刑事责任的规定，改为集中统一规定全部违法行为的刑事责任。因此，按照修正后的 2022 年《反垄断法》第 67 条的规定，反垄断执法机构工作人员出现以上渎职行为且构成犯罪的，应受到相应的刑事处罚。我国《刑法》第 397 条规定了滥用职权罪与玩忽职守罪，“国家机关工作人员滥用职权或者玩忽职守，致使公共财产、国家和人民利益遭受重大损失的，处三年以下有期徒刑或者拘役；情节特别严重的，处三年以上七年以下有期徒刑。本法另有规定的，依照规定。国家机关工作人员徇私舞弊，犯前款罪的，处五年以下有期徒刑或者拘役；情节特别严重的，处五年以上十年以下有期徒刑。本法另有规定的，依照规定”。此外，《刑法》第 219 条就侵犯商业秘密罪规定：“有下列侵犯商业秘密行为之一，情节严重的，处三年以下有期徒刑，并处或者单处罚金；情节特别严重的，处三年以上十年以下有期徒刑，并处罚金：（一）以盗窃、贿赂、欺诈、胁迫、电子侵入或者其他不正当手段获取权利人的商业秘密的；（二）披露、使用或者允许他人使用以前项手段获取的权利人的商业秘密的；（三）违反保密义务或者违反权利人有关保守商业秘密的要求，披露、使用或者允许他人使用其所掌握的商业秘密的。明知前款所列行为，获取、披露、使用或者允许他人使用该商业秘密的，以侵犯商业秘密论。”需要说明的是，这是 2020 年 12 月 26 日通过的《刑法修正案（十一）》对刑法进行修正以后的条文,正是该修正案将商业秘密罪的入罪标准从“给商业秘密的权利人造成重大损失”修改为“情节严重”,将加重情节“造成特别严重后果”修改为“情节特别严重”。2020 年 8 月通过的《最高人民法院、最高人民检察院关于办理侵犯知识产权刑事案件具体应用法律若干问题的解释(三)》第 4 条对怎样认定“造成重大损失”“造成特别严重后果”作出过明确规定:“实施刑法第二百一十九条规定的行为,具有下列情形之一的,应当认定为‘给商业秘密的权利人造成重大损失’:(一)给商业秘密的权利人造成损失数额或者因侵犯商业秘密违法所得数额在三十万元以上的;(二)直接导致商业秘密的权利人因重大经营困难而破产、倒闭的;(三)造成商业秘密的权利人其他重大损失的。给商业秘密的权利人造成损失数额或者因侵犯商业秘密违法所得数额在二百五十万元以上的,应当认定为刑法第二百一十九条规定的‘造成特别严重后果’。”但是,入罪标准修改后,“情节严重”和“情节特别严重”的尚无具体认定标准,有待进一步明确。

3. 涉嫌犯罪的垄断行为

如前所述,2007 年《反垄断法》既未直接规定哪些垄断行为构成犯罪,也无概括性的刑事责任条款。2022 年《反垄断法》新增概括性刑事责任条款,从形式上看,形成了民事、行政、刑事相衔接的反垄断法律责任体系,这至少意味着《反垄断法》的威慑性有了一定提升。然而,我国现行《刑法》中并无垄断行为刑事责任的直接规定,只是在第 223 条中规定了对串通投标扰乱市场秩序行为的刑事处罚。按照《反垄断法》第 67 条的规定,实施垄断协议、滥用市场支配地位行为、非法实施经营者集中以及行政垄断行为理论上均可能受到刑事制裁。但根据“罪刑法定”的基本原则,实践中有关主体实施垄断行为,即使被认为触犯了《反垄断法》第 67 条的规定,也还难以根据《刑法》对其进行定罪量刑。因此,实现垄断行为的刑事制裁还需要《刑法》作出相应的修改与衔接。

四、学术讨论

修法过程中,2022 年《反垄断法》是否应引入刑事责任再次成为争议的焦点。其中,在《反垄断法》中设置程序性行为刑事责任的规定,即对于妨碍反垄断审查调查构成犯罪的行为、反垄断执法机构工作人员的犯罪行为进行刑事处罚,学界并无太大争议。而关于实体性行为,即垄断行为的刑事责任设置问题在学界引发了激烈讨论,大体可分为“反对入刑”与“支持入刑”两种观点。

(一)反对入刑

从域外实践来看,尽管美国、日本和英国等一些国家规定了垄断行为的刑事责任,但是基于慎刑原则,这些规定仅针对危害性较大的核心卡特尔行为,并且实践中采取了多用罚金少用监禁的做法,实际上判处监禁刑罚的案例非常少。有观点认为,我国《反垄断法》规定民事责任和行政责任足以制裁垄断违法行为。[①] 而鉴于垄断行为的发生往往与特定经济、社会以及政治因素紧密关联,即使对行为人处以刑罚,实际上也无助于垄断问题的根本解决。因此有学者指出:"即便是对横向垄断协议或者进一步限缩的横向垄断协议,立法也确实不宜引入刑事责任。首先,即使是横向垄断协议,至少目前在边界上并不十分清晰。其次,就保持威慑性需要使用的手段而言,刑事责任对此并不是必备的。再次,豁免制度使横向垄断协议在定罪上存在不稳定性的问题。最后,对此引入刑事责任将会造成威慑过度问题。"[②]反垄断法实行非刑事化,既是刑法谦抑性原则在反垄断法中的具体反映,也是反垄断法自身特性所决定的。[③] 事实上,传统的民事责任和行政责任已经形成了有效的威慑,按照立体刑法学的构建理论,没有必要再行构建或增加新的执法机制,应以责任方式用尽为最大原则,充分发挥民事责任和行政责任在垄断行为规制中的作用,否则会增加规制成本且无法获得相对应的收益,有悖经济效率原则。[④] 因为在立法技术不成熟、裁量空间较大的情况下,刑事制裁所产生的不利影响有可能大于其有利影响,甚至导致刑罚滥用现象的出现。

(二)主张入刑

另一类观点认为,垄断行为应该入刑,其中又存在全面入刑和谨慎入刑两种观点。有学者提出,2007 年《反垄断法》在法律责任的建构上存在缺陷,最明显的在于,垄断行为刑事责任的阙如。[⑤] 经济性垄断行为与行政性垄断行为均具有严重的社会危害性,唯有运用刑事制裁才能达到最佳效果,同时参考实践经验,垄断行为入罪具有较高的可行性。[⑥] 垄断行为直接侵害自由、公平的竞争秩序,抑制市场竞争机制的功能,损害国家利益、整体经济利益和社会公共利益,因而具备刑罚的不可避免

---

① 参见李国海主编:《反垄断法实施机制研究》,中国方正出版社 2006 年版,第 162 ~ 169 页。

② 丁茂中:《垄断行为入刑问题检思》,载《中国市场监管研究》2020 年第 11 期。

③ 参见李国海:《论反垄断法中的慎刑原则——兼论我国反垄断立法的非刑事化》,载《法商研究》2006 年第 1 期。

④ 参见金善明:《论垄断行为入罪化的限度》,载《北京工业大学学报(社会科学版)》2017 年第 6 期。

⑤ 参见时建中主编:《反垄断法——法典释评与学理探源》,中国人民大学出版社 2008 年版,"前言"第 8 页。

⑥ 参见胡剑波主编:《垄断犯罪立法研究》,中国社会科学出版社 2013 年版,第 4 页。

性,即具有“应刑罚性”。[①] 有学者提出,刑事责任是遏制垄断行为,保护消费者合法权益,维护正常市场竞争秩序必不可少的法律手段,设置或者强化垄断行为的刑事责任是各个国家或地区的通行做法。在进行垄断违法行为犯罪化规定时,应当设立垄断协议罪、滥用市场支配地位罪、滥用行政权力排除、限制竞争罪以及妨害垄断调查罪等4种罪名。[②] 类似观点认为,依法设置垄断罪,对于确保反垄断法的实施,预防、减少垄断行为的发生,具有非常重要的现实意义。我国应当建立反垄断刑事责任,对固定价格、划分市场、串通投标等核心卡特尔行为进行严厉的制裁,并建立科学的宽免政策,加强反垄断执法的国际合作。[③]

也有学者提出了适度威慑说,认为威慑应成为反垄断法的优先目标,但也要有限度,不能形成过度的威慑。我国反垄断法要在适度威慑理念的指导下,科学设计垄断行为刑事化的应用体系,既要对垄断协议、滥用市场支配地位等行为设置刑事责任,加强刑事化立法;又不能过度威慑,影响市场经济中企业的正常经营活动,以致企业出于威慑心理不敢从事正常的市场交易。[④]

另有观点提出,反垄断法设置刑事责任意味着其在威慑性层面的巨大突破,但对经营者集中和行政垄断不需要设置单独的刑事责任,采用事先审查制度和适用已存在的刑法罪名规定即可处理;对垄断协议和滥用市场支配地位行为施加刑事责任时,应将刑事责任严格限定在固定价格、限制产出、分割市场、串通投标这4类本身违法的垄断行为上。[⑤] 根据刑法谦抑性学说,垄断行为的入刑范畴应当被明确限定,即只针对违法性严重的核心卡特尔的决策者和直接责任人。为了防止刑事处罚范围的扩大,可以通过相关市场营业额来限缩适用范围,只有达到某个营业额标准的经营者的违法行为才可能导致足以启动刑事责任的社会危害性。[⑥] 反垄断法对于卡

---

① 参见邵建东:《我国反垄断法应当设置刑事制裁制度》,载《南京大学学报(哲学社会科学版)》2004年第4期。

② 参见胡剑波主编:《垄断犯罪立法研究》,中国社会科学出版社2013年版,第176~177页。

③ 参见郑鹏程:《美国反垄断刑事政策及其对我国反垄断立法的启示》,载《甘肃政法学院学报》2006年第5期;丁国峰:《我国反垄断法律责任体系的完善和适用》,载《安徽大学学报(哲学社会科学版)》2012年第2期。

④ 参见李国海:《论反垄断法中的慎刑原则——兼论我国反垄断立法的非刑事化》,载《法商研究》2006年第1期;王健:《威慑理念下的反垄断法刑事制裁制度——兼评〈中华人民共和国反垄断法(修改稿)〉的相关规定》,载《法商研究》2006年第1期。

⑤ 参见侯利阳:《论〈反垄断法(修正草案)〉中的四大争议问题》,载《江西社会科学》2022年第4期。

⑥ 参见张晨颖:《损失视角下的垄断行为责任体系研究》,载《清华法学》2018年第5期。

特尔行为的规制,应坚持以竞争倡导为主要手段,引导市场主体合规经营,并通过完善卡特尔行为的反垄断法和刑法的协同规制,逐渐从行政责任过渡到刑事责任。①

总体而言,我国《反垄断法》已设置了垄断行为的刑事责任条款,但如何实施还充满不确定性。根据《刑法》的罪刑法定原则,何种垄断行为构成何种罪名以及应承担怎样的刑事责任等问题,仍需要明确规定。一方面,在经济危害性较严重和刑罚措施无可避免的情况下,立法者应当将该经济危害行为规定为犯罪。刑法规制的目的是将某些严重危害社会的行为规定为犯罪,从而运用刑罚追究其法律责任,实现社会矫正。由于民事、经济以及行政法律责任制度对垄断行为的规制效果可能不明显,甚至失灵,因此,刑法的介入就成为制度选择的必然。我国《反垄断法》确立刑事责任,具有创新性。② 另一方面,由于垄断行为是否应当入罪一直以来争议不断,学界尚未达成共识,立法上更缺少明确规定,因此,我国仍应秉持刑法谦抑的基本理念,对于实施垄断行为的经营者不宜贸然定罪,防止不当扩大刑法的适用范围。反垄断刑事责任必须保持在一定限度内,不同的法律责任之间应进行科学配置和有效衔接,发挥整体制度效能以达到法律制裁的最优效果。

① 参见蒋岩波、黄娟:《卡特尔行为反垄断法与刑法的协同规制》,载《江西社会科学》2020 年第 10 期。

② 参见胡学相、尹晓闻:《垄断行为刑法规制的法理分析》,载《广东社会科学》2016 年第 2 期。

第八章　附　则

第六十八条　知识产权与反垄断法

一、条文

第六十八条　经营者依照有关知识产权的法律、行政法规规定行使知识产权的行为，不适用本法；但是，经营者滥用知识产权，排除、限制竞争的行为，适用本法。

【条文主旨】本条规定了知识产权与反垄断法的关系。

二、立法理由

知识产权制度赋予权利人的专有权因其独占性而似乎与反垄断法相冲突，因为专有权使创新者免受某种形式的竞争，从而使他们能够在一段时间内以超竞争水平定价。然而，现在人们普遍认为，这一冲突并不存在，因为知识产权法与反垄断法都力求促进消费者福利、经济增长和创新。近几十年来，各个国家的反垄断执法机构都认识到行使知识产权的行为一般是有利于市场竞争的。知识产权法对具有创新性的技术方案、产品以及原创表达作品等进行赋权，能激励经营者不断创新、持续传播和商业化。如果脱离了知识产权制度的保护，竞争对手可能无偿利用发明者和投资者的努力成果，这会降低创新的商业价值，打击投资的积极性，最终损害市场竞争秩序和消费者利益。反垄断法并不干预依法行使知识产权的行为，因此，本条将依法行使知识产权的行为规定为反垄断法适用除外的范围。

但知识产权的行使是有边界的，知识产权在提供创新诱因的同时，应在不扭曲相关市场秩序的范围内正当行使。如果权利人滥用其知识产权，不合理地阻碍某些主体使用其知识产权或者在许可其知识产权时对被许可人施加不合理限制，便可能损害市场竞争，从而违反反垄断法。因此，本条在规定依法行使知识产权的行为不适用反垄断法的同时，强调滥用知识产权排除、限制竞争的行为，依然适用反垄断法。世界贸易组织《与贸易有关的知识产权协议》（TRIPs 协议）第 8 条为知识产权滥用的反垄断法规制提供了国际法上的依据，即“只要符合本协定的规定，必要时可以采取适当措施来防止知识产权持有人滥用知识产权或采取不正当地限制贸易或严重影响国际技术转让的做法”。其第 40 条第 2 款还规定：“本协定的任何规定均不得阻止各成员在其立法中明确规定在特定情况下可构成对知识产权的滥用并对相关市场中的竞争产生不利影响的许可活动或条件。一成员在与本协定其他规定相一致的条件下，可按照该成员的有关法律法规，采取适当的措施以防止或控制此类活动，包括诸如排他性返授条件、阻止对许可效力提出质疑的条件和强制性一揽子许可等。”

三、条文解读

知识产权是人们依法对自己的特定智力成果、商誉和其他特定相关客体享有的权利。[①] 这些客体包括：（1）作品；（2）发明、实用新型、外观设计；（3）商标；（4）地理标志；（5）商业秘密；（6）集成电路布图设计；（7）植物新品种等。我国已制定了《著作权法》《专利法》《商标法》等知识产权法律法规保护这些客体。根据本条规定，经营者依法行使知识产权的行为，不适用反垄断法。需要注意的是，此处的“依法”仅仅包括关于知识产权的法律和行政法规，不包括地方性法规、自治条例和单行条例、部门规章以及其他效力更低的规范性文件。而截至 2022 年，我国专门保护地理标志的最高层级立法《地理标志产品保护规定》《农产品地理标志管理办法》，以及专门保护商业秘密的最高层级立法《关于禁止侵犯商业秘密行为的若干规定》都是部门规章，依据这些规章行使知识产权的行为，依然适用反垄断法。但是与其他知识产权客体相比，地理标志和商业秘密并没有应降低法律对其保护的力度的特殊之处。为解决这一问题，我国仍须加强知识产权立法，制定保护地理标志和商业秘密的法律或行政法规，或者将本条规定中的法律、行政法规范围放宽到规章。

依法行使知识产权的行为不适用反垄断法，本质上是反垄断法不禁止垄断状

---

① 参见王迁：《知识产权法教程》（第 7 版），中国人民大学出版社 2021 年版，第 3 页。

态。虽然“知识产权是一种合法的垄断权”这一命题早已被广泛接受,但实际上,知识产权所蕴含的“垄断”与反垄断法中的“垄断”并不完全等同。知识产权的“垄断”主要是指知识产权的专有性或者说排他性,即权利人对于其知识产权享有许可、使用等专有权利,在知识产权的有效期内,未经权利人许可,他人不得擅自使用该知识产权。知识产权是现代社会最重要的市场竞争工具之一,它可以为权利人带来巨大的市场竞争优势。在竞争优势逐渐转化为经济优势并不断积累的过程中,知识产权的专有性便转化为权利人所拥有的市场力量,当市场力量足够大时,便形成了垄断地位。无论是知识产权的专有性,还是通过知识产权形成的垄断地位,都是一种垄断状态,垄断状态一般是反垄断法所容许的,而反垄断法主要关注的是垄断行为。

反垄断法所关注的知识产权“垄断”,是不当行使知识产权损害市场竞争的垄断行为。以专利权为例,一方面,专利权的存在便可能成为限制竞争的手段,如专利丛林(patent thicket)问题。在技术密集型行业,围绕某一技术可能存在大量的专利,形成了一个由专利构成的丛林,一个企业要想将该领域的一项新技术投入商业化使用,必须在专利丛林中“披荆斩棘”,付出大量的许可成本,竞争便由此被延缓了。另一方面,恶意利用专利权的行为也可能对竞争造成损害。如专利埋伏问题,标准制定组织的成员在参与标准制定时隐瞒其已拥有或正在申请的与该标准相关的专利信息,当该专利被纳入标准并广泛使用后,专利权人再向实施该标准的企业主张高额专利许可使用费。当行使知识产权的行为以这些方式损害竞争时,便受到反垄断法的约束。

法律上一般将不当行使知识产权的行为称为“知识产权滥用”。“权利不得滥用原则”源于民法,是指民事主体从事民事活动应当遵循诚实信用原则,不得损害他人利益和社会公共利益。知识产权滥用则是指权利人不恰当地行使知识产权,超越了知识产权法所规定的权利边界,损害了他人利益或社会公共利益。一般而言,知识产权滥用意味着权利人本身拥有合法的知识产权,但是有学者将不正当获得的专利权、商标权等知识产权这种表面上的“权利”或者根本就不应获得的“权利”行使行为也称为知识产权滥用。① 知识产权滥用经常表现为拒绝许可、独家许可、差异化许可、搭售、不争执条款、回馈授权、标准专利滥用、专利联营和著作权集体管理中的

---

① 参见李浩成、王立武:《欧、美、日知识产权滥用反垄断立法规制比较与借鉴》,载《山东社会科学》2015 年第 6 期。

滥用行为以及知识产权许可中的价格限制、数量限制、区域限制、商标使用限制等。①根据知识产权滥用所违背的法律性质,可以将其分为3个层面:一是单纯违反知识产权法的滥用行为;二是构成不正当竞争的滥用行为;三是构成非法垄断的滥用行为。也就是说,知识产权滥用是知识产权领域反垄断法规制的必要不充分条件,在知识产权领域受反垄断法规制的行为必然存在知识产权滥用,但知识产权滥用并不必然受反垄断法规制,一些知识产权滥用行为可能只会受知识产权法、民法的调整。

在第一个层面中,知识产权法为了防止权利人滥用知识产权阻碍市场竞争、损害社会公共利益,本身也构建了一些防止权利滥用的机制,如专利权用尽规则和强制许可制度。专利权用尽规则是指,对于经专利权人许可或以其他合法方式进入市场的专利产品,他人在合法获得之后无须经过专利权人许可,就可以实施产品的使用、销售等行为。我国《专利法》还规定了两种防止权利滥用的专利强制许可制度:一是专利权人不积极实施专利的情形,如果专利权人不实施其专利,社会便无法从中受益,授予其专利权的价值便不复存在;二是专利权人行使专利权的行为被认定为垄断行为的情形,为消除或者减少垄断行为对竞争的不利影响,有实施条件的主体便可对该专利权申请强制许可,这一规定实现了专利法与反垄断法之间的衔接。尽管知识产权法也作出了努力,但其毕竟属于私法的范畴,当滥用知识产权的行为危及自由公平的市场竞争秩序时,知识产权法便难以给予充分救济,这就需要反垄断法的介入和规制,以恢复和保护市场竞争。换言之,知识产权法主要运用私法的方法关注竞争价值,而反垄断法则主要以公法的方法来介入和调整知识产权领域的竞争关系,以维护市场交易的整体秩序,保护消费者的长远利益,促进经济发展。②

四、学术讨论

(一)反垄断法规制知识产权滥用的基本原则

1.利益平衡原则

反垄断法规制知识产权滥用时,要对所涉及的各方面利益予以协调和平衡:

第一,要平衡私人利益与公共利益。首先,要保护权利人的利益。只有充分保护权利人的私人利益,使其能够从自己的智力成果中获得经济回报,才能激励创新、促进发明成果的推广和应用、推动技术进步和标准制定。其次,要保护被许可人的

---

① 详细论述可参见宁立志:《专利的竞争法规制研究》,中国人民大学出版社2021年版。

② 参见刘俊敏:《知识产权领域中反竞争行为的法律规制》,载《理论探索》2006年第5期。

利益。知识产权的价值只有在许可和使用的过程中才能释放,只有保障被许可人能够以合理的条件获得许可,才能促进知识产权的使用,提高生产效率和经济效益。最后,要保护社会公共利益。保护知识产权的根本目的是提高社会福利,而知识产权滥用会导致产品价格上涨、消费者选择减少等,严重损害社会公共利益,反垄断法规制知识产权滥用对于保护社会公共利益尤为重要。

第二,要平衡动态竞争与静态竞争。静态竞争是经济学所假设的一种状态,即所有企业都拥有相同的技术和相同的商业模式,他们在向市场提供同一产品时,主要通过降低价格来获得竞争优势。动态竞争则强调创新对竞争的影响,因为创新可以促进新产品和新工艺的诞生,随之而来的便是产品大幅度降价,这样的竞争既提高了生产效率,也提高了消费者福利,但促进动态竞争很可能意味着需要放弃短期内的价格竞争。例如,各国对于仿制药的态度便是在静态竞争和动态竞争之间进行权衡,仿制药虽然可以降低现有药物的价格,但是可能会延缓新药的开发。① 传统竞争理论侧重于分析相关市场在某一时间点内的竞争状况,尤其是价格方面的竞争,偏重于维护静态竞争。而知识产权法以促进创新为己任,允许权利人对知识产品收取垄断价格,偏重于维护动态竞争。在知识产权滥用的反垄断规制过程中,要充分协调动态竞争利益与静态竞争利益。

第三,要平衡产业政策与竞争政策。产业政策是国家根据国民经济发展情况,为优化产业结构、促进产业发展,调整供给结构和总量所采取的政策、措施的总和。在立法层面,知识产权制度的法律规范表达了一国产业政策的目的,反映了一定时期产业界的利益诉求;在行政执法和司法层面,知识产权制度的运用则落实了产业政策目标,形成与产业发展的互动。② 竞争政策是国家为保护和促进竞争而实施的一项基本经济政策,国家通过实施竞争政策来维持市场机制正常运转,其核心是反垄断法。当产业政策与竞争政策出现冲突时,理论界普遍认为应遵循竞争政策优先于产业政策的原则。知识产权制度实质上是国家对科技创新等产业的扶植政策,而知识产权滥用的反垄断规制便是协调产业政策与竞争政策,但优先实施竞争政策的表现。

2. 合理原则

合理原则和本身违法原则是处理反垄断案件的两个基本工具,它们是体现特定

---

① See J. Gregory Sidak & David J. Teece, *Dynamic Competition in Antirust Law*, 5 Journal of Competition Law & Economics 581 (2009).

② 参见张平:《论知识产权制度的"产业政策原则"》,载《北京大学学报(哲学社会科学版)》2012 年第 3 期。

时期知识产权滥用研究主流价值的“晴雨表”。[①] 换言之,两种原则在知识产权领域垄断认定中此消彼长的适用程度和水平,反映了一定时期国家对知识产权保护与反垄断、产业政策与竞争政策关系的调节尺度。

本身违法原则是指,对于市场上某些类型的反竞争行为(操纵价格、限产限售、划分市场等),无论其产生的原因和具体效果,只要确认其行为存在或认定其行为构成,便可判定其违反反垄断法。合理原则是指,经营者实施的某些反竞争行为不被视为必然非法,它要求对经营者行为本身及其相关因素进行利弊和合理性分析,最终从实质上判断其是否具有损害有效竞争的效果。目前,合理原则已经成为各个国家或地区反垄断法普遍采用的原则,它是反垄断法基本价值目标——经济效率的集中体现,能对变动不居的经济世界与不断更新的经济理念作及时的回应。[②] 而且合理原则能够周全地照顾到诸多不同利益,使反垄断分析判定更具恰当性。事实上,反垄断法对一种竞争行为予以关注,核心任务就是考量行为的利弊,个中所秉持的依据有经济效率、消费者利益、科技进步与创新、环境保护、国家战略安全等因素。

根据合理原则,在知识产权滥用的反垄断规制中,对市场支配地位的评估必须以个案为基础,而不能因经营者拥有知识产权而推定其拥有市场支配地位。在评估竞争效应时,反垄断执法机构应当衡量知识产权行使对于竞争的促进效果和反竞争效果。如果该行为可以促进创新与提高效率,在合理商业选择的范围内该行为相较于其他行为的反竞争效果更小,同时不会对市场竞争及其他经营者的创新造成严重影响,消费者可以分享该项利益,则可认定该行为对竞争的积极影响大于反竞争效果,这样的行为就是反垄断法所允许的。

(二)应否删除本条规定

本条规定将行使知识产权的行为分为依法行使知识产权的行为和滥用知识产权排除、限制竞争的行为,但这种界分是一种较理想化的假设,这两种行为实际上并没有清晰的界限。一般认为,知识产权滥用在于行使知识产权的行为超越了知识产权的权利范围,但知识产权的权利范围本身就是相对模糊的,知识产权客体的无形性特点使权利边界更加模糊。因此,在某些情况下,很难说一个行为是依法行使知识产权的行为,还是滥用知识产权排除、限制竞争的行为。最典型的就是知识产权许可中的不公平高价行为,具有市场支配地位的经营者利用其支配地位,将商品价

---

① 参见张冬:《解析美国滥用专利权认定的发展原则》,载《知识产权》2008年第4期。

② United States v. Microsoft Corp., 147 F. 3d 935947 - 51(D. C. Cir. 1998).

格确定为正常竞争情况下无法达到的高价。我国《反垄断法》第 22 条明确禁止不公平高价行为,但知识产权法允许权利人就其创新成果收取尽可能高的价格,从而实现补偿创新投入和激励创新的目的。从实践情况来看,当权利人对其知识产权收取过高的价格时,很有可能被认定为违反反垄断法的不公平高价行为。例如,2015 年国家发展和改革委员会就认定高通公司滥用其在无线标准必要专利许可市场中的支配地位,收取不公平的高价专利许可费。[①] 又如,在华为诉交互数字技术公司滥用市场支配地位案中,深圳市中级人民法院和广东省高级人民法院均认定,交互数字就涉案必要专利许可对华为公司的报价,构成不公平的过高定价。[②] 此外,权利人为保护知识产权而依法提起诉讼或申请禁令的行为,也可能违反反垄断法。例如,在摩托罗拉案[③]、三星案[④]和华为诉中兴案[⑤]中,欧盟委员会均认为,专利权人在某些情况下寻求禁令救济将扭曲许可谈判,违反《欧盟运行条约》第 102 条的规定,构成滥用支配地位的行为。

因此,有学者认为,知识产权保护不能排斥反垄断法的适用,依法行使知识产权的行为是否违反反垄断法,要根据合理原则进行具体分析,建议我国《反垄断法》删除本条规定,并在知识产权反垄断相关的部门规章或指南中对这一问题予以明确阐述。[⑥] 这一观点有一定的道理,但笔者认为,我国《反垄断法》仍应保留这一条文,理由如下:第一,尽管依法行使知识产权的行为与滥用知识产权排除、限制竞争的行为之间没有清晰的界限,但在多数情况下仍然是可以区分这两种行为的,不能因为少数情况下难以区分而否定多数情况;第二,正是因为某些依法行使知识产权的行为与滥用知识产权排除、限制竞争的行为没有清晰的界限,《反垄断法》才更有必要作出此类宣示性的规定,引导经营者依法行使知识产权,防止权利滥用;第三,本条规定为知识产权反垄断相关的下位规范性文件提供了直接的上位法依据,也为知识产权领域的反垄断行政执法和司法提供了可以直接适用的法律条文,删除本条规定难

---

① 高通公司滥用市场支配地位案,国家发展和改革委员会发改办价监处罚〔2015〕1 号行政处罚决定书。

② 华为诉交互数字技术公司滥用市场支配地位案,广东省深圳市中级人民法院(2011)深中法知民初字第 858 号民事判决书、广东省高级人民法院(2013)粤高法民三终字第 306 号民事判决书。

③ Case AT. 39985—Motorola GRPS Standard 2014 O. J. C344.

④ Case AT. 39939 — Samsung C(2014) 2891.

⑤ Case C – 170/13 Huawei Technologies Co. Ltd. v. ZTE Corp. and ZTE Deutschland GmbH ECLI: EU:C:2015:477.

⑥ 参见王晓晔:《〈反垄断法(修正草案)〉的评析》,载《当代法学》2022 年第 3 期。

免会给反垄断立法、执法、司法带来一些困惑；第四，明确规定反垄断法与知识产权法的关系并非我国《反垄断法》独有的做法，其他国家也存在类似的规定，如日本《禁止垄断法》第21条规定："本法的规定不适用于根据版权法、专利法、实用新型法、外观设计法或商标法被视为行使权利的行为。"

第六十九条　农业适用除外制度

一、条文

第六十九条　农业生产者及农村经济组织在农产品生产、加工、销售、运输、储存等经营活动中实施的联合或者协同行为，不适用本法。

【条文主旨】本条规定了反垄断法农业适用除外制度。

二、立法理由

在当代社会经济运行过程中，经营者的市场活动同时受到政府产业政策与竞争政策的影响，而反垄断法通常是一国竞争政策最为集中、典型的制度体现。与竞争政策强调间接、中立地维持市场竞争秩序相比，产业政策通常会使用更直接、刚性的干预手段，如对经营者实施财政补贴、采取强制性的管制、操纵或强令经营者实施特定经济行为等。一般认为，应当重视发挥竞争政策的基础性地位，优先实施以反垄断法为代表的竞争政策，产业政策原则上不应干扰竞争政策的实施。但是，在一些涉及自然垄断、公共服务、国家利益的特殊经济领域，市场失灵体现得更明显，仅消极地维持市场竞争秩序难以实现政府的公共意志，有必要实施对市场干预力度更强的一系列产业管制、产业扶持措施。此时，就有必要以反垄断法适用除外制度的形式，限缩反垄断法的调整范围，为产业政策的适用预留更多制度空间。[①] 这"既是对反垄断法价值目标的合理背离，又是对反垄断法局限的克服"。[②]

在不同国家，反垄断法适用除外制度所适用的产业范围有较大不同，但针对农业的适用除外制度是全球范围内反垄断法最普遍、最常见的一类制度设计。[③] 这是

---

① 参见刘桂清：《反垄断法中的产业政策与竞争政策》，北京大学出版社2010年版，第60页。

② 种明钊主编：《竞争法》（第2版），法律出版社2008年版，第236页。

③ United Nations, *Application of Competition Law: Exemptions and Exceptions*, UNCTAD/DITC/CLP/Misc. 25, 2002.

因为,在较多国家,农业生产经营活动都存在以下值得关注的公共问题:①第一,农产品本身和农产品的市场交易都具有一定的公共物品性质,故而保证其稳定供应在社会民生和国家安全层面具有重要意义;第二,农业生产经营活动具有显著的脆弱性,抗拒自然灾害和市场风险的能力较低,有必要由国家给予一定的政策扶持;第三,在农业生产经营活动中,无论是作为农业生产者的农民,还是作为农产品消费者的社会大众,都是典型的社会弱势群体,前者亟待改变其经济上的弱势地位,后者则对农产品有与生俱来的依赖且多数对农产品供应的价格、质量和数量都极具敏感性。在人口众多的中国,上述问题体现得更集中和具有典型性。面对这些问题,仅靠反垄断法的实施难以有所作为;另外,反垄断执法活动反而有可能对冲、消解一些强力的农业干预政策。所以,基于促进农业产业发展、倾斜性保护农业生产者和消费者、维护国家农业安全等综合性考虑,《反垄断法》第69条将一些特定的农业市场主体和行为排除在该法调整范围外。

三、条文解读

根据第69条的规定,只有在农业生产经营活动同时符合客体范围、主体范围和行为范围规定的情形下,才不适用《反垄断法》。所谓客体范围,是指农业领域有关"农产品生产、加工、销售、运输、储存等经营活动";所谓主体范围,是指"农业生产者及农村经济组织";所谓行为范围,是指"联合或者协同行为"。

(一)关于"农业""农产品"

根据2017年10月1日实施的《国民经济行业分类》最新标准(GB/T4754－2017),"农业"主要包含5大核心领域:一是利用土地资源进行种植生产的种植业;二是利用土地上水域空间进行水产养殖的渔业;三是利用土地资源培育采伐林木的林业;四是利用土地资源培育或者直接利用草地发展畜牧的畜牧业;五是对种植业、渔业、林业和畜牧业的生产经营活动提供服务,或对其农产品进行小规模加工或制作的副业。② 而依照《中华人民共和国农业法》(以下简称《农业法》)第2条第3款的规定:"本法所称农业,是指种植业、林业、畜牧业和渔业",不包含副业。从法律位阶而言,《农业法》的效力显然高于国民经济行业分类标准,应以《农业法》的规定为最优先依据。但是,《反垄断法》第69条还明确规定了有关农产品的"生产、加工、销

---

① 参见邱隽思:《反垄断法农业适用除外制度研究》,中南财经政法大学2020年博士学位论文,第15～16页。

② 参见邱隽思:《反垄断法农业适用除外制度研究》,知识产权出版社2022年版,第41～42页。

售、运输、储存"均属于适用除外的客体范畴,这便间接将副业的范围再次纳入适用除外范围。故而,本条规定的"农业"范围,实际上仍然全面包含种、林、牧、渔、副5大领域。

至于"农产品"的范围,我国《农产品质量安全法》第2条第1款规定:"本法所称农产品,是指来源于种植业、林业、畜牧业和渔业等的初级产品,即在农业活动中获得的植物、动物、微生物及其产品。"综合该规定与上文"农业"的界定来看,《反垄断法》第69条规定的所谓"农产品"主要是基于农业生产活动所获得的直接产品,以及此类产品经过副业的初级加工环节获得的产品;此处所谓"初级加工",是指针对农产品的挑选、分类、屠宰等初级、简单的加工行为所获得的产品,而不包含对农产品进行深度加工所形成的产品,如馒头、饼干、香肠等,深度加工所形成的产品属于食品生产经营活动的范畴,不具有反垄断法适用除外资格。

(二)关于"农业生产者及农村经济组织"

《反垄断法》第69条并未将农业生产活动的所有主体均纳入适用除外范畴,而仅限于"农业生产者"和"农村经济组织"。

首先,关于"农业生产者",它仅指实际从事农业生产活动,并直接对农业生产的利益和风险承担后果的自然人。① 这一概念与我国户籍意义上的"农民"既有联系,又有区别。现实中,我国存在一部分已经脱离了农业生产活动,但依然保持农民户籍身份的自然人,农民不再必然是农产品生产经营活动的承担者,②此类农民显然不属于反垄断法适用除外制度的主体范围。

其次,关于"农村经济组织",它主要是指农业生产者的各类联合组织,以及依托于农业生产经营活动或农村生活环境,由农业生产者联合组成,或虽并非农业生产者联合组成,但基于组织的性质,当然地代表农业生产者集体利益的经济组织。现实中,农村经济组织主要包含如下两类:一是在我国天然地代表农业生产者集体利益需求的基层组织或其他经济组织,如农村集体经济组织、村民小组、农村基层群众性自治组织等;二是由农民、农户、农村集体经济组织出资设立或联合设立,从事农业生产经营活动的各类经济组织,如乡镇企业、乡村集体所有制企业、农民专业合作社等。

---

① 参见邱隽思、段宏磊:《中国农业反垄断执法的省思与改进——基于对〈反垄断法〉第56条的再审视》,载《学习与实践》2019年第1期。

② 参见李亮国、王艳林:《农业在反垄断法中的适用除外研究(上)——中国反垄断法第五十六条之解释》,载《河南省政法管理干部学院学报》2008年第4期。

（三）关于“联合或者协同行为”

并非农业生产者及农村经济组织的所有竞争行为都不适用《反垄断法》，而是仅限于“联合或者协同行为”。此处的“联合或者协同行为”专指农业生产者和农村经济组织缔结的可能排除、限制竞争的垄断协议，不包含滥用市场支配地位或经营者集中。《反垄断法》第16条规定：“本法所称垄断协议，是指排除、限制竞争的协议、决定或者其他协同行为。”由此可知，在《反垄断法》的语境中，“协同行为”通常指代垄断协议，而“联合”一词更表明，是多个经营者共同实施的行为，以单一经营者为主体实施的滥用市场支配地位行为显然不属于“联合或者协同行为”的范畴，不属于适用除外范围。至于经营者集中，依照《反垄断法》第4章的相关规定，只有集中达到一定规模标准，有排除、限制竞争的风险时，方有必要予以审查，而反垄断法中农业适用除外制度主要立足于对处于弱势地位的农业生产者的保护。现实中，农业生产者和农村经济组织的集中行为极难达到申报和审查标准，若有少数大规模的经营者达到了标准，则意味着此类经营者已不符合“农业弱势群体”的假设，自没有必要将其再纳入适用除外范围。所以《反垄断法》第69条规定的“联合”，仅指不同农业生产者和农村经济组织之间主观意思或经营行为的联合，如开展联合经营、缔结协议、达成一致行动等，而不包含经营者集中意义上的“联合”。

四、学术讨论

（一）关于一系列涉农经济组织的适用除外主体资格问题

现实中，我国存在一系列经济组织，其生产经营活动与农业具有一定的关联性，名称中也常包含“农”字，但在性质上并不符合农业生产者联合组织的身份，其是否应当被纳入反垄断法适用除外范围，存在较大分歧。

一般认为，反垄断法农业适用除外制度的主体范围应当主要集中于农业生产经营活动的“上游”，即真实从事农业生产活动，并承担与之相关的收益和风险的主体。从事农产品批发、零售等环节的下游农产品流通商不能纳入适用除外范围是因为：农业生产经营活动具有典型的“上弱下强”特征。上游农业生产者的组织化程度较低，呈现出碎片化的结构性特征；而下游从事农产品批发、零售的经营者组织化程度较高，具有一定程度的区域垄断特征。这一现象是由两方面的因素造成的：其一，农业生产和经营过程具有脆弱性。农产品鲜活易腐，抗拒自然灾害或市场风险的能力较低，具有很强的时效性和地域性特征，农业生产者为了保证农产品的适销，对流通渠道依赖性极强，下游流通渠道的经营者极容易利用这一“瓶颈”地位对上游农业生产者进行盘剥。其二，与下游经营者相比，依托于家庭联产承包责任制的中国农业生产以农户为单位,规模小、集约化程度低、组织化程度低,易受下游流通渠道经营者的盘剥。[①] 赋予农产品下游经营者适用除外主体地位,不符合反垄断法农业适用除外制度的立法目的。域外欧、美、日等存在反垄断法农业适用除外制度立法的国家或地区,也不约而同地将适用除外主体资格主要赋予上游农业生产者及其联合组织。[②]

我国《反垄断法》第 69 条将适用除外制度的主体范围限于"农业生产者及农村经济组织",其实质亦是限于上游主体。本条虽然将农产品的"加工、销售、运输、储存"等下游流通行为亦归入适用除外的客体范围,但此类行为必须是由上游农业生产者及农村经济组织实施方可。换言之,《反垄断法》第 69 条旨在鼓励上游农业生产者"向下延伸",激励其自主开发农产品经销链条,保证农产品销售渠道的通畅,减少分销环节,这样能减少经销渠道经营者对农业生产者的层层价格盘剥,但并不鼓励下游农产品流通商"向上延伸"。

实践中,基于对"农村经济组织"一词具体范围认识的不同,一些非属于上游弱势群体的农业经营者亦有可能错误地被纳入适用除外范围。有学者曾系统梳理了中国社会经济运作中的一些常见的涉农经济组织,认为一些名称中包含"三农"字样,但并不实际参与农业生产活动的经济组织,如中国农业发展银行、中国农业银行、农村商业银行、村镇银行等,以及虽然参与农业生产,但不属于农业生产者的联合组织,也不具有弱势地位的国有农场、国营农场等,均不适宜纳入适用除外主体范围。除此之外,一些现实中由农业生产者适度参与,但在实际运作中,则需要具体情

---

① 参见段宏磊:《农产品流通竞争环境的现状审视与反垄断法规制改进》,载《法学论坛》2019 年第 2 期。

② 欧盟委员会发布的《关于处理农业领域协议的 26 号法规》规定,只有农业生产者及其协会的生产、销售、贮藏、处理或加工行为,才属于适用除外范畴,而不包含下游农产品经销商。See Arie Reich, *The Agricultural Exemption in Antitrust Law: A Comparative Look at the Political Economy of Market Regulation*, 42 Texas International Law Journal 843 (2007). 美国 1922 年《凯普沃斯蒂德法》(Capper-Volstead Act)规定,享有反垄断法适用除外资格的农业法律主体仅局限于由农业生产者组成的非营利的互助联合组织,且为保证联合会的上述性质,《凯普沃斯蒂德法》设置了著名的"一人一票"标准和"回报率 8%"标准,即参与联合的农业生产者成员均不得因为其投资比例而拥有超过一票的投票权或超过 8% 的投资年回报率,这两大标准可以使农业生产者联合会有效地抵抗来自大股东资本的侵袭。See Donald A. Frederick, *Antitrust Status of Farmer Cooperatives: The Story of the Capper-Volstead Act*, 59 Cooperative Information Report 9 (2002). 日本《禁止私人垄断和确保公平交易法》仅赋予由农民组成的合作社及其联合社适用除外主体地位,这些组织需符合下列要求:满足农民的互助性目的;社员自由加入或退出、彼此享有平等表决权;社员的利益分配受到各项法规和合作社章程的限制。See Iwakazu TAKAHASHI, Anti-Monopoly Act Exemptions in Japan, August 8, 2003, The Specific Workshop between the Drafting Committee on Competition Law of Vietnam and the Japan Fair Trade Commission.

况具体分析。如果此类组织的成员资格、运作目的、内部结构等表明其不符合“农业生产者的联合组织”的性质，则应当排除在反垄断法适用除外制度的主体范围外。[①]对待反垄断法农业适用除外的主体范围，不能仅凭各类经济组织宣称的外观草率判断，而应当深入各类经济组织的具体组织活动和运行环节中，根据实际情况相机判断。

（二）关于农业反垄断执法面临的现状和问题

实践中，并不存在司法解释或实施细则对《反垄断法》第69条的适用范围予以明晰，执法机构在实践中更倾向于作扩张解释，即宽泛地将其理解为“农业不反垄断”。这导致一些农产品流通领域经销商的垄断行为在现实中难以受到及时、妥当的查处。换言之，本条在实践中并未对农业生产经营活动的上下游经营者作精准区分，下游农产品经销商在一定程度上攫取了不合理的适用除外地位，导致农产品经销环节的垄断行为欠缺制度威慑。农业领域成为反垄断执法的“盲区”。[②] 在中国，农产品经销渠道的垄断现象主要体现在如下几个方面：[③]

1. 农产品价格垄断协议。农产品经销商会利用农业生产者和供货方对经销渠道的依赖性，彼此达成有关农产品价格方面的垄断协议。比如，在2013年11月，某地生姜批发商即通过价格垄断协议攫取垄断利润，从而导致生姜价格暴涨，出现了被网民戏谑的“姜你军”现象。[④]

2. 农产品经销商滥用市场支配地位。农业生产者多对当地农贸市场、农产品批发市场、超市等供销渠道具有较高的依赖性。部分农产品经销商会利用其市场支配地位，与农业生产者达成独家供货协议，以排斥其他竞争对手；或者通过强立名目，要求农产品供货方缴纳摊位费、上架费、服务费等，这些费用会最终摊入消费者支付的价格中，造成农产品价格水平的上涨。[⑤]

3. 农产品供销渠道的行政性垄断。为了加强对食品安全的监管，地方政府多通

---

① 参见邱隽思：《反垄断法农业适用除外制度研究》，中南财经政法大学2020年博士学位论文，第62～85页。

② 参见陈兵：《我国农业利益的竞争法保护路径探析——兼谈反垄断法农业适用除外制度之改进》，载《学术论坛》2013年第6期。

③ 参见段宏磊、邱隽思：《〈反垄断法〉中农业适用除外条款的审视与修正》，载宁立志主编：《知识产权与市场竞争研究》，社会科学文献出版社2020年版。

④ 参见于左：《中国农产品价格过快上涨的垄断因素与公共政策》，载《中国价格监管与反垄断》2014年第5期。

⑤ 参见于左：《中国农产品价格过快上涨的垄断因素与公共政策》，载《中国价格监管与反垄断》2014年第5期。

过集中管理的形式组织农产品批发市场、农贸市场等。农产品的生产者和供货方为了利用这一供销渠道,可能不得不缴纳超出行政监管要求的不必要的管理费用,这类管理机制具有较强的滥用行政权力排除、限制竞争行为的嫌疑。

针对上述明显对农产品流通市场具有排除、限制竞争影响的行为,现实中却很少与此相关的反垄断执法。实践中,当农产品流通领域的垄断行为对农产品价格产生较严重的负面影响时,执法机构会采取"向价格法逃逸"形式的执法,即以涉案行为违反《价格法》第 14 条关于哄抬价格、串通涨价等的规定为由予以查处,①在查处依据上回避涉案行为与《反垄断法》之间的关系。比如,在 2010 年 7 月 1 日,国家发展和改革委员会曾联合商务部、原国家工商行政管理总局召开新闻发布会,集中通报了 4 起典型农产品价格违法案件。在这 4 起案件中,有 2 起属于典型的农产品价格垄断协议;有 1 起则属于农产品流通商滥用市场支配地位实施垄断高价;仅 1 起为与《反垄断法》完全无关的价格违法行为。但在查处依据上,这 4 起案件都仅依据《价格法》和《价格违法行为行政处罚规定》的规定,完全未提及《反垄断法》。②

针对农产品流通领域的反垄断执法有启动的迹象,2022 年 5 月 27 日,江苏省市场监督管理局即针对射阳大米协会组织缔结价格垄断协议的行为开具了 40 万元罚单。在本案中,射阳大米协会是本地从事大米经销活动的经营者的行业协会,该协会以组织通过和监督实施自律公约的形式,协调统一本地的大米价格。本案较罕见地直接援引《反垄断法》作出行政处罚决定,未"向价格法逃逸",故而,本案被冠以"粮食行业垄断协议第一案"之称。③

---

① 《价格法》第 14 条规定:"经营者不得有下列不正当价格行为:(一)相互串通,操纵市场价格,损害其他经营者或者消费者的合法权益;(二)在依法降价处理鲜活商品、季节性商品、积压商品等商品外,为了排挤竞争对手或者独占市场,以低于成本的价格倾销,扰乱正常的生产经营秩序,损害国家利益或者其他经营者的合法权益;(三)捏造、散布涨价信息,哄抬价格,推动商品价格过高上涨的;(四)利用虚假的或者使人误解的价格手段,诱骗消费者或者其他经营者与其进行交易;(五)提供相同商品或者服务,对具有同等交易条件的其他经营者实行价格歧视;(六)采取抬高等级或者压低等级等手段收购、销售商品或者提供服务,变相提高或者压低价格;(七)违反法律、法规的规定牟取暴利;(八)法律、行政法规禁止的其他不正当价格行为。"

② 参见国家发改委:《国家发展改革委、商务部、国家工商总局有关负责人就加强农产品市场监管工作答记者问》,载中华人民共和国国家发展和改革委员会网 2010 年 7 月 1 日,https://wwwndre.eoven/xxek/id/id/201007/201007011183105.html。

③ 参见国家市场监管总局:《粮食行业垄断协议第一案!射阳大米协会组织会员单位统一大米价格被罚 40 万元》,载微信公众号"反垄断实务评论"2022 年 6 月 21 日,https://mp.weixin.qq.com/s/YZW-qlvISJB2Kqz1I38TyQ。

（三）关于本规定是否有必要修正的学术探讨

本条源于2007年《反垄断法》第56条，2020～2022年《反垄断法》审议期间，本条内容在数次修订草案版本中均未有任何修改，最终得以完全保留为如今的第69条。结合上文所分析的本条在理解与实施过程中存在的问题，本条所使用的“农村经济组织”“联合或者协同行为”等用语的具体外延不清晰，这导致反垄断法农业适用除外制度被不合理地扩张适用，使一些并非弱势也非属上游农业生产领域的经营者在反垄断执法中得到豁免，这是不妥当的。故而，有学者曾在《反垄断法》修正期间，提出了针对本条的修订建议，认为应将本条调整为如下两款内容：①

农业生产者及其联合组织在农产品生产、加工、销售、运输、储存等经营活动中达成的垄断协议，不适用本法。

本法所称农业生产者联合组织，是指在农村家庭承包经营的基础上，由农业生产者自愿联合、民主管理，以解决农业生产经营互助性需求为主要目的的经济组织，如农村集体经济组织、农民专业合作社等。

在上述修订建议中，一方面，第69条中的“农业生产者及农村经济组织”被修正为“农业生产者及其联合组织”，并单设第2款对农业生产者联合组织进行了内涵界定，将其明确为代表上游农业生产者集体利益的经济组织，这就消除了农产品经销商攫取反垄断法适用除外资格的担忧；另一方面，第69条中“联合或者协同行为”则被修正为“垄断协议”，使豁免对象范围更为明确，防止其在适用中被不合理地扩张。

第七十条　生效时间

一、条文

第七十条　本法自2008年8月1日起施行。

【条文主旨】本条规定了本法的生效时间。

二、立法理由

《立法法》第57条规定：“法律应当明确规定施行日期。”法律施行日期的确定，标志着该法律自施行日期起正式生效，开始发挥其规范调整作用。实践中，我国法律施行日期的规定主要有3种形式：一是自公布之日起施行；二是公布后经过一段

① 参见段宏磊、邱隽思：《〈反垄断法〉中农业适用除外条款的审视与修正》，载《知识产权与市场竞争研究》2020年第1期。

时间再施行;三是满足一定条件后施行。[①] 2007 年《反垄断法》有关施行日期的规定采取上述第 2 种形式,该法于 2007 年 8 月 30 日第十届全国人民代表大会常务委员会第二十九次会议通过,2008 年 8 月 1 日起施行。之所以规定接近 1 年的准备时间,主要是考虑到:一方面,《反垄断法》的专业性和技术性较强,需要研究制定一系列可操作的配套规定,以保证《反垄断法》的正确实施。另一方面,《反垄断法》具有较强的政策性和专业性,需要经过广泛宣传和培训,使执法机构和市场主体充分理解《反垄断法》的规定和立法意图,便于在实践中更好地执行。[②]

根据法律修改内容的多少,我国法律的修改主要有修正和修订这两种形式。[③] 如果法律修改幅度不大,也不涉及主要制度修改的,一般采用修正的形式。在此形式下,立法机关需要发布相关修改决定,具体列举修改的内容。如 2022 年 6 月 24 日第十三届全国人民代表大会常务委员会第三十五次会议通过的《关于修改〈中华人民共和国反垄断法〉的决定》,对 2007 年《反垄断法》的部分条款进行了修改。与修正是部分修改不同,修订是对法律进行全面的修改。在此形式下,立法机关仅需公布修订后的整个法律文本,而无须公布具体列举修改内容的修改决定。如 2017 年 11 月 4 日第十二届全国人民代表大会常务委员会第三十次会议修订通过新的《反不正当竞争法》,对 1993 年《反不正当竞争法》进行了全面修改。修正和修订的区别之一在于对法律施行日期的影响不同。采用修正的形式修改法律后,由于只涉及部分条文的修改,一般不改变法律的施行日期,只在通过的修改决定中规定修改决定的施行日期,该施行日期仅对修改的部分适用,未修改的部分仍然适用法律规定的施行日期。[④] 而采用修订的形式修改法律后,由于修改的内容较多,法律的施行日期需要重新规定。2022 年修改《反垄断法》采用修正的形式,因此有关施行日期的规定只是条文顺序发生变化,即由 2007 年《反垄断法》第 57 条调整为 2022 年《反垄断法》第 70 条,条文内容并无变化。

三、条文解读

《反垄断法》正式施行 10 多年以来,我国社会主义市场经济蓬勃发展。相较于

---

① 参见吴振国:《〈中华人民共和国反垄断法〉解读》,人民法院出版社 2007 年版,第 692 ~ 693 页。

② 参见全国人大常委会法制工作委员会经济法室编:《〈中华人民共和国反垄断法〉条文说明、立法理由及相关规定》,北京大学出版社 2007 年版,第 355 页。

③ 参见吴恩玉:《修正与修订的界分及相关法律适用问题》,载《人大研究》2010 年第 1 期。

④ 参见全国人大常委会法制工作委员会国家法室编著:《中华人民共和国立法法释义》,法律出版社 2015 年版,第 179 页。

《反垄断法》施行前,保护自由、公平的市场竞争如今已“深入人心”。再加上2022年修改《反垄断法》采用修正的形式,相关修改内容经过多轮讨论已基本达成共识,因此2022年《反垄断法》并未规定较长的施行准备时间:第十三届全国人民代表大会常务委员会第三十五次会议于2022年6月24日作出《关于修改〈中华人民共和国反垄断法〉的决定》,该决定于2022年8月1日起施行。2022年《反垄断法》正式施行后需要解决的一个突出问题就是相关法律责任修改后,新旧法如何衔接适用。

(一)关于法律责任的修改情况

2022年《反垄断法》修正总体而言加重了违法行为的法律责任,具体体现在:一方面,加大了对违法行为的处罚力度,另一方面,增加了新的责任主体。首先,《反垄断法》修正大幅提高了对垄断协议行为、违法实施经营者集中行为以及拒绝、阻碍反垄断调查行为的罚款金额上限。同时,对于情节特别严重、影响特别恶劣、造成特别严重后果的垄断行为或者拒绝、阻碍反垄断调查行为,反垄断执法机构可以按照相应罚则规定的罚款数额的2倍以上5倍以下确定具体罚款数额。其次,2022年《反垄断法》还新增了垄断协议组织者、帮助者的法律责任以及垄断协议的个人责任的规定。另外,2022年《反垄断法》修正还新增了第64条“信用惩戒的法律责任”和第67条“刑事法律责任”的规定。

(二)关于新旧法的衔接问题

《反垄断法》有关法律责任的规定大部分属于行政法律责任,因此在讨论新旧法的衔接问题之前,需要解决行政处罚的时效问题。行政处罚的时效问题关系执法机构能否启动行政处罚程序,如果超出行政处罚时效,执法机构就丧失了行政处罚权。根据《行政处罚法》第36条的规定,如果违法行为自停止之日起超过2年未被反垄断执法机构调查,则不再给予行政处罚。如果没有超过行政处罚的时效,则要进一步分析解决新旧法的衔接问题。①

解决新旧法衔接问题的基本原则是“法不溯及既往”。“法不溯及既往”作为一种法律原则,已经在理论上取得广泛共识。“既已存在的法律如果没有规定,就不能进行惩罚;一切法规只具有前涉力(prospective operation),而不具有溯及既往之力

① 《行政处罚法》第36条:“违法行为在二年内未被发现的,不再给予行政处罚;涉及公民生命健康安全、金融安全且有危害结果的,上述期限延长至五年。法律另有规定的除外。前款规定的期限,从违法行为发生之日起计算;违法行为有连续或者继续状态的,从行为终了之日起计算。”

(retrospective operation)。”①《立法法》第 93 条规定:“法律、行政法规、地方性法规、自治条例和单行条例、规章不溯及既往,但为了更好地保护公民、法人和其他组织的权利和利益而作的特别规定除外。”该规定表明,我国从立法上确定了“法不溯及既往”的基本原则,而以“更好地保护公民、法人和其他组织的权利和利益”溯及既往为例外,可以概括为“从旧兼有利”原则。“从旧”是指“法不溯及既往”原则,而“有利”则是这一原则的例外情形。②《行政处罚法》第 37 条规定:“实施行政处罚,适用违法行为发生时的法律、法规、规章的规定。但是,作出行政处罚时,法律、法规、规章已被修改或者废止,且新的规定处罚较轻或者不认为是违法的,适用新的规定。”该条款是《立法法》第 93 条的规定在行政处罚领域的具体化,表明行政处罚同样适用“从旧兼有利”原则。因此,尽管 2022 年《反垄断法》并未对新旧法的衔接问题作出具体的规定,但也应当坚持“从旧兼有利”原则。

通过上文所分析的法律责任的修改情况可知,2022 年《反垄断法》的法律责任更加严格,故“从旧”与“有利”基本一致。具体而言,首先,对于 2022 年《反垄断法》施行前已经停止的违法行为,如违法实施经营者集中的经营者丧失控制权或者所设合营企业已注销,按照“法不溯及既往”原则,对其应当适用 2007 年《反垄断法》的相关规定。同理,对于 2022 年《反垄断法》新规定的违法行为,如经营者组织、帮助达成垄断协议的行为,由于 2007 年《反垄断法》并未规定该行为为违法,只要行为在 2022 年《反垄断法》施行前已经停止,则应当适用 2007 年《反垄断法》,不给予行政处罚。其次,对于 2022 年《反垄断法》正式施行后实施的违法行为,则应当适用 2022 年《反垄断法》的相关规定。最后,对于一直持续到 2022 年《反垄断法》正式施行后的违法行为,一般应当适用 2022 年《反垄断法》的相关规定。但对于违法实施经营者集中的行为,如果经营者在 2022 年《反垄断法》正式施行前补充申报,可以对其适用 2007 年《反垄断法》的相关规定。虽然补充申报并不意味着违法行为的终止,但考虑经营者主动补充申报违法集中,应当与明知 2022 年《反垄断法》加重违法实施经营者集中行为的法律责任,仍坚持不补充申报的违法行为区别对待,故本书认为可以对 2022 年《反垄断法》正式施行前补充申报的违法实施经营者集中行为适用 2007 年《反垄断法》的相关规定。

---

① [英]弗里德利希·冯·哈耶克:《自由秩序原理》,邓正来译,生活·读书·新知三联书店 1997 年版,第 212 页。

② 参见朱力宇:《关于法的溯及力问题和法律不溯既往原则的若干新思考》,载《法治研究》2010 年第 5 期。

附　录

全国人民代表大会常务委员会关于修改《中华人民共和国反垄断法》的决定

（2022 年 6 月 24 日第十三届全国人民代表大会常务委员会第三十五次会议通过）

第十三届全国人民代表大会常务委员会第三十五次会议决定对《中华人民共和国反垄断法》作如下修改：

一、将第四条修改为："反垄断工作坚持中国共产党的领导。

"国家坚持市场化、法治化原则，强化竞争政策基础地位，制定和实施与社会主义市场经济相适应的竞争规则，完善宏观调控，健全统一、开放、竞争、有序的市场体系。"

二、增加一条，作为第五条："国家建立健全公平竞争审查制度。

"行政机关和法律、法规授权的具有管理公共事务职能的组织在制定涉及市场主体经济活动的规定时，应当进行公平竞争审查。"

三、增加一条，作为第九条："经营者不得利用数据和算法、技术、资本优势以及平台规则等从事本法禁止的垄断行为。"

四、增加一条，作为第十一条："国家健全完善反垄断规则制度,强化反垄断监管力量,提高监管能力和监管体系现代化水平,加强反垄断执法司法,依法公正高效审理垄断案件,健全行政执法和司法衔接机制,维护公平竞争秩序。”

五、将第十条改为第十三条,第一款修改为:“国务院反垄断执法机构负责反垄断统一执法工作。”

六、将第十三条第二款改为第十六条,第一款改为第十七条。

七、将第十四条改为第十八条,增加二款,作为第二款、第三款:“对前款第一项和第二项规定的协议,经营者能够证明其不具有排除、限制竞争效果的,不予禁止。

“经营者能够证明其在相关市场的市场份额低于国务院反垄断执法机构规定的标准,并符合国务院反垄断执法机构规定的其他条件的,不予禁止。”

八、增加一条,作为第十九条:“经营者不得组织其他经营者达成垄断协议或者为其他经营者达成垄断协议提供实质性帮助。”

九、将第十七条改为第二十二条,增加一款,作为第二款:“具有市场支配地位的经营者不得利用数据和算法、技术以及平台规则等从事前款规定的滥用市场支配地位的行为。”

十、将第二十一条改为第二十六条,增加二款,作为第二款、第三款:“经营者集中未达到国务院规定的申报标准,但有证据证明该经营者集中具有或者可能具有排除、限制竞争效果的,国务院反垄断执法机构可以要求经营者申报。

“经营者未依照前两款规定进行申报的,国务院反垄断执法机构应当依法进行调查。”

十一、增加一条,作为第三十二条:“有下列情形之一的,国务院反垄断执法机构可以决定中止计算经营者集中的审查期限,并书面通知经营者:

“(一)经营者未按照规定提交文件、资料,导致审查工作无法进行;

“(二)出现对经营者集中审查具有重大影响的新情况、新事实,不经核实将导致审查工作无法进行;

“(三)需要对经营者集中附加的限制性条件进一步评估,且经营者提出中止请求。

“自中止计算审查期限的情形消除之日起,审查期限继续计算,国务院反垄断执法机构应当书面通知经营者。”

十二、增加一条,作为第三十七条:“国务院反垄断执法机构应当健全经营者集中分类分级审查制度,依法加强对涉及国计民生等重要领域的经营者集中的审查,提高审查质量和效率。”

十三、增加一条，作为第四十条：“行政机关和法律、法规授权的具有管理公共事务职能的组织不得滥用行政权力，通过与经营者签订合作协议、备忘录等方式，妨碍其他经营者进入相关市场或者对其他经营者实行不平等待遇，排除、限制竞争。”

十四、增加一条，作为第五十四条：“反垄断执法机构依法对涉嫌滥用行政权力排除、限制竞争的行为进行调查，有关单位或者个人应当配合。”

十五、增加一条，作为第五十五条：“经营者、行政机关和法律、法规授权的具有管理公共事务职能的组织，涉嫌违反本法规定的，反垄断执法机构可以对其法定代表人或者负责人进行约谈，要求其提出改进措施。”

十六、将第四十六条改为第五十六条，第一款修改为：“经营者违反本法规定，达成并实施垄断协议的，由反垄断执法机构责令停止违法行为，没收违法所得，并处上一年度销售额百分之一以上百分之十以下的罚款，上一年度没有销售额的，处五百万元以下的罚款；尚未实施所达成的垄断协议的，可以处三百万元以下的罚款。经营者的法定代表人、主要负责人和直接责任人员对达成垄断协议负有个人责任的，可以处一百万元以下的罚款。”

增加一款，作为第二款：“经营者组织其他经营者达成垄断协议或者为其他经营者达成垄断协议提供实质性帮助的，适用前款规定。”

将第三款改为第四款，其中的“反垄断执法机构可以处五十万元以下的罚款”修改为“由反垄断执法机构责令改正，可以处三百万元以下的罚款”。

十七、将第四十八条改为第五十八条，修改为：“经营者违反本法规定实施集中，且具有或者可能具有排除、限制竞争效果的，由国务院反垄断执法机构责令停止实施集中、限期处分股份或者资产、限期转让营业以及采取其他必要措施恢复到集中前的状态，处上一年度销售额百分之十以下的罚款；不具有排除、限制竞争效果的，处五百万元以下的罚款。”

十八、将第五十条改为第六十条，增加一款，作为第二款：“经营者实施垄断行为，损害社会公共利益的，设区的市级以上人民检察院可以依法向人民法院提起民事公益诉讼。”

十九、将第五十一条改为第六十一条，在第一款最后增加“行政机关和法律、法规授权的具有管理公共事务职能的组织应当将有关改正情况书面报告上级机关和反垄断执法机构。”

二十、将第五十二条改为第六十二条，其中的“对个人可以处二万元以下的罚款，对单位可以处二十万元以下的罚款；情节严重的，对个人处二万元以上十万元以下的罚款，对单位处二十万元以上一百万元以下的罚款；构成犯罪的，依法追究刑事责任”修改为“对单位处上一年度销售额百分之一以下的罚款，上一年度没有销售额或者销售额难以计算的，处五百万元以下的罚款；对个人处五十万元以下的罚款”。

二十一、增加一条，作为第六十三条：“违反本法规定，情节特别严重、影响特别恶劣、造成特别严重后果的，国务院反垄断执法机构可以在本法第五十六条、第五十七条、第五十八条、第六十二条规定的罚款数额的二倍以上五倍以下确定具体罚款数额。”

二十二、增加一条，作为第六十四条：“经营者因违反本法规定受到行政处罚的，按照国家有关规定记入信用记录，并向社会公示。”

二十三、将第五十四条改为第六十六条，修改为：“反垄断执法机构工作人员滥用职权、玩忽职守、徇私舞弊或者泄露执法过程中知悉的商业秘密、个人隐私和个人信息的，依法给予处分。”

二十四、增加一条，作为第六十七条：“违反本法规定，构成犯罪的，依法追究刑事责任。”

二十五、对部分条文作以下修改：

（一）在第一条中的“保护市场公平竞争”后增加“鼓励创新”。

（二）将第十一条改为第十四条，在“引导本行业的经营者依法竞争”后增加“合规经营”。

（三）将第十二条改为第十五条，第一款中的“其他组织”修改为“非法人组织”。

（四）将第十五条改为第二十条，其中的“不适用本法第十三条、第十四条”修改为“不适用本法第十七条、第十八条第一款、第十九条”。

（五）将第三十四条改为第四十二条，其中的“排斥或者限制外地经营者参加本地的招标投标活动”修改为“排斥或者限制经营者参加招标投标以及其他经营活动”。

（六）将第三十五条改为第四十三条，其中的“排斥或者限制外地经营者在本地投资或者设立分支机构”修改为“排斥、限制、强制或者变相强制外地经营者在本地投资或者设立分支机构”。

（七）将第三十六条改为第四十四条，其中的“强制经营者从事本法规定的垄断行为”修改为“强制或者变相强制经营者从事本法规定的垄断行为”。

（八）将第三十七条改为第四十五条，在“行政机关”后增加“和法律、法规授权的具有管理公共事务职能的组织”。

（九）将第四十一条改为第四十九条，在“商业秘密”后增加“个人隐私和个人信息”，将“负有保密义务”修改为“依法负有保密义务”。

（十）将第四十九条改为第五十九条，其中的“性质、程度和持续的时间”修改为“性质、程度、持续时间和消除违法行为后果的情况”。

本决定自2022年8月1日起施行。

《中华人民共和国反垄断法》根据本决定作相应修改并对条文顺序作相应调整，重新公布。

《中华人民共和国反垄断法》修改前后对照表

（黑体字部分为修改或者新增内容）

中华人民共和国反垄断法 （2007 年 8 月 30 日第十届全国人民代表大会常务委员会第二十九次会议通过，2008 年 8 月 1 日起施行）	中华人民共和国反垄断法（2022 修正） （2022 年 6 月 24 日第十三届全国人民代表大会常务委员会第三十五次会议通过修法决定，2022 年 8 月 1 日起施行）
第一章　总则	第一章　总则
第一条　为了预防和制止垄断行为，保护市场公平竞争，提高经济运行效率，维护消费者利益和社会公共利益，促进社会主义市场经济健康发展，制定本法。	**第一条**　为了预防和制止垄断行为，保护市场公平竞争，**鼓励创新，**提高经济运行效率，维护消费者利益和社会公共利益，促进社会主义市场经济健康发展，制定本法。
第二条　中华人民共和国境内经济活动中的垄断行为，适用本法；中华人民共和国境外的垄断行为，对境内市场竞争产生排除、限制影响的，适用本法。	**第二条**　中华人民共和国境内经济活动中的垄断行为，适用本法；中华人民共和国境外的垄断行为，对境内市场竞争产生排除、限制影响的，适用本法。
第三条　本法规定的垄断行为包括： （一）经营者达成垄断协议； （二）经营者滥用市场支配地位； （三）具有或者可能具有排除、限制竞争效果的经营者集中。	**第三条**　本法规定的垄断行为包括： （一）经营者达成垄断协议； （二）经营者滥用市场支配地位； （三）具有或者可能具有排除、限制竞争效果的经营者集中。
第四条　国家制定和实施与社会主义市场经济相适应的竞争规则，完善宏观调控，健全统一、开放、竞争、有序的市场体系。	**第四条　反垄断工作坚持中国共产党的领导。** 国家**坚持市场化、法治化原则，强化竞争政策基础地位，**制定和实施与社会主义市场经济相适应的竞争规则，完善宏观调控，健全统一、开放、竞争、有序的市场体系。
	第五条　国家建立健全公平竞争审查制度。 **行政机关和法律、法规授权的具有管理公共事务职能的组织在制定涉及市场主体经济活动的规定时，应当进行公平竞争审查。**

续表

第五条 经营者可以通过公平竞争、自愿联合,依法实施集中,扩大经营规模,提高市场竞争能力。	**第六条** 经营者可以通过公平竞争、自愿联合,依法实施集中,扩大经营规模,提高市场竞争能力。
第六条 具有市场支配地位的经营者,不得滥用市场支配地位,排除、限制竞争。	**第七条** 具有市场支配地位的经营者,不得滥用市场支配地位,排除、限制竞争。
第七条 国有经济占控制地位的关系国民经济命脉和国家安全的行业以及依法实行专营专卖的行业,国家对其经营者的合法经营活动予以保护,并对经营者的经营行为及其商品和服务的价格依法实施监管和调控,维护消费者利益,促进技术进步。 前款规定行业的经营者应当依法经营,诚实守信,严格自律,接受社会公众的监督,不得利用其控制地位或者专营专卖地位损害消费者利益。	**第八条** 国有经济占控制地位的关系国民经济命脉和国家安全的行业以及依法实行专营专卖的行业,国家对其经营者的合法经营活动予以保护,并对经营者的经营行为及其商品和服务的价格依法实施监管和调控,维护消费者利益,促进技术进步。 前款规定行业的经营者应当依法经营,诚实守信,严格自律,接受社会公众的监督,不得利用其控制地位或者专营专卖地位损害消费者利益。
	第九条 经营者不得利用数据和算法、技术、资本优势以及平台规则等从事本法禁止的垄断行为。
第八条 行政机关和法律、法规授权的具有管理公共事务职能的组织不得滥用行政权力,排除、限制竞争。	**第十条** 行政机关和法律、法规授权的具有管理公共事务职能的组织不得滥用行政权力,排除、限制竞争。
	第十一条 国家健全完善反垄断规则制度,强化反垄断监管力量,提高监管能力和监管体系现代化水平,加强反垄断执法司法,依法公正高效审理垄断案件,健全行政执法和司法衔接机制,维护公平竞争秩序。
第九条 国务院设立反垄断委员会,负责组织、协调、指导反垄断工作,履行下列职责: (一)研究拟订有关竞争政策; (二)组织调查、评估市场总体竞争状况,发布评估报告; (三)制定、发布反垄断指南; (四)协调反垄断行政执法工作; (五)国务院规定的其他职责。 国务院反垄断委员会的组成和工作规则由国务院规定。	**第十二条** 国务院设立反垄断委员会,负责组织、协调、指导反垄断工作,履行下列职责: (一)研究拟订有关竞争政策; (二)组织调查、评估市场总体竞争状况,发布评估报告; (三)制定、发布反垄断指南; (四)协调反垄断行政执法工作; (五)国务院规定的其他职责。 国务院反垄断委员会的组成和工作规则由国务院规定。

续表

第十条 国务院规定的承担反垄断执法职责的机构(以下统称国务院反垄断执法机构)依照本法规定,负责反垄断执法工作。 国务院反垄断执法机构根据工作需要,可以授权省、自治区、直辖市人民政府相应的机构,依照本法规定负责有关反垄断执法工作。	**第十三条** **国务院反垄断执法机构**负责反垄断**统一**执法工作。 国务院反垄断执法机构根据工作需要,可以授权省、自治区、直辖市人民政府相应的机构,依照本法规定负责有关反垄断执法工作。
第十一条 行业协会应当加强行业自律,引导本行业的经营者依法竞争,维护市场竞争秩序。	**第十四条** 行业协会应当加强行业自律,引导本行业的经营者依法竞争,**合规经营,**维护市场竞争秩序。
第十二条 本法所称经营者,是指从事商品生产、经营或者提供服务的自然人、法人和其他组织。 本法所称相关市场,是指经营者在一定时期内就特定商品或者服务(以下统称商品)进行竞争的商品范围和地域范围。	**第十五条** 本法所称经营者,是指从事商品生产、经营或者提供服务的自然人、法人**和非法人组织**。 本法所称相关市场,是指经营者在一定时期内就特定商品或者服务(以下统称商品)进行竞争的商品范围和地域范围。
第二章 垄断协议	**第二章 垄断协议**
第十三条第二款 本法所称垄断协议,是指排除、限制竞争的协议、决定或者其他协同行为。	**第十六条** 本法所称垄断协议,是指排除、限制竞争的协议、决定或者其他协同行为。
第十三条第一款 禁止具有竞争关系的经营者达成下列垄断协议: (一)固定或者变更商品价格; (二)限制商品的生产数量或者销售数量; (三)分割销售市场或者原材料采购市场; (四)限制购买新技术、新设备或者限制开发新技术、新产品; (五)联合抵制交易; (六)国务院反垄断执法机构认定的其他垄断协议。	**第十七条** 禁止具有竞争关系的经营者达成下列垄断协议: (一)固定或者变更商品价格; (二)限制商品的生产数量或者销售数量; (三)分割销售市场或者原材料采购市场; (四)限制购买新技术、新设备或者限制开发新技术、新产品; (五)联合抵制交易; (六)国务院反垄断执法机构认定的其他垄断协议。

续表

第十四条　禁止经营者与交易相对人达成下列垄断协议： （一）固定向第三人转售商品的价格； （二）限定向第三人转售商品的最低价格； （三）国务院反垄断执法机构认定的其他垄断协议。	**第十八条**　禁止经营者与交易相对人达成下列垄断协议： （一）固定向第三人转售商品的价格； （二）限定向第三人转售商品的最低价格； （三）国务院反垄断执法机构认定的其他垄断协议。 **对前款第一项和第二项规定的协议，经营者能够证明其不具有排除、限制竞争效果的，不予禁止。** **经营者能够证明其在相关市场的市场份额低于国务院反垄断执法机构规定的标准，并符合国务院反垄断执法机构规定的其他条件的，不予禁止。**
	第十九条　经营者不得组织其他经营者达成垄断协议或者为其他经营者达成垄断协议提供实质性帮助。
第十五条　经营者能够证明所达成的协议属于下列情形之一的，不适用本法第十三条、第十四条的规定： （一）为改进技术、研究开发新产品的； （二）为提高产品质量、降低成本、增进效率，统一产品规格、标准或者实行专业化分工的； （三）为提高中小经营者经营效率，增强中小经营者竞争力的； （四）为实现节约能源、保护环境、救灾救助等社会公共利益的； （五）因经济不景气，为缓解销售量严重下降或者生产明显过剩的； （六）为保障对外贸易和对外经济合作中的正当利益的； （七）法律和国务院规定的其他情形。 属于前款第一项至第五项情形，不适用本法第十三条、第十四条规定的，经营者还应当证明所达成的协议不会严重限制相关市场的竞争，并且能够使消费者分享由此产生的利益。	**第二十条**　经营者能够证明所达成的协议属于下列情形之一的，不适用本法**第十七条、第十八条第一款、第十九条**的规定： （一）为改进技术、研究开发新产品的； （二）为提高产品质量、降低成本、增进效率，统一产品规格、标准或者实行专业化分工的； （三）为提高中小经营者经营效率，增强中小经营者竞争力的； （四）为实现节约能源、保护环境、救灾救助等社会公共利益的； （五）因经济不景气，为缓解销售量严重下降或者生产明显过剩的； （六）为保障对外贸易和对外经济合作中的正当利益的； （七）法律和国务院规定的其他情形。 属于前款第一项至第五项情形，不适用本法**第十七条、第十八条第一款、第十九条**规定的，经营者还应当证明所达成的协议不会严重限制相关市场的竞争，并且能够使消费者分享由此产生的利益。
第十六条　行业协会不得组织本行业的经营者从事本章禁止的垄断行为。	**第二十一条**　行业协会不得组织本行业的经营者从事本章禁止的垄断行为。

续表

第三章　滥用市场支配地位	第三章　滥用市场支配地位
第十七条　禁止具有市场支配地位的经营者从事下列滥用市场支配地位的行为： （一）以不公平的高价销售商品或者以不公平的低价购买商品； （二）没有正当理由，以低于成本的价格销售商品； （三）没有正当理由，拒绝与交易相对人进行交易； （四）没有正当理由，限定交易相对人只能与其进行交易或者只能与其指定的经营者进行交易； （五）没有正当理由搭售商品，或者在交易时附加其他不合理的交易条件； （六）没有正当理由，对条件相同的交易相对人在交易价格等交易条件上实行差别待遇； （七）国务院反垄断执法机构认定的其他滥用市场支配地位的行为。 本法所称市场支配地位，是指经营者在相关市场内具有能够控制商品价格、数量或者其他交易条件，或者能够阻碍、影响其他经营者进入相关市场能力的市场地位。	**第二十二条**　禁止具有市场支配地位的经营者从事下列滥用市场支配地位的行为： （一）以不公平的高价销售商品或者以不公平的低价购买商品； （二）没有正当理由，以低于成本的价格销售商品； （三）没有正当理由，拒绝与交易相对人进行交易； （四）没有正当理由，限定交易相对人只能与其进行交易或者只能与其指定的经营者进行交易； （五）没有正当理由搭售商品，或者在交易时附加其他不合理的交易条件； （六）没有正当理由，对条件相同的交易相对人在交易价格等交易条件上实行差别待遇； （七）国务院反垄断执法机构认定的其他滥用市场支配地位的行为。 **具有市场支配地位的经营者不得利用数据和算法、技术以及平台规则等从事前款规定的滥用市场支配地位的行为。** 本法所称市场支配地位，是指经营者在相关市场内具有能够控制商品价格、数量或者其他交易条件，或者能够阻碍、影响其他经营者进入相关市场能力的市场地位。
第十八条　认定经营者具有市场支配地位，应当依据下列因素： （一）该经营者在相关市场的市场份额，以及相关市场的竞争状况； （二）该经营者控制销售市场或者原材料采购市场的能力； （三）该经营者的财力和技术条件； （四）其他经营者对该经营者在交易上的依赖程度； （五）其他经营者进入相关市场的难易程度； （六）与认定该经营者市场支配地位有关的其他因素。	**第二十三条**　认定经营者具有市场支配地位，应当依据下列因素： （一）该经营者在相关市场的市场份额，以及相关市场的竞争状况； （二）该经营者控制销售市场或者原材料采购市场的能力； （三）该经营者的财力和技术条件； （四）其他经营者对该经营者在交易上的依赖程度； （五）其他经营者进入相关市场的难易程度； （六）与认定该经营者市场支配地位有关的其他因素。

续表

第十九条 有下列情形之一的，可以推定经营者具有市场支配地位： （一）一个经营者在相关市场的市场份额达到二分之一的； （二）两个经营者在相关市场的市场份额合计达到三分之二的； （三）三个经营者在相关市场的市场份额合计达到四分之三的。 有前款第二项、第三项规定的情形，其中有的经营者市场份额不足十分之一的，不应当推定该经营者具有市场支配地位。被推定具有市场支配地位的经营者，有证据证明不具有市场支配地位的，不应当认定其具有市场支配地位。	**第二十四条** 有下列情形之一的，可以推定经营者具有市场支配地位： （一）一个经营者在相关市场的市场份额达到二分之一的； （二）两个经营者在相关市场的市场份额合计达到三分之二的； （三）三个经营者在相关市场的市场份额合计达到四分之三的。 有前款第二项、第三项规定的情形，其中有的经营者市场份额不足十分之一的，不应当推定该经营者具有市场支配地位。被推定具有市场支配地位的经营者，有证据证明不具有市场支配地位的，不应当认定其具有市场支配地位。
第四章 经营者集中	**第四章 经营者集中**
第二十条 经营者集中是指下列情形： （一）经营者合并； （二）经营者通过取得股权或者资产的方式取得对其他经营者的控制权； （三）经营者通过合同等方式取得对其他经营者的控制权或者能够对其他经营者施加决定性影响。	**第二十五条** 经营者集中是指下列情形： （一）经营者合并； （二）经营者通过取得股权或者资产的方式取得对其他经营者的控制权； （三）经营者通过合同等方式取得对其他经营者的控制权或者能够对其他经营者施加决定性影响。
第二十一条 经营者集中达到国务院规定的申报标准的，经营者应当事先向国务院反垄断执法机构申报，未申报的不得实施集中。	**第二十六条** 经营者集中达到国务院规定的申报标准的，经营者应当事先向国务院反垄断执法机构申报，未申报的不得实施集中。 **经营者集中未达到国务院规定的申报标准，但有证据证明该经营者集中具有或者可能具有排除、限制竞争效果的，国务院反垄断执法机构可以要求经营者申报。** **经营者未依照前两款规定进行申报的，国务院反垄断执法机构应当依法进行调查。**

续表

第二十二条 经营者集中有下列情形之一的,可以不向国务院反垄断执法机构申报: (一)参与集中的一个经营者拥有其他每个经营者百分之五十以上有表决权的股份或者资产的; (二)参与集中的每个经营者百分之五十以上有表决权的股份或者资产被同一个未参与集中的经营者拥有的。	**第二十七条** 经营者集中有下列情形之一的,可以不向国务院反垄断执法机构申报: (一)参与集中的一个经营者拥有其他每个经营者百分之五十以上有表决权的股份或者资产的; (二)参与集中的每个经营者百分之五十以上有表决权的股份或者资产被同一个未参与集中的经营者拥有的。
第二十三条 经营者向国务院反垄断执法机构申报集中,应当提交下列文件、资料: (一)申报书; (二)集中对相关市场竞争状况影响的说明; (三)集中协议; (四)参与集中的经营者经会计师事务所审计的上一会计年度财务会计报告; (五)国务院反垄断执法机构规定的其他文件、资料。 申报书应当载明参与集中的经营者的名称、住所、经营范围、预定实施集中的日期和国务院反垄断执法机构规定的其他事项。	**第二十八条** 经营者向国务院反垄断执法机构申报集中,应当提交下列文件、资料: (一)申报书; (二)集中对相关市场竞争状况影响的说明; (三)集中协议; (四)参与集中的经营者经会计师事务所审计的上一会计年度财务会计报告; (五)国务院反垄断执法机构规定的其他文件、资料。 申报书应当载明参与集中的经营者的名称、住所、经营范围、预定实施集中的日期和国务院反垄断执法机构规定的其他事项。
第二十四条 经营者提交的文件、资料不完备的,应当在国务院反垄断执法机构规定的期限内补交文件、资料。经营者逾期未补交文件、资料的,视为未申报。	**第二十九条** 经营者提交的文件、资料不完备的,应当在国务院反垄断执法机构规定的期限内补交文件、资料。经营者逾期未补交文件、资料的,视为未申报。
第二十五条 国务院反垄断执法机构应当自收到经营者提交的符合本法第二十三条规定的文件、资料之日起三十日内,对申报的经营者集中进行初步审查,作出是否实施进一步审查的决定,并书面通知经营者。国务院反垄断执法机构作出决定前,经营者不得实施集中。 国务院反垄断执法机构作出不实施进一步审查的决定或者逾期未作出决定的,经营者可以实施集中。	**第三十条** 国务院反垄断执法机构应当自收到经营者提交的符合本法**第二十八条**规定的文件、资料之日起三十日内,对申报的经营者集中进行初步审查,作出是否实施进一步审查的决定,并书面通知经营者。国务院反垄断执法机构作出决定前,经营者不得实施集中。 国务院反垄断执法机构作出不实施进一步审查的决定或者逾期未作出决定的,经营者可以实施集中。

续表

第二十六条 国务院反垄断执法机构决定实施进一步审查的,应当自决定之日起九十日内审查完毕,作出是否禁止经营者集中的决定,并书面通知经营者。作出禁止经营者集中的决定,应当说明理由。审查期间,经营者不得实施集中。 有下列情形之一的,国务院反垄断执法机构经书面通知经营者,可以延长前款规定的审查期限,但最长不得超过六十日: (一)经营者同意延长审查期限的; (二)经营者提交的文件、资料不准确,需要进一步核实的; (三)经营者申报后有关情况发生重大变化的。 国务院反垄断执法机构逾期未作出决定的,经营者可以实施集中。	**第三十一条** 国务院反垄断执法机构决定实施进一步审查的,应当自决定之日起九十日内审查完毕,作出是否禁止经营者集中的决定,并书面通知经营者。作出禁止经营者集中的决定,应当说明理由。审查期间,经营者不得实施集中。 有下列情形之一的,国务院反垄断执法机构经书面通知经营者,可以延长前款规定的审查期限,但最长不得超过六十日: (一)经营者同意延长审查期限的; (二)经营者提交的文件、资料不准确,需要进一步核实的; (三)经营者申报后有关情况发生重大变化的。 国务院反垄断执法机构逾期未作出决定的,经营者可以实施集中。
	第三十二条 有下列情形之一的,国务院反垄断执法机构可以决定中止计算经营者集中的审查期限,并书面通知经营者: (一)经营者未按照规定提交文件、资料,导致审查工作无法进行; (二)出现对经营者集中审查具有重大影响的新情况、新事实,不经核实将导致审查工作无法进行; (三)需要对经营者集中附加的限制性条件进一步评估,且经营者提出中止请求。 自中止计算审查期限的情形消除之日起,审查期限继续计算,国务院反垄断执法机构应当书面通知经营者。
第二十七条 审查经营者集中,应当考虑下列因素: (一)参与集中的经营者在相关市场的市场份额及其对市场的控制力; (二)相关市场的市场集中度; (三)经营者集中对市场进入、技术进步的影响; (四)经营者集中对消费者和其他有关经营者的影响; (五)经营者集中对国民经济发展的影响; (六)国务院反垄断执法机构认为应当考虑的影响市场竞争的其他因素。	**第三十三条** 审查经营者集中,应当考虑下列因素: (一)参与集中的经营者在相关市场的市场份额及其对市场的控制力; (二)相关市场的市场集中度; (三)经营者集中对市场进入、技术进步的影响; (四)经营者集中对消费者和其他有关经营者的影响; (五)经营者集中对国民经济发展的影响; (六)国务院反垄断执法机构认为应当考虑的影响市场竞争的其他因素。

续表

第二十八条　经营者集中具有或者可能具有排除、限制竞争效果的，国务院反垄断执法机构应当作出禁止经营者集中的决定。但是，经营者能够证明该集中对竞争产生的有利影响明显大于不利影响，或者符合社会公共利益的，国务院反垄断执法机构可以作出对经营者集中不予禁止的决定。	**第三十四条**　经营者集中具有或者可能具有排除、限制竞争效果的，国务院反垄断执法机构应当作出禁止经营者集中的决定。但是，经营者能够证明该集中对竞争产生的有利影响明显大于不利影响，或者符合社会公共利益的，国务院反垄断执法机构可以作出对经营者集中不予禁止的决定。
第二十九条　对不予禁止的经营者集中，国务院反垄断执法机构可以决定附加减少集中对竞争产生不利影响的限制性条件。	**第三十五条**　对不予禁止的经营者集中，国务院反垄断执法机构可以决定附加减少集中对竞争产生不利影响的限制性条件。
第三十条　国务院反垄断执法机构应当将禁止经营者集中的决定或者对经营者集中附加限制性条件的决定，及时向社会公布。	**第三十六条**　国务院反垄断执法机构应当将禁止经营者集中的决定或者对经营者集中附加限制性条件的决定，及时向社会公布。
	第三十七条　国务院反垄断执法机构应当健全经营者集中分类分级审查制度，依法加强对涉及国计民生等重要领域的经营者集中的审查，提高审查质量和效率。
第三十一条　对外资并购境内企业或者以其他方式参与经营者集中，涉及国家安全的，除依照本法规定进行经营者集中审查外，还应当按照国家有关规定进行国家安全审查。	**第三十八条**　对外资并购境内企业或者以其他方式参与经营者集中，涉及国家安全的，除依照本法规定进行经营者集中审查外，还应当按照国家有关规定进行国家安全审查。
第五章　滥用行政权力排除、限制竞争	**第五章　滥用行政权力排除、限制竞争**
第三十二条　行政机关和法律、法规授权的具有管理公共事务职能的组织不得滥用行政权力，限定或者变相限定单位或者个人经营、购买、使用其指定的经营者提供的商品。	**第三十九条**　行政机关和法律、法规授权的具有管理公共事务职能的组织不得滥用行政权力，限定或者变相限定单位或者个人经营、购买、使用其指定的经营者提供的商品。
	第四十条　行政机关和法律、法规授权的具有管理公共事务职能的组织不得滥用行政权力，通过与经营者签订合作协议、备忘录等方式，妨碍其他经营者进入相关市场或者对其他经营者实行不平等待遇，排除、限制竞争。

续表

第三十三条　行政机关和法律、法规授权的具有管理公共事务职能的组织不得滥用行政权力，实施下列行为，妨碍商品在地区之间的自由流通： （一）对外地商品设定歧视性收费项目、实行歧视性收费标准，或者规定歧视性价格； （二）对外地商品规定与本地同类商品不同的技术要求、检验标准，或者对外地商品采取重复检验、重复认证等歧视性技术措施，限制外地商品进入本地市场； （三）采取专门针对外地商品的行政许可，限制外地商品进入本地市场； （四）设置关卡或者采取其他手段，阻碍外地商品进入或者本地商品运出； （五）妨碍商品在地区之间自由流通的其他行为。	**第四十一条**　行政机关和法律、法规授权的具有管理公共事务职能的组织不得滥用行政权力，实施下列行为，妨碍商品在地区之间的自由流通： （一）对外地商品设定歧视性收费项目、实行歧视性收费标准，或者规定歧视性价格； （二）对外地商品规定与本地同类商品不同的技术要求、检验标准，或者对外地商品采取重复检验、重复认证等歧视性技术措施，限制外地商品进入本地市场； （三）采取专门针对外地商品的行政许可，限制外地商品进入本地市场； （四）设置关卡或者采取其他手段，阻碍外地商品进入或者本地商品运出； （五）妨碍商品在地区之间自由流通的其他行为。
第三十四条　行政机关和法律、法规授权的具有管理公共事务职能的组织不得滥用行政权力，以设定歧视性资质要求、评审标准或者不依法发布信息等方式，排斥或者限制外地经营者参加本地的招标投标活动。	**第四十二条**　行政机关和法律、法规授权的具有管理公共事务职能的组织不得滥用行政权力，以设定歧视性资质要求、评审标准或者不依法发布信息等方式，排斥或者限制**经营者参加招标投标以及其他经营**活动。
第三十五条　行政机关和法律、法规授权的具有管理公共事务职能的组织不得滥用行政权力，采取与本地经营者不平等待遇等方式，排斥或者限制外地经营者在本地投资或者设立分支机构。	**第四十三条**　行政机关和法律、法规授权的具有管理公共事务职能的组织不得滥用行政权力，采取与本地经营者不平等待遇等方式，排斥、限制、**强制或者变相强制**外地经营者在本地投资或者设立分支机构。
第三十六条　行政机关和法律、法规授权的具有管理公共事务职能的组织不得滥用行政权力，强制经营者从事本法规定的垄断行为。	**第四十四条**　行政机关和法律、法规授权的具有管理公共事务职能的组织不得滥用行政权力，强制**或者变相强制**经营者从事本法规定的垄断行为。
第三十七条　行政机关不得滥用行政权力，制定含有排除、限制竞争内容的规定。	**第四十五条**　行政机关**和法律、法规授权的具有管理公共事务职能的组织**不得滥用行政权力，制定含有排除、限制竞争内容的规定。

续表

第六章　对涉嫌垄断行为的调查	第六章　对涉嫌垄断行为的调查
第三十八条　反垄断执法机构依法对涉嫌垄断行为进行调查。 对涉嫌垄断行为,任何单位和个人有权向反垄断执法机构举报。反垄断执法机构应当为举报人保密。 举报采用书面形式并提供相关事实和证据的,反垄断执法机构应当进行必要的调查。	**第四十六条**　反垄断执法机构依法对涉嫌垄断行为进行调查。 对涉嫌垄断行为,任何单位和个人有权向反垄断执法机构举报。反垄断执法机构应当为举报人保密。 举报采用书面形式并提供相关事实和证据的,反垄断执法机构应当进行必要的调查。
第三十九条　反垄断执法机构调查涉嫌垄断行为,可以采取下列措施: (一)进入被调查的经营者的营业场所或者其他有关场所进行检查; (二)询问被调查的经营者、利害关系人或者其他有关单位或者个人,要求其说明有关情况; (三)查阅、复制被调查的经营者、利害关系人或者其他有关单位或者个人的有关单证、协议、会计账簿、业务函电、电子数据等文件、资料; (四)查封、扣押相关证据; (五)查询经营者的银行账户。 采取前款规定的措施,应当向反垄断执法机构主要负责人书面报告,并经批准。	**第四十七条**　反垄断执法机构调查涉嫌垄断行为,可以采取下列措施: (一)进入被调查的经营者的营业场所或者其他有关场所进行检查; (二)询问被调查的经营者、利害关系人或者其他有关单位或者个人,要求其说明有关情况; (三)查阅、复制被调查的经营者、利害关系人或者其他有关单位或者个人的有关单证、协议、会计账簿、业务函电、电子数据等文件、资料; (四)查封、扣押相关证据; (五)查询经营者的银行账户。 采取前款规定的措施,应当向反垄断执法机构主要负责人书面报告,并经批准。
第四十条　反垄断执法机构调查涉嫌垄断行为,执法人员不得少于二人,并应当出示执法证件。 执法人员进行询问和调查,应当制作笔录,并由被询问人或者被调查人签字。	**第四十八条**　反垄断执法机构调查涉嫌垄断行为,执法人员不得少于二人,并应当出示执法证件。 执法人员进行询问和调查,应当制作笔录,并由被询问人或者被调查人签字。
第四十一条　反垄断执法机构及其工作人员对执法过程中知悉的商业秘密负有保密义务。	**第四十九条**　反垄断执法机构及其工作人员对执法过程中知悉的商业秘密**、个人隐私和个人信息依法**负有保密义务。
第四十二条　被调查的经营者、利害关系人或者其他有关单位或者个人应当配合反垄断执法机构依法履行职责,不得拒绝、阻碍反垄断执法机构的调查。	**第五十条**　被调查的经营者、利害关系人或者其他有关单位或者个人应当配合反垄断执法机构依法履行职责,不得拒绝、阻碍反垄断执法机构的调查。

续表

第四十三条 被调查的经营者、利害关系人有权陈述意见。反垄断执法机构应当对被调查的经营者、利害关系人提出的事实、理由和证据进行核实。	**第五十一条** 被调查的经营者、利害关系人有权陈述意见。反垄断执法机构应当对被调查的经营者、利害关系人提出的事实、理由和证据进行核实。
第四十四条 反垄断执法机构对涉嫌垄断行为调查核实后,认为构成垄断行为的,应当依法作出处理决定,并可以向社会公布。	**第五十二条** 反垄断执法机构对涉嫌垄断行为调查核实后,认为构成垄断行为的,应当依法作出处理决定,并可以向社会公布。
第四十五条 对反垄断执法机构调查的涉嫌垄断行为,被调查的经营者承诺在反垄断执法机构认可的期限内采取具体措施消除该行为后果的,反垄断执法机构可以决定中止调查。中止调查的决定应当载明被调查的经营者承诺的具体内容。 反垄断执法机构决定中止调查的,应当对经营者履行承诺的情况进行监督。经营者履行承诺的,反垄断执法机构可以决定终止调查。 有下列情形之一的,反垄断执法机构应当恢复调查: (一)经营者未履行承诺的; (二)作出中止调查决定所依据的事实发生重大变化的; (三)中止调查的决定是基于经营者提供的不完整或者不真实的信息作出的。	**第五十三条** 对反垄断执法机构调查的涉嫌垄断行为,被调查的经营者承诺在反垄断执法机构认可的期限内采取具体措施消除该行为后果的,反垄断执法机构可以决定中止调查。中止调查的决定应当载明被调查的经营者承诺的具体内容。 反垄断执法机构决定中止调查的,应当对经营者履行承诺的情况进行监督。经营者履行承诺的,反垄断执法机构可以决定终止调查。 有下列情形之一的,反垄断执法机构应当恢复调查: (一)经营者未履行承诺的; (二)作出中止调查决定所依据的事实发生重大变化的; (三)中止调查的决定是基于经营者提供的不完整或者不真实的信息作出的。
	第五十四条 反垄断执法机构依法对涉嫌滥用行政权力排除、限制竞争的行为进行调查,有关单位或者个人应当配合。
	第五十五条 经营者、行政机关和法律、法规授权的具有管理公共事务职能的组织,涉嫌违反本法规定的,反垄断执法机构可以对其法定代表人或者负责人进行约谈,要求其提出改进措施。

续表

第七章　法律责任	第七章　法律责任
第四十六条　经营者违反本法规定，达成并实施垄断协议的，由反垄断执法机构责令停止违法行为，没收违法所得，并处上一年度销售额百分之一以上百分之十以下的罚款；尚未实施所达成的垄断协议的，可以处五十万元以下的罚款。 经营者主动向反垄断执法机构报告达成垄断协议的有关情况并提供重要证据的，反垄断执法机构可以酌情减轻或者免除对该经营者的处罚。 行业协会违反本法规定，组织本行业的经营者达成垄断协议的，反垄断执法机构可以处五十万元以下的罚款；情节严重的，社会团体登记管理机关可以依法撤销登记。	**第五十六条**　经营者违反本法规定，达成并实施垄断协议的，由反垄断执法机构责令停止违法行为，没收违法所得，并处上一年度销售额百分之一以上百分之十以下的罚款，**上一年度没有销售额的，处五百万元以下的罚款**；尚未实施所达成的垄断协议的，可以处**三百万元**以下的罚款。**经营者的法定代表人、主要负责人和直接责任人员对达成垄断协议负有个人责任的，可以处一百万元以下的罚款。** **经营者组织其他经营者达成垄断协议或者为其他经营者达成垄断协议提供实质性帮助的，适用前款规定。** 经营者主动向反垄断执法机构报告达成垄断协议的有关情况并提供重要证据的，反垄断执法机构可以酌情减轻或者免除对该经营者的处罚。 行业协会违反本法规定，组织本行业的经营者达成垄断协议的，**由**反垄断执法机构**责令改正**，可以处**三百万元**以下的罚款；情节严重的，社会团体登记管理机关可以依法撤销登记。
第四十七条　经营者违反本法规定，滥用市场支配地位的，由反垄断执法机构责令停止违法行为，没收违法所得，并处上一年度销售额百分之一以上百分之十以下的罚款。	**第五十七条**　经营者违反本法规定，滥用市场支配地位的，由反垄断执法机构责令停止违法行为，没收违法所得，并处上一年度销售额百分之一以上百分之十以下的罚款。
第四十八条　经营者违反本法规定实施集中的，由国务院反垄断执法机构责令停止实施集中、限期处分股份或者资产、限期转让营业以及采取其他必要措施恢复到集中前的状态，可以处五十万元以下的罚款。	**第五十八条**　经营者违反本法规定实施集中，**且具有或者可能具有排除、限制竞争效果的**，由国务院反垄断执法机构责令停止实施集中、限期处分股份或者资产、限期转让营业以及采取其他必要措施恢复到集中前的状态，**处上一年度销售额百分之十以下的罚款；不具有排除、限制竞争效果的，处五百万元以下的罚款。**

续表

第四十九条 对本法第四十六条、第四十七条、第四十八条规定的罚款,反垄断执法机构确定具体罚款数额时,应当考虑违法行为的性质、程度和持续的时间等因素。	**第五十九条** 对本法**第五十六条、第五十七条、第五十八条**规定的罚款,反垄断执法机构确定具体罚款数额时,应当考虑违法行为的性质、程度、持续时间和**消除违法行为后果的情况**等因素。
第五十条 经营者实施垄断行为,给他人造成损失的,依法承担民事责任。	**第六十条** 经营者实施垄断行为,给他人造成损失的,依法承担民事责任。 **经营者实施垄断行为,损害社会公共利益的,设区的市级以上人民检察院可以依法向人民法院提起民事公益诉讼。**
第五十一条 行政机关和法律、法规授权的具有管理公共事务职能的组织滥用行政权力,实施排除、限制竞争行为的,由上级机关责令改正;对直接负责的主管人员和其他直接责任人员依法给予处分。反垄断执法机构可以向有关上级机关提出依法处理的建议。 法律、行政法规对行政机关和法律、法规授权的具有管理公共事务职能的组织滥用行政权力实施排除、限制竞争行为的处理另有规定的,依照其规定。	**第六十一条** 行政机关和法律、法规授权的具有管理公共事务职能的组织滥用行政权力,实施排除、限制竞争行为的,由上级机关责令改正;对直接负责的主管人员和其他直接责任人员依法给予处分。反垄断执法机构可以向有关上级机关提出依法处理的建议。**行政机关和法律、法规授权的具有管理公共事务职能的组织应当将有关改正情况书面报告上级机关和反垄断执法机构。** 法律、行政法规对行政机关和法律、法规授权的具有管理公共事务职能的组织滥用行政权力实施排除、限制竞争行为的处理另有规定的,依照其规定。
第五十二条 对反垄断执法机构依法实施的审查和调查,拒绝提供有关材料、信息,或者提供虚假材料、信息,或者隐匿、销毁、转移证据,或者有其他拒绝、阻碍调查行为的,由反垄断执法机构责令改正,对个人可以处二万元以下的罚款,对单位可以处二十万元以下的罚款;情节严重的,对个人处二万元以上十万元以下的罚款,对单位处二十万元以上一百万元以下的罚款;构成犯罪的,依法追究刑事责任。	**第六十二条** 对反垄断执法机构依法实施的审查和调查,拒绝提供有关材料、信息,或者提供虚假材料、信息,或者隐匿、销毁、转移证据,或者有其他拒绝、阻碍调查行为的,由反垄断执法机构责令改正,**对单位处上一年度销售额百分之一以下的罚款,上一年度没有销售额或者销售额难以计算的,处五百万元以下的罚款;对个人处五十万元以下的罚款。**

续表

	第六十三条　违反本法规定，情节特别严重、影响特别恶劣、造成特别严重后果的，国务院反垄断执法机构可以在本法第五十六条、第五十七条、第五十八条、第六十二条规定的罚款数额的二倍以上五倍以下确定具体罚款数额。
	第六十四条　经营者因违反本法规定受到行政处罚的，按照国家有关规定记入信用记录，并向社会公示。
第五十三条　对反垄断执法机构依据本法第二十八条、第二十九条作出的决定不服的，可以先依法申请行政复议；对行政复议决定不服的，可以依法提起行政诉讼。 对反垄断执法机构作出的前款规定以外的决定不服的，可以依法申请行政复议或者提起行政诉讼。	**第六十五条**　对反垄断执法机构依据本法**第三十四条、第三十五条**作出的决定不服的，可以先依法申请行政复议；对行政复议决定不服的，可以依法提起行政诉讼。 对反垄断执法机构作出的前款规定以外的决定不服的，可以依法申请行政复议或者提起行政诉讼。
第五十四条　反垄断执法机构工作人员滥用职权、玩忽职守、徇私舞弊或者泄露执法过程中知悉的商业秘密，构成犯罪的，依法追究刑事责任；尚不构成犯罪的，依法给予处分。	**第六十六条**　反垄断执法机构工作人员滥用职权、玩忽职守、徇私舞弊或者泄露执法过程中知悉的商业秘密**、个人隐私和个人信息**的，依法给予处分。
	第六十七条　违反本法规定，构成犯罪的，依法追究刑事责任。
第八章　附则	**第八章　附则**
第五十五条　经营者依照有关知识产权的法律、行政法规规定行使知识产权的行为，不适用本法；但是，经营者滥用知识产权，排除、限制竞争的行为，适用本法。	**第六十八条**　经营者依照有关知识产权的法律、行政法规规定行使知识产权的行为，不适用本法；但是，经营者滥用知识产权，排除、限制竞争的行为，适用本法。
第五十六条　农业生产者及农村经济组织在农产品生产、加工、销售、运输、储存等经营活动中实施的联合或者协同行为，不适用本法。	**第六十九条**　农业生产者及农村经济组织在农产品生产、加工、销售、运输、储存等经营活动中实施的联合或者协同行为，不适用本法。
第五十七条　本法自 2008 年 8 月 1 日起施行。	**第七十条**　本法自 2008 年 8 月 1 日起施行。